KB169811

제2차 세계대전 상

윈스턴 처칠

차병직 옮김

까치

제4부 승리와 비극 1943-1945년

제1부
파국을 향한 이정표

1919-1940년 5월 10일

"어느 날 루스벨트 대통령이 나에게 그 전쟁을 어떻게 부를 수 있겠느냐고 공개적으로
의견을 묻고 있는 중이라고 한 적이 있다. 나는 즉시 '불필요한 전쟁(the unnecessary
war)'이라고 대답했다. 그 전의 세계대전이 끝난 뒤에 세상에 남은 것마저 완전히
파괴해버린 이번 전쟁만큼 방지하기 쉬웠던 전쟁도 없었다."

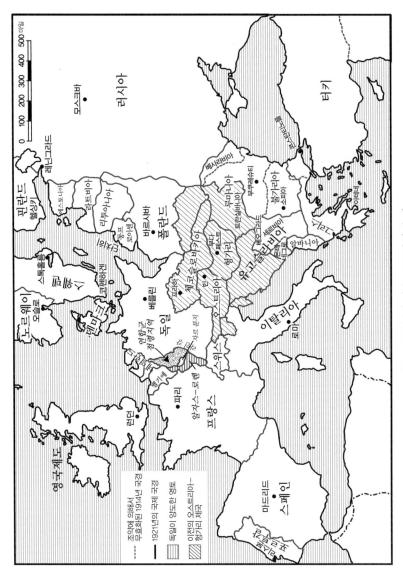

평화조약 체결 이후, 1921년의 유럽

제1장

승자의 어리석음

1919-1929년

1914년에 시작된 세계대전이 끝난 뒤, 이제 지구의 인류는 평화를 누리게 될 것이라는 깊은 확신과 공통의 희망으로 가득 차 있었다. 그러한 세계 모든 국민의 간절한 요구는 올바른 신념에 대한 확고한 태도, 합리적 상식 그리고 분별력에 의해서 쉽게 이루어질 수 있을 것이라고 믿었다. "전쟁을 끝내기 위한 전쟁(the war to end war)"이라는 경구가 모든 사람들의 입에 회자되었으며, 그것을 실현하기 위한 수단이 강구되었다. 미국의 권위를 행사하는—그렇게 생각되고 있었다—윌슨 대통령은 모든 세계인의 마음속에 국제연맹(League of Nations)이라는 관념을 불어넣었다. 연합군은 라인 강변을 따라서 자리를 잡고, 패퇴하여 무장해제된 채 굶주림에 허덕이는 독일 깊숙이 교두보를 마련했다. 승전국의 원수들은 파리에 모여 미래에 대한 논쟁과 논의를 거듭했다. 그들 앞에는 그들이 원하는 대로 고쳐 그릴 수 있는 유럽 지도가 펼쳐져 있었다. 52개월 동안 온갖 고난과 위험을 겪은 독일은 완전히 무릎을 꿇고 연합국의 처분에 운명을 맡겼으며, 독일 동맹 4개국[독일, 오스트리아-헝가리 제국, 오스만 터키, 불가리아/역주] 중 아무도 연합국의 계획에 저항하려는 어떤 기미조차 보이지 않았다. 침략 전쟁의 주범이며 세계를 비극으로 몰아가는 데에 앞장섰던 독일은 승전국 정복자들의 판단과 처분을 따를 수밖에 없는 운명이었다. 승전국들 역시 그들 스스로 참고 견뎌온 고통에서 완전히 벗어나지 못한 채 중심을 잃은 상태였다. 게다가 그것은 정부의 전쟁이 아니라 국민의 전쟁이었다. 세계 열강들은 분노의 표출과 대량 학살에 모든 에너지를 쏟았다. 1919년 여름 파리에 모인 세계 지도자들은 인류 역사상 전례가 없는 거센 노도의 물결에 휩쓸려가게 되었다. 그때만 해도 위트레흐트 조약[스페인 왕위계승전쟁 후 유럽 열강 간에 1713-1715년에 체결된 일련의 조약들. 유럽 질서 재편에 큰 역할을 한다/역주]이나 빈 조약[나폴레옹 전쟁 이후의 유럽 재편성을 위해서 열린 국제회의에서 1815년 체결되었다/역주]의 시대는 이미 사라졌고, 귀족 정치가든 외교관이든 또는 승리자든 패배자든 아무런 구분이나 차별 없이 한 자리에 모여 민주주의 특유의 혼란과 소란에서 벗어나서 정중하고 품위 있게 토론을 벌여 서로 합의한 원칙을 토대로 세계 체제의 개편 작업을 할 수 있었다. 반면 각국의 국민들은 전쟁 중에 직접 겪은 고통과 그들에게 주입된 대중 계몽 교육에서 벗어나지 못한 채, 범죄의 대가는 철저하게 치르도록 응징해야 한다고 아우성이었다. 승전국의 지도자들이 현기증 나는 승리의 절정에서 협상 테이블에 앉아 병사들이 숱한 전장을 피로 물들여 얻었던 것을 저버린다면 그야말로 저주받을 일이었다.

프랑스는 주도적 지위를 차지했는데, 그들의 노력과 손실에 따른 정당한 결과였다. 그들은 침략 행위에 맞서 조국의 땅을 지키기 위해서 150만 명의 희생자를 냈다. 100년 동안 다섯 차례, 즉 1814년, 1815년, 1870년, 1914년, 1918년에 걸쳐 노트르담의 탑에서 프로이센의 총포가 울리는 소리를 듣고 포화가 내뿜는 불길을 보아야 했다. 공포의 4년 동안 프랑스의 13개 지방이 프로이센 군대의 살벌한 지배를 받았다. 광범위한 지역이 적군에 의해서 조직적으로 파괴되거나 치열한 공방전에 의해서 황폐화되었다. 베르됭에서 툴롱에 이르기까지 죽은 사람을 애도하거나 부상자를 숨기고 보살핀 경험이 없는 가족이나 농가는 거의 찾아볼 수 없었다. 1870년의 전쟁에서 맞서 싸우면서 고통을 겪은 프랑스 인들—그중에는 꽤 많은 고관들도 포함되어 있었다—로서는 그때와는 비교할 수 없을 정도로 더 끔찍했으나, 막 끝난 전쟁에서 승자가 되었다는 사실을 거의 기적으로 생각했다. 그들은 항상 독일 제국의 공포 속에서 살아왔다. 그들은 1875년 비스마르크가 일으킨 예방 전쟁을 잊지 못하고 있었다. 1905년 테오필 델카세를 외무장관 자리에서 물러나게 한 그 야만적인 위협도 기억하고 있었다. 그리고 1906년 탕헤르의 제1차 모로코 사건, 1908년의 보스니아 합병, 1911년의 아가디르의 제2차 모로코 사건의 기억으로 전율하고 있었다. 빌헬름 2세의 "철권(鐵拳)"과 "검광(劍光)"의 연설은 영국과 미국 사람들에게는 냉소의 대상이 되었는지 모르지만, 프랑스 사람들의 마음 깊이 울려퍼지는 섬뜩한 조종의 소리일 수밖에 없었다. 거의 50년 동안 그들은 독일의 무력의 공포로부터 벗어나지 못했다. 이제야 피의 대가로 그 오랜 압박에서 풀려난 것이다. 마침내 의심할 여지없는 평화와 안녕의 시절이 돌아왔다. 프랑스 국민들은 격앙하여 외쳤다. "다시는 그만!"

그러나 미래의 전망은 매우 어두웠다. 프랑스 인구는 독일의 3분의 2에도 미치지 못했다. 프랑스 인구는 정태적이었던 반면, 독일 인구는 증가했다. 징집 연령에 이른 독일 청년은 해마다 물밀 듯이 쏟아져나와 10년도 채 지나지 않아 같은 층의 프랑스 청년보다 그 수가 두 배에 달할 것이 틀림없었다. 독일은 사실상 단독으로 전 세계를 상대로 싸웠으며, 거의 정복하다시피 했다. 현명한 사람들은 제1차 세계대전의 결과, 균형이 깨질 수밖에 없는 여러 경우들과 국면들을 결정적으로 바꿔놓는 사건과 계기가 있었다는 사실을 잘 알고 있었다. 그러나 대연합국(Great Allies)이 수백만의 병력을 이끌고 프랑스나 유럽 동부 전선에 다시 등장하리라고 예상할 수 있었던가? 러시아는 폐허의 혼란 속에서 이전의 모습을 찾아볼 수 없을 지경이었다. 이탈리아는 독일 쪽에 가담할지도 모르는 일이었다. 영국과 미국은 바다를 사이에 두고 유럽과 떨어져 있었다. 대영제국 자체는 영국 시민이 아니고서는 아무도 이해할 수 없는 유대감으로 결합되어 있는 듯했다. 비미 능선[프랑스 북부 지방/역주]의 강력한 캐나다 군을, 빌레르-브르토뇌[프랑스 북부 지방의 마을/역주]의 영예로운 오스트레일리아 군을, 파샹델[벨기에 서플랑드르 지방의 마을/역주]의 포화 속에 있던 그 대담한 뉴질랜드 군을, 1914년의 잔인한 겨울에 아르망티에르[프랑스 북부 지방의 도시/역주] 전선을 사수하던 불굴의 인도군을 다시 프랑스와 플랑드르 평원으로 불러들일 수 있었던 것은 도대체 어떤 사태가 벌어졌기 때문인가? 평화를 사랑하고 경계심이 없으며 반군국주의의 영국이 200만 내지 300만 명 규모의 군대를 이끌고 다시 아르투아 평원과 피카르디 평원에 군화 자국을 찍은 것은 언제였던가? 언제 다시 200만 명의 거대한 미국 병사들이 샹파뉴와 아르곤으로 건너갈 수 있도록 그 바다는 허락했던가? 지칠 대로 지치고 엄청난 희생을 치렀음에도 의심의 여지없는 당대의 지배자가 된 프랑스 국민은 놀라운 마음의 고마움과 한시도 잊을 수 없는 두려움 속에서 미래를 응시했다. 이 세상 어디서든 **안보**가 뒤따르지 않는다면, 어떤 노력으로 얻은 것도 가치 없는 것일 뿐이며, 승리의 환희 속에 있다고 하더라도 생활 그 자체는 견디기 힘든 것이 아니었던가? 어떤 대가를 치르더라도, 어떤 방법을 동원해서라도, 목숨을 걸고 지켜야 할 것은 안보이다. 그것을 지키는 길이 얼마나 무자비하고 가혹할 정도로 힘이 들더라도.

제1차 세계대전 휴전일[1918년 11월 11일/역주]에 독일군은 본국을 향해 질서정연하게 행군했다. 이마에 승리의 빛이 번쩍이는 연합군 최고사령관 포슈 원수는 군인다운 어조로 이렇게 말했다. "독일군은 잘 싸웠다. 그들을 무장한 채 돌아가도록 하라." 그러나 그는 이제부터 프랑스의 국경은 라인 강이 되어야 한다고 주장했다. 독일의 군대 조직은 산산조각이 나고 요새는 철거되어 무장해제가 될 운명이었다. 그리고 독일은 엄청난 배상금의 부담과 온갖 내분에 시달리며 국력이 약화될 것이었다. 그러나 그 모든 문제는 10년 또는 20년이 지나면 해소될 것이었다. 불사조 같은 전 독일 민족의 힘은 재기하여 꺼지지 않은 프로이센 전사의 불씨를 살려 다시 한번 불타오르게 할 것이었다. 프랑스 군이 장악하여 요새화한 라인 강, 넓고 깊고 물살이 빠른 라인 강은 그 배후에서 프랑스 인들이 여러 세대에 걸쳐 안주할 수 있는 방벽이 될 것이었다. 그러나 프랑스가 굴복하지 않도록 도움을 준 영어권 국가의 정서와 의견은 매우 달랐다. 베르사유 조약의 영토 조항에 의하면 독일은 실제로 손해 볼 것이 없었다. 독일은 여전히 유럽에서 가장 거대한 동종의 민족권으로 남게 되었다. 베르사유 평화 조약이 체결되었다는 소식을 들은 포슈 원수는 매우 정확하게 비평했다. "이것은 평화가 아니다. 20년 동안의 휴전일 뿐이다."

★ ★ ★ ★ ★

베르사유 조약의 경제 조항은 독소적이고 어리석기 짝이 없는 내용이어서 한마디로 무용지물이었다. 독일에 대해서는 황당무계할 정도로 많은 배상금을 부과했다. 그러한 명령은 승전국의 분노와 아울러 패배한 국가나 사회는 현대전을 치르는 비용을 지불할 수 없다는 사실에 대한 승전국 국민들의 이해 부족을 나타낸 것이었다.

전후의 대중은 가장 단순한 경제 사정에 대해서도 무지할 뿐이었으며, 표만 찾아다니는 정치 지도자들은 대중의 잘못된 인식을 바로잡아주려는 시도조차 하지 않았다. 신문은 그럭저럭 자기 방식에 따라 널리 알려진 여론을 반영하고 강조할 뿐이었다. 배상금의 지불은 오직 차량으로 국경을 넘거나 배로 바다를 건너는 물자 수송의 노고에 의해서 이루어질 수 있을 뿐이며, 그런 물자가 그 물자를 요구한 나라에 도착할 경우 아주 미개한 원시사회나 엄격히 통제된 사회를 제외하고는 그 나라의 지역 산업을 교란시킨다는 논란을 다루는 언론의 목소리는 거의 없었다. 실제로 러시아에서 그랬듯이, 패전국을 수탈하는 유일한 방법은 필요한 물자를 모두 실어나르고 그 나라 국민의 일부를 영구히 혹은 일시적으로 노예화하는 것이었다. 그러나 그렇게 하여 얻는 이익이란 전쟁의 대가와는 아무 관계가 없었다. 아무리 대단한 지위에 있는 사람이라도 자신의 유권자들에게 그렇게 기본적으로 잔혹한 사실을 어리석게도 공개적으로 설명할 수 있는 재치 있고 능력 있는 혹은 초연한 사람은 물론, 그런 사람이 있을 것이라고 믿는 사람도 없었다. 승리에 도취한 연합국들은 독일을 "씨가 마를 때까지" 억압해야 한다고 주장했다. 이 모든 일들은 세계의 번영과 독일 민족의 심경에 강력한 영향을 미치게 되었다.

그러나 실제로 그 조항들은 이행되지 못했다. 그와는 반대로, 승전국들이 10억 파운드에 해당하는 독일 재산을 사용했지만, 한편으로 몇년 뒤 미국과 영국은 15억 파운드 이상을 독일에 대여했다. 그리하여 독일은 전쟁의 폐허를 신속하게 복구할 수 있게 되었다. 이와 같이 표면상 관대한 처사에는 불행과 고난을 겪은 승전국 국민들의 틀에 박힌 아우성과 독일이 "마지막 동전 한푼"까지 배상하도록 하겠다는 정치가들의 공약이 뒤따르고 있었기 때문에, 고마움이나 선처는 얻어내거나 기대할 수 없었다.

역사는 이런 거래를 미친 짓으로 규정할 것이다. 그런 거래는 훗날 전쟁의 재앙과 "경제적 눈보라"를 함께 야기했다. 이 모든 것들은 많은 노력과 선행 속에서 만들어진 온갖 어리석음이 뒤섞인 서글픈 이야기이다.

★ ★ ★ ★ ★

두 번째의 근본적 비극은 생 제르맹 조약과 트리아농 조약에 따른 합스부르크 왕가의 오스트리아-헝가리 제국의 붕괴였다. 신성로마제국의 후신이라고 할 수 있는 그 나라에서 수세기에 걸쳐 많은 사람들은 안전하게 교역하며 일상의 생활을 영위할 수 있었다. 그러나 그 사람들은 오늘날 되살아난 독일이나 러시아의 압박을 스스로 버텨낼 만한 힘이나 생명력이 없었다.

그 민족들은 연방 체제나 제국 체제에서 벗어나기를 열망했으며, 그 열망이 이루어질 수 있도록 도와주는 것은 자유주의 정책이라고 생각했다. 비록 지친 데다 전쟁의 상흔이 남아 있음에도 불구하고 여전히 지역적으로 압도적 지배력을 행사하는 프로이센과 독일 제국의 상대적인 확장과 함께, 동남부 유럽의 발칸화는 빠른 속도로 진행되었다. 합스부르크 제국을 구성했던 민족이나 지역 중에서 고대 시인이나 신학자들이 저주했던 고난을 겪지 않고 독립을 쟁취한 것은 없었다. 오랜 문화와 전통의 본거지로서 수많은 도로와 강과 철도의 중심지였던 품격의 수도 빈은 마치 주민들이 모두 떠나버린 피폐한 땅의 대형 상업지구처럼 황량하고 굶주린 도시가 되었다.

승전국들은 그들이 오랫동안 추구해왔던 서방 자유주의 국가의 이념을 독일인에게 강요했다. 독일인은 강제적인 군복무 의무의 짐을 벗었고, 과도한 무장의 필요성으로부터 해방되었다. 그들에게 당면한 부담은, 신용이 없음에도 불구하고, 미국으로부터 얻은 막대한 차관이었다. 가장 최근의 성과에 보조를 맞춘 민주적 헌법이 바이마르 공화국에서 제정되었다. 황제들이 쫓겨나고 평범한 사람들이 선출되었다. 그렇게 열악해 보이던 구조 아래에서 패배했음에도 불구하고 본질적인 것은 상처받지 않았던 강력한 독일의 열정이 분출했다. 군주제에 대한 미국인들의 편견은 무너진 제국주의 국가에 대해서 군주정보다는 공화정이 연합국들로부터 더 대우를 받을 수 있다는 사실을 명확히 알려주었다. 현명한 정책이 수립되었다면 바이마르 공화국은 섭정 회의 아래 황제의 어린 손자를 입헌 군주로 하여 체제를 공고하게 할 수 있었을 것이다. 그러나 독일 국민의 일상생활은 공허해졌다. 군사적, 봉건적인 모든 강력한 요소들이 입헌군주제하에 결집하여 입헌군주제를 위해서 새로운 민주적, 의회주의적 과정을 존중하고 유지하게 되었더라도 그 요소들은 곧 뿌리가 뽑혔을 것이다. 그 모든 자유주의적 함정과 축복을 받은 바이마르 공화국은 마치 적이 강요한 과제처럼 여겨졌다. 그 체제는 독일 국민의 충성심이나 상상력을 확보할 수 없었다. 일시적이나마 그들은 거의 절망적인 상황에서 노쇠한 힌덴부르크에게 매달리려고도 했다. 그후 강력한 몇몇 세력들이 부침했으나, 공허감은 사라지지 않았다. 그런데 얼마 지나지 않아 그 공허함 속에서 역사상 유례없이 인류의 가슴을 무너져 내리게 한, 가장 치명적인 증오의 화신인 병적이고 포악한 천재가 나타났다. 바로 육군 하사 히틀러였다.

★ ★ ★ ★ ★

프랑스는 전쟁으로 인하여 완전히 메말라버렸다. 1870년 이래로 복수의 전쟁을 꿈꾸어오던 세대는 승리를 거두었지만, 국가로서는 막대한 대가를 치렀다. 승리의 새벽을 맞이한 순간 프랑스의 모습은 초췌했다. 눈부신 승리가 찾아온 바로 뒤부터 독일에 대한 극심한 공포가 프랑스 전역을 뒤덮었다. 그리하여 포슈 원수가 프랑스로서는 가까이 할 수 없는 거대한 이웃나라에 맞서 안보를 확보할 수 있는 라인 강 국경을 요구하게 된 것이다. 그러나 영국과 미국의 정치가들은 독일인이 거주하고 있는 지역을 프랑스 영토에 흡수시키는 것은 14개 조항은 물론 평화조약이 기초한 민족자결주의에 위배된다는 입장이었다. 따라서 포슈와 프랑스의 주장에 반대했다. 대신 영국과 미국은 클레망소와 세 가지를 약속했다. 첫째, 영국과 미국은 프랑스 방위를 공동으로 보장한다. 둘째, 비무장지대를 설정한다. 셋째, 독일을 영구적으로 전면 무장해제시킨다. 클레망소는 자신도 직감적으로 거부감을 느꼈지만, 그리고 포슈가 강력하게 반대했지만 그 제안을 받아들였다. 그러한 안전보장 조약에 윌슨, 로이드 조지 그리고 클레망소가 서명했다. 미국 상원은 조약의 비준을 거부했다. 미국 상원은 윌슨 대통령의 조인을 비난했다. 평화를 실현하기 위한 윌슨의 견해와 염원에 적극 동조했던 우리 영국으로서는 요란한 형식보다 미국 헌법에 대해서 더 잘 알아야 할 필요가 있었다. 온갖 고난을 겪은 프랑스 국민의 공포와 분노와 혼란 속에서 세계적으로 명망이 높은 그리고 영미와 특별한 관계를 유지하고 있던 탁월한 인물 클레망소는 가차 없이 버림받고 말았다. "위대한 지도자에 대한 배신은 강한 국민성의 징표이다." 플루타르크가 한 말이다. 그러나 국력이 심각하게 약화된 시기에 프랑스의 그런 경향은 현명한 태도가 아니었다. 음모를 꾀하는 집단의 부활과 제3공화국의 특성인 각료와 정부의 끊임없는 교체 속에서는, 그것이 아무리 유익한 점이 있다거나 분위기 전환의 계기가 된다고 하더라도, 클레망소를 대신할 만한 힘을 찾을 수 없었다.

클레망소를 뒤이은 강력한 인물 푸앵카레는 프랑스의 보호와 통제 아래 라인란트를 독립 지역으로 만들려고 시도했다. 그 계획 역시 성공할 수 없었다. 푸앵카레는 루르 지방을 점령함으로써 독일에게 배상금 지불 이행을 압박했다. 분명히 독일에 대한 조약의 내용에 따른 행동이었지만, 영국과 미국의 여론은 혹독할 정도로 비판적이었다. 1919년부터 1923년까지 배상금 지불뿐만 아니라, 독일의 일반적인 재정적, 정치적 혼란의 결과로 마르크화는 급속도로 붕괴되었다. 프랑스의 루르 점령으로 독일에서 폭발한 분노는 화폐 유통의 기본을 송두리째 파괴하려는 의도적인 목적하에서 방대하고 무질서한 지폐 제조 남발을 초래했다. 통화 팽창으로 인한 인플레이션의 마지막 국면에서는 파운드에 대한 마르크 환율이 43조가 되었다. 그런 인플레이션의 사회적, 경제적 폐해는 손을 쓸 수 없을 정도로 막심했다. 중산층의 예금은 깨끗하게 바닥이 났으며, 그 결과 너무나 자연스럽게 국가사회주의(national socialism)의 깃발이 펄럭이기 시작했다. 독일 전체 산업구조는 급속한 트러스트의 성장으로 왜곡되었다. 국내의 유동자본은 모두 자취를 감추었다. 동시에 국채와, 고정자본이나 담보 형태의 산업 부채는 청산 절차에 들어가거나 지불이 거절되었다. 그러나 그것은 유동자본의 손실에 대한 보상이 될 수 없었다. 그 모든 것이 원인이 되어 그뒤 몇 년 동안의 특징적 현상이기는 했지만, 독일은 부도 국가로서 대규모의 해외 차관을

워졌다. 그것은 우리의 대단하지는 않지만, 견실한 성과였다.

우리 정부의 탁월성은 단연 다른 유럽 국가들과 비교될 때 나타났다.

★ ★ ★ ★ ★

그때 독일에서는 힌덴부르크가 권력자로 부상했다. 전쟁 전 독일 사회민주당의 당수였으며 패전 후 바이마르 공화국의 초대 대통령이었던 프리드리히 에베르트가 1925년 2월 말에 사망했다. 따라서 새 대통령을 선출해야했다. 오랫동안 전제주의 체제 아래에서 살아온 독일 국민들은 광범위한 언론의 자유와 의회에서의 반대당이라는 원대한 이상을 시험하게 되었다. 패전은 그들의 부실한 양쪽 어깨에 민주주의의 여러 형식과 무한대의 자유를 올려놓았던 것이다. 그러나 국가는 그동안 일어난 모든 일로 분열되고 갈팡질팡했으며, 수많은 정당과 단체는 서로 싸웠다. 그런 혼란 속에서 은퇴하여 조용히 지내고 있던 옛 전장의 연로한 힌덴부르크 원수에 대한 강렬한 열망이 일어났다. 힌덴부르크는 축출된 황제의 충성스러운 신하였으며, 여전히 "영국을 모델로 한" 제국의 복원을 원했다. 그것은 실현 가능성이 가장 낮았지만, 그럼에도 불구하고 아주 현명한 생각이었다. 바이마르 체제 아래에서 대통령 후보가 되어달라는 간청이 들어왔을 때 힌덴부르크는 몹시 당황해했다. 그는 몇 차례 거듭 말했다. "제발 나를 내버려두시오."

그러나 압력은 계속되었고, 해군 대제독 폰 티르피츠가 나섰다. 그는 마침내 항상 복종해왔던 의무의 부름에 응하여 망설임과 개인적 취향을 모두 버리고 힌덴부르크가 대통령 후보에 나서도록 설득할 수 있었다. 힌덴부르크의 상대는 가톨릭 중앙당의 마르크스와 공산당의 텔만이었다. 4월 26일 일요일, 선거가 실시되었다. 결과는 예상 밖으로 접전이었다. 힌덴부르크 1,465만5,766표, 마르크스 1,375만1,615표, 텔만 193만1,151표였다. 힌덴부르크는 썩 내키지 않는 냉담한 태도였으나 그의 지명도에 힘입어 경쟁 후보들을 따돌리고, 누구도 절대 다수를 차지하지 못한 가운데 차점자보다

100만 표에 못 미치는 차이로 당선되었다. 그는 당선 소식을 알려주는 아들을, 아침 7시에 깨웠다고 나무랐다. "왜 한 시간이나 일찍 깨우는 거냐? 8시라고 결과가 달라지는 건 아니지 않는가." 그렇게 말하고는 다시 눈을 감고 그의 평소 기상 시간까지 잤다.

프랑스에서는 처음에 힌덴부르크의 당선을 독일의 재도전으로 받아들였다. 영국의 반응은 안이했다. 언제나 내가 바랐던 것은 독일이 명예와 자존심을 되찾고 전쟁의 상처를 씻어버리는 일이었기 때문에, 그 소식을 듣고도 나는 고민하지 않았다. 바로 그 뒤에 만난 로이드 조지는 내게 말했다. "그는 아주 현명한 노인이지요." 실제로 힌덴부르크는 능력이 있음을 보여주었다. 그의 가장 신랄한 정적들까지도 "네로 같은 인간보다는 제로 같은 인간이 낫다"며 인정했다.* 그러나 그의 나이는 77세였으며, 재임 기간은 7년이었다. 그 뒤로 다시 그를 대통령으로 받아들이려는 사람은 없었다. 그는 여러 정파들 사이에서 공정을 기하기 위해서 최선을 다했으며, 대통령으로서 주변 국가를 위협하지 않고 독일 국민에게 이성적 힘과 안정을 확실하게 되찾게 할 수 있었다.

★ ★ ★ ★ ★

1925년 2월, 독일은 조약의 체결을 제안했다. 라인 강 지역에 이해관계를 가지고 있는 열강들, 특히 영국, 프랑스, 이탈리아 그리고 독일은 미국을 관리국으로 하여 장기간 서로 전쟁하지 않도록 엄중한 의무를 부과하는 조약을 체결하자는 것이었다. 또한 라인 강 지역 영토의 현재 상태를 존중하고 보장한다는 조항도 제시했다. 그것은 대단한 사건이었다. 영국 자치령들은 그다지 열의를 보이지 않았다. 스뫼츠 장군[남아프리카 연방의 군인, 정치가. 수상 역임/역주]은 영토의 조정 작업을 피하려고 애썼다. 캐나다 사람들은 미온적이었고, 뉴질랜드만 무조건 영국 정부의 입장을 따를 준비를

* 테오도레 레싱(1933년 9월 나치에 의해서 처형되었다)

하고 있었다. 그럼에도 불구하고 우리는 계속 진행했다. 나에게는 프랑스와 독일 사이의 천년에 걸친 분쟁을 종식시키는 일이 가장 중요한 과제로 보였다. 만약 우리가 프랑스인과 독일인을 경제적, 사회적, 도덕적으로 서로 밀접하게 잘 연결시켜 새로운 전쟁이 일어나지 않도록 한다면, 또한 지난날의 적대 관계를 상호 번영과 협력의 울타리 속으로 끌어들여 어울리게 할 수 있게 만든다면, 유럽은 다시 부흥할 것이라는 생각이었다. 내가 보기에 유럽에서 영국인들의 최대 관심사는 프랑스와 독일 사이의 불화를 완화시키는 일이었으며, 그 이상의 것은 없었다. 그런 나의 생각은 지금도 마찬가지이다.

8월에 프랑스는 영국의 견해에 전적으로 동의하고 독일에 공식 회신을 보냈다. 무엇보다 먼저 독일은 아무 조건 없이 국제연맹에 가입해야 한다는 것이었다. 독일은 그 요구를 받아들였다. 그것은 조약의 조건이 상호 협정에 의해서 변경되지 않는 한 이행될 것이며, 연합군의 군비 축소에 대한 어떠한 구체적 보증도 이루어지지 않았음을 의미하는 것이었다. 나아가 독일 국민들은 평화조약의 전범 조항을 없애고, 알자스-로렌 문제를 공론화하려고 했는데, 쾰른에서 거국적인 분위기가 고조되어 강력한 전국가적 압력을 동원하여 연합군의 즉시 철수를 요구하고 나섰으나, 독일 정부는 그 요구를 밀어붙이지 못했으며 연합국은 인정하려고 하지 않았다.

이런 상황에서 로카르노 회의가 10월 4일에 정식으로 개최되었다. 그 조용한 호수 부근에 영국, 프랑스, 독일, 벨기에, 이탈리아의 대표가 모였다. 그 회의에서는 다음과 같은 내용이 합의되었다. 첫째, 5개국 사이의 상호 보장 조약을 체결한다. 둘째, 독일과 프랑스, 독일과 벨기에, 독일과 폴란드, 독일과 체코슬로바키아 사이에 중재 조약을 체결한다. 셋째, 프랑스와 폴란드, 프랑스와 체코슬로바키아 사이에 특별 협정을 체결하되, 정당한 이유가 없는 무장 행위에 의해서 조약이 깨질 경우 프랑스는 폴란드와 체코슬로바키아를 지원한다. 그와 같이 서유럽의 민주주의 국가들은 어떤 상황에서도 스스로 평화를 유지하며, 그들 중 어느 한 국가라도 협정을 위반하고 동맹국을 공격한다면 일치단결하여 대항한다는 데에 의견을 모았다. 프랑스와 독일의 관계에서도, 둘 중 어느 국가라도 이유 없이 공격을 받는다면, 영국은 그 국가를 돕겠다고 엄숙히 선언했다. 이 원대한 군사 협정은 의회에서 받아들여졌으며, 국민들의 열정적인 지지를 얻었다. 역사에서 그에 버금가는 정도의 일을 찾아보기는 어려울 터였다.

프랑스나 영국 중 어느 한쪽에 완전히 또는 어느 수준까지 무장해제를 해야 할 의무가 있지 않느냐 하는 것은 아무 문제가 되지 않았다. 나는 재무부 장관으로서 초반부터 그 문제에 개입했다. 나의 개인적인 견해는 두 갈래의 보장이었다. 프랑스가 무장한 채 독일을 무장해제시킬 경우, 독일은 프랑스를 공격하지 못할 것이다. 다른 한편, 반사적으로 상황에 얽혀 영국이 독일과 동맹 관계에 서게 된다면, 프랑스는 결코 독일을 공격하지 못할 것이다. 그렇기 때문에 그 제안이 비록 이론적으로는 위험해 보일지 몰라도, 프랑스와 독일 사이에 어떤 식의 전쟁이라도 일어날 경우, 우리 영국이 어느 한쪽에 가담하는 것을 담보한다면 우리 모두가 겪어야 할 재난 같은 것은 없을 것이었다. 뿐만 아니라 그것이 재난을 방지할 수 있는 최선의 방법이었다. 그래서 나는 줄곧 프랑스의 무장해제와 독일의 재무장을 똑같이 반대해왔다. 위험이 커지면 커질수록 즉시 영국에 영향을 미칠 것이기 때문이었다. 다른 한편, 영국과 독일이 협정국으로 참여한 국제연맹은 독일 국민에게 진정한 보호를 약속했다. 그리하여 프랑스와 독일 사이의 싸움을 중단시키는 일이 주된 관심사였던 영국이 넓은 영역에서 심판관이자 중재자가 되어 균형이 이루어진 것이었다. 누구나 그 균형의 상태가 20년 동안 지속되고, 그 동안 연합군의 군비가 장기간의 평화와 신뢰와 재정적 부담이 커져 자연스럽게 점차적으로 감축되기를 희망했다. 독일의 전력이 프랑스와 비슷하게 되거나 프랑스보다 더 나아지게 된다면, 위험이 발생할 것이란 사실은 명백했다. 그러나 그 모든 문제는 숭고한 조약의 의무에 의해서 제거된 것처럼 보였다.

로카르노 조약은 오직 서방의 평화에 관한 것이었다. 그리고 그 조약에 이어 "동부의 로카르노 조약"으로 불릴 만한 조치가 이어지기를 기대하는 염원을 담고 있었다. 독일과 프랑스 사이의 전쟁 가능성에 대처한 것과 동일한 정신과 기준에 따라 독일과 러시아 사이의 전쟁 위험성을 조절할 수 있었다면, 얼마나 좋았겠는가. 그러나 슈트레제만 시대의 독일은 동부의 영토 회복에 대한 욕망을 포기하려고 하지 않았고, 폴란드, 단치히(그단스크), 단치히 회랑 그리고 상부 슐레지엔에 대한 영토 협정을 받아들이려고 하지 않았다. 소비에트 러시아는 반공산주의 국가들의 이데올로기 방역선(Cordon Sanitaire)에 의해서 고립될 경우를 심사숙고 중이었다. 우리는 계속 노력했지만, 동유럽에서는 아무런 진전이 없었다. 나는 언제나 독일이 동부 국경에서 더 큰 만족을 얻을 수 있도록 노력했다. 그러나 그 짧은 희망의 시기에 그런 기회는 오지 않았다.

★ ★ ★ ★ ★

1925년 말 로카르노 회의에서 실현된 조약은 크게 환영을 받았다. 볼드윈은 외무부에서 최초로 그 조약에 서명했다. 외무부 장관이었던 오스틴 체임벌린은 관사가 없었기 때문에 슈트레제만*과 우의를 다지기 위한 오찬 장소로 다우닝 가 11번지의 우리집 식당을 빌려달라고 했다. 우리는 모두 화기애애한 분위기 속에서 만났으며, 강대국들이 진정으로 단결하고 서로의 안전을 위해서 노력한다면, 유럽의 미래는 얼마나 멋있을까 하고 생각했다. 그 기억할 만한 협정이 의회의 전폭적인 지지를 받은 뒤, 오스틴 체임벌린은 가터 훈장과 노벨 평화상을 받았다. 그의 목적 달성으로 유럽의 재

---

* 독일 외무부 장관

건은 절정에 이르렀으며, 향후 3년 동안의 평화와 회복기를 기약했다. 비록 낡은 적대 감정이 잠재되어 있었고 모병의 북소리가 이미 들리기 시작했음에도 불구하고, 우리 모두는 일치된 노력으로 만들어진 평화의 토대가 미래를 향해 함께 전진할 길을 열어주리라는 희망을 가져도 좋다고 믿었다.

1929년의 유럽은 이전의 20년은 물론 적어도 이후의 20년 동안에도 찾아볼 수 없었던 평화를 누렸다. 로카르노 조약의 영향으로 독일에 대한 우호적 감정이 감돌았으며, 라인란트 지역에 주둔하고 있던 프랑스군과 연합군은 베르사유 조약 체결 훨씬 이전에 이미 철수했다. 새 정부의 독일은 불구가 된 국제연맹에 가입했다. 미국과 영국의 열성적인 차관에 힘입어 독일은 급속도로 재건했다. 독일의 새로운 해양 항로는 대서양에서 최고의 영예를 누렸다. 독일의 무역은 순조롭게 도약의 길을 걸었으며, 국부는 성숙의 단계에 이르렀다. 프랑스와 그 동맹 체제 또한 유럽에서 안정을 찾은 것처럼 보였다. 베르사유 조약의 무장해제 조항을 공개적으로 위반하는 일은 일어나지 않았다. 독일의 해군은 존재하지 않았으며, 공군은 창설조차 하지 못했다. 독일 내부에서도 사려 깊은 판단에 따라서 전쟁에 반대하는 세력이 많았으며, 군부 고위층에서도 연합군이 독일의 재무장을 허용하지 않으리라는 것을 알고 있었다. 그런 반면, 우리 앞에는 내가 훗날 "경제적 눈보라(Economic Blizzard)"라고 불렀던 사태가 도사리고 있었다. 그것은 드물게 경제계에서만 감지하고 있었지만, 그나마 침묵할 수밖에 없었다.

★ ★ ★ ★ ★

1929년 5월의 총선에서 영국 유권자들은 "진자의 진동"과 정권 교체에 대한 열망을 강력하게 드러냈다. 하원에서 노동당은 보수당보다 근소한 의석 차이로 다수당이 되었으나, 과반수 의석은 되지 못했다. 볼드윈은 국왕에게 사의를 표명했다. 우리는 모두 특별 열차 편으로 왕궁이 있는 윈저로 가서 총사퇴했다. 그리고 6월 7일에 램지 맥도널드는 자유당에 의지하여 소수당 정부의 수반으로서 수상이 되었다.

사회주의자 수상은 이집트에 많은 양보를 하고, 인도의 광범위한 헌법 개정을 허용하고, 전 세계를 위해서, 그렇지 않으면 적어도 영국을 위해서 무장해제의 참신한 노력을 기울임으로써 그의 새 노동당 정부의 명성을 드높이기를 원했다. 그러한 목표는 자유당의 협력을 받기 위한 것이었으며, 따라서 그는 의회의 다수당을 지도하게 되었다. 거기서 나와 볼드윈의 견해 차이가 생겼으며, 5년 전 그가 나를 재무부 장관으로 선택하여 함께 일해왔던 관계가 감정적으로 미묘하게 변화하기 시작했다. 그와 나는 여전히 자주 접촉하는 사이였지만, 우리의 생각은 일치하지 않았다. 내 생각은 야당인 보수당이 대영제국과 국가의 중요한 문제에 대해서는 노동당 정부와 대결해야 하며, 비콘스필드 경[1804-1881. 벤저민 디즈레일리. 수상 2회 역임/역주]이나 솔즈베리 경[1830-1904. 수상 3회 역임/역주]의 영도하에서와 마찬가지로 대영제국의 위엄을 드높여야 하며, 즉각적인 국민의 반응을 불러일으키지 못한다고 하더라도 주저 없이 논쟁에 맞서야 한다는 것이었다. 내가 아는 한, 볼드윈은 대영제국의 위대함을 강력히 내세울 때는 지났으며, 보수당의 희망은 자유당이나 노동당 세력과 원만한 관계를 유지하며, 교묘한 전략으로 여론의 대세적 분위기와 유전자를 그들로부터 분리시키는 것이라는 생각을 하고 있었다. 그의 생각은 확실히 성공적이었다. 그는 지금까지 보수당을 이끈 지도자들 중에서 가장 위대한 정당인이었다. 그는 보수당의 당수로 모두 다섯 차례의 총선에서 세 차례 승리했다.

우리의 결정적인 균열은 인도 정책에서 나타났다. 보수당의 인도 총독 어윈 경—뒤에 핼리팩스 경이 되었다—에게서 강력한 지지는 물론 심지어 자극까지 받은 맥도널드 수상은 자신의 인도 자치 계획을 밀고 나갔다. 그 무렵 느슨한 연금 상태에서 풀려난 간디가 중심이 된 불길한 조짐의 회의가 런던에서 열렸다. 여기에서 1929년과 1930년의 그 회의를 장식했던 논쟁의 세부 사항을 열거할 필요는 없을 것 같다. 간디가 인도 국민회의 파의 대표가 되기 위하여 석방됨으로써 나와 볼드윈의 관계는 깨지고 말았다. 그는 그러한 현상에 아주 만족해하는 것으로 보였으며, 대체로 수상이나 인도 총독과 의견을 같이했을 뿐만 아니라, 보수당을 그의 노선에 따르도록 적극적으로 이끌었다. 결국 우리는 인도를 잃을 수밖에 없고, 인도 국민들에게는 엄청난 재난이 닥칠 것이라고 나는 확신했다. 따라서 나는 얼마 뒤 그 문제로 인하여 야당 내각(Shadow Cabinet)에서 사임했다. 그러나 하원에서 사회주의 정부와 싸우는 데에 필요하다면 힘이 닿는 한 도울 것이며, 총선에서 그들을 패배시키는 데에 최선을 다하겠다고 볼드윈에게 약속했다.

★ ★ ★ ★ ★

1929년도의 삼사분기가 끝날 무렵, 그러니까 9월 말경에만 하더라도 번영은 지속될 것이라는 기대는 물론 현실적으로도 그랬다. 특히 미국이 그랬다. 비정상적인 낙관주의가 혼란스러운 투기를 계속 조장했다. 경제 위기는 업무 조직과 과학의 발전이 마침내 완성된 한 단계를 나타낼 뿐이라는 사실을 증명하기 위한 저서들이 잇달아 나왔다. 9월에 뉴욕 증권거래소 이사장은 "우리는 확실하게 우리가 알고 있는 바와 같이 경기 순환을 종결시켰으며, 처리했다"고 말했다. 그러나 10월이 되자 갑자기 거친 태풍이 월 가를 휩쓸어버렸다. 가장 영향력 있는 기관들이 개입해도 공황적 투매의 흐름을 막지 못했다. 선도적 은행들은 시장을 유지하고 안정시키기 위해서 수십억 달러를 조성했다. 그러나 모두 헛수고였다.

앞서 몇년 동안 급속히 축적되었던 모든 부와 가치가 사라졌다. 팽창된 신용의 거대한 구조로 성장한 수백만 미국 가정의 번영은 한순간에 허공에 뜬 환영이 되고 말았다. 최고 은행들의 대출 남발로 조장되었던 전국적 투기와는 별도로, 주택, 가구, 자동차 그리고 헤아릴 수 없이 많은 종류의 가정용품을 할부 판매함으로써 조성된 방대한 구매력의 체계는 그때까지 계속 성장해왔다. 그러나 모든 것이 일순간에 무너져버렸다. 막강했던 생산 조직은 혼란 상태에 빠지고 마비되었다. 어제까지는 수천 명의 숙련공들이 매일 직장으로 타고 다니던 자동차의 주차 문제가 가장 시급했다. 그런데 오늘에는, 바로 그 순간까지 수백만의 사람들이 즐길 수 있도록 온갖 종류 의 상품을 가장 활발하게 생산하던 사회공동체가 떨어지는 임금과 늘어나 는 실업의 극심한 고통에 시달리게 되었다. 미국의 금융제도는 영국보다 집중되어 있지 않았으며 기반도 취약했다. 2만여 개의 지역 은행은 지급을 유예했다. 상품과 서비스의 교환 수단은 완전히 바닥으로 추락했으며, 월 가의 파멸은 빈부 차이를 막론하고 모든 가정에 영향을 미쳤다.

미국인들을 매료시켰던 누구에게나 열린 더 큰 부와 안락을 향한 밝은 전망의 이면에는 헛된 망상과 광란의 시장만이 있었다고 생각해서는 안 된 다. 이전의 그 어떤 사회에서도 그렇게 엄청난 양의 재화를 종류별로 생산 하고 분배하고 교환한 적이 없었다. 사실 인간이 자신의 노력과 기술을 최 고로 발휘하여 서로 베풀 수 있는 혜택에는 한계가 없다. 그러한 대단한 현상은 그것이 이루어놓은 놀라운 성과를 능가하는 헛된 공상의 과정과 탐 욕에 의해서 무참하게 부서져버렸다. 1929년부터 1932년 사이에 증권 시장 이 붕괴함으로써 가격은 가차 없이 하락하고 생산은 중단되었으며, 그로 인하여 광범위한 실업 현상이 초래되었다.

그런 경제생활의 혼란은 전 세계에 파급되었다. 실업과 생산 쇠퇴에 직면 하여 전반적으로 무역은 위축되었다. 자국의 시장 보호를 위한 관세 제한 정책이 시행되었다. 전체적 위기는 통화의 장애 현상을 일으켰고, 국내 신 용을 마비시켰다. 그리하여 전 세계가 황폐화되고 실업 사태가 번져갔다. 그런 판국에 맥도널드의 노동당 정부는 선거 공약을 지킬 엄두도 내지 못했 으며, 오히려 1930년과 1931년 동안 100만 명이던 실업자가 300만 명으로 급증하는 사태에 직면했다. 미국에서는 1,000만 명이 일자리 없이 놀고 있다는 소식이 들려왔다. 프랑스의 전체 금융 시스템은 혼란에 빠져 일시적으로 붕괴 상태에 이르렀다. 재앙은 연이어 독일을 비롯한 유럽 각국을 덮쳤다. 그러나 영어 사용 국가들에서는 굶어죽은 사람은 없었다.

자본을 공격하는 정책에 기초한 행정부나 정당으로서는 영국과 같은 섬나라의 고도로 인위적인 경제에 중요한 영향을 미치는 안정과 신용을 유지하는 일은 항상 어렵다. 맥도널드 정부는 당면한 문제를 해결할 수 있는 능력이 전혀 없었다. 그들은 정당을 지휘하여 제대로 이끌 수도 없었으며, 재정의 균형을 맞추는 데에 필요한 활력을 만들지도 못했다. 그와 같은 조건에서 이미 소수파인데다 재정적 안정을 상실한 정부는 살아남기가 힘들었다.

그런 역경을 헤쳐나가지 못한 노동당의 실패와 영국의 금융 신용의 급작스러운 붕괴 그리고 자유당이 분열함으로써 건강한 힘의 균형 상태를 유지하지 못하고 거국연립내각이 들어서게 되었다[1931년/역주]. 모든 정당이 참여한 정부만이 위기를 극복할 수 있을 것 같았다. 맥도널드와 그가 임명한 재무장관은 애국적 충정에서 노동당 집단을 연립내각으로 바꾸고자 한 것이다. 맥도널드가 집권하고 있는 한 누가 어떤 직책을 맡든 상관하지 않았던 볼드윈은 맥도널드 휘하에서 기꺼이 일할 의사가 있었다. 그런 태도는 상당히 본받을 만함에도 불구하고 현실과 잘 부합하지 않았다. 로이드 조지는 아직도 수술 뒤 회복기에 있었으나 나이 탓에 건강 상태가 심각하여, 허버트 새뮤얼 경이 자유당을 이끌고 거국연립내각으로 들어갔다.

나는 연립내각 정부에 초대받지 못했다. 나는 인도 문제에 관해서 볼드윈으로부터 정치적 견제를 받았다. 나로서는 맥도널드 노동당 정부 정책의 반대자였다. 수많은 다른 사람들과 마찬가지로 나도 거국적 통합의 필요성을 느꼈다. 그러나 내가 거기서 배제되었다고 하여 놀라거나 서운해 하지 않았다. 정치적 위기가 계속 진행되는 동안 칸에 머물며 그림을 그리고 있었다. 참여 제안을 받았더라면, 내가 어떻게 했을지 말할 수는 없다. 있지도 않았던 불확실한 유혹을 논의하는 일은 쓸데없는 짓이다. 그러나 나는 정치적인 면에서 난처한 입장에 서게 되었다. 그때까지 내각의 각료 생활을 15년 동안이나 해왔고, 그뒤에도 무척 바빴다. 정치적 사건은 정치적 소문의 소용돌이에 빠져 있을 때에는 무척 흥미롭다. 나는 국가의 격변기에 내가 철저히 배제되었다는 이유로 결코 분개의 감정이나 고통을 느끼지는 않았다고 확언할 수 있다. 불편한 점은 있었다. 1905년 이래로 나는 의회의 첫째 줄의 각료석에 앉아 발언할 수 있는 이점을 누렸다. 그리고 듣는 사람들에게 수첩에 메모를 하도록 하며 내 말을 이끌어갈 수 있었다. 그러나 어느새 정부 관리석으로 가는 통로 아래쪽 좌석에서 내가 손에 수첩을 들고 말해야 하는 어려움을 감수할 수밖에 없었다. 또한 유명한 전직 각료들 사이에서 발언할 기회를 기다려야 했다. 다행히 나는 가끔 발언할 기회를 얻었다.

새로운 진용의 정부도 금융 위기를 종식시키지 못했다. 내가 해외에서 돌아왔을 때는 불가피한 총선을 앞두고 모든 것이 불안정한 상태였다. 유권자들의 심판은 영국다운 것이었다. 거국일치 내각은 노동당의 창설자인 램지 맥도널드의 영도 아래 구성되었다. 그들은 국민들에게 가혹할 정도의 내핍과 희생을 요구했다. 그것은 전쟁이나 생명의 위험에 대한 자극이나 필요성이 존재하지 않는 가운데 나온 "피와 노고와 눈물과 땀"의 예고편이었다. 가장 준엄한 경제 정책이 실행되어야만 했다. 모든 사람의 임금이나 월급이나 수입은 줄어들 수밖에 없었다. 국민 대중은 자기 부정의 체제를 위해서 투표하기를 요구받았다. 국민들은 영웅적 기질에 사로잡혔을 때 항상 그랬던 것처럼 똑같이 반응했다. 정부는 스스로 선언한 바에 위배되었지만, 금본위제도를 포기했다. 그리고 볼드윈은 1923년 당시 내각을 압박하여 얻은 미국에 대한 채무 상환을 연기할 수밖에 없었다. 그럼에도 불구하고 안정과 신용은 회복되었다. 새 행정부는 압도적 다수파가 되었다. 맥도널드 수상을 따르는 노동당 의원은 7, 8명에 불과했다. 그러나 거의 50명에 달하는 당내 반대파와 이전의 추종자가 의회에 복귀했다. 맥도널드의 건강과 권력은 급속도로 쇠퇴했다. 그는 점점 더 노쇠해가고 있었지만, 영국의 운명을 결정할 4년 동안 정상에서 통치했던 것이다. 그리고 바로 그 4년의 초반에 히틀러가 등장했다.

서나 국내 문제에서 독일인 특유의 경직되고 맹렬한 감정으로 서로 적대시하던 세력끼리 서로 힘을 합치지 않으면 안 된다고 느꼈다. 그런 한편 히틀러는 권력의 영역으로 진입하기 위해서는 어떠한 무력 수단도 사용할 준비가 되어 있었지만, 언제나 젊은 시절 조국에 대한 찬양과 충성을 불러일으켰던 독일의 위대하고 빛나는 영도력을 눈앞에 그리고 있었다. 따라서 히틀러와 국군이 서로 제휴하는 데에 필요한 조건은 자연스럽게 갖추어진 상황이었다. 군 수뇌부는 독일 국민의 수장으로서의 힌덴부르크를 계승할 가능성이 있는 유일한 인물인 히틀러야말로 나치 당의 힘 그 자체라는 사실을 서서히 깨닫게 되었다. 히틀러 진영에서도 독일 재건을 위한 계획을 수행하려면, 국군의 지도적 엘리트 계층과 동맹해야 한다는 것이 불가피하다는 것을 알고 있었다. 마침내 타협이 이루어졌고, 독일군 지도자들은 결국 히틀러를 독일 제국의 수상으로 인정할 수밖에 없게 될 것이라고 힌덴부르크를 설득하기에 이르렀다. 그리하여 히틀러는 나치 돌격대의 활동을 축소하는 동시에 궁극적으로 필요한 경우에는 해체하는 데까지 동의하게 되었고, 독일 지배 세력의 충성과 행정권과 확실한 국가 원수의 승계권을 확보하게 되었다. 하사는 한순간에 정상에 우뚝 선 것이다.

그러나 내부적으로는 심각한 분규가 있었다. 독일 내부 세력의 최고 기관을 구성하는 열쇠가 국군 총참모본부에 있었다면, 그 열쇠를 장악하려는 손은 여러 개가 존재했다. 쿠르트 폰 슐라이허 장군은 미묘하고도 때로는 결정적인 영향력을 행사하고 있었다. 그는 장차 군부를 지배하게 될 잠재적 그룹의 정치적 스승이었다. 그는 모든 영역과 당파로부터 경계의 대상이었으며, 총참모본부 내부의 공식 정보 이외에도 일반적으로 군인으로서는 접근하기 어려운 풍부한 지식을 확보한 능란하고 유능한 정치인으로 인식되었다. 슐라이허는 이미 오랫동안 나치 운동의 심각성을 깨닫고 그것을 저지하고 통제할 필요성을 느끼고 있었다. 그런가 하면 다른 한편으로는, 규모가 커져가는 돌격대 사병 집단을 통한 무서운 폭동 정치도 총참모본부의 간부들에 의해서 적절히 존중되기만 한다면, 독일의 위대함을 다시 드러냄은 물론 어쩌면 자기 자신의 위대함을 구축하는 무기로 삼을 수 있으리라고 생각했다. 슐라이허는 그런 의도로 1931년 한 해 동안 룀과 함께 비밀리에 음모를 꾸미기 시작했다. 거기에는 주요한 이중의 작업이 진행되고 있었다. 총참모본부는 히틀러와 교섭을 계속했고, 그와 동시에 슐라이허는 히틀러의 핵심 참모이면서 라이벌로 자처하는 룀과 손을 잡고 개인적 음모를 도모했던 것이다. 슐라이허와 나치 당, 특히 룀과의 접촉은 3년 뒤 히틀러의 지시로 둘 모두 총살당할 때까지 계속 이루어졌다. 그 결과 정치적 상황은 물론 살아남은 자들의 입지까지 간명하게 정리되었다.

★ ★ ★ ★ ★

그 사이에 독일은 경제적 눈보라에 휩쓸릴 차례가 되었다. 미국 은행들은 증가하는 국내의 금융 수요에 직면하여 독일에 대한 방만한 대출 확대를 거부했다. 그 결과 독일은 공장이 문을 닫는 사태가 속출했고, 평화로운 국가 재건의 기초가 되었던 수많은 기업은 급격하게 도산했다. 1930년 겨울, 독일의 실업자 수는 230만 명에 이르렀다. 연합국은 원대하고 호의적인 배상금 감축안을 제안했다[미국의 배상위원 영에 의해서 1929년 파리에서 제안되었다/역주]. 그때 외무부 장관 슈트레제만—지금은 고인이 되었다—은 조약에서 정한 기한보다 훨씬 앞당겨 라인란트 지역에서 연합군이 철수한다는 약속을 얻어냈는데, 그것이 그로서는 마지막 성공이었다.

독일 국민은 승전국의 상당한 양보에는 거의 무관심했다. 시기적으로 조금 빨랐다거나 아니면 보다 좋은 여건 아래에서였더라면, 승전국의 양보는 화해를 향한 큰 진전으로 그리고 진정한 평화의 회복으로 갈채를 받았을 것이다. 그러나 독일 국민에게 끊임없이 엄습하는 공포는 이제 실업이었다. 마르크화의 폭락으로 중산층은 이미 파산하여 자포자기 상태가 되었다. 슈트레제만의 국내 정치 입지는 긴박한 국제 경제 사정에 따라 흔들렸으며, 히틀러의 나치 당과 대자본가들의 맹공에 결국 몰락의 길을 걷게 되었다. 1930년 3월 28일, 가톨릭 중앙당의 당수 브뤼닝이 수상이 되었다. 브뤼닝은 베스트팔렌 출신의 가톨릭 교도로서, 근대 민주주의의 형식에 가려진 과거의 독일을 재창조하려는 애국자였다. 그는 전쟁을 위한 공업 재건 계획을 지속적으로 수행했다. 점점 더 악화되어가는 혼란의 와중에서 재정적 안정을 확보하기 위한 싸움도 해야만 했다. 공무원의 수와 월급을 삭감하겠다는 그의 경제 정책안은 인기가 없었다. 분노의 물결은 점차 더 높아져갔다. 그는 힌덴부르크 대통령의 지지를 얻어 정부에 적대적이었던 의회를 해산하고, 1930년의 총선에서 다수당의 지위를 차지했다. 그는 되살아나기 시작한 폭력적이며 타락한 국가주의자의 선동에 대항하여 옛 독일의 잔존 세력을 결집시키기 위한 가시적인 마지막 노력을 시도했다. 자신의 목적을 달성하기 위해서 그는 무엇보다 힌덴부르크 대통령의 재선을 확실하게 하지 않으면 안 되었다. 브뤼닝은 새롭고 확실한 해법에 기대를 걸었다. 그는 오직 황제의 복위에 의해서만 독일의 평화와 안전과 영광을 얻을 수 있다고 생각했다. 그런데 만약 대통령에 재선될 경우 노령의 원수 힌덴부르크가 자신의 사후에 부활하게 될 군주제를 위하여 일종의 섭정으로 마지막 임기를 수행하도록 브뤼닝은 그를 설득할 수 있었을 것인가? 그 전략이 만약 성취되었더라면, 이미 히틀러가 거침없이 향하고 있었던 독일의 최고 국가 권력의 공백을 메울 수 있었을 것이다. 어떤 상황에서도 그것은 옳은 길이었다. 그러나 브뤼닝이 독일을 어떻게 그 길로 이끌어 갈 수 있었을 것인가? 히틀러 쪽으로 기울고 있던 보수 진영을 그는 빌헬름 황제를 복위시킴으로써 자기 편으로 되돌릴 수 있을 터였다. 그러나 사회민주당이나 노동조합은 늙은 황제나 황태자의 복귀를 용납하지 않았을 것이다. 브뤼닝의 구상은 또 하나의 제국을 창건하는 것이 아니었다. 그는 영국식의 입헌군주제를 원했다.

황태자의 아들 중 한 사람이라면 적합한 후보자가 될 수 있으리라고 생각했다.

1931년 11월, 브뤼닝은 힌덴부르크에게 자신의 계획을 밝혔다. 그 계획은 모두 힌덴부르크의 마음에 달려 있었다. 늙은 원수의 반응은 격하면서도 특이했다. 깜짝 놀라면서 적대적 감정을 드러냈다. 그는 스스로 자신을 황제의 신탁자 이외의 아무것도 아니라고 말했다. 따라서 다른 어떤 해결 방식도 자신의 영예로운 군 경력에 대한 모독이 될 뿐이라는 것이었다. 그가 충성을 바칠 수 있는 군주제의 개념은 황족들 중에서 황제를 선택하는 방식과 맞지 않았다. 권력의 정통성이 훼손되어서는 안 된다는 것이었다. 독일은 빌헬름 2세의 복귀를 허용하지 않기 때문에, 남은 사람은 힌덴부르크 자기밖에 없다는 것이었다. 그런 주장을 하며 그는 꼼짝도 하지 않았다. 늙은 원수에게 타협이란 없었다! "나는 미동도 하지 않겠다." 브뤼닝은 노령의 퇴역 장군과 격론을 벌였는데, 어쩌면 지나칠 정도로 긴 논쟁이었다. 수상은 강경한 입장이었다. 만약 힌덴부르크가 비록 정공법은 아닐지라도 군주제 해결 방안을 수용하지 않을 경우에는 틀림없이 혁명적인 나치 당의 독재가 출현할 것이기 때문이었다. 끝내 그들은 의견의 일치를 보지 못했다. 그러나 브뤼닝으로서는 힌덴부르크의 마음을 돌릴 수 있든 없든 간에, 적어도 독일이 직면한 정치적 붕괴를 방지하기 위해서는 그를 대통령으로 재선시키는 일이 절대적으로 필요했다. 브뤼닝의 계획은 첫 단계에서는 성공을 거두었다. 1932년 3월의 대통령 선거에서 힌덴부르크는 2차 투표까지 벌인 끝에 경쟁자였던 히틀러와 공산주의자 텔만을 누르고 다시 대통령에 당선되었다. 독일의 경제 상황과 유럽과의 관계는 해결해야 할 당면 과제였다. 제네바에서는 군축 회의가 진행되었고, 히틀러는 베르사유 체제에서 당한 독일의 굴욕에 저항하는 소란스러운 투쟁을 전개하기 시작했다.

브뤼닝은 심사숙고 끝에 조약의 광범위한 개정안 초안을 만들었다. 그리고 1932년 4월에 제네바로 갔는데, 기대하지 않은 환대를 받았다. 브뤼닝과 맥도널드, 미국의 스팀슨 그리고 노먼 데이비스가 회담하는 가운데 협상이 타결될 것처럼 보였다. 그 협상은 여러 가지 유보된 해석을 조건으로 하는 독일과 프랑스의 "군비 균형"의 원칙을 특별한 기초로 하고 있었다. 뒤의 각 장에서 설명하겠지만, 그러한 원칙의 토대 위에서 평화를 구축할 수 있으리라고 상상한 것은 실로 놀라운 일이다. 결정적으로 중요한 그런 문제에서 전승국들이 양보한다면, 브뤼닝은 궁지에서 빠져나올 수 있을 것이었다. 그리고 유럽의 회복을 위해서 독일의 배상 의무를 백지화하는 다음 단계로 나아갈 수 있을 터였다. 그러한 방식의 해결은 당연히 브뤼닝의 개인적 지위를 대성공을 거둔 정치인으로 격상시켰을 것이다.

미국의 무임소 대사 노먼 데이비스는 프랑스 수상 타르디외에게 전화를 걸어 즉시 파리에서 제네바로 와달라고 했다. 그러나 브뤼닝에게는 불운이었지만, 타르디외는 다른 정보를 접하고 있었다. 베를린에서 동분서주하고 있던 슐라이허가 브뤼닝의 실각이 목전에 다가와 있기 때문에 그와 절대 교섭하지 말 것을 프랑스 대사에게 막 경고하고 난 직후였던 것이다. 타르디외는 "군비 균형"의 방식으로는 프랑스의 군사적 지위가 걱정스러울 수밖에 없었을 것이다. 어쨌든 타르디외는 제네바로 가지 않았고, 5월 1일에 브뤼닝은 베를린으로 돌아갔다. 그런 상황에서 빈손으로 귀국하는 것은 브뤼닝에게는 치명적이었다. 독일 국내의 경제적 파국을 막기 위해서는 단호하고 필사적인 수단이 요구되었다. 그런데 인기를 잃은 브뤼닝 정부는 그러한 수단을 강구하는 데에 필요한 힘이 없었다. 브뤼닝은 5월 한 달 동안 그럭저럭 버티고 있었는데, 그 사이에 프랑스 의회의 변화무쌍한 정국 속에서 타르디외가 에리오로 교체되었다.

프랑스의 새 수상은 제네바 회담에서 접근한 방식에 대해서 토론할 용의가 있다고 선언했다. 베를린 주재 미국 대사는 독일 수상을 재촉하여 한시

라도 빨리 제네바로 가도록 하라는 지시를 받았다. 브뤼닝은 그런 내용의
메시지를 5월 30일 아침에 받았다. 그러나 이미 슐라이허의 세력이 승리를
거둔 뒤였다. 힌덴부르크는 벌써 설득당하여 수상을 해임하려던 참이었다.
그런 일들이 전개되고 있던 바로 그날 아침, 온갖 희망과 무신경한 언사가
가득 찬 미국의 초청장을 받은 브뤼닝은 자신의 운명이 결정되었다는 사실
을 알았다. 그는 그날 정오 무렵에 해임을 통보받기 전에 먼저 사임을 발표
했다. 독일 국민이 안정적이고 문명화한 헌법을 향유하게 되고 인접 국가들
과 교류할 수 있도록 평화적 통로를 열었을지도 모르는 전후 독일의 마지막
정부는 그렇게 종말을 고했다. 슐라이허의 음모와 타르디외의 지체만 없었
더라면, 연합국의 제안은 브뤼닝을 확실하게 구했을 것이다. 그 제안은 바
로 뒤이어 다른 체제의 다른 사람들과 토의하지 않으면 안 될 운명이었다.

제4장

메뚜기의 시절*
1931-1933년

1931년 총선의 결과로 탄생한 영국 정부는 겉으로 보기에는 가장 강력한 것 같았지만, 실제로는 영국 역사상 최약체의 내각이었다. 수상 램지 맥도널드는 좌우 양쪽 진영으로부터 극도의 고통을 당하면서 자신의 생애를 바쳐 만든 노동당을 떠났다. 그 뒤로 그는 명목상으로는 거국내각이었으나, 실제로는 압도적인 보수파 일색이었던 정부의 수반으로서 무기력하게 속앓이를 하는 처지가 되었다. 볼드윈은 권력이라는 형식보다는 실질을 택하여 배후에서 냉정하게 영향력을 행사했다. 외무부 장관은 자유당의 지도자 중 한 사람인 존 사이먼 경이 맡았다. 국내 행정의 주요 업무는 조만간 재무부 장관에 취임하게 되는 네빌 체임벌린이 처리했다. 재정 위기에 대처한 정책의 실패로 비난을 받은 노동당은 극단적 평화주의자 조지 랜스버리가 이끌었다. 1931년 8월부터 1935년 11월까지, 바로 그런 영국 정부가 존속한 4년 3개월 동안 유럽 대륙의 모든 상황은 완전히 바뀌었다.

★ ★ ★ ★ ★

그 동안 독일은 전국이 소란스러웠으며 대형 사건이 잇따랐다. 브뤼닝에 이어 수상이 된 파펜과 최고위 정치인 슐라이허는 온갖 지략을 다하여 독일

---

* 4년 뒤, 성서에 정통한 국방조정장관 토머스 인스킵은 자신이 처했던 그 음울한 시기를 표현하면서 그 구절을 인용했다. "메뚜기가 모두 먹어 치워버린 시절"(「요엘서」 제2장 25절).

을 통치하려고 했다. 그러나 그러한 술수의 시대는 이미 지나갔다. 파펜은 힌덴부르크 대통령 측근과 의회의 극우 국가주의자들의 힘을 빌려 독일을 통치하려고 했다. 7월 20일에 그는 결정적인 행동에 나섰다. 프로이센의 사회당 정부를 강압적으로 물러나게 한 것이다. 그러나 파펜의 정적도 권력에 대한 욕망이 강했다. 슐라이허는 독일을 움직이는 것은 새롭게 부상하는 권력과 아돌프 히틀러라는 이름의 배후에서 독일 정계를 강습하는 숨은 세력이라고 추측했다. 그는 히틀러의 운동을 바이마르 국군이 마음대로 다룰 수 있는 도구로 삼으려고 했으며, 그렇게 함으로써 양자 모두를 자신의 지배권 아래에 두려고 했다. 그리하여 1931년부터 시작된 슐라이허와 나치 돌격대장 룀의 접촉은 그 다음해에 슐라이허와 히틀러의 보다 명확한 관계로 발전했다. 권력을 향한 두 사람의 앞길에 방해가 되는 것이라곤 오직 파펜과 파펜에 대한 힌덴부르크의 신뢰뿐이었다.

1932년 8월, 히틀러는 힌덴부르크 대통령의 사적인 부름을 받고 베를린으로 갔다. 일보 전진의 시기가 임박한 것 같았다. 히틀러의 뒤에는 1,300만 명의 독일 유권자가 있었다. 원하기만 하면 그는 최상층부의 중요한 자리를 차지할 수 있었다. 그때 히틀러의 지위는 마치 로마 진군 전날 밤의 무솔리니와 비슷했다. 그러나 파펜은 최근에 이탈리아에서 일어난 일 따위에는 관심을 두지 않았다. 그는 힌덴부르크의 지원을 받고 있었기 때문에 사직할 의사는 조금도 없었다. 늙은 원수는 히틀러를 만났으나, 별로 인상적이지 못했다. "이 친구가 수상감이라고? 난 차라리 우체국장을 시켜 내 얼굴이 있는 우표딱지나 혀로 핥게 하고 싶군." 권력의 상층부에서 히틀러에게는 그의 정적들이 가지고 있는 것과 같은 세력이 없었다.

방대한 규모의 전국 유권자들은 불안 속에서 동요했다. 1932년 11월, 그 해에만 다섯 번이나 선거를 독일 전역에서 치렀다. 나치 당의 세력은 감소하여 230석의 의석이 196석으로 줄어들었으며, 반면 공산당이 결정권을 쥐게 되었다. 이제 권력의 협상에서 히틀러의 힘은 약해졌다. 어쩌면 슐라이허 장군은 히틀러 없이도 일을 진행할 수 있을 것 같았다. 힌덴부르크의 측근들로부터 호감을 사기도 했다. 11월 17일에는 파펜이 사임했고, 그 뒤를 이어 슐라이허가 수상 자리에 올랐다. 새 수상은 공개적으로 권력의 정점에 나타나기보다는 국면의 배후에서 사태를 조종하기를 좋아하는 것 같았다. 그는 너무나 많은 사람들과 다투었다. 히틀러는 파펜과 국가주의자들과 손을 잡고 슐라이허와 싸웠다. 공산당원들은 나치당원들과 거리에서 싸우고 스트라이크를 일으켜 정부에 저항하며 슐라이허의 통치를 어렵게 만들었다. 파펜은 자신의 개인적 영향력을 힌덴부르크 대통령에게 행사할 수 있었다. 그렇다면 히틀러를 달래서 국정에 대한 책무를 떠맡게 하는 것이 사태를 해결하는 최선의 방법이 아니었을까? 마침내 힌덴부르크가 결국 마지못해 동의했다. 1933년 1월 30일, 아돌프 히틀러는 독일 수상이 되었다.

새 질서에 비호의적이지 않거나 저항하는 사람들은 곧 독재자의 손길을 감지했다. 2월 2일에 독일 공산당의 모든 집회와 시위가 금지되었으며, 독일 전역에서 공산당의 비밀 무기 색출 작업이 시작되었다. 사태는 1933년 2월 27일에 이르러 절정에 다다랐다. 국회의사당 건물이 화염에 휩싸였다. 나치스 돌격대, 친위대 그리고 그 보조 단체들이 모두 소집되었다. 하룻밤 사이에 공산당 중앙위원을 포함하여 4,000명을 체포했다. 모든 조처는 프로이센 내무장관 괴링에게 일임되었다. 그것은 다가올 총선거에 대한 예비 작업이었으며, 새 체제에 가장 위협적인 공산당의 패배를 노린 것이었다. 선거운동을 위한 조직 임무는 괴벨스가 맡았는데, 그는 전술도 열정도 모두 부족했다.

그러나 독일 내부에는 여전히 히틀러주의에 대해서 못마땅해 하거나, 완강히 거부하거나 또는 적극적으로 적대감을 표시하는 세력이 많았다. 복잡한 상황에서 어찌할 바를 모르는 많은 사람들의 표에 힘입어 공산당은 81

석, 사회당은 118석, 중앙당은 73석, 파펜과 후겐베르크 휘하의 히틀러 지지의 국가주의자 연합은 52석을 얻었다. 취약한 우익 중도파는 33석의 의석을 얻었다. 나치스는 1,730만 표를 얻어 모두 288석을 차지했다. 선거의 결과로 히틀러와 그를 지지하는 국가주의자 연합은 의회를 지배하게 되었다. 바로 그와 같은 방식으로 수단과 방법을 가리지 않은 끝에 히틀러는 독일 국민 다수의 지지를 확보했다. 문명국가의 정상적인 의회 정치체제에서는 그 정도의 다양한 소수당들이라면 엄청난 영향력과 비중을 가졌을 것이다. 그러나 이제 나치의 새 독일에서는 소수파에게는 아무런 권리도 없다는 사실을 알게 될 터였다.

1933년 3월 21일, 히틀러는 프리드리히 대왕 묘지 바로 가까이에 있는 포츠담의 개리슨 교회에서 독일 제3제국의 첫 국회를 열었다. 교회 본당에는 여전히 독일의 힘을 상징하는 국군의 대표와 부활하는 독일의 새 인물인 SA와 SS의 고급 장교들이 함께 앉았다. 3월 24일, 국회의 다수파는 반대파를 압박하고 겁박하여 4년 동안 비상대권을 히틀러에게 부여하는 법안을 찬성 441대 반대 94로 확정했다. 표결 결과가 발표되자, 히틀러는 사회당 의석을 돌아보며 외쳤다. "이제 당신들은 내게 더 이상 필요없어."

선거 열풍이 절정에 달했을 때 의기양양한 나치스의 행렬은 베를린 시가지를 누비며 그들의 지도자에게 이교도적인 충성을 맹세했다. 그것은 독일인이 아닌 사람들, 특히 패전의 고통을 맛보지 못한 이방인들은 이해할 수 없는 기나긴 투쟁의 결과였다. 아돌프 히틀러는 마침내 목표점에 도달했다. 그러나 그는 혼자가 아니었다. 히틀러는 패배의 심연으로부터 어둠의 야만적인 분노를 분출시킨 것이었다. 그것은 유럽에서 가장 수가 많으면서 가장 충성심이 깊고, 그러면서 무모하고 모순적인 불행한 민족의 잠재되어 있던 분노였다. 그는 자기 자신이 사제이자 화신이었던 몰렉, 모든 것을 삼켜버리며 희생을 요구하는 신 몰렉의 공포의 우상을 불러낸 것이었다. 증오와 폭정의 형태로 펼쳐지고 이제 완성의 단계에 이르는 데에 수단이 된 상상을 초월하는 야만성과 악행은 여기에서 기술하려는 목적의 범위 속에 들어 있지 않다. 단지 독자들에게 아직 세계가 알지 못하는 가운데 일어났던 무서운 새 사실을 알리는 것이 이 글을 쓰는 목적이라면, 그것은 필요할 수 있을 것이다. 그것은 바로 **히틀러 치하의 독일, 무장하고 있는 독일**에 관한 이야기이다.

★ ★ ★ ★ ★

독일에서 극심한 변화가 일어나고 있는 동안, 맥도널드-볼드윈 내각은 재정 위기 때문에 이미 적정 수준으로 유지하고 있는 군비를 일정 기간 동안 다시 엄격하게 축소하고 제한하려는 움직임을 보였다. 그리고 유럽의 불안한 징후에 대해서는 눈을 감고 귀를 막고 있었다. 베르사유 조약에 의해서 패전국에 강요한 것과 동일한 수준으로 전승국의 군비를 축소하려고 열정을 쏟는 가운데, 맥도널드와 그의 보수당 그리고 자유당의 동료들은 국제연맹과 그밖의 가능한 모든 길을 통해서 목적 달성에 필요한 여러 가지 방안을 제시하며 압박했다. 프랑스는 여전히 정세가 만성적으로 동요하고 있었고 또 특별히 중요한 요인이 없이 계속 변화하고 있었지만, 프랑스와 그 연합국이 생존하는 데에 필수불가결의 핵심으로 생각하는 프랑스 군대에 완강하게 매달려 있었다. 영국과 미국은 그런 태도를 비난했다. 영미의 언론과 여론의 목소리는 현실에 근거한 것은 아니었지만, 반대 기류가 아주 강했다.

영국 정부의 태도에 힘입어 독일 정부는 대담해졌다. 그들은 영국의 그런 태도가 사회공동체의 민주적 의회정치 형태를 북유럽 인종에게 강요함으로써 드러난 근원적 약점과 내면적 퇴폐에 기인하는 것으로 생각했다. 히틀러의 모든 국가적 운동을 배경으로 독일은 오만해졌다. 1932년 7월, 독일 대표단은 서류를 챙기더니 군축회의에서 탈퇴해버렸다. 그들을 달래서 복귀시키는 것이 전승 연합국의 주요한 정치적 과제가 되었다. 지속적인 영국의 심각한 압박 속에서 프랑스는 11월이 되자 "에리오 안(Herriot Plan)"으로 불리는 다소 공정하지 못한 제안을 했다. 그 안의 핵심은 제한된 수의 단기 복무병으로 유럽 방위군을 재편성하되, 지위의 동등은 인정하지만 반드시 힘의 동등까지 허용하지는 않는다는 것이었다. 사실 원론적으로 말하면, 지위의 동등을 허용하면 결국 힘의 동등은 뒤따라오게 마련이다. 따라서 연합국은 독일에 대하여 "모든 국가의 안전보장을 위한 체계 내에서의 권리의 동등"을 제안했다. 현실성이 결여된 성격의 안전보장 아래에서 프랑스는 그 의미 없는 방식을 받아들이지 않을 수 없었다. 독일은 군축회의에 복귀하기로 했다. 이런 결과는 평화를 향한 괄목할 만한 승리로 환영받았다.

호평 분위기에 편승하여 영국 정부는 1933년 3월 16일자로 그 창안자와 발안자의 이름을 딴 "맥도널드 안(MacDonald Plan)"을 내놓았다. 프랑스의 단기복무병 안—맥도널드 안의 경우 복무 기간은 8개월—을 출발점으로 삼아 각국에 정확한 병력의 수를 할당하는 내용이었다. 프랑스는 평시의 병력을 50만에서 20만으로 감축해야 하고, 반면 독일은 그와 동등한 수준으로 증가시킬 수 있었다. 당시에 독일 육군은 매년 계속해서 신병으로써 공급할 수 있는 훈련된 예비 병력을 충분히 보유하고 있지 못했다. 그러나 열성적인 지원병은 100만 이상에 달했는데, 일부는 군수 시설로 전환 가능한 공장이나 이미 전환된 공장에서 생산한 최신식 무기로 무장했다. 결과는 전혀 예상 밖이었다. 이제 수상이자 전체 독일의 주인으로서 정권을 장악하자 곧 병영이든 공장이든 모두 거국적으로 전력 매진할 것을 명령한 히틀러는 자기 지위의 견고함을 깨달았다. 그는 자신에게 강요된 비현실적인 제안을 굳이 상대하려고 하지 않았다. 경멸하는 듯한 제스처로 독일 정부에게 군축회의와 국제연맹에서 모두 탈퇴하도록 지시했다.

그런 불길한 조짐의 시기에 각각 자국 의회의 의견을 반영했음에도 불구

국민의 생활비는 지속적으로 증가했다. 쌀 생산량은 정체 상태였고, 수입 가격은 비쌌다. 원자재와 해외 시장에 대한 요구는 절실해졌다. 무서울 정도의 심각한 불경기의 압박 속에서 영국과 그밖의 40개국은 시간이 흐름에 따라서 점점 더 유럽이나 미국과는 전혀 다른 노동 조건 아래에서 생산되는 일본 상품에 대해서 수입 제한이나 관세 부과로 대응할 필요성을 강하게 느꼈다. 중국은 여느 때와 달리 일본의 면직물과 다른 공산품의 중요한 수출 시장이었으며, 동시에 거의 유일한 석탄과 철의 공급원이었다. 따라서 중국을 지배해야 한다는 새로운 주장은 일본 대외정책의 핵심이었다.

1931년 9월, 일본은 국지적 혼란을 구실로 선양과 만주철도 노선 인접 지역을 점령했다. 그리고 1932년 1월에는 반일 성향의 모든 중국인 단체의 해산을 요구했다. 중국 정부는 거부했고, 그러자 일본은 1월 28일에 상하이 조계지(租界地)의 북쪽을 점령했다. 중국은 용감하게 저항했다. 비록 항공기나 대전차포는 물론 그밖의 어떠한 현대식 무기도 없었지만 한 달 이상 버텼다. 그러나 엄청난 손실을 입은 뒤 2월 말에 이르러 우쑹 만의 요새에서 철수하지 않을 수 없었고, 내륙 약 20킬로미터 지점에 진지를 구축했다. 1932년 초 일본은 만주에 괴뢰정부를 세웠다. 1년 뒤에는 러허성을 만주국에 병합시켰고, 일본군은 무방비 지역을 깊숙이 침투하여 만리장성에까지 다다랐다. 그런 침략 행위는 극동에서 성취한 일본의 세력 신장과 대양에서 획득한 일본 해군의 새로운 지위에 상응하는 것이었다.

일본의 중국에 대한 도발은 그 첫 번째 총탄에서부터 미국의 강력한 반감을 불러일으켰다. 그러나 미국의 고립주의 노선은 미국과 일본 양쪽을 서로 무관심하게 만들었다. 만약 미국이 국제연맹 회원국이었다면, 틀림없이 총회를 소집하여 일본에 대한 공동 조치를 취했을 것이며, 미국 스스로 국제연맹의 주요 위임통치국이 되었을 것이다. 영국 정부는 오직 미국 한 국가와만 함께 행동하기를 원하지 않았다. 동시에 영국은 국제연맹 규약이 요구하는 범위를 벗어나서 일본과 적대 관계에 빠지고 싶지도 않았다. 영국의 일각에서는 일본과의 동맹 관계가 깨어지고 그 결과로 영국이 극동에서 오랜 세월 동안 확립해온 이해관계와 관련하여 영국의 지위가 약화되는 데에 회한의 감정을 드러내기도 했다. 영국 정부가 중대한 재정적 곤란과 악화하는 유럽의 사태에 직면하면서, 유럽에서의 미국의 지원 가능성 없이는 극동에서 미국의 편에 서서 중요한 역할을 감당하지 않으려고 했다는 이유로 비난 받을 일은 아니었다.

중국은 국제연맹의 회원국이었다. 중국은 비록 연맹에 회비도 납부하지 못했지만, 일본의 침략 행위를 제소했다. 1931년 9월 30일, 국제연맹은 일본에게 만주에서 병력을 철수하도록 요구했다. 12월에는 현지 조사를 실시할 위원회가 만들어졌다. 국제연맹은 위원장으로 영국의 명문 집안의 후손인 리튼 백작을 위촉했다. 그는 벵골 총독과 인도 총독 대리를 역임하면서 동양에서 수년간 경험을 쌓아온 인물이었다. 리튼 조사단이 의견을 일치하여 작성한 보고서는 아주 주목할 만한 문서였다. 중국과 일본 사이의 분쟁에 대한 진지한 연구를 하는 데에 기본이 되는 내용이었다. 민주사변에 관련된 모든 배경이 상세하게 설명되어 있었다. 보고서의 결론은 단순했다. 만주국은 일본 육군참모본부가 인위적으로 만든 것이며, 그러한 괴뢰정부를 수립하는 데에 주민의 희망은 조금도 고려되지 않았다는 내용이었다. 리튼 경과 그의 조사단원들은 보고서에서 현지의 상황을 분석했을 뿐만 아니라, 국제적 해결을 위한 구체적 방안을 제시했다. 그것은 만주의 자치를 위한 선언이었다. 국제연맹의 보호 아래 만주는 중국의 일부로 남고, 만주에서 중국과 일본 사이의 이해관계를 조정하는 포괄적인 조약을 체결할 것을 권고했다. 국제연맹이 그 제안을 실행에 옮기지 못했다고 해서 결코 리튼 조사단 보고서의 가치를 손상시키지 않는 것은 아니었다. 1933년 2월에 국제연맹은 만주국을 승인할 수 없다고 선포했다. 일본에 대해서는 아무런 제재도 가하지 않았고, 다른 어떠한 조치도 없었다. 그러나 일본은 국제연맹을 탈퇴했다. 독일과 일본은 제1차 세계대전에서는 서로 반대편이었으나, 이제는 사뭇 다른 심경에서 마주보며 접근하게 되었다. 국제연맹의 도덕적 권위라는 것이 결국 국제연맹의 활동과 힘을 가장 필요로 하는 순간에 아무런 도움도 줄 수 없다는 사실을 보여주었다.

★ ★ ★ ★ ★

우리는 그 결정적 시기에 나타난 보수당을 중심으로 한 영국 정부의 행동뿐만 아니라, 입각했든 하지 않았든 노동당과 자유당 사람들의 행동까지 모두 역사 앞에서 통렬히 비난받아 마땅하다고 평가하지 않을 수 없다. 영국의 거국내각의 두 지도자는 지성적 힘이 명백히 부족했다. 그들은 듣기좋은 평범한 말에 즐거워하지만 불쾌한 현실과 마주하기를 거부하고, 중대한 국익을 무시한 채 대중적 인기와 선거의 승리만을 갈망하고, 평화에 대한 순진한 사랑과 사랑만이 평화의 유일한 토대가 될 수 있다는 감상적 신념을 지니고 있었다. 볼드윈은 유럽 정세에 무지했으며, 유럽의 문제라면 아예 싫어했다. 노동당은 강렬하고 격정적인 평화주의에 지배되어 있었고, 자유당은 다소 현실로부터 유리된 감상에 빠져 있었으며, 지난 제1차 세계대전의 지도자 로이드 조지는 자신의 업무의 연속성을 유지하는 데에 실패했을 뿐만 아니라 그 이상으로 태만했으며, 그 모든 행위는 상하 양원에서 압도적 다수의 지지를 받았다는 것이었다. 그 모든 것은 영국의 우매함과 무기력을 그대로 나타내는 실상이었다. 그것은 교묘한 악의는 없었지만 죄악의 책임을 면하기는 어려웠을 뿐만 아니라, 사악함이나 나쁜 음모가 숨겨져 있지는 않았지만 우리가 아는 바로는 인류의 경험에서 일찍이 그 유례를 찾아볼 수 없는 공포와 불행을 전 세계에 쏟아놓는 데에 결정적 역할을 하게 되었다.

제5장

음울한 광경

1934년

1933년 히틀러의 수상 취임을 로마에서는 그다지 열렬히 받아들이지 않았다. 나치즘을 파시즘의 조악하고 야만적인 변형으로 간주했던 것이다. 오스트리아와 동남부 유럽까지 진출하려는 대독일의 야심은 이미 잘 알려진 사실이었다. 무솔리니는 새 독일이 관심을 가지고 있는 지역은 이탈리아의 이해관계가 걸린 지역과는 중첩되지 않을 것이라고 예상했다. 그의 예상을 확인하는 데에는 그리 긴 시간이 필요하지 않았다.

독일의 오스트리아 병합은 히틀러가 가장 집착하고 있던 꿈이었다. 『나의 투쟁』의 첫 페이지에 이런 문장이 있다. "독일계의 오스트리아는 반드시 모국 대독일로 돌아와야 한다." 따라서 1933년 1월, 권력을 장악한 바로 그 순간부터 독일의 나치 정부는 빈을 주목하기 시작했다. 이미 무솔리니가 오스트리아에 대한 관심을 대대적으로 공언한 바 있었기 때문에, 히틀러로서는 무솔리니와 충돌할 수 있는 사정은 아니었다. 아직 독일은 군사력이 취약했기 때문에 침투나 지하활동만을 신중하게 고려해야 했다. 그럼에도 불구하고 처음 몇 개월 동안 오스트리아에 대한 압박이 시작되었다. 오스트리아 정부에 대해서 독일 나치 당에 종속된 오스트리아 나치 당 당원을 내각이나 행정부의 요직에 앉힐 것을 끊임없이 요구했다. 오스트리아 나치 당원들은 독일 바이에른 주에서 결성된 오스트리아 부대에서 훈련을 받았다. 철도와 관광 중심지에서 폭발물이 터지고, 독일 비행기가 잘츠부르크와 인스부르크 상공에서 유인물을 마구 뿌려대는 바람에 오스트리아의 일상생활은 평온을 잃었다. 오스트리아 수상 돌푸스는 내부적으로는 사회주의자들의 공격으로부터, 외부적으로는 오스트리아 독립에 반대하는 독일의 계획에 의해서 압박을 받았다. 오스트리아에 대한 위협은 그것에 그치는 것이 아니었다. 독일의 같은 패거리의 악행을 본떠서 오스트리아 사회당원들은 투표에 의한 결과를 뒤집기 위해서 사병을 조직했다. 그 모든 위기가 1933년 한 해 동안 돌푸스에게 닥쳤다. 그가 구원을 요청할 만한 유일한 곳이자 이미 지원 약속을 받고 있었던 곳은 이탈리아의 파시스트 당이었다. 그 해 8월, 돌푸스는 리치오네에서 무솔리니를 만났다. 그 만남을 통해서 두 사람은 개인적이며 정치적으로 긴밀한 상호 이해가 이루어졌다. 이탈리아가 간섭하지 않으리라고 확신한 돌푸스는 그것으로 그의 두 적대 세력 중의 하나인 오스트리아 사회당에 대해서는 충분히 대처할 수 있다고 생각했다.

1934년 1월, 무솔리니의 핵심 외교 고문이었던 수비치가 독일에 대한 경고의 의미로 빈을 방문했다. 그리고 이탈리아는 오스트리아의 독립을 지지한다는 사실을 공개적으로 밝혔다. 그로부터 3주일 뒤 돌푸스 정부는 빈의 사회당 조직에 대해서 행동을 개시했다. 돌푸스 세력에 속한 파이 소령 휘하의 민병대는 오스트리아 사회당이 조종하는 비합법 단체를 무장해제하는 임무를 부여받았다. 오스트리아 사회당은 강경하게 저항했고, 마침내 2월 12일 빈에서 시가전이 벌어졌다. 사회당 병력은 몇 시간 만에 궤멸되었다. 그 사건을 계기로 돌푸스는 이탈리아와 더 가까워졌을 뿐만 아니라, 나치의 침투와 음모에 대항하는 다음 단계의 조치를 취하는 자신의 태도를 더 강화시켰다. 그런 한편, 패퇴한 대부분의 사회당원이나 공산당원은 설욕을 다짐하며 나치 진영으로 뛰어들었다. 독일에서와 마찬가지로 오스트리아의 카톨릭 당과 사회당의 싸움은 나치 당을 돕는 결과를 초래했다.

★ ★ ★ ★ ★

1934년 중반까지는 아무런 전쟁의 위험이 없이 대체로 영국 정부가 모든 사태를 처리할 수 있는 상황이었다. 영국은 언제든지 프랑스와 협력하고 국제연맹의 기구들을 통해서 독일 사회 자체가 근본적으로 찬반이 나뉘어 있던 히틀러 운동에 대해서 압도적인 힘을 발휘할 수 있었다. 따라서 유혈 사태 같은 것은 일어날 리가 없었다. 그러나 그런 국면은 어느새 바뀌어가고 있었다. 나치가 통제하는 무장 독일군은 이제 막 등장하기 직전이었다. 그럼에도 불구하고 정말 믿기 어려웠던 사실은, 그런 중요한 시기에 볼드윈의 정치력에 의지한 맥도널드가 프랑스의 군축을 실현시키려고 끊임없이 애쓰고 있었다는 것이다. 그 무렵 독일의 위협에 대응한 유럽의 단결을 기대할 수 있는 순간적인 조짐이 보였던 적도 있었다. 1934년 2월 17일, 영국과 프랑스 그리고 이탈리아는 오스트리아의 독립을 지지하는 공동 선언을 했다. 그리고 한 달 뒤에는 이탈리아, 헝가리, 오스트리아가 소위 로마 의정서에 조인했다. 그 내용은 3국 중 어느 한 국가라도 위험에 처하는 경우 상호 협력한다는 것이었다. 그러나 히틀러의 세력은 점점 더 강해져갔다. 5월과 6월에는 오스트리아 전역에 걸친 교란 행위가 증가했다. 돌푸스는 즉시 테러 행위에 대한 보고서를 작성하여 수비치에게 보냈는데, 오스트리아의 무역과 관광 사업에 미치는 악영향을 개탄하는 호소도 포함되었다.

6월 14일, 무솔리니가 처음으로 히틀러를 만나러 베네치아로 갔을 때 가지고간 문서가 바로 그것이었다. 갈색 방수 코트에 홈버그 모자를 쓴 독일 수상은 비행기에서 내려 뚱뚱한 몸매에 화려한 차림을 한 총통이 선두에 서 있는 요란한 제복의 이탈리아 파시스트 행렬 쪽으로 걸어갔다. 자기를 만나러 온 손님의 모습을 본 순간 무솔리니는 부관에게 중얼거리듯이 말했다. "인상이 좋지 않아." 그 기묘한 회담에서 두 사람은 평범한 의견을 주고받았고, 독일식과 이탈리아식의 독재적 집권 형태의 미덕에 대해서 서로 훈수를 늘어놓았다. 무솔리니는 분명히 히틀러의 성격이나 말투를 대하고 당혹스러워했을 것이다. 그는 히틀러에 대한 인상을 결론적으로 이렇게 표현했다. "말 많은 수도승 같은 놈." 그러나 무솔리니는 히틀러로부터 독일의 돌푸스에 대한 압박을 완화하겠다는 대답을 미온적이나마 끌어내기도 했다. 회담이 끝나고 난 뒤 무솔리니의 사위인 치아노는 기자들에게 이렇게 말했다. "두고 보시오. 이제 아무 일도 일어나지 않을 것입니다."

그 뒤로 오스트리아에 대한 독일의 움직임이 중단되었는데, 그것은 무솔리니의 항의 때문이 아니었다. 히틀러가 국내 문제에 몰두했기 때문이었다.

★ ★ ★ ★ ★

권력을 장악하자 수상과 그를 추대했던 지지자들 사이에 깊은 균열이 생겼다. 룀의 지휘를 받던 돌격대는 점점 더 나치의 혁명적인 요소를 대표하게 되었다. 당에는 사회 변혁에 열정적인 고참들이 있었는데, 그레고르 슈트라서 같은 경우는 히틀러가 최고의 지위에 오르는 순간 기존의 성직자 계급, 국군, 은행가, 산업가들에게 취할 조치를 우려했다. 히틀러가 권력의 정점에 오른 뒤에 자신이 딛고 올랐던 출세의 사닥다리를 걷어차버린다고 하더라도 그것은 혁명의 지도자로서는 이례적인 행동은 아니었다. 돌격대("갈색 셔츠")의 병사들에게는 1933년 1월의 승리가 유대인이나 모리배는 물론 사회의 부유층, 곧 기존 계급을 약탈할 수 있는 자유를 준 것을 의미했다. 그런데 바로 자신들의 지도자가 자신들을 크게 배신했다는 소문이 당 내부 일각에서 퍼지기 시작했다. 돌격대 참모장 룀은 그러한 충격을 적극적으로 이용했다. 1933년 1월에 돌격대는 40만 병력의 세력이었다. 1934년 봄에 이르러 룀은 300만 명에 이르는 대원을 모집하여 조직했다. 총통[수상과 대통령 겸임/역주]이 된 히틀러는 그러한 기구의 거대화 현상을 불안하게 받아들였다. 돌격대는 히틀러의 이름에 열렬한 충성을 표시하고 대부분 히틀러 자신에게 종속되어 있었지만, 어느새 조금씩 그의 지배로부터 벗어나기 시작하고 있었다. 그때까지 히틀러는 사병을 거느리고 있었으나, 그러나 이제 정규군을 자기 손아귀에 쥐게 된 시점이었다. 히틀러로서는 정규군을 사병으로 전환시키거나 할 의도는 없었다. 그는 양쪽 모두를 원했다. 상황에 따라 필요한 쪽을 동원하면서, 한쪽으로 다른 쪽을 견제하려고 했다. 따라서 히틀러는 룀을 적절히 다루어야 했다. 그 즈음 히틀러는 돌격대 지휘자들에게 명확히 밝힌 바가 있었다. "기존 질서를 전복하려는 그 어떤 시도도 엄중히 다룰 것이다. 나는 제2의 혁명의 움직임에 단호히 반대한다. 그런 기도는 불가피하게 혼란을 야기할 것이기 때문이다. 누구든지 확립된 국가의 권위에 대항하려는 자는 지위고하를 막론하고 엄벌에 처할 것이다."

히틀러는 비록 의심하고는 있었지만, 그럼에도 불구하고 지난 7년 동안 갈색 셔츠 부대의 참모장이, 뮌헨 폭동 때의 동료였던 자가 쉽사리 자신을 배신하리라고 믿을 수 없었다. 1933년 12월, 당과 국가의 일체화가 선언되었을 때 룀은 입각했다. 당과 국가의 일체화에서 비롯한 또 하나의 결과는 갈색 셔츠와 국군의 통합이었다. 국가적 재무장의 급속한 진전은 모든 독일 군사력의 지위와 관리에 대한 논의를 정치 문제의 최전면에 내세우게 했다. 1934년 2월 영국 외무부 장관 이든이 베를린을 방문했는데, 히틀러는 그와 대담하는 도중에 돌격대의 비군사적 성격에 대해서 잠정적으로 어떤 보증을 하는 데에 동의했다. 이미 룀은 국방부 장관 블롬베르크 장군과 끊임없이 충돌하고 있었다. 룀은 이제 수년 동안 구축해온 당의 군대를 희생하게 되지 않을까 우려했다. 그의 행동의 심각성에 대한 경고가 있었음에도 불구하고, 4월 18일 명백한 도전을 공표했다.

우리가 이룩한 혁명은 결코 국가적 혁명이 아니다. 그것은 국가 **사회주의** 혁명이다. 바로 이 "**사회주의**"라는 말을 강조하고자 한다. 반동에 대한 유일한 방벽은 우리 돌격대다. 돌격대야말로 혁명의 이상을 완전히 구현하고 있기 때문이다. 갈색 셔츠를 입은 전사는 그 첫걸음부터 혁명의 길로 매진하며 궁극의 목적을 달성할 때까지 털끝만큼도 벗어나지 않는다.

룀은 여기에서 갈색 셔츠의 연설 마지막 부분에 항상 따라다니는 "하일 히틀러!"를 생략했다.

4월과 5월을 지나는 동안 블롬베르크 장군은 히틀러에게 돌격대의 무도한 태도와 행동에 대해서 계속 불만을 호소했다. 총통은 자기를 싫어하는 장군들과 자신이 많은 도움을 받은 갈색 셔츠의 무뢰한 중에서 선택을 해야 했다. 히틀러의 선택은 장군들이었다. 6월 초에 히틀러는 5시간 동안 이야기를 나누며 룀과 화해하고 타협점에 이르기 위한 마지막 노력을 했다. 그러나 야심만만한 비정상의 광신도와 합의에 이르는 것은 불가능했다. 히틀러가 꿈꾼 신비주의적이고 신성한 대독일과 룀이 열망한 국민의 군대에 의한 프롤레타리아 공화국과의 사이에는 건널 수 없는 심연이 가로놓여 있었다.

갈색 셔츠의 조직 속에는 고도로 훈련된 소수의 엘리트 그룹이 형성되어 있었는데, 바로 SS, 즉 친위대였다. 그들은 검은 제복을 입고 다녔기 때문에 훗날 검은 셔츠로 불렸다. 그 조직은 수상의 신변 보호와 그밖의 특별한 비밀 업무를 수행하는 것을 목적으로 했다. 친위대의 지휘관은 실패한 전직 양계업자 하인리히 힘러였다. 힘러는 한편으로는 히틀러와 군부 사이, 다른 한편으로는 히틀러와 룀 및 갈색 셔츠 사이에 충돌이 임박했음을 예측하고, 친위대를 이끌고 히틀러 진영으로 들어갔다. 그런가 하면 룀에게는 당 내에 큰 영향력을 가진 그레고르 슈트라서 같은 후원자가 있었는데, 그들은 자신들의 사회 변혁을 위한 엄청난 계획이 버림받는 상황을 바라보아야 했다. 국군 내부에도 반란 분자들이 있었다. 전 수상 슐라이허는 1933년 1월에 당한 치욕과 군 지휘관 사이에서 자신이 힌덴부르크의 후계자로 선택받지 못한 사실을 용납할 수 없었다. 그때 룀과 히틀러 사이에 생긴 충돌을 슐라이허는 기회라고 생각했다. 그는 경솔하게도 베를린 주재 프랑스 대사에게 히틀러의 몰락이 멀지 않았다는 말을 흘렸다. 뷔리닝에 대해서 취했던 행동을 되풀이한 것이었다. 그러나 정세는 더 위험했다.

룀의 음모에 따른 사태의 긴박함 때문에 히틀러가 행동을 취하지 않을 수 없게 된 것인지, 또는 무슨 일이 일어날지 모르는 두려움 속에서 권력을 쥐고 있는 히틀러와 장군들이 룀을 숙청하기로 결심한 것인지, 독일 내부에서는 앞으로도 오랫동안 논란이 계속될 것이다. 히틀러의 관심이나 승리한 쪽의 관심은 단지 음모를 정당화하는 데에 있었다. 룀과 갈색 셔츠가 실제로 음모를 도모한 것 같지는 않다. 그들의 행동은 음모라기보다는 위협이었다. 그러나 어느 순간 그런 경향의 움직임은 제어당하기 마련이었다. 그들이 세력을 결집하고 있었던 것은 틀림없는 사실이었다. 그리고 그들이 기선을 제압당한 것도 분명한 사실이었다.

사태는 급속히 진전되었다. 6월 25일부터는 국군의 병영 출입을 제한하고, 탄약을 검은 셔츠에만 분배했다. 그런 한편 갈색 셔츠에 대해서 대기 명령이 내려졌고, 6월 30일 룀은 히틀러의 승인 아래 바이에른 호수 지방의 비세에서 전체 고위 지도자 회의를 개최했다. 히틀러는 하루 전인 29일에 중대한 위험에 관한 보고를 받았다. 히틀러는 급히 비행기로 고데스베르크로 가서 괴벨스를 만났는데, 괴벨스는 베를린에서 곧 봉기가 일어날 것이라는 놀라운 소식을 전했다. 괴벨스에 따르면, 룀의 부관인 칼 에른스트는 이미 봉기 명령을 내렸다는 것이다. 그러나 그런 것 같지는 않다. 에른스트는 그때 브레멘에 있었으며, 막 배를 타고 신혼여행을 떠나려던 참이었다.

괴벨스가 전한 정보가 사실이든 허위이든 관계없이 히틀러는 즉시 결단을 내렸다. 그는 괴링에게 베를린을 통제하도록 지시했다. 그러고는 전용기로 뮌헨으로 가서 자신의 주적을 직접 체포하기로 결정했다. 그와 같은 생사가 걸린 기로에 서자 히틀러는 무서운 본성을 드러냈다. 깊은 생각에 잠긴 채 비행 도중 그는 줄곧 비행기의 부조종사석에 앉아 있었다. 비행기는 6월 30일 새벽 4시에 뮌헨 근교의 비행장에 착륙했다. 히틀러는 괴벨스 외에 열 명 가량의 경호원을 대동했다. 승용차로 뮌헨의 브라운 하우스로 가서 그 지역의 돌격대 간부들을 소집한 다음 그 자리에서 체포했다. 6시가 되어 히틀러는 괴벨스와 소수의 호위병만 데리고 비세를 향해 달렸다.

룀은 1934년 여름에 병환 중이었고 치료를 위해서 비세에 가 있었다. 오전 7시경 총통 일행의 차량들이 룀이 숙소로 사용하고 있던 작은 농가형 별장 앞에 멈추었다. 무기를 휴대하지 않은 채 히틀러는 혼자 계단을 올라가서 룀의 침실 안으로 들어갔다. 그때 두 사람 사이에 어떤 일이 벌어졌는지는 아무것도 알려진 것은 없다. 룀은 완벽하게 기습을 당한 것이었다. 룀과 그의 측근은 아무런 저항도 하지 않은 채 체포되었다. 일행은 포로를 거느리고 뮌헨으로 달렸다. 그런데 도중에 한 무리의 트럭과 마주쳤는데, 거기에는 그날 정오에 비세에서 예정된 회의에 참석하는 룀을 환영하기 위하여 가던 무장한 갈색 셔츠 부대가 타고 있었다. 히틀러는 승용차에서 내려 갈색 셔츠 부대의 지휘관을 찾았다. 그리고 의심의 여지가 없는 근엄한 태도로 모두 돌아가라고 지시했다. 그는 즉시 그 명령에 따랐다. 히틀러가 한 시간쯤 늦었거나 혹은 그들이 한 시간쯤 빨랐다면, 거대한 사건은 뭔가 다른 양상으로 전개되었을지 모른다.

뮌헨에 도착하자 룀과 그의 부하들은 10년 전 룀이 히틀러와 함께 투옥되었던 바로 그 감옥에 갇혔다. 그날 오후에 처형이 개시되었다. 룀의 감방에 연발식 권총을 넣어주었지만, 룀은 자결의 제안을 무시했다. 그러자 잠시 뒤 방문이 열리더니 총탄 세례가 퍼부어졌다. 뮌헨에서는 그날 오후 내내 짧은 간격으로 처형이 계속되었다. 8명의 병사로 구성된 처형대는 정신적 스트레스 때문에 수시로 교체되어야 했다. 그러나 10분 전후한 시간마다 반복되는 일제사격의 총성은 여러 시간에 걸쳐 끊이지 않았다.

그 동안 베를린에서는 히틀러로부터 통지를 받은 괴링이 같은 방식으로 조치를 취하기 시작했다. 그러나 수도에서는 처형의 대상이 돌격대 지도부에 그치지 않고 더 확대되었다. 슐라이허와 그의 품속에 안긴 아내는 자택에서 사살되었다. 그레고르 슈트라서도 체포된 뒤 즉시 목숨을 빼앗겼다. 파펜의 개인 비서와 최측근도 마찬가지였다. 그러나 알려지지 않은 몇 가지 이유로 파펜 자신은 목숨을 건졌다. 브레멘에서 끌려온 카를 에른스트는 베를린의 리히터펠데 병영에서 최후를 맞았다. 그리고 그곳에서는 뮌헨이 그러했던 것처럼 하루 종일 처형의 일제사격 소리가 귓전을 울렸다. 그날 24시간 동안, 독일 전역에서는 룀의 모의와 무관한 수많은 사람들이 개인적인 원한 관계로 실종되었는데, 그중에는 아주 오래된 것도 포함되어 있었다. 그렇게 "청소된" 희생자의 수는 대략 5,000명에서 7,000명 사이로 추산되었다.

　피로 얼룩진 그날 오후 늦게 히틀러는 비행기를 타고 베를린으로 돌아갔다. 끊임없이 확산되고 있던 그 학살극을 끝내야 할 시간이 되었던 것이다. 그날 저녁에는 너무 열을 올린 나머지 포로들 사살에 과도한 행위를 한 친위대 대원 몇 명도 처형되었다. 대략 7월 1일 새벽 1시경에야 총성이 멈추었다. 그날 오후 총통은 총통 관저의 발코니에 모습을 드러내고 베를린 군중들의 환호를 받았다. 군중들 대부분은 히틀러도 희생된 것으로 알고 있었던 것이다. 어떤 사람들은 그가 초췌한 모습이었다고 했고, 또다른 사람들은 승리에 도취한 의기양양한 태도였다고 했다. 어쩌면 둘 다 맞는 말일 것이다. 그의 기민함과 무자비한 성격이 목적을 이루게 했을 뿐만 아니라, 자신의 목숨까지 구한 것은 의심의 여지가 없다. 소위 "장검의 밤(Night of the Long Knives)"이라고 불리는 그날 밤, 전 세계에 재앙을 내릴 국가사회주의 독일노동당의 통합이 이루어졌던 것이다.

　그 대학살은 제아무리 행동에 수반된 끔찍한 폭력 때문이었다고 하더라도, 두 가지 사실을 잘 보여주었다. 새 독일의 지도자는 어떤 경우에도 자신

하고 있는 다수의 영국 국민을 고무시키는 동시에 다른 노선을 감히 택할 수 없도록 정당과 정치인을 정치적으로 매장하려는 듯이 위협했다는 것을 잊은 채 영국 정부의 정책을 판단하는 일은 분명히 잘못이다. 그렇다고 그것이 자신의 소임을 다하지 못한 정치 지도자들의 변명이 될 수는 없을 것이다. 국가의 존속을 위태롭게 하느니보다 차라리 정당이나 정치가가 쫓겨나는 편이 더 나을 것이다. 게다가 영국 역사상 어느 정부든 의회와 국민에게 국방에 필요한 조치를 요구했다가 거절당한 사례는 없다. 어쨌든 소심한 맥도널드-볼드윈 내각*을 위협하여 그들이 마땅히 가야 할 길을 벗어나게 만든 사람들은 침묵을 지켜야 한다.

1934년 3월에 편성된 공군 예산은 총액이 겨우 2,000만 파운드였다. 거기에는 4개의 비행중대를 신설하는, 즉 제1선의 전투기를 850기에서 890기로 늘이는 항목이 포함되어 있었다. 신년도에 할당된 예산은 기껏 13만 파운드였다. 그 부분에 대하여 나는 하원에서 이렇게 말했다.

만약 그렇게 되면, 우리는 이제 제5위의 공군력을 보유하게 된다는 사실을 인정하지 않으면 안 됩니다. 그것은 우리의 가장 가까운 이웃 프랑스 공군력의 절반 수준에 해당합니다. 독일은 급속도로 무장하고 있으며 아무도 그것을 막지 못합니다. 그것은 명확한 사실입니다. 독일의 베르사유 조약 파기 행위를 저지하기 위한 방어 전쟁을 제창하는 사람은 아무도 없습니다. 독일은 무장하려 하고 있으며, 무장하고 있는 중입니다. 지금까지 계속 무장을 진행하여오고 있습니다.……우리에게는 필요한 조치를 강구할 시간이 있습니다. 그 조치는 우리가

* 맥도널드는 노동당과 결별하고 보수당과 자유당, 그리고 소수의 노동당 의원들의 지지하에서 연립내각(1931.8-1935.6)의 수상이 되었다. 그는 볼드윈과 함께 수상과 추밀원 의장 자리를 바꾸어 가며 맥도널드-볼드윈 내각을 1931년부터 1937년까지 유지했다. 이때 노동당 자체는 야당이었다. 그는 노동당 출신의 최초의 영국 수상이었는데, 두 차례(1924.1-1924.11, 1929.6-1931.8)에 걸쳐 노동당 정부의 수반이었다/역주

원하는 것이기도 합니다. 우리는 균형을 유지할 조치가 필요합니다. 지금 우리가 행하고 있고 또 행하려고 열망하는 역할을 맡아 하는 이 세상의 어떠한 국민도 그것을 이유로 위협을 당하는 처지에 놓여서는 안 됩니다.……

나는 힘을 가지고 있는 볼드윈에게 행동을 요구했다. 그는 행동할 수 있는 힘을 가지고 있었으며, 행동할 책임도 있었다. 그는 다음과 같이 답변했다.

만약 협정을 맺기 위한 우리의 모든 노력이 수포로 돌아간다면, 그리고 그 문제에 대하여 내가 말한 것과 같은 이와 같은 균등을 획득할 수 없다면, 그런 경우에는 거국내각이든 어떤 내각이든 이 정부를 포함한 이 나라의 정부는 공군력에 관한 한 우리를 공격할 수 있는 거리 안에 있는 어떤 나라보다 뒤떨어지지 않도록 배려할 것입니다.

그것은 대규모의 열정적인 행동에 의해서 확실하게 이행할 수 있는 시기에 내놓은 엄숙하고 결정적인 맹세였다. 그럼에도 불구하고 7월 20일 영국 공군의 비행중대를 41개 증설하는, 즉 전투기 약 820기를 확충하는, 이미 시기를 놓쳤을 뿐만 아니라 부적절한 제안을, 그것도 단지 5년 뒤에야 완성될 계획안을 의회에 제출했을 때, 노동당은 자유당의 지지를 업고 내각 불신임안을 하원에 제출했다. 바로 그때 다른 누구도 아닌 애틀리가 그들의 이름으로 이렇게 말했다. "우리는 공군 군사력 증강의 필요성을 부정합니다.……우리는 강화된 영국 공군이 세계 평화를 가져오리라는 전제를 부정합니다. 그리고 우리는 공군력 균등의 요구를 모두 배격합니다." 불신임안 발의에 동의한 자유당 당수 허버트 새뮤얼 경은 이렇게 말했다. "독일과 관련하여 도대체 무엇이 문제란 말인가? 지금까지 우리가 보고 들은 바에 의하면, 현재 우리의 공군력이 그 쪽에서 오는 어떤 위험이라도 대응하기에 불충분하다는 근거는 없습니다."

이러한 것이 각 정당의 책임 있는 수뇌급들의 세심한 논의를 거쳐 나온 말이라는 사실을 상기하면, 우리나라에 닥칠 위험은 명백할 수밖에 없었다. 바로 그 무렵은 열심히 노력하면 우리의 독자적 행동의 토대가 될 수 있는 공군력의 증강을 확보할 수 있는 절호의 시기였다. 만약 영국과 프랑스가 각자 독일의 전력과 양적 균형만 이루었을 경우 둘을 합치면, 독일의 두 배가 되고 따라서 단 한 명의 생명도 희생시키지 않고서도 히틀러의 폭력의 역사를 초기에 좌절시킬 수 있었을 것이다. 그러나 그뒤에는 이미 때가 늦었다. 우리는 노동당과 자유당 지도자들의 열의를 의심할 수는 없다. 그러나 그들은 완전히 잘못 판단했고 실수를 저질렀기 때문에 역사 앞에서 자기 몫의 책임을 져야 한다. 훗날 노동당이 자신들의 판단이 선견지명이었다고 주장하고 국가안보를 위한 대비에 실패한 탓을 정적들에게 돌리며 비난하는 것을 보고 나는 실로 경악하지 않을 수 없었다.

나는 그때 잠시 정부의 옹호자로 가장하여 군비 확장을 촉진하는 유리한 지위를 누렸다. 따라서 보수당으로부터 이례적으로 우호적인 말을 들었다.

나는 지금까지 이렇게 평화주의적인 성향의 내각이 있을 수 있다고 생각한 적이 없습니다. 수상[램지 맥도널드]을 보십시오. 그는 지난 대전에서 위대한 용기를 아우른 확신, 평화주의의 대의명분을 실현하기 위한 희생 정신과 같은 지고의 태도를 보여주었습니다. 추밀원* 의장[볼드윈]은 "우리 시대에 평화를 달라"는 대중의 반복되는 기도문을 연상시키고 있습니다. 이러한 각료들이 앞에 나서서 우리의 안보를 보장하기 위한 수단의 강화를 요청하는 것이 자신의 의무

---

* 추밀원(樞密院, Privy Council) : 영국 국왕의 개인적인 자문 기관. 추밀원 고문관은 상, 하원 의원, 고위 성직자, 판사, 외교관, 고위 장교 등에서 선발된다. 추밀원 칙령의 대부분은 의회에서 통과된 법령을 집행하기 위해서 반포된다/역주

라고 느낀다면, 그것이 반대당을 숙고하게 만드는 계기가 되는 동시에 우리에게 닥칠 위험의 실재에 대한 증명이 될 것이라고 생각할 수 있습니다.……우리는 기름지고 잡히기 손쉬운 먹이에 불과합니다. 그 어디에도 이렇게 취약한 국가는 없을 것입니다. 우리나라만큼 순순히 약탈품을 제공하는 국가는 존재하지 않을 것입니다.……세계에서 가장 큰 목표물인 이 거대한 도시는 묶여 있어서 야수의 유혹적인 먹이가 될 수밖에 없는, 크고 살지고 영양가 많은 암소와 다름없습니다. 우리는 우리 자신의 역사에서 이전에는 결코 존재하지 않았던 처지에 있으며, 현재 세계 어떤 다른 국가도 경험하고 있지 않은 처지에 있습니다.

우리는 반드시 명심해야 합니다. 우리의 허약함은 우리 자신만의 문제가 아닙니다. 유럽 전체의 안정과 관련되어 있습니다.

그때 연설에서 나는 독일이 이미 공군력에서 영국과 균등한 상태에 이르렀다고 주장했다.

나는 독일이 이미 조약을 파기하고 우리의 본토 방위 공군력의 3분의 2에 해당하는 강력한 공군을 창설했다고 단언합니다. 이것은 정부의 심사숙고를 촉구하기 위해서 내놓은 첫 번째 나의 언급입니다. 두 번째는 독일이 자신의 공군력을 급속히 증강시키고 있다는 사실입니다. 그것은 예산에 계상된 거액의 자금뿐만 아니라 일반의 모금에 의해서 진행되고 있습니다. 물론 모금은 거의 대부분 강요된 것입니다. 모금은 지금 독일 전역에서 시행하고 있지만, 이미 오래 전부터 해오고 있었습니다. 1935년 연말경이면 독일 공군은 양이나 질에서 현재 공군 증강에 관한 그들의 정부안이 실현될 경우 우리의 공군과 거의 비슷해질 것입니다.

세 번째는, 독일은 이런 식으로 계속 확장하고 우리는 우리의 계획대로만 나아간다면, 1936년의 어느 시기에 독일 공군은 실질적으로 영국보다 더 강해질 것이 확실하다는 것입니다. 네 번째는 바로 내가 가장 우려하는 점입니다. 독일이 일단 한번 우리를 추월하면, 우리는 다시는 독일을 추월할 수 없을지도 모른 다는 것입니다.……향후 몇 년 사이에 정부가 독일 공군이 우리보다 더 강하다는 사실을 인정하지 않을 수 없게 된다면, 그때는 정부를 움직이는 사람들이 국가를 위한 최고의 임무를 제대로 수행하지 못한 데 대한 책임을 지지 않으면 안 될 것입 니다. 나는 당연히 그래야 한다고 생각합니다.……

노동당이 발의한 정부 불신임안 표결은 압도적 다수로 부결되었다. 나는 만약 적절한 준비를 거쳐 이러한 현안에 관한 호소가 있었더라면, 국가안보 의 수단을 강구하는 데에 대한 국민의 지지를 얻었을 것이라고 확신한다.

★ ★ ★ ★ ★

안전한 상태에서 죽음의 입구에 이르기까지 우리가 지나온 긴 여정의 이 정표를 기록하지 않고서 이 이야기를 할 수는 없다. 뒤돌아보면, 우리에게 주어졌던 시간이 충분했다는 사실에 놀라지 않을 수 없다. 히틀러의 야심을 필요한 만큼 억제하거나 독일군 지휘관들에게 히틀러의 폭력성을 억제시킬 수 있는 압력의 수단이 될 만한 영국 공군을 건설하는 일은 1933년, 아니면 1934년에라도 가능했다. 그런데 우리가 최악의 시련에 봉착하기 전에 이미 5년 이상의 시간이 송두리째 흘러가고 말았다. 그것은 우리가 이성적 판단 과 건전한 열정을 가지고 행동했더라면, 결코 맞닥뜨리지 않았을 불행이었 다. 우수한 공군의 토대가 마련되어 있었더라면, 영국과 프랑스는 쉽게 국 제연맹을 안전판으로 만들 수 있었을 것이며, 모든 유럽 국가가 그 밑에 모여들었을 것이다. 그렇게 되면 국제연맹으로서도 처음으로 권위 있는 기 구를 가질 수 있었을 것이다.

1934년 11월 28일, 겨울 회기가 시작되자 나는 몇몇 친구들의 이름*으

---

* 수정안은 처칠, 로버트 혼 경, 애머리, F. E. 게스트, 윈터튼 경 그리고 부스비의 이름으로 발의했다.

로 수정안을 발의하면서 제안 연설에서 이렇게 선언했다. "우리의 국방력, 특히 공군은 충실한 신민의 평화와 안전과 자유를 보장하는 데에 더 이상 적합하지 않습니다." 의사당은 만석이었고, 모두 귀를 기울였다. 영국과 세계를 향해서 다가오고 있는 중대한 위험을 강조하는 논거를 모두 열거한 다음, 나는 아주 구체적 사안에 대해서 이야기했다.

"단언하건대, 첫째, 지금 이 순간 독일은 이미 공군을 창설했으며……그리고, 그것은 말하자면……우리 공군과 동등한 수준을 향해서 급속히 접근하고 있습니다. 둘째,……독일 공군은 내년 이때쯤이면 최소한 우리 공군의 전력과 같거나, 더 강해져 있을 것입니다. 셋째,……1936년 연말이면, 또는 그로부터 1년이 더 지나 지금으로부터 2년 뒤쯤이면 독일 공군은 거의 50퍼센트가 증강되며, 1937년에는 두 배가 될 것입니다."

볼드윈이 바로 내 뒤를 이어 발언했는데, 그 문제에 관하여 정면으로 대응하여 공군부의 수뇌부가 작성한 자료를 토대로 나에게 직접 반격을 가했다.

"독일 공군이 급속히 우리를 추월하고 있다고 볼 수는 없습니다.……독일은 활발히 군용기 생산에 열을 올리고 있지만, 실질적인 공군력은 오늘날 유럽에서 우리가 가지고 있는 공군력의 절반에도 미치지 못합니다. 내년 이때쯤의 상황에 대해서는……독일 공군력이 적어도 우리와 동등해진다거나 어쩌면 더 강해질지도 모른다고 했는데, 우리의 추정에 의하면 유럽에 한정하더라도 우리가 50퍼센트 정도는 더 우월합니다. 나는 2년 이상의 미래에 대해서 예측할 수는 없습니다. 그런데 처칠 씨는 1937년에 일어날 일에 대해서 언급하고 있습니다. 내가 지금까지 조사한 바에 의하면, 그의 숫자는 상당히 과장된 것입니다."

사실상 수상이나 다름없는 인물의 입에서 나온 그러한 절대적인 장담은 대다수의 놀란 사람들을 안심시켰고, 수많은 비판자들을 잠잠하게 만들었다. 모든 사람들이 나의 명확한 연설 내용이 누구도 이의를 제기할 수 없는 권위에 의해서 부정되고 말았다는 사실을 알고 기뻐했다. 나로서는 전혀 납득할 수 없었다. 나는 볼드윈이 공군 수뇌부로부터 진실이 아닌 내용을 보고받았다고 믿었다. 어쨌든 그는 세상을 제대로 알지 못하고 있었다.

그렇게 겨울이 흘러갔다. 그런데 아직 봄이 오기 전에 한번 더 그 문제를 제기할 기회를 얻었다. 문제를 다시 거론하기에 앞서 볼드윈에게 충분하고 정확한 내용을 알렸다. 1935년 3월 19일, 공군 예산안이 하원에 제출되었다. 나는 11월의 연설을 반복하면서 볼드윈이 그때 한 확언에 대하여 정면으로 도전했다. 공군부 차관은 아주 확신에 찬 태도로 답변했다. 그러나 3월 말 외무부 장관과 이든이 독일로 가서 히틀러를 방문했는데, 중요한 대화를 나누던 가운데 서류에 기록된 것과 같이 독일 공군이 이미 영국 공군과 대등한 수준에 도달했다는 말을 직접 듣게 되었다. 이러한 사실은 4월 3일 정부에 의해서 공개되었다. 5월 초, 맥도널드 수상은 정부의 기관지 「뉴스레터」에 독일 재무장의 위험을 강조하는 글을 게재했다. 그가 사용한 단어는 1932년 이래 내가 그토록 자주 말해오던 것과 흡사했다. 그는 "복병 (ambush)"이라는 암시적인 어휘를 사용했는데, 자신의 불안한 마음에서 나온 것임이 틀림없었다. 우리는 참으로 복병에게 당하고 만 것이었다. 맥도널드 스스로 토론을 시작했다. 제한 규정을 넘어서서 해군을 창설하고 잠수함을 건조함으로써 조약을 파기한 독일의 명백한 의도에 관해서 언급하면서, 히틀러가 독일의 공군이 영국과 대등한 수준에 이르렀다고 주장한 사실을 시인했다. "공군의 전력에 관한 이 구절의 정확한 해석이 어떻든지 간에 제시했던 추정치를 상당히 초과하여 증강된 상태라는 사실을 가리키는 것만은 의심의 여지가 없습니다. 이것은 중대한 사실입니다. 정부와 공군부는 즉각 이를 주시하고 있습니다."

토론 중에 발언을 요청받았던 나는 이렇게 말했다.

"지금 이 순간에도 우리는 필요한 수단을 강구하지 않고 있습니다. 정부는 증강안을 제안해왔습니다. 그러나 그 계획은 심각한 반대에 부딪혔습니다. 온갖 형태의 불공평한 공격에 직면했습니다. 제안의 동기는 잘못 전달되었습니다. 정부는 중상모략당하여 전쟁광으로 불리게 되었습니다. 이제 이 나라의 영향력 있고 수도 많고 목소리도 큰 세력이 온갖 종류의 공격을 퍼부을 것입니다. 어쨌든 정부는 공격을 당할 것입니다. 그런데 왜 우리는 우리에게 안전을 가져다줄 그 무엇인가를 위해서는 싸우지 않습니까? 왜 우리는 공군에 관한 준비가 적절한 것이라고 주장하지 않습니까? 아무리 반대가 심하고 비난의 소리가 시끄럽더라도 정부를 이끌어가는 사람들은 적어도 이런 정도의 만족스러운 결과에 이르도록 의무를 회피해서는 안 됩니다. 그 결과란, 영국 정부는 모든 일 중에서 가장 중요한 책임에 대한 의무를 다했다고 절감할 수 있는 것을 의미합니다."

의사당에 모인 사람들은 모두 내 말을 경청했지만, 내가 느낀 것은 절망감이었다. 국가의 존망이 걸린 문제에 관하여 그렇게 철저하게 확신을 가지고 정당성을 입증했음에도 불구하고, 나는 의회와 국민이 그 경고에 유념하고 행동을 통해서 그 명백한 증거에 동의하도록 하는 데에 실패하는 가장 고통스러운 경험을 하게 되었다.

1935년 5월 22일에 이르러서야, 비로소 볼드윈은 그의 그 유명한 고백을 했다. 여기에서 나는 그것을 인용하지 않을 수 없다.

무엇보다 먼저, 내가 독일의 항공기와 관련하여 11월에 말했던 숫자가 잘못되었다고 생각할 만한 어떤 일도 그 뒤에 일어나지 않았다는 것입니다. 나는 당시에 그 숫자가 정확하다고 믿었습니다. 내가 틀린 부분은 앞날에 관한 추정치였습니다. 그 부분에서 나는 완전히 틀렸습니다. 우리는 그 부분에 관한 한 완전히 잘못된 방향으로 나아가고 있었던 것입니다.……

내 생각에 지금 우리가 하고 있는 일들 중에서는 혼란의 원인이 되는 것이 없다고 되풀이해 말하고자 합니다. 그러나 나는 이 사태에 관하여 확보하고 있는 모든 정보에 근거하여, 현재 우리가 취하고 있는 것보다 조금이라도 뒤늦은 결단을 내리는 정부에 나는 한시라도 머물러 있지는 않을 것이라고 말하고 싶습니다. 여기서 언론이나 여론이 공군부에 대해서 엄청난 비난을 하고 있다는 사실을 지적하지 않을 수 없습니다. 언론과 여론은 공군부가 타당하지 않은 계획을 수립하고, 보다 신속하게 사태에 대응하지 못한다는 등 그밖의 여러 문제에 대해서 책임을 져야 한다고 말하고 있습니다. 그러나 나는 단지, 우리는 마땅히 비난을 감수할 준비가 되어 있지만, 그것이 어떠한 책임일지라도 관련 단일 부처만의 책임은 아니라는 것이며, 그것은 우리 정부 전체의 책임이고,. 우리 모두의 책임이며, 우리는 모두 비난받아야 한다는 사실을 거듭 말씀드립니다.

나는 볼드윈의 그 충격적인 고백이 최소한 모든 정당으로 구성된 의회의 위원회가 진상 확인과 안보에 관한 보고서를 준비하도록 하는 결정적 계기가 되기를 희망했다. 그러나 하원의 반응은 달랐다. 이미 9개월 전에 정부가 취했던 온건한 대책에 대해서도 불신임안을 발의하고 찬성한 노동당과 자유당 내의 반대파는 여전히 무기력하고 우유부단했다. 그들은 "보수당의 군비 확장" 반대를 내걸고 다음 선거를 기대하고 있었다. 노동당이나 자유당의 대변인들은 볼드윈의 고백과 시인에 대하여 아무런 준비를 하고 있지 않았을 뿐만 아니라, 그 놀라운 사태에 관련하여 자신들의 견해를 밝히려고 시도하지도 않았다. 그들은 우리가 처해 있는 위기 상황을 시인하면서도 그와 결부된 최소한의 언급조차 하지 않았다. 우리가 알고 있는 그러한 상황의 배후에 있는 훨씬 중대한 사실을 알고 있으면서도 말이다.

정부의 다수는 볼드윈의 솔직성에 사로잡혀 있는 것처럼 보였다. 온갖 경로를 통한 정보에도 불구하고 그가 책임질 수밖에 없는 결정적으로 중대한 문제에 대해서 철저하게 잘못을 시인함으로써, 그가 스스로 실수를 천명하고 비난을 감수한 그 솔직성으로 속죄할 수 있다고 생각한 것 같았다. 자신의 잘못을 밝히는 것을 주저하지 않았던 한 각료의 행위에 대해서 미묘한 감동의 물결이 일고 있었다. 사실 수많은 보수당 의원들은 자신들이 신뢰하는 지도자를 궁지에 몰아넣었다는 이유로 나에게 화가 나 있는 것 같았다. 볼드윈을 궁지에서 구한 것은 그 자신의 타고난 용기와 정직성이었다. 그러나 안타깝게도, 국가를 구하지는 못했다.

가장 중대한 재난이 우리에게 떨어졌다. 히틀러는 이미 영국과 대등한 군사력을 확보하고 있었다. 히틀러는 향후 우위에 선 공군력을 유지할 뿐만 아니라 꾸준히 증강시키기 위하여 공장과 항공훈련학교를 최고의 속도로 가동하기만 하면 되었다. 따라서 런던을 뒤덮고 있는 미지의 예측 불가능한 공습의 위협은 그 이후 우리의 모든 결정에 절대적으로 움직일 수 없는 요인이 되었다. 게다가 우리는 독일을 추월할 수가 없었다. 아니면 어떤 식으로든 우리 정부는 추월하려고도 하지 않았다. 영국 공군의 실효성에 대한 신뢰는 정부 관리들과 공군부의 공적 때문이었다. 그러나 공군력의 균등을 계속 유지할 수 있다는 보장은 돌이킬 수 없는 상태로 파괴되었다. 그 무렵 단기간의 독일 공군의 확장 속도는 독일 공군이 영국 공군과 대등한 수준에 이를 때까지의 속도와 같은 정도로 진행된 것이 아니었다. 독일이 단숨에 우월한 지위를 확보하고 그 지위를 유지하면서 외교에서 유리하게 이용하기 위하여 최대의 노력을 경주했다는 것은 의심의 여지가 없었다. 그것은 히틀러의 계획 그대로일 뿐만 아니라 이제 시작되기 직전에 있었던 독일의 계속적 침공 행위의 토대가 되었다. 그 뒤로 4년 동안 영국 정부는 대단한 노력을 했다. 그 유명한 전투기 허리케인과 스핏파이어가 각각 1935년 11월과 1936년 3월에 시범 비행을 했다. 그리고 즉시 대량 생산에 들어갔으며, 때맞추어 상당한 수량을 확보했다. 질적인 면에서 영국 공군이 우세하다는 사실은 명백했다. 그러나 양에서는 우리가 미치지 못했다. 전쟁이 터지자 우리는 우리 공군 비행기의 수가 겨우 독일의 절반 수준에 지나지 않는다는 사실을 알게 되었다.

제7장

도전과 응전

1935년

비밀리에 또는 위장한 가운데 준비를 진행하던 지하 잠행의 몇 년은 이제 지나갔다. 히틀러는 그의 최초의 공공연한 도전을 시도해볼 만큼 힘이 강해 졌다고 스스로 느꼈다. 1935년 3월 9일, 독일 공군의 공식적인 편성이 발표되었고, 16일에는 독일 육군이 이제부터 징병제를 기본으로 한다는 선포가 있었다. 그 결정된 사항들을 이행할 법률을 곧 이어서 발표되었지만, 이미 그 이전에 행동은 시작되고 있었다. 향후 정세에 관하여 많은 정보를 가지고 있던 프랑스 정부는 당연한 귀결로 육군의 복무 기간을 2년으로 연장한다는 선언을 바로 그 중요한 날 독일보다 몇 시간 먼저 했다. 독일의 행동은 국제연맹 설립의 기초가 된 평화 조약에 대한 공개적인 모욕이었다. 교묘한 회피의 형태나 다른 어떤 방법으로든 조약을 파기하는 행동이 벌어지는 동안, 책임 있는 전승국들은 평화주의에 사로잡히고 국내 정치 문제에 골몰하여 평화 조약을 깨뜨리고 부정하는 독일의 행위를 확인하여 밝혀야 할 의무를 외면하기 쉬웠다. 문제는 노골적이고 거침없는 형태로 드러났다는 것이다. 거의 같은 날 에티오피아 정부가 이탈리아의 위협적인 요구에 대해서 국제연맹에 제소했다. 그런 사정을 배경으로 3월 24일 존 사이먼 경은 옥새 대신(玉璽大臣) 이든과 함께 히틀러의 초청을 받고 베를린을 방문했다. 프랑스 정부는 그 방문은 시기가 적절하지 않다고 생각했다. 프랑스는 연전에

만약 그러한 협정이 수년 동안 시행되었다면, 그것은 군비축소에 한걸음 다가서기는커녕 필연적으로 모든 국가의 신형 군함의 건조 개발을 도발했을 것이다. 프랑스 해군은 최신 함정을 제외하고는 새 함정을 만들어 교체할 필요가 있었다. 그런 사정은 다시 이탈리아를 가만히 있게 하지 않을 터였다. 우리 영국으로서는 신형 함정의 3대 1 우세를 유지하기 위해서는 극히 대규모로 함대 재건을 해야 한다는 것이 명백했다. 독일 해군이 영국의 3분의 1이 된다는 것은 영국 해군부의 입장에서도 영국 해군이 독일의 3배가 된다는 것을 의미한다. 그것은 아마도 마땅히 그래야 하면서도 뒤늦은 영국 함대의 재건을 위한 길을 터는 결과가 될 것이었다. 그런데 정치가들은 모두 어디에 있었는가?

그 협정은 1935년 6월 21일 해군장관에 의해서 발표되었다. 나는 기회가 오자 즉시 그 협정에 대해서 비난했다. 실제로 이루어진 결과는 독일에 향후 5, 6년 동안 능력의 최대한을 가동하여 함정을 건조해도 좋다는 공인을 한 셈이었다.

★ ★ ★ ★ ★

그런 가운데 육군의 영역에서는 1935년 3월 16일 독일에서 이루어진 징병제의 제도적 확립이 베르사유 조약에 대한 근본적인 도전으로 받아들여졌다. 그러나 독일 육군이 그 정도로까지 확대하고 재조직하기 위해서 행한 조치는 단지 기술적 문제에 한정된 것이 아니었다. 독일은 군대의 이름을 라이히스베어(Reichswehr : 국군)에서 베어마흐트(Wehrmacht : 국방군)* 으로 바꾸었다. 군대는 총통의 최고 지휘권 아래 소속되었다. 모든 군인은

---

* 1935-45년 존속했던 나치 독일의 국방군. 히틀러는 국방군 최고사령관이 되어 총참모본부 (Großer Generalstab)를 만들고 그 산하에 육군, 해군, 공군(새로 창설했다)에 각각 최고사령부와 참모본부를 두어 통제했다. 그러나 히틀러는 1938년 블롬베르크-프리치 사건 이후 국방부 장관직을 공석으로 하고 (자신이) 최고사령관이 되어 육, 해, 공군을 지휘, 통제했다. 브라우히치 사임 후에는 육군 최고사령관도 겸했다. 48페이지의 본문 "역주" 참조/역주

종전처럼 헌법에 대해서가 아니라 아돌프 히틀러라는 인격체를 향해서 충성을 선서했다. 육군부는 총통의 명령을 직접 받았다. 새로운 군 편제에 따라서 기갑사단, 즉 판저(Panzer) 사단이 신설되었는데, 곧 3개 사단으로 조직될 예정이었다. 독일 청소년들을 조직하기 위해서 세부적 조치가 이루어졌다. 히틀러 유겐트(Hitler Jugend)의 대열에 참여하는 것을 시작으로, 소년은 18세가 되면 지원제 형식으로 돌격대에 들어가서 2년 동안 복무해야 했다. 노동봉사대, 즉 아르바이츠딘스트(Arbeitsdienst)에서의 근무는 20세에 달한 독일 남자의 강제 의무였다. 6개월 동안 도로 건설, 병영 건축, 습지 간척 등의 일을 하면서 육체적으로나 정신적으로나 독일 국민의 영광스러운 의무인 군복무를 위한 준비를 해야 했다. 노동봉사대에서는 계급의 철폐와 독일 국민의 사회적 통합이 강조되었으며, 군대에서는 규율과 국가의 영토적 통일이 강조되었다.

국가의 체질 단련과 핵심부의 확대라는 거대한 과업의 수행이 곧 시작되었다. 1935년 10월 15일, 또 한 번 베르사유 조약을 무시한 채, 히틀러는 군 수뇌부를 거느리고 공식적인 의식을 거행하며 독일 육군대학의 문을 다시 열었다. 그것으로 군사 피라미드 조직의 정점이 만들어졌지만, 그 바탕은 무수한 노동봉사대의 편성으로 이미 구축되어 있었다. 11월 7일, 1914년생으로 구성된 제1기 병사가 징집되어 59만6,000명의 청년들이 군사 훈련을 받기 시작했다. 독일 군대는 적어도 숫자상으로는 단 한번에 70만 명 가까운 실제 병력을 갖춘 거대 규모로 증강되었던 것이다.

1914년생의 최초 징집 이후, 프랑스와 마찬가지로 독일에서도 제1차 세계대전 중의 출산율 저하로 매년 장정의 수가 감소된다는 사실을 깨달았다. 따라서 독일은 1936년 8월에 현역 육군의 복무 기간을 2년으로 늘렸다. 1915년생의 병력은 46만4,000명으로, 복무 기간이 연장된 1914년생 병력과 합치면 1936년에 정규 군사 훈련을 받는 독일인은 모두 151만1,000명이었

연도	독일	프랑스
1914	596,000	279,000
1915	464,000	184,000
1916	351,000	165,000
1917	314,000	171,000
1918	326,000	197,000
1919	485,000	218,000
1920	636,000	360,000
총계	3,172,000	1,574,000

다. 같은 해 프랑스의 실제 병력은 예비군을 제외하고 62만3,000명이었는데, 해외 파견병 외의 프랑스 본토 주둔군 수는 40만7000명에 불과했다. 숫자에 밝은 사람이라면 이미 정확하게 계산하여 알 수 있겠지만, 그 수는 위의 표와 같다.

이러한 숫자는 해가 지남에 따라서 경고가 현실화하기 전에는 단순한 경고의 그림자에 불과할 따름이었다. 이렇게 1935년까지 이루어진 전체 병력 수는, 수많은 병력을 갖춘 강력한 연합국과는 관계없이, 실력과 위력을 갖춘 프랑스의 육군과 방대한 예비군을 구성하기에는 매우 부족했다. 그때라도 충분히 가능했던 국제연맹의 권위에 기초한 단호한 결정이 이루어졌더라면, 모든 사태의 진전을 막을 수 있었을 것이다. 독일은 제네바의 법정에 나가 충분한 설명을 해야 했을 뿐만 아니라 조약을 위반하여 행해진 군비와 군사 조직 편성의 상황에 대한 연합군 조사단의 조사에 응했어야 했을 것이다. 독일이 거부할 경우에는 조약의 내용에 복종할 것을 보증할 수 있을 때까지 유효한 저항의 가능성이나 유혈 사태가 발생할 가능성이 전혀 없는 가운데 라인 교두보를 다시 점령할 수 있었을 것이다. 그렇게 우리는 제2차 세계대전의 발발을 무기한 연기할 수 있었다. 그와 같은 수많은 사실들과 전반적인 경향은 프랑스와 영국의 참모본부들이 잘 알고 있었으며, 그 정도는 아니었겠지만, 정부로서도 어느 정도 알고 있었다. 현혹적인 파벌 정치에 의해서 끊임없이 요동하던 프랑스 정부나, 무사안일한 일반 협정이라는 전혀 다른 과정을 통해서 동일한 악덕에 도달한 영국 정부는, 조약의 측면에서든 일반적 사리판단의 측면에서든 정당했음에도 불구하고, 모두 단호하고 선명한 행동을 보여줄 능력이 없었다.

제8장

이탈리아에 대한 제재

1935년

세계 평화는 이제 두 번째의 큰 타격을 받았다. 영국은 독일과의 공군력의 균형을 상실하게 되었고 이탈리아가 독일 편으로 옮아갔다. 그 두 개의 사건이 결합함으로써 히틀러는 예정된 파멸에 이르는 길을 갈 수밖에 없었다. 오스트리아의 독립을 보장하는 데에 무솔리니가 얼마나 도움이 되었는지 우리는 이미 잘 보았다. 중부 유럽과 동남부 유럽에서도 무솔리니의 역할이 어떤 의미를 함축하고 있는지 잘 알 수 있었다. 그런데 이제 그가 반대편 진영으로 가려고 하는 것이었다. 나치 독일은 더 이상 홀로 고립된 처지가 아니었다. 제1차 세계대전의 주요 연합국 중의 하나가 조만간 독일 쪽에 가담하려는 것이었다. 안전의 균형추가 한 쪽으로 기울어져버린 그 사태의 중대성에 나는 압박감을 느꼈다.

아비시니아 침공을 위한 무솔리니의 모든 시도는 20세기의 윤리에 맞지 않는 것이었다. 그것은 백인종이 우수한 힘과 무기로 황색 인종, 갈색 인종, 흑색 인종 또는 적색 인종을 정복할 자격이 있다고 스스로 자부하는 암흑시대의 산물이었다. 오늘날과 같은 문명시대에 지난 시대의 야만인들조차 꺼려하거나 도저히 행할 수 없었던 그러한 잔혹한 범죄 행위를 저지른다면, 그것은 시대착오적일 뿐만 아니라 당연히 비난 받을 일일 것이다. 게다가 아비시니아는 국제연맹의 회원국이었다. 기묘하게도 거꾸로 된 것은, 1923

년에 아비시니아의 국제연맹 가입을 주장한 국가가 이탈리아였고, 반대한 국가가 영국이었다는 사실이다. 에티오피아 정부의 성격뿐만 아니라 전제 군주제와 노예제도 그리고 종족 전쟁이 벌어지고 있는 국내 사정이 국제연 맹의 일원이 되는 데에 적합하지 않다는 것이 당시 영국의 판단이었다. 그러나 이탈리아는 주장을 관철시켰고, 아비시니아는 국제연맹 회원국이 되어 모든 권리와 연맹이 제공할 수 있는 안전보장을 획득했다. 바로 그곳에서 모든 사람의 선의의 희망에 기초하여 설립한 세계 정부 기구를 시험할 수 있는 사례가 생긴 것이었다.

이탈리아의 독재자는 오직 영토 확장의 욕망만 추구하고 있었던 것이 아니었다. 그의 지배권과 권력의 안전은 위신에 달려 있었다. 40년 전 아도와 전투에서 에티오피아에 당한 굴욕적인 패배로 이탈리아 군대가 궤멸되고 포로가 된 병사는 치욕적으로 신체를 훼손당해 세계의 조롱거리가 된 사건이 모든 이탈리아인의 마음속에 지울 수 없는 상처로 남아 있었다. 그들은 몇 년이 지난 뒤 영국이 북아프리카의 하르툼과 마주바에서 어떻게 복수했는지 목격했다. 이탈리아에게는 아도와 전투에 대한 복수로 위신을 회복하는 것이 프랑스가 알자스-로렌을 회복하는 정도의 의미를 가졌다. 무솔리니에게는 자신의 권력을 공고히 하고 유럽에서 이탈리아의 권위를 세우는 데에 과거의 오점을 한꺼번에 일소하는 동시에 근년에 건설한 이탈리아 제국에 아비시니아를 편입시키는 것보다 더 나은 방법이 없었을 것이다. 그것이 가장 적은 위험과 최소비용으로 쉽게 해결할 수 있는 방법이라고 생각했다. 무솔리니의 그러한 생각은 모두 잘못된 것이며 사악한 것이지만, 다른 국가의 관점을 이해하려고 노력하는 일은 언제나 현명한 처사이므로 여기에 기록해두고자 한다.

어쩔 수 없는 현실로 다가서는 나치 독일의 재무장에 대항하는 끔찍한 싸움에서 이탈리아가 소원해질 뿐만 아니라 급기야 반대 진영으로 들어가는 사태는 내게는 매우 꺼림칙했다. 이 중대한 고비에 국제연맹의 한 국가가 다른 국가를 공격하는 행위를 제지하지 못한다면, 부활하는 독일의 힘과 가공할 히틀러의 위협을 견제할 수 있는 열강을 결집시키는 기구인 국제연맹이 파괴될 것이라는 예상은 의심의 여지가 없었다. 아마도 이탈리아의 양보나 포기 또는 전향을 기대하는 일보다 국제연맹의 위엄을 지키는 쪽에서 더 많은 것을 얻을 수 있을 터였다. 따라서 무솔리니의 계획을 저지하기 위하여 국제연맹 회원국이 힘을 결집할 태세가 되어 있다면, 영국이 해야할 몫을 충실히 이행하는 것이야말로 우리에게 부과된 의무였다. 어떤 경우에도 영국이 스스로 앞장서야 할 책임은 없는 것처럼 보였다. 영국은 공군력의 균형 상실에서 비롯한 약점은 물론 독일의 재무장에 직면한 프랑스의 군사적 지위를 고려해야 했다. 한 가지 사실은 명확했다. 임시변통의 미봉책은 국제연맹에 소용이 없으며, 영국이 국제연맹의 주도권을 잡을 경우 그것은 영국에 치명적이 되었을 것이다. 무솔리니의 이탈리아와 싸우는 것이 유럽의 법질서와 안녕을 위하여 정당할 뿐만 아니라 필요한 일이라고 생각했다면, 우리는 적을 완전히 타도해야만 했을 것이다. 아직은 덜 강력한 독재자의 몰락은 여전히 압도적인 힘을 지닌 열강들을 결집시켜 행동을 개시할 수 있도록 할 것이며, 그렇게 함으로써 더 강력한 독재자를 제어할 수 있게 될 것이었다. 그랬다면 제2의 독일 전쟁을 방지할 수 있었다.

이러한 일반적 회고는 이 장에서 말하고자 하는 내용의 서두에 해당한다.

★ ★ ★ ★ ★

스트레사 회의 이후 아비시니아 정복을 위한 무솔리니의 준비는 눈에 띄게 확실해졌다. 이탈리아의 침공 행위에 대한 영국의 여론이 적대적이었던 것은 분명했다. 히틀러가 집권한 독일에서 평화는 물론 생존의 위험을 감지한 우리 우방국들은 당시 일류 국가로 평가되던 이탈리아가 우리 진영에서 다른 진영으로 옮겨가려는 움직임을 두려워했다. 나는 로버트 밴시터트 경과 당시 차관에 불과했던 더프 쿠퍼가 참석한 어느 저녁 식사 자리를 기억하고 있는데, 거기서 우리는 유럽의 세력 균형에 불리한 변화가 일어나고 있다는 사실을 분명히 예견했다. 우리 중의 몇 사람이 무솔리니를 만나서 영국에서 생길 수밖에 없는 불가피한 사태에 대해서 설명하자는 계획이 화제가 되었다. 그렇게 하지도 않았지만, 했다고 하더라도 아무런 효과가 없었을 것이다. 히틀러와 마찬가지로 무솔리니는 영국을 최악의 경우에 소리나 질러 대는 겁먹은 연약한 노파 정도로 여기고 어떤 식으로든 전쟁을 수행할 능력이 없는 존재로 생각했다. 무솔리니와 친밀한 관계였던 로이드 경은 1933년 옥스퍼드 대학생들이 "왕과 국가를 위해서 싸우기"를 거부한 조드 결의(Joad resolution)를 보고 무솔리니가 얼마나 충격을 받았는지를 기억하고 있었다.

8월에 외무장관은 나와 야당 지도자들을 따로 외무부로 초청하여 당면 문제에 관한 의견을 들었고, 정부는 그 사실을 공개했다. 새뮤얼 호어 경은 이탈리아의 아비시니아 침공의 점증하는 불안에 대해서 얘기하면서, 어느 정도까지 사태가 진전될 것을 예상하고 대비해야 하겠느냐고 물었다. 나는 대답하기 전에 양두체제[이든과 호어/역재]의 외무부에서 벌어지고 있는 내부적이고 인적인 상황에 대해서 알고 싶어 먼저 앤서니 이든의 의견은 어떤지 질문했다. 호어는 "그를 불러 오지요"라고 했고, 얼마 뒤 앤서니가 기분이 좋은 표정으로 미소를 지으며 나타났다. 우리는 서로 부담 없이 대화를 나누었다. 나는 외무부 장관이 이탈리아에 대항하여 국제연맹과 함께 프랑스를 끌고 갈 수 있는 데까지 가야 한다고 말했다. 그러나 프랑스는 이탈리아와 군사 협정을 유지하면서 독일 문제에 몰두해 있기 때문에 프랑스를 압박해서는 안 된다고 덧붙였다. 그러한 사정 때문에 프랑스가 아주 멀리까지 동반할 수는 없을 것이라고 생각했기 때문이다. 개괄적으로 나는 내각의 각료들이 지도적 역할을 맡으려고 하거나 너무 두드러지게 나서지 말아야 한다고 강력하게 조언했다. 그처럼 나는 독일에 대한 두려움과 축소된 우리의 방어 능력 때문에 위축되어 있었다.

1935년 여름, 수에즈 운하를 통과하는 이탈리아의 병력 수송선은 끊임없이 오갔으며, 상당한 병사와 군수품이 아비시니아 동쪽 국경선을 따라 집결되었다. 외무부에서 이야기를 나눈 이후에, 나로서는 전혀 예상하지 못한 엄청난 일이 돌발적으로 벌어진 것이다. 8월 24일, 내각은 영국이 조약과 국제연맹 규약에 따른 의무를 준수한다는 결의를 하고 공표했다. 국제연맹 담당 장관이자 사실상 영국의 공동 외무장관이었던 이든은 이미 몇 주일 동안 제네바에 머물면서 이탈리아가 아비시니아를 침공할 경우 "제재"를 가한다는 계획을 국제연맹 총회에 끌어들이려고 했다. 그가 맡은 특별한 임무로 인하여 그는 성질상 다른 어떠한 문제보다 아비시니아 문제에 비중을 두고 집중하고 있었다. "제재"는 이탈리아에 대한 모든 재정적 지원과 경제적 공급을 중단하고, 대신 그것을 아비시니아에 제공한다는 의미였다. 전쟁에 필요한 수많은 물자를 해외로부터 아무런 방해도 받지 않고 수입해야 하는 이탈리아와 같은 국가로서는 아주 두려운 일이었다. 이든의 열성과 연설과 그가 선언한 원칙이 총회를 지배했다. 9월 11일, 제네바에 도착한 외무장관 새뮤얼 호어 경은 총회에서 이렇게 연설했다.

나는 무엇보다 먼저 내가 대표하는 정부의 국제연맹에 대한 지지와 집단안보 체제에 대한 영국 국민의 관심을 재삼 확인하고자 합니다.……국제연맹 규약에 깃든 소중한 이상과 국제관계에서 법의 지배를 확립하고자 하는 정신은 우리나라 국민 의식의 한 부분이 되었습니다. 영국이 고수하고자 하는 것은 국제연맹의 원칙이며 다른 특별한 선언이 아닙니다. 이것을 달리 해석하는 관점은 우리의 훌륭한 신념을 폄훼할 뿐만 아니라 우리의 진심을 훼손하는 것입니다. 국제연맹의 엄밀하고 명확한 의무를 확인하는 가운데 국제연맹은 그 규약의 완전성을 집단적으로 유지하고, 특히 정당한 이유가 없는 어떤 공격 도발 행위에 대해서도 항상 집단적으로 대항하기 위하여 존재하며, 이러한 국제연맹과 함께 우리나라도 존재하는 것입니다.

독일에 대한 불안감과 우리의 문제가 다루어지는 방식이 마음에 들지 않았음에도 불구하고, 리비에라 해안의 햇빛을 받으며 그 연설문을 읽었을 때 나는 흥분했던 것을 기억하고 있다. 그 연설은 모든 사람들을 흔들어놓았고, 미국 전역에 반향을 불러일으켰다. 그것은 정의와 힘의 용감한 결합을 위해서 일어서는 영국 내의 모든 세력들을 결집시켰다. 거기에는 최소한 하나의 방안이 있었다. 만약 그 연설을 한 사람이 그 순간 자신이 얼마나 막강하고 자유로운 힘을 손에 쥐고 있었는지 깨달았더라면, 그는 한동안 세계를 이끌어갈 수 있었을 것이다.

그러한 선언은 과거 인류의 발전과 자유에 결정적 역할을 했던 수많은 요인과 마찬가지로 그 선언의 배후에 영국 해군이 존재한다는 사실 때문에 유효할 수 있었다. 처음이자 마지막으로 국제연맹은 세속적 수단을 사용할 수 있을 것 같았다. 모든 유형의 외교적이고 경제적인 압력과 설득을 수단으로 사용하는 최고의 권위를 토대로 국제 경찰의 힘이 형성될 수 있었다. 바로 그 다음날인 9월 12일, 전투순양함 후드와 리나운이 제2순양함대와 구축함 소함대를 동반하고 지브롤터에 도착했을 때, 여러 측면에서 그것은 영국이 말을 행동으로 옮기는 것이라고 볼 수밖에 없었다. 정책이든 실행이든 국내에서는 모두 즉각적이고 압도적인 지지를 얻었다. 해군부가 지중해에서 우리의 과업을 성사시키기 위해서 몇 개의 함대가 필요한지 치밀하고 전문적인 계산 없이 그러한 선언을 하고 군함을 움직였을 리가 없다고 생각하는 것은 자연스러운 현상이었다.

9월 말 나는 제법 영향력을 행사하는 정통파 단체인 시티 칼턴 클럽(City

Carlton Club)에서 연설을 해야 했다. 나는 무솔리니에게 경고하려고 의도했으며, 이후에 그가 연설문을 읽었다고 믿고 있다. 그러나 10월이 되자 영국 해군이 움직이는 시기를 놓쳤기 때문에 무솔리니는 이탈리아 군대에게 아비시니아 침공을 명령했다. 10월 1일에 국제연맹 총회는 주권 국가들의 50대 1의 투표로 이탈리아에 대한 집단적 조치를 강구하기로 결의했다. 평화적 해결을 위한 향후의 추가적 노력을 위해서 18인 위원회가 구성되었다. 그러한 상황에 맞닥뜨리자 무솔리니는 아주 간단명료한 성명을 내었다. "이탈리아는 전쟁으로써 제재에 대항한다"라고 말하는 대신, "이탈리아는 모든 제재에 규율과 절제와 희생으로써 대항한다"고 말했다. 그와 동시에 그 아비시니아 공격에 방해가 되는 어떠한 제재도 용납하지 않겠다고 공언했다. 만약 자신의 시도가 위협당한다면 방해가 되는 대상이 누구든 전쟁을 불사하겠다는 것이었다. "50개국!", 무솔리니는 말했다. "1개국에 끌려다니는 50개국!" 그 모든 것이, 영국 헌법상 의회의 임기가 만기가 되었기 때문에, 해산과 총선을 불과 몇 주일 앞둔 시기의 상황이었다.

★ ★ ★ ★ ★

아비시니아의 유혈 사태, 파시즘에 대한 증오, 국제연맹의 제재 조치 발동 등은 영국 노동당 내부에 큰 혼란을 일으켰다. 노동조합파들은 기질상 평화주의자와는 거리가 멀었는데, 특히 어니스트 베빈은 유난히 그러했다. 이탈리아의 독재와 맞서 싸우고 결정적인 제재를 강행하며 필요한 경우 영국 함대를 사용해야 한다는 강렬한 열망이 억센 임금 노동자들 사이에서 고조되었다. 흥분한 분위기의 집회에서 거칠고 난폭한 말들이 횡행했다. 언젠가 베빈은 "조지 랜스버리의 양심을 이 의회에서 다음 의회까지 옮기는 일에 이젠 지쳤다"며 불평을 털어놓았다. 노동당 의원의 다수가 노동조합의 분위기에 동조했다. 보다 넓은 견지에서는, 국제연맹 연합의 모든 지도자들은 스스로 국제연맹의 대의명분이 되는 의무를 짊어지고 있다고 느꼈다.

바로 거기에 원칙이 있었고, 그 원칙을 지키기 위하여 평생 일념의 인도주의자들은 죽을 준비가 되어 있었으며, 죽을 준비가 되어 있었다면, 죽일 준비가 되어 있었을 것이다. 10월 8일 랜스버리는 노동당 당수 자리에서 물러났고, 대신 화려한 무공을 자랑하는 애틀리 소령이 뒤를 이었다.

그러나 그러한 국민적 각성도 볼드윈의 예상이나 의도와 일치하지는 않았다. 내가 제재의 토대가 된 원칙을 이해한 것은 선거가 끝나고 몇 개월이 지난 뒤였다. 우선 수상은 제재는 곧 전쟁을 의미한다고 선언했다. 그 다음으로, 어떤 일이 있어도 전쟁이 일어나서는 안 된다는 것이 수상의 의지였다. 그리고 세 번째로, 그는 제재를 결정했다. 그 세 가지 조건을 충족시키는 것은 명백히 불가능했다. 영국의 지도와 라발의 압력 아래 제재의 방식을 책임지고 있던 국제연맹의 위원회는 전쟁을 도발할 수 있는 그 어떤 것과도 멀찌감치 거리를 두고 있었다. 군수품들을 포함한 다량의 물자가 이탈리아로 유입되는 것을 금지하고 주목할 만한 계획을 수립했다. 그러나 아비시니아 침공 작전을 유지하는 데에 필수불가결한 석유는 자유롭게 허용되었다. 이탈리아에 대한 석유 수출 금지는 바로 전쟁을 의미한다고 이해했기 때문이다. 그리고 국제연맹 회원국이 아니면서 세계 주요 석유 공급자였던 미국의 태도는 호의적이긴 했지만, 불확실했다. 게다가 이탈리아에 대한 석유 수출 금지는 독일에 대한 동일한 조치를 포함하고 있었다. 이탈리아에 대한 알루미늄 수출은 엄격히 금지되었다. 그러나 알루미늄은 이탈리아가 수요를 충당하고도 남을 만큼 생산하고 있던 거의 유일한 금속이었다. 철판과 철광석의 이탈리아 수출은 세계 정의의 이름으로 단호하게 거부했다. 그러나 이탈리아의 금속 산업은 그러한 재료를 거의 사용하지 않았다. 그리고 강판이나 선철은 금수 대상이 아니었기 때문에 이탈리아로서는 아무런 어려움을 겪지 않았다. 그렇게 거창하게 떠들어대면서 압박의 수단으로 선택한 조치는 침략자를 꼼짝 못하게 할 수 있는 실질적인 제재가 아니었다.

진 증기선을 타고 스페인 동부 해안을 돌아 탕헤르에 상륙했다. 거기서 로더미어 경과 유쾌한 그의 주변 사람들을 만났다. 그는 로이드 조지가 마라케시에 있는데, 그곳은 날씨가 아주 좋다고 알려주었다. 우리는 모두 자동차를 타고 마라케시로 달렸다. 나는 화창한 모로코에서 그림을 그리며 시간을 보냈다. 그리고 1월 20일 조지 5세의 급서 소식을 듣기 전까지 계속 그곳에 머물렀다.

★ ★ ★ ★ ★

아비시니아의 저항이 무너지고 이탈리아가 전 영토를 병합한 사실은 독일의 여론에 좋지 않은 영향을 미쳤다. 무솔리니의 정책이나 행동을 인정하지 않던 사람들까지 민첩하고 효과적이며 과감한 그의 작전 수행에 찬탄했다. 영국은 철저하게 유약한 모습을 보여주고 말았다는 사실만이 일반화되었다. 영국은 이탈리아의 지울 수 없는 증오의 대상이 되었다. 영국은 스트레사에서 결정한 경계선을 완전히 망가뜨려버렸던 것이다. 세계 무대에서 영국이 가지는 권위의 실추는 새로운 독일의 증대하는 힘과 명성과 좋은 대조가 되었다. 독일 바이에른 주의 한 영국 외교관은 이렇게 말했다. "여러 방면에서 영국을 경멸하는 눈치가 있다는 사실을 강하게 느꼈다.…… 서유럽 문제의 해결 또는 더 일반적인 유럽의 문제 그리고 유럽 이외의 문제를 해결하기 위한 교섭에서 독일이 완강한 태도를 보이는 것을 경계해야 한다." 그 모든 것은 뚜렷한 사실이었다. 영국 정부는 경솔하게 위대한 세계의 대의명분의 옹호자의 자리로 올라갔다. 영국 각료들은 용감무쌍한 다변으로 50개국을 선도했다. 그러나 볼드윈은 폭력적인 사태에 직면하자 주춤하며 물러섰다. 오랫동안 그들의 정책은 유럽 정세의 진상을 추구하기보다는 국내 여론에 영향력을 가진 무리를 만족시키기 위해서 만들어졌다. 이탈리아와 사이가 멀어짐으로써 영국은 유럽 전체의 균형을 뒤엎어버렸으며, 아비시니아 문제에 관해서는 아무것도 얻지 못했다. 국제연맹을 완벽한 대실패로 몰아넣은 것은 영국 정부였다. 국제 기구로서 존속을 유지하지 못할 정도로 치명상을 입은 것은 아니라고 하더라도, 국제연맹은 엄청난 타격을 당한 것이다.

제9장

히틀러의 출격

1936년

1936년 1월 말에 귀국했을 때, 나는 영국에서 새로운 분위기를 감지했다. 무솔리니의 에티오피아 정복과 그 야욕을 충족시켜준 야만적인 방법, 호어-라발 협정의 충격, 국제연맹의 추락 그리고 "집단안보"의 명백한 교착 상태는 노동당이나 자유당 내의 분위기뿐만 아니라 선의이긴 하지만 여태껏 쓸모없는 여론의 거대한 주체였던 대중의 분위기를 바꾸어놓았다. 그 모든 세력은 이제 파시스트나 나치 독재에 대항한 전쟁을 고려할 준비가 되어 있었다. 무력의 사용은 합법적인 사고의 범위에서 제외되는 것이 아니라 평화를 사랑하는 대다수 국민의 마음속에서 점점 더 가장 결정적인 요인으로 자리잡아가고 있었다. 그러한 현상은 지금까지 평화주의자로 불리는 것을 자랑스럽게 여기던 사람들에게도 마찬가지였다. 그러나 무력은, 많은 사람들이 신봉하는 원칙에 따르면, 국제연맹의 발의에 의해서나 그 권위 아래에서만 사용할 수 있었다. 비록 양대 정당은 모두 재무장의 모든 방식에는 반대했지만, 화합의 무한한 가능성은 열려 있었다. 그리고 영국 정부는 국민들을 일치단결시켜 비상시국의 정신으로 모든 준비를 하도록 할 수 있었을 것이다.

정부는 온건주의 정책과 미봉책에 집착하면서 만사를 조용하게 처리하고 있었다. 이제 국민들 사이에 고조되기 시작한 화합의 분위기를 이용하지 않는 정부의 태도에 나는 놀랄 수밖에 없었다. 그렇게 했다면 정부는 스스로를 한층 강화하는 동시에 국가를 강화할 수 있는 힘을 얻게 되었을 것이다. 그러나 스탠리 볼드윈에게는 그러한 의도가 조금도 엿보이지 않았다. 볼드윈은 빠른 속도로 노쇠해갔다. 그는 선거에서 표를 준 대다수의 힘에 의존하고 있었을 뿐이었으며, 그의 휘하에서 보수당은 조용하기만 했다.

★ ★ ★ ★ ★

히틀러 독일의 재무장이 연합국이나 제1차 세계대전 당시의 제휴국의 적극적인 간섭 없이 허용된다면, 제 2차 세계대전의 발발은 거의 확실했다. 우리의 목적은 혹독한 시련을 겪고서라도 승리하는 것이 첫 번째였다. 그러나 결정적인 힘의 시도를 미루면 미룰수록 우리에게 그러한 기회는 멀어질 뿐이었다. 1935년 여름, 독일은 조약을 위반하고 징병제를 다시 시행했다. 영국은 그것을 양해하고 넘어갔으며, 별도의 협정에 의하여 독일의 해군 재건은 물론, 원한다면 영국 규모에 맞먹는 유보트 보유를 허용했다. 나치 독일은 불법적으로 비밀리에 공군을 창설했는데, 1935년 봄에 이르러 영국 공군과 대등하게 되었다. 독일은 이제 오랜 비밀 준비 기간을 거쳐 본격적인 군수품 생산 2차 연도에 접어들었다. 영국과 유럽 그리고 당시만 해도 먼 나라로 생각되던 미국은 조국의 영광을 되찾기를 열망하는, 유럽에서 가장 유능한 민족 7,000만 명의 조직된 힘과 전의에 직면하여, 그들 나라들이 비틀거릴 때에는, 가차 없는 군사적, 사회적, 당파적인 소용돌이에 말려들게 되었다.

국제연맹의 결정을 무력에 의해서 집행해도 좋다는 모든 회원국의 공공연한 승인이 있었다면, 집단 안전보장을 선언할 수 있는 시간적 여유가 있었을지 모른다. 민주주의 국가들과 그들 국가에 의존하는 국가들은 여전히 실제로나 잠재적으로나 독재 국가들보다는 더 강했다. 그러나 적대국에 대한 상대적 지위는 12개월 전에 비하여 절반 수준이었다. 도덕적 동기라는 것도 타성과 비겁함에 묶여버리면, 무장한 용감한 악에는 적수가 되지 못할 것이다. 평화에 대한 제 아무리 진지한 사랑도 수억의 소박한 사람들을 전면전의 구렁텅이에 빠뜨리는 구실이 될 수가 없다. 연약하고 선한 집단의 환호는 곧 반향이 멈추고, 그들의 투표조차 곧 가치가 사라진다. 파멸이 닥쳐오는 것이다.

독일은 1935년 한 해 동안 서구 열강들의 동유럽의 로카르노 조약에 의한 교섭 노력을 거부하고 방해했다. 새 제국으로서 독일은 스스로 공산주의에 대한 방벽이라고 선언하고, 소련과 협력할 수 없다고 선언했다. 12월 18일, 히틀러를 만났던 베를린 주재 폴란드 대사는 이렇게 기록했다. "그는 서유럽과 러시아의 어떤 형태의 협력도 단호하게 반대했다." 그렇게 하여 히틀러는 모스크바와 직접 손을 잡으려는 프랑스의 시도를 방해하고 수포로 돌아가게 하려고 했다. 불-소 협정은 5월에 체결했으나, 양국 모두 비준하지는 않았다. 그 비준을 저지하는 것이 독일 외교의 주된 목표였다. 라발은 베를린으로부터, 만약 비준의 움직임이 있다면, 프랑스와 독일 사이의 관계는 더 이상 희망이 없어지고 말 것이라는 경고를 받았다. 어려움에도 불구하고 비준에 대한 라발의 태도는 분명했지만, 일의 진행에 영향을 미치지는 못했다.

1936년 2월 27일, 프랑스 하원은 불-소 협정을 비준했다. 그리고 다음날 베를린 주재 프랑스 대사는 본국의 훈령을 받는데, 독일 정부와 접촉하여 프랑스-독일 간의 양해를 위한 일반 협상을 어떠한 기초 조건에서 시작할 수 있을지 문의하라는 내용이었다. 그에 대한 히틀러의 반응은, 생각해보기 위하여 며칠 여유를 달라는 것이었다. 3월 7일 오전 10시, 독일 외무장관 폰 노이라트는 영국, 프랑스, 벨기에, 이탈리아 대사를 빌헬름슈트라세의 외무부로 초치하여 독일의 제안을 발표했다. 그것은 25개년 조약, 라인 접경 지역 양쪽의 비무장화, 공군 제한 협정 그리고 상호 불가침 조약을 위한 동서 인접 국가들 사이의 협상에 관한 것이었다.

라인란트의 "비무장 지대"는 베르사유 조약 제42, 43, 44조에 규정되어 있었다. 이 세 개의 조항은 독일은 라인 강 왼쪽 제방의 위에나 오른쪽 제방의 50킬로미터 이내에 요새를 가지거나 구축해서는 안 된다고 선언했다. 그 지역에서 독일은 여하한 병력도 배치할 수 없고, 언제 어떤 형식의 군사 훈련도 허용되지 않으며, 군사 동원을 위한 시설을 유지해서도 안 된다는 내용이었다. 그 위에 쌍방의 자유로운 교섭에 의해서 체결한 로카르노 조약이 있었다. 로카르노 조약에서 조약국들은 개별적으로나 집단적으로나 독일과 벨기에, 독일과 프랑스의 국경선의 항구성을 보장한다고 명시했다. 또 로카르노 조약 제2조는 독일, 프랑스, 벨기에는 서로 국경선을 침범하거나 공격하지 않기로 합의한 내용을 담고 있었다. 베르사유 조약 제42조 또는 제43조를 위반하는 행위는 "정당한 사유가 없는 침략"['도발되지 않은 침략 행위'를 의미한다/역주]의 구성 요건에 해당하게 되며, 따라서 공격당한 조약국은 비무장 지대에서의 병력 집결을 이유로 즉각적인 행동을 요구할 수 있었다. 그러한 침략 행위는 즉각 국제연맹에 제소해야 하며, 국제연맹은 침략 행위를 확인한 뒤에 조약국들에게 침략국에 대항하기 위한 군사 지원을 할 의무가 있다는 사실을 통보해야 했다.

1936년 3월 7일, 그날 정오였다. 25개년 조약을 제안한 지 두 시간이 지났을 때에 히틀러는 독일 의회에 라인란트의 재점령 의사를 선언했다. 히틀러가 그 말을 하고 있는 시간에 이미 독일 병사들은 경계선을 넘어 모든 주요 독일인 마을에 진입했다. 주민들은 독일군을 환영했지만, 연합국의 군사 행동의 두려움 때문에 눈치를 보는 듯했다. 그와 동시에 영국이나 미국의 여론을 차단하기 위해서, 히틀러는 라인란트 점령은 순전히 상징적 행위에 지나지 않는다고 선언했다. 런던 주재 독일 대사는 그날 아침 베를린에서 노이라트가 다른 로카르노 조약 당사국 대사들에게 전한 것과 동일한 제안을 이든에게 했다. 그것은 한번 기만당하고 말 것이라고 생각하고 있던 대서양 양쪽의 모든 사람들을 안심시켰다. 이든은 독일 대사에게 준엄하게 반응했다. 지금 와서 보면 히틀러는 단지 자신의 전략의 일부로 그리고 자기가 저지른 침략 행위를 감추기 위하여 무마용 제안을 한 것에 불과하며, 성공할 경우 결정적으로 확고한 지위에 올라서는 동시에 전체 계획의 다음 단계로 나아갈 수 있게 된다고 생각한 것이다.

그것은 전쟁을 통한 무력에 의해서 부과된 의무의 위반이자 완전한 평화 속에서 자유롭게 체결한 로카르노 조약의 위반이기도 했다. 뿐만 아니라 라인란트에서 정해진 기한보다 몇 년 앞당겨 병력을 철수한 연합국들의 우호적인 조치를 역이용한 소행이었다. 그 소식은 전 세계에 충격을 주었다. 사로가 수반이며 플랑댕이 외무장관이었던 프랑스 정부는 격노하여 모든 맹방과 국제연맹에 문제를 제기했다. 무엇보다 프랑스는 영국이 독일 침략에 대비한 프랑스 국경선을 보장하기로 하고 라인란트에서 프랑스에게 조기 철수하도록 압력을 행사했기 때문에 영국에 대해서 무언가 기대할 권리가 있었다. 위반행위가 있었다면, 그것은 평화 조약의 위반일 뿐만 아니라 로카르노 조약의 위반이었으며, 관련된 모든 국가를 구속하는 의무를 발생시켰다.

사로와 플랑댕은 총동원령을 내리고 즉각 행동에 돌입하려고 했다. 만약 그들에게 의무를 다할 수 있는 힘만 있었더라면, 그들은 그렇게 했을 것이며, 다른 나라들도 그 대열에 서게 했을 것이다. 그러나 그들은 영국의 협력 없이는 움직일 수 없었을 것이다. 이것은 설명일 뿐이며 변명은 아니다. 그 문제는 프랑스로서는 결정적으로 중대한 것이었다. 어떠한 프랑스 정부였다고 하더라도 그 이름에 걸맞게 결심해야 했으며, 조약의 의무를 신뢰할 수밖에 없었다. 그 불안한 몇 년 동안 끊임없이 바뀌어왔던 프랑스 정부의 각료들은 영국의 평화주의를 자신들의 변명의 구실로 삼고 만족해했던 적이 한두 번이 아니었다. 그것은 그렇다고 하더라도, 프랑스는 독일의 침략에 대항했을 때에 영국의 지원을 한번도 받아본 적이 없었다. 반대로 만약 프랑스가 행동할까 말까 주저했다면, 영국이라는 동맹국은 주저하지 않고 참으라고 행동을 만류했을 것이다. 일요일 온종일 런던과 파리 사이에는 열띤 전화가 계속되었다. 영국 정부는 두 국가가 충분히 고려한 다음에 공동 행동을 할 수 있도록 해야 한다고 프랑스를 설득했다. 뒷걸음치기 위한 융단 카페트가 아니고 무엇이었겠는가!

런던의 비공식적인 반응은 냉담했다. 로이드 조지는 서둘러 말했다. "내 판단으로는 히틀러의 최대의 범죄는 조약 위반이 아닙니다. 왜냐하면 도발 행위가 있었기 때문입니다." 그리고 이렇게 덧붙였다. "그는 우리가 좀더 냉정해지기를 바랐던 것입니다." 그가 말하는 도발 행위란, 추측하건대 연합국들이 실제로 행한 것보다 더 많이 군축을 행하지 않은 결과를 의미했다. 사회주의자 스노든 경은 불가침조약의 제안에 중점을 두면서, 히틀러가 먼저 제안한 평화 교섭은 무시되었다고 말했다. 영국 국민들은 이 제안이 방치되도록 가만히 있지 않을 것이라고도 했다. 그런 발언은 당시 잘못된 영국의 여론을 대변하는 것이라고 할 수 있는데, 정작 그 말을 한 장본인도 그렇게 믿지는 않았을지 모른다. 영국 내각은 대항을 최소한으로 하는 방안을 찾았는데, 가장 쉬운 길은 프랑스에게 다시 국제연맹에 제소하도록 하는 것이라고 생각했다.

프랑스에서는 의견이 크게 나뉘었다. 대체로 정치인들은 육군을 동원하여 히틀러에게 최후통첩을 보내야 한다고 주장했다. 그러나 장군들은 독일 측 장군들과 마찬가지로 침착하게 인내하고 기다려야 한다고 호소했다. 당시 히틀러와 독일군 최고사령부 사이에 의견 충돌이 있었다는 사실은 지금 우리가 알고 있는 바와 같다. 만약 프랑스 정부가 100개 사단에 가까운 육군과, 그때까지만 해도 유럽 최강의 공군—잘못 알려져 있었다—을 동원했더라면, 히틀러로서는 총참모본부의 요청에 따라 라인란트에서 철수할 수밖에 없었으리라는 것은 명백하며, 자신의 지배 권력을 운명적이라고 믿었던 허세를 자제하게 되었을 것이다. 당시에는 프랑스 단독의 힘만으로도 라인란트에서 독일군을 몰아내기에 충분했다는 사실을 잊어서는 안 된다. 그런데 그렇게 하는 대신 프랑스 정부는, 그 문제를 이미 이탈리아에 대한 제재의 대실패와 전년도에 체결한 영국과 독일의 해군 협정으로 인하여 약화되고 자신을 잃은 국제연맹에 떠넘기라는 독촉을 영국으로부터 받고 있었다.

1936년 3월 9일 월요일, 이든은 핼리팩스 경과 랠프 위그럼을 동반하고 파리로 갔다. 애당초 계획은 파리에서 국제연맹 회의를 소집하는 것이었다. 그러나 파리 현지에서 이든은 위그럼으로 하여금 플랑댕에게 영국에서 국제연맹 회의를 열 경우 영국의 유효적절한 도움을 받을 수 있으므로 런던으로 가자고 제안하도록 했다. 위그럼 같은 충직한 관리에게 그것은 내키지 않는 심부름이었다. 3월 11일에 귀국하자마자 그는 내게로 와서 그 이야기를 했다. 그날 밤늦게 도착한 플랑댕은 목요일 아침 8시 30분에 모페트 맨션의 내 방으로 찾아왔다. 그는 프랑스와 영국 두 나라의 육해공 3군을 동시에 동원할 것을 영국 정부에 요구할 생각이며, "소협상국"을 비롯한 그밖의 여러 국가들로부터 이미 지지의 확답을 받았다고 했다. 제1차 세계대전 연합국의 우세한 힘이 여전히 존재하고 있는 것은 의심의 여지가 없었다. 승리하기 위해서는 행동으로 옮기기만 하면 되었다. 우리는 히틀러와 독일 군부 사이에 무슨 일이 일어났는지 알 수 없었지만, 우리의 힘이 압도적으로 강하다는 사실은 명백했다.

당시 재무장관이었던 네빌 체임벌린은 영국 정부에서 가장 영향력이 있는 인물이었다. 뛰어난 전기 작가 키스 필링은 체임벌린의 일기에서 다음과 같은 구절을 인용했다. "3월 12일, 어떠한 종류의 제재를 하더라도 여론의 지지를 얻을 수 없다는 점을 플랑댕에게 강조하여 말했다. 그의 생각은 확고한 공동전선을 펼친다면 전쟁 없이 독일이 물러선다는 것이었다. 그러나 광적인 독재자가 그러한 반응을 보일 것이라는 예상을 나는 믿을 수 없다." 플랑댕이 독일에 대해서 최소한 경제적 불매동맹이라도 하자는 독촉에 체임벌린은 협상을 하는 동안 국제적인 힘을 사용할 수 있을 것이라며 상호원조 조약에 찬성의 뜻을 보였다. 그리고 한 식민지를 포기함으로써 영속적인 평화를 보장할 수 있다면, 그것도 고려해보자고 했다.

「타임스」와 「데일리 헤럴드」를 필두로 대부분의 영국 언론은 히틀러의 불가침조약 제안에 대한 신뢰를 표시했다. 오스틴 체임벌린은 케임브리지에서 행한 연설에서 그와 반대되는 주장을 했다. 위그럼은 자신이 떠올릴 수 있는 금융계, 언론계, 정관계 인물들뿐만 아니라 로디언 경까지 모두 플랑댕과 만나게 하는 일이 자신의 의무라고 생각했다. 플랑댕은 위그럼과 함께 만난 모든 사람들에게 이렇게 말했다. "오늘날 전 세계는 물론 특히 약소국들은 영국을 주시하고 있습니다. 만약 지금 영국이 행동할 의지만 있다면, 유럽을 이끌어갈 수 있습니다. 영국이 정책을 시행한다면, 세계는 따를 것입니다. 따라서 영국은 전쟁을 방지할 수 있을 것입니다. 영국으로서는 마지막 기회입니다. 바로 지금 영국이 독일의 움직임을 멈추게 하지 않는다면, 그것으로 모든 것은 끝입니다. 프랑스는 더 이상 체코슬로바키아를 보호할 수 없습니다. 왜냐하면 지리적으로 불가능하게 되어버렸기 때문입니다. 영국이 로카르노 조약을 계속 지키려고 하지 않는다면, 그것은 독일의 재무장을 기다리고 있는 것이나 다름없는 태도이며, 독일에 대항해서 프랑스가 할 수 있는 일이라고는 아무것도 없습니다. 영국이 독일과 일시적으로 우방의 관계를 맺는다고 하더라도, 바로 지금 영국이 독일의 행동을 중단시키지 않으면 전쟁은 불가피합니다. 제 개인적인 생각으로는, 프랑스와 독일의 우호적 관계는 가능하지 않습니다. 두 나라는 항상 긴장 관계에 있을 것입니다. 그럼에도 불구하고 영국이 로카르노 조약을 포기한다면, 저로서도 방침을 바꿀 수밖에 없습니다. 그밖에는 달리 방법이 없기 때문입니다." 그것은 용감한 발언이었다. 그러나 행동이 더 힘이 있는 법이다.

로디언 경의 조언 한마디는 이런 것이었다. "결국 모두가 자기집 뒷마당으로 돌아가려고 할 뿐이야." 그것은 영국의 견해를 대표하는 말이었다.

★ ★ ★ ★ ★

일이 어떻게 잘못되어가고 있는지 듣고 난 뒤, 그리고 위그럼과 이야기를 나눈 뒤 나는 플랑댕에게 프랑스를 떠나기 전에 볼드윈에게 면담을 요구하라고 조언했다. 회담은 다우닝 가에서 이루어졌다. 수상은 플랑댕을 극진하게 맞았다. 볼드윈은 자신은 외교 문제에 관해서 잘 알지 못하지만, 영국 국민의 정서는 아주 정확하게 판단할 능력은 있다고 설명했다. 그러면서 영국 국민은 평화를 원하고 있다고 했다. 그 말에 대해서 플랑댕은 영국 국민이 원하는 평화를 보장하는 유일한 방법은 아직 조치가 가능할 때 히틀러 일당의 침략행위를 막는 것이라고 대답했다고 한다. 프랑스는 영국을 전쟁에 불러들이는 것을 원하지 않았다. 따라서 프랑스는 영국에 대해서 실질적인 원조를 요구하지도 않았다. 당시 프랑스가 입수한 정보에 의하면, 라인란트를 점령한 독일군은 강력한 저항이 있을 경우 퇴각하라는 명령을 받았던 상황이었으므로, 프랑스는 단독으로 단순한 경찰 행동 정도만을 보이면 되었다. 그러므로 프랑스가 영국에게 요구하는 것은 자유행동뿐이라고 볼드윈에게 말했다. 이러한 것이 플랑댕의 주장이었다. 그러나 그것은 진실이 아니다. 프랑스가 로카르노 조약 아래서 합법적 행동을 하는 것을 영국이 어떻게 제지할 수 있었겠는가? 영국 수상은 거듭 영국으로서는 전쟁의 위험을 감수할 수 없다고 대답했다. 볼드윈은 플랑댕에게 프랑스 정부는 어떤 결정을 할 것인지 물었다. 플랑댕은 명확한 대답을 하지 않았다. 플랑댕에 의하면,* 그때 볼드윈은 이렇게 말했다는 것이다. "당신 생각이 옳을지 모릅니다. 그러나 프랑스의 경찰 행동이 백에 하나라도 전쟁을 유발할 가능성이 있더라도, 나에게는 영국을 그런 일에 끌어들일 권한이 없을 것입니다." 거기서 잠시 말을 멈추고는 계속 덧붙였다. "영국은 지금 전쟁을 할 수 있는 상태가 아닙니다." 플랑댕이 전하는 이야기가 사실인지 확인할 길은 없다. 플랑댕은 두 가지 확신에 가까운 인식을 하고 프랑스로 돌아갔다. 첫째, 영국의 강력한 의지가 드러나지 않는 한, 분열된 프랑스 국론은 통합될 희망이 없다. 둘째, 영국의 그러한 강력한 의지가 나타날 가능성은 커녕 영국으로부터 그 어떠한 강력한 자극마저 기대할 수 없다. 플랑댕은 불행하게도 프랑스의 유일한 희망은 점점 더 공격적이 되어가는 독일과 협상하는 것밖에 없다는 암울한 결론으로 치닫고 있었다.

그럼에도 불구하고, 그리고 그 뒤로 계속된 그의 실책에도 불구하고, 그 곤혹스러운 시기의 플랑댕의 태도에 의해서 훗날 내 힘이 닿는 데까지 그를 도와줄 수밖에 없었다. 플랑댕이 알제리에서 드골 정권에 의해서 체포되었을 때, 나는 1943년에서 1944년 사이의 겨울 동안 그를 보호하기 위해서 나에게 주어진 권한을 사용했다. 그 과정에서 루스벨트 대통령에게 구원을 요청했고, 아주 적극적인 도움을 받았다. 전쟁이 끝나고 플랑댕이 재판에 회부되었을 때 아프리카 작전에서 그를 수없이 보아온 내 아들 랜돌프가 증인으로 소환되었다. 랜돌프의 증언과 플랑댕의 변호를 위해서 내가 써준 편지가 플랑댕이 프랑스 법정에서 석방 결정을 받아내는 데에 조금이나마 도움이 된 것은 반가운 일이었다. 의지의 나약함은, 비록 대역죄는 아니지만, 재난을 초래할 수 있을 것이다. 그러나 그 무엇도 프랑스 정부의 중대한 책임을 면하게 할 수는 없다. 클레망소나 푸앙카레였더라면, 볼드윈에게 선택의 여지를 주지 않았을 것이다.

히틀러의 라인란트 점령에 의한 베르사유 조약과 로카르노 조약의 위반

---

* 피에르-에티엔 플랑댕, 『프랑스 정치인』, 1919-40, 207-207면.

할 것이오." 체임벌린은 대답했다. "난 부정할 수는 없소. 당신이 굳이 그 점을 강조해서 대답을 요구한다면, 사실이라고 할 거요."

나는 내 정보의 비밀을 유지하고 동시에 오류의 가능성을 조금이라도 줄 인다는 의미에서 10억 파운드라는 수치를 8억 파운드로 고쳤다. 체임벌린 은 의회에서 나의 추정치가 "과장되지 않은 수치"라며 동의했다.

나는 몇 가지 방법을 동원하여 영국과 독일 군비의 상관관계를 현안으로 제기하고자 했다. 비공개 회의에서 토론할 것을 요구했으나, 거절당했다. 이유는 "불필요한 경각심을 불러일으킬 수 있다"는 것이었다. 나는 거의 아 무런 지지도 받지 못했다. 모든 비공개 회의는 언론이 관심을 가지지 않았 다. 그 뒤 7월 20일에 나는 볼드윈 수상에게 그 문제에 관하여 알고 있는 사실을 밝혀줄 추밀고문관이나 그밖의 인사들의 대표자들을 만날 의사가 있느냐고 물었다. 솔즈베리 경은 상원에도 대표자들을 보내달라고 요청했 다. 그 요청은 받아들여졌다. 나는 개인적으로 애틀리와 아치볼드 싱클레어 경에게 호소했으나, 노동당과 자유당은 거부했다. 따라서 우리는 7월 28일 하원의 수상 집무실로 볼드윈을 만나러 갔다. 그 자리에는 핼리팩스 경과 토머스 인스킵 경도 있었다. 인스킵 경은 유능한 법률가였으나 잘 알려지지 않았을 뿐만 아니라 군사 문제에 관해서는 아는 것이 아무것도 없었는데, 볼드윈 수상이 국방장관과 동격의 역할을 하게 한 인물이었다. 보수당과 무소속의 유명 인사들은 나와 함께 회의장으로 갔다. 오스틴 체임벌린 경이 우리를 안내했다. 그것은 아주 중요한 기회였다. 나는 영국에서 경험한 공 적 생활에서 그와 비슷한 경우를 떠올릴 수 없다. 개인의 이해관계를 떠나 자신의 생애를 공적 문제에 헌신한 탁월한 인물들은 함부로 무시할 수 없는 보수적 의견의 중심을 대표하고 있었다. 만약 그 자리에 노동당과 자유당의 지도자들이 참석했더라면, 정치적 긴장감이 고조되어 어떠한 수습책이 제 시되었을지도 모른다. 회의는 하루 서너 시간씩 이틀 동안 계속되었다. 내가 항상 얘기하듯이, 볼드윈은 다른 사람의 말을 잘 경청한다. 그는 최대한의 관심을 기울여 사람들이 하는 말을 듣는 것 같았다. 그와 함께 국방위원회의 여러 전문가들도 참석하여 들었다. 회의 첫날 나는 한 시간 15분 정도의 연설로 토론을 시작했는데, 다음과 같이 결론을 맺었다.

첫째, 우리는 지금 영국 역사상 최대의 위험과 긴급사태에 직면해 있습니다. 둘째, 우리는 프랑스 공화국의 협력 없이 우리의 문제를 해결할 수 있는 희망이 없습니다. 영국 함대와 프랑스 육군의 결합은 프랑스와 벨기에 국경의 바로 배후에서 작전하는 영국과 프랑스 연합 공군과 함께 영국과 프랑스 양국이 관철하려는 모든 것을 아울러 구원의 희망을 내포하고 있는 방파제가 되고 있습니다. 어쨌든 그것은 최선의 희망입니다. 구체적으로 말하자면, 우리는 영국의 힘을 증강하는 데에 장애가 되는 요소들을 제거해야만 합니다. 우리는 가능한 모든 위험에 대응하여 필요한 모든 대비를 할 수가 없습니다. 우리는 가장 중요한 곳에 힘을 집중하고, 그 나머지 부분에서는 대가를 치를 수밖에 없습니다. 보다 확실하게 말하자면, 우리는 다른 어떠한 고려보다도 공군력을 증강해야 합니다. 어떤 대가를 치르더라도 우리의 꽃다운 젊은이들을 비행기 조종사로 뽑지 않으면 안 됩니다. 어떤 방식으로 제안하여 모집할 것인지 망설일 필요가 없습니다. 여러 방면에서 어떤 수단을 동원해서라도 선발해야 합니다. 우리는 비행기 제작에 박차를 가하고 그 과정을 단순화해서 생산 규모를 최대화해야 합니다. 최대한의 항법 자료와 모든 종류의 시설 확보를 위해서 미국은 물론 그밖의 어떤 국가와도 계약하는 일을 주저해서는 안 됩니다. 우리는 지금 일찍이 전혀 경험해본 적이 없는 그러한 위험에 처해 있습니다. 심지어 잠수함 작전이 절정에 이른 때조차도 지금과 비교할 수 없습니다.

이런 생각이 저를 괴롭히고 있습니다. 시간은 쏜살같이 지나갑니다. 우리가 지금 우리 국방의 부실한 부분을 보완하는 데에 너무 지체한다면, 우리보다 강한 국가에 의해서 과정의 진행을 방해당할지 모릅니다.

재무장관이 참석하지 않아 우리는 무척 실망했다. 볼드윈의 건강이 악화되고 있는 것은 명백했으며, 그가 곧 정치의 짐을 벗고 은퇴할 것이라는 사실은 널리 알려져 있었다. 그의 뒤를 이을 사람이 누구인지에 대해서는 의문의 여지가 없었다. 그러나 불행하게도 네빌 체임벌린은 휴가를 즐기고 있었기 때문에 그는 그 문제들과 관련하여 그의 형과 그의 가장 소중한 친구들이 포함된 보수당 인사들과 직접 부딪혀 볼 수 있는 기회를 놓치고 말았다.

내각의 각료들은 우리가 제기한 중대한 문제들에 대해서 매우 진지한 관심을 보였다. 그러나 우리 모두가 볼드윈의 초청을 받아 전체 입장에 관한 완전한 생각이 담긴 이야기를 들은 것은 의회가 휴회한 뒤인 1936년 11월 23일이었다. 토머스 인스킵 경도 솔직하고 훌륭한 설명을 했는데, 우리가 당면하고 있는 상황의 중대함을 조금도 감추려고 하지 않았다. 그 내용은 이러한 것들이었다. 우리의 예측, 특히 내가 한 연설의 내용은 장래에 대해서 너무 비관적이라는 것, 이미 잃어버린 것들을 만회하기 위하여(실제로 그러했다) 엄청난 노력이 이루어지고 있다는 것, 정부가 긴급조치를 선택할 경우 그것을 정당화할 근거가 없다는 것, 긴급조치는 필연적으로 나라 전체의 산업계를 혼란시킴으로써 사회 전체에 불안감을 조성하고 뭔가 결함이 있다는 사실을 널리 광고하는 결과가 된다는 것, 이러한 문제들에 관하여 할 수 있는 한도 내에서 모든 것을 하고 있다는 것 등이었다. 오스틴 체임벌린 경은 우리의 우려를 해소하지 못하면 만족할 수 없다는 우리의 일반적인 견해를 말했다. 그리고 우리는 모두 헤어졌다.

1936년 한 해 내내 국민과 의회의 걱정은 쌓여갔는데, 가장 큰 불안은 우리의 공군 방위력이었다. 11월 12일 청원 심의 석상에서 나는 약속을 지키지 못한 볼드윈을 맹렬하게 비난했다. 볼드윈은 이렇게 맹세한 적이 있었다. "이 나라의 어떤 정부든, 거국내각 정부든, 현재의 정부든, 우리 영토에서 공격 거리 이내에 있는 어떤 국가보다도 공군력에서는 뒤지지 않게 해야합니다." 나는 말했다. "정부는 전혀 결정을 할 수가 없습니다. 그렇지 않으면 정부는 수상이 결정하게 할 수 없습니다. 그들은 기묘한 역설적인 행위를 하고 있습니다. 오직 결정하지 않기 위해서만 결정하고, 결단을 내리지 않기 위해서만 결단하며, 방황하기 위해서만 단호하고, 흐느적거리기 위해서만 강고하고, 무기력하기 위해서만 전력하고 있습니다. 그리하여 우리는 몇 년 몇 달을, 우리 위대한 영국에게 너무나 소중하고 사활이 걸렸을지도 모르는 세월 동안 메뚜기의 먹이를 준비해온 것이나 다름없습니다."

거기에 대한 답변으로 볼드윈은 다음과 같은 주목할 만한 연설을 했다.

나는 오늘 의회에 이런 점을 상기시키고자 합니다. 나는 연설을 통해서 여러 기회에 그리고 여러 장소에서 민주주의의 원칙을 이야기하고 옹호할 때마다 민주주의는 독재보다 항상 2년 정도 뒤져 있다는 말을 해왔습니다. 나는 그것이 사실이라고 믿습니다. 이번 경우에도 그것은 사실입니다. 나는 오늘 여기서 정말 솔직하게 내 의견을 말하겠습니다. 여러분은 제네바에서 군축 회담이 열리고 있었던 때를 기억하실 것입니다. 바로 그때[1931-1932년] 영국에서는 전후 그 어느 때보다도 강한 평화주의의 바람이 불고 있었다는 사실을 기억하실 것입니다. 거국내각 정부의 의석 하나를 오직 평화주의 논쟁만으로 7,000여 표 차이로 잃어 버렸던 1933년 가을 풀럼의 선거를 기억하실 것입니다.……거대 정당의 지도자로서의 나의 입장은 조금도 편하지 못했습니다. 나는 스스로 자문해보았습니다. 풀럼에 불어닥친 평화주의 분위기가 전국의 공통적인 현상이었다는 전제 아래, 1년이나 2년 이내에 정부에 재군비를 위임할 수 있도록 분위기의 변화가 가능할 것인가 하고 말입니다. 내가 그때 지방을 다니면서 독일이 재무장하고 있으니 우리도 무장해야 한다고 말했다면, 누구 한 사람이라도 이 평화적 민주주의 국가가 그 외침에 따라 결속해야 한다고 생각했겠습니까? 나의 관점에서는, 선거에서 패배를 초래하는 것 외에 그 어떤 것도 확실한 것은 없다는 생각밖에 할 수 없었습니다.

그것은 정말 놀랄 정도로 솔직한 표현이었다. 그의 의도에 대한 적나라한 진실을 보기 딱할 정도로 드러내는 것이었다. 한 국가의 수상으로서 선거에 지는 것이 두려웠던 나머지 국가의 안전에 관한 자신의 의무를 다할 수 없었다는 고백을 하는 것은 우리 헌정 사상 전례가 없는 사건이었다. 볼드윈은 자리를 유지하려는 비열한 욕망에 따라 움직인 것은 아니었다. 그는 실제로 1936년에 은퇴를 진지하게 원했다. 그의 정책은 노동당이 집권할 경우 현재 자신이 이끄는 정부보다 훨씬 더 바른 길을 가지 못할 것이라는 두려움에 의해서 지배되었다. 국가방위 조치에 반대하는 노동당원들의 모든 선언과 표결 결과는 기록으로 남아 있다. 그러나 볼드윈의 고백은 영국 국민정신에 대한 완전한 변명도 될 수 없었을 뿐만 아니라 정당성도 부족했다. 그 전해에 공군력의 균형에 관한 예측의 실수를 솔직하게 고백하여 거둔 성공이 이 경우에 다시 되풀이될 수는 없었다. 의회는 충격에 휩싸였다. 참으로 그때의 분위기는 참담한 것이어서 예상하지 않았던 일이 발생하지 않았더라면, 건강이 악화일로에 있었던 볼드윈에게 치명적일 수도 있었다.
　그 당시 미래의 위험을 보고 있었던 영국 사람들은 거대한 결속을 이루어가고 있었다. 그들은 전체주의의 충격과 영국 정부의 자기만족이라는 양면의 위협으로부터 안전과 자유의 대의명분을 보장하기 위한 실질적인 수단을 향한 의지가 있었다. 우리의 계획은 국제연맹의 권위를 완전히 승인하고 활용하는 일과 연관시켜 영국의 재무장을 조속히 대규모로 실행에 옮기는 것이었다. 나는 그 정책을 "군비와 맹약(Arms and the Covenant)"이라고 했다. 볼드윈의 하원 연설은 우리의 경멸의 대상이 되었다. 그러한 분위기의 움직임이 가장 잘 나타난 것은 앨버트 홀의 회합에서였다. 12월 3일, 우리는 모든 정파의 지도급 인사들을 한데 모았다. 국가의 위험을 진지하게 받아들이고 있던 우파의 강력한 보수당원들, 전국노동조합연맹의 지도자들, 총파업 당시의 나의 옛 반대자 월트 시트린 경을 의장으로 한 수많은 대형 노동조합의 대표들, 자유당과 그 지도자 아치볼드 싱클레어 경들이 참석했다. 우리는 비로소 우리의 견해에 대한 관심을 확보했을 뿐만 아니라 우리의 견해를 확고한 것으로 만들 계기를 마련했다는 사실을 느낄 수 있었다. 마침 영국의 국왕이 사랑하는 여성과 결혼하려는 열망 때문에 그밖의 문제들은 뒷전으로 밀려나 있는 그런 때였다. 퇴위의 위기가 임박한 순간이었다.

내가 감사의 결의에 답하기 전에 "신이여 국왕을 보호하소서"를 부르는 함성이 들렸다. 거기에 자극되어 얼마 동안 환호가 계속되었다. 그 순간 나는 충동적으로 내 개인의 입장을 밝혔다.

오늘밤에는 우리의 마음을 뒤덮는 또다른 중대한 문제가 있습니다. 몇 분 뒤면 우리는 영국 국가 "신이여 국왕을 보호하소서"를 부르게 될 것입니다. 나는 생애에 가장 열정적으로 국가를 부를 것입니다. 나는 돌이킬 수 없는 결정을 하지 않도록 서둘지 말되, 여론은 그 시대의 역할을 할 수 있어야 하며, 비할 데 없이 축복받은 분이 그가 사랑하는 국민들로부터 부적절하게 격리되는 일이 없기를 기원합니다. 그리고 국회가 이 고도의 중대한 헌법상의 문제에 대해서 그 임무를 잘 수행할 수 있게 되기를 바랍니다. 이제 사상 처음으로 영국 국민과 대영제국의 의사에 따라 우리의 국왕을 인도하게 될 것이며, 영국 국민들은 우리의 왕위 향유자에 대해서 너그럽게 생각하리라고 믿습니다.

그 뒤에 일어난 비록 짧으나 격렬했던 논쟁에 대해서 쓰는 것은 이 저술의 취지에 적합하지 않다. 나는 에드워드 8세[1894-1972, 즉위 1936/역주]

를 그의 어린 시절부터 잘 알고 있었다. 그리고 1910년, 나는 내무장관으로서 카나본 성에서 수많은 사람들이 운집한 가운데 그의 웨일스 왕자 봉작을 알리는 선언문을 낭독했다. 나는 내 개인적인 최고의 충성심을 그에게 바쳐야 할 의무감을 느꼈다. 나는 그 여름 동안 무슨 일이 벌어지고 있었는지 모두 알고 있었지만, 그에게서 직접 얘기를 듣거나 그와 연락한 일은 없었다. 그러나 심적 고통 끝에 그는 수상에게 결혼 허가 문제를 나와 상의해달라고 요청했다. 볼드윈은 그 요청을 정식으로 받아들여 나에게 전달했다. 그리하여 나는 왕을 만나러 벨베데레 궁전으로 갔다. 그때부터 퇴위할 때까지 나는 계속 왕과 접촉을 가졌고, 왕과 국민 양쪽 모두에게 인내를 가지고 기다리자고 내 온 힘을 다해서 간청했다. 나는 그러한 노력을 지금까지 결코 후회하지 않는다. 참으로 그 외에는 달리 방법이 없었다.

수상 볼드윈은 자신이 영국 국민의 감정을 판단하는 예리한 심판관이란 사실을 스스로 증명했다. 의심의 여지없이 그는 깊은 국민의 의지를 파악하고 그것을 표현했다. 국왕의 퇴위 문제를 다룬 수상의 능숙한 솜씨는 두 주일 동안에 그의 인기를 밑바닥에서부터 절정으로 끌어올렸다. 맹렬히 들고 일어나는 하원에 맞서 나는 여러 차례 완전히 고립된 상태에 빠지기도 했다. 나는 행동하고 있는 동안에는 적대적인 여론의 감정에 부당하게 영향을 받는 일이 없다. 그러나 사람들에게 내 말을 경청하도록 하는 일이 실제로 얼마나 불가능에 가까운 일인가를 느낀 경우가 한두 번이 아니었다. 내가 중심이 되어 "군비와 맹약"이란 이름 아래 결집한 모든 세력들은 어느새 소원해지거나 흩어져버렸다. 그리고 나는 여론에 난타당하여 내 정치적 생명도 마침내 끝나게 되었다는 것이 일반적 견해가 되어버렸다. 나에게 그렇게 적대적이었던 바로 그 하원이 모든 적을 누르고 승리를 차지할 때까지의 그 길고 불행했던 전쟁의 세월 동안 내 리더십에 귀 기울이고 따랐다는 사실은 얼마나 신기한 일인가! 현명하고 안전한 길은 하루하루 자신의 양심이 지시하는 대로 행동하는 데에 있다는 나의 제안 바로 그것이 그러한 것을 가능하게 하지 않았을까!

우리는 한 국왕의 퇴임에서 다른 국왕의 대관식으로 넘어갔다. 1937년 5월 말까지 충성을 맹세하는 엄숙한 국민적 의식과 제전이 펼쳐지고, 영국 본토와 대영제국 전체가 새 국왕에게 바치는 영국인의 충성심으로 가득 차 있었다. 외교 문제나 국방 상황은 이런 분위기 탓에 국민의 관심을 잃었다. 영국이라는 섬은 마치 유럽 대륙으로부터 1만-2만 킬로미터나 떨어져 있는 것 같았다. 그러나 나는 대관식 바로 다음날인 1937년 5월 18일 새 국왕으로부터 친필 서한을 받았다는 사실을, 왕실의 허락을 얻어 여기에 밝힌다.

> 버크셔 주, 윈저
> 그레이트 파크, 별궁,
> 1937년 5월 18일

친애하는 처칠 씨,

나는 지극히 훌륭한 당신의 편지에 대해서 감사의 뜻으로 이 답신을 씁니다. 당신은 나의 형님을 위하여 열과 성을 다했으며, 지금도 그러하다는 사실을 잘 알고 있습니다. 지난 12월, 형님께서 우리 곁을 떠나시고 난 뒤 일어난 매우 어려운 문제에 대해서 당신이 보여준 배려와 이해는 나에게 말로 표현할 수 없는 감동을 주었습니다. 나는 왕위를 계승하면서 커다란 책임과 의무를 충분히 인식하고 있습니다. 그리고 우리의 훌륭한 정치인들 중의 한 사람으로서 조국을 위해서 충실히 봉사해온 당신의 축복을 받아 무한한 힘을 얻었습니다. 나는 우리 나라와 우리 제국에 현존하는 선의와 희망이 이제 이 세계의 모든 다른 국가에 모범이 될 것이라는 사실을 희망하고 또 믿습니다.

> 존경을 표합니다,
> 조지 R.I.

당시 영향력이라고는 전혀 없던 사람에게 베푼 그 관대함의 표시는 나의 일생동안 언제까지나 마음에 간직할 경험으로 남아 있을 것이다.

★ ★ ★ ★ ★

새 국왕 조지 6세가 즉위한 뒤인 1937년 5월 28일에 볼드윈은 은퇴했다. 기나긴 세월 동안 공직에 봉사한 데 대해서는 백작 작위와 가터 훈장으로 적절히 보답을 받았다. 그는 스스로 응집시켜 조심스럽게 유지해왔던, 그러나 가능한 한 행사하지 않았던 광범위한 권한을 포기했던 것이다. 그는 일반 대중의 열렬한 감사와 존경을 받으면서 물러났다. 그의 후임자가 누가 되어야 할 것인가에 대해서는 의심의 여지가 없었다. 네빌 체임벌린은 재무 장관으로서 5년 동안 정부의 중요한 역할을 맡았을 뿐만 아니라, 고도의 재능을 갖춘 명문 출신으로서 각료들 중 가장 능력 있고 영향력 있는 인물이었다. 나는 그때로부터 1년 전에 버밍엄에서 셰익스피어의 말을 빌려 그를 "우리의 큰 일을 위해서 견마의 역할을 다할 사람"이라고 표현한 적이 있는데, 그는 그것을 칭찬으로 받아들였다. 나는 그가 나와 함께 일하고 싶어 할 것이라는 기대는 하지 않았을 뿐만 아니라, 그로서도 그 시기에 그렇게 하는 것이 현명한 선택은 아니었을 것이다. 그때 당면한 중요한 일을 처리하는 방식에서 그의 생각은 나와 많이 달랐다. 그러나 나는 그와 같은 활기에 넘치고 유능하며 능숙한 행정력이 있는 사람이 정권을 잡은 것을 환영했다. 그와 나는 공사를 막론하고 조용하고 편한 관계였으며, 서로 예의를 갖추는 관계였다.

나는 여기에서 나의 오랜 지인이면서 내가 그 밑에서 일을 하기도 했고 또 하기로 되어 있기도 했던 두 명의 수상 볼드윈과 체임벌린을 비교해보려고 한다. 스탠리 볼드윈은 두뇌가 명석하고 이해가 빨랐으나, 세세한 행정적 수완은 없었다. 그는 외교와 군사 문제에 대해서는 이해의 폭이 극히 좁았다. 유럽에 대해서 아는 것이 적었고, 알고 있는 것들도 좋아하지 않았다. 영국의 정당 정치에 깊은 지식이 있었으며, 넓은 의미에서 우리 섬 민족의 몇 가지 장점과 많은 결점을 대표했다. 그는 보수당 당수로 다섯 번의 총선을 치렀는데, 그중 세 번을 이겼다. 그는 일을 처리할 때 끈기 있게 기다리며 비난에 태연히 대처하는 비범한 성격이었다. 사건을 자신이 생각하는 방향으로 이끌어가는 데에 불가사의할 정도로 능숙하며, 사태가 무르익었을 때 장악하는 능력이 있었다. 그는 18세기의 부패를 제외한다면, 역사적 인물 로버트 월폴 경[1721-1742년 수상 재임/역주]의 인상을 되살리는 듯했으며, 그와 재임 기간도 비슷한 영국 정치의 주역이었다.

한편 네빌 체임벌린은 기민하고 사무적이었으며 자기 확신이 극도로 강한 사람이었다. 볼드윈과 달리, 그는 스스로 유럽의 모든 분야와 세계 전반에 대해서 이해할 수 있는 능력이 있다고 자신했다. 조금 모호한 대신 깊은 직관력을 지닌 그는 스스로 확신하는 정책의 한계 내에서 폭은 좁았지만 예리한 효율성을 발휘하는 인물이었다. 재무장관으로서나 수상으로서나 국방 예산에 대해서는 조금도 빈틈을 주지 않고 엄격히 억제했다. 그는 그 시기의 모든 비상대책에 대해서 독단적인 반대자였다. 그리고 당대의 국내외 정치가들을 단호하게 평가했는데, 그는 스스로 그들을 다룰 능력이 있다고 생각했다. 전신에 넘쳐흐르는 희망은 위대한 중재자로 역사에 이름을 남기게 되었다. 따라서 그는 그렇게 되기 위하여 현실에 맞서서나 자기 자신과 조국의 중대한 위험을 감수하고서라도 계속 노력할 각오가 되어 있었다. 불행하게도 그는 자기가 조정할 수 없는 세력의 물결 속으로 뛰어들어, 비록 물러서지는 않았지만, 수습할 수 없는 태풍에 맞서게 되었다. 전쟁이 일어나기 전까지 나는 체임벌린보다 익히 알고 있던 볼드윈과 함께 일하는 것이 훨씬 더 쉬우리라고 생각했다. 그러나 어쩔 수 없는 궁지에 몰리기 전까지는 두 사람 모두 나와 함께 일하고 싶어하지 않았다.

★ ★ ★ ★ ★

1937년 어느 날, 주영 독일 대사 폰 리벤트로프를 만났다. 그 무렵 나는 2주일에 한 번씩 쓰던 칼럼에서 그가 행한 연설이 잘못 이해되고 있다는 사실을 지적한 적이 있었다. 당연히 나는 사교계에서 그를 여러 차례 만난 적이 있었다. 그는 나에게 할 이야기가 있으니 자기를 한번 찾아오지 않겠느냐고 했다. 그는 독일 대사관의 넓은 위층 방에서 나를 맞았다. 우리는 두 시간이 넘도록 계속 대화를 나누었다. 리벤트로프는 아주 정중한 태도였고, 그와 나는 군비와 정책에 대해서 유럽의 정세 전반을 이야기했다. 그가 한 말의 골자는 독일은 잉글랜드와 우호적 관계를 맺고 싶어한다는 것이었다(유럽 대륙 국가들은 그때까지도 우리를 간혹 "잉글랜드"라고 부르는 경우가 있었다). 그는 독일의 외무부 장관이 될 수 있었지만, 영독 협상이나 영독 동맹을 성사시킬 수 있도록 런던으로 보내달라고 히틀러에게 요청했다고 말했다. 독일은 대영제국의 광대한 영역을 보장하겠다는 것이었다. 독일의 식민지 반환을 요구하는 것 같기도 했지만, 그것은 핵심이 아니었다. 그들이 원하는 것은 동유럽에 관하여 독일의 행동에 영국이 간섭하지 않는 것이었다. 독일은 인구의 증가 때문에 레벤스라움(Lebensraum), 즉 생활권이 반드시 보장되어야 한다는 주장이었다. 그러므로 폴란드와 단치히 회랑 지역을 병합해야 한다는 것이었다. 백러시아와 우크라이나는 7,000만 명의 인구를 가지게 될 독일 제국의 미래에 절대적으로 필요한 영토였다. 그것은 최소한이며, 그 이하로는 만족할 수 없으며, 영국 연방과 제국이 필요로 하는 모든 것은 방해하지 않겠다는 것이었다. 대사관 벽에는 대형 지도가 걸려 있었는데, 대사는 몇 번이나 나를 지도 앞으로 데리고 가서 자신의 구상을 설명했다.

그의 이야기를 모두 듣고 난 뒤, 나는 즉시 영국 정부는 독일이 동유럽에서 임의로 행동하는 데에는 분명히 동의하지 않을 것이라고 대답했다. 영국은 소련과 사이가 좋지 않고, 히틀러가 싫어하는 것처럼 영국도 공산주의를 싫어한다. 그러나 프랑스의 안전이 보장된다고 하더라도 영국은 독일이 유럽의 중부와 동부에 대한 패권을 행사하도록 내버려두는 식으로 유럽 대륙의 운명에 결코 무관심하지는 않을 것이라는 사실을 분명히 알고 있어야 한다고 말했다. 내가 그렇게 말하고 있는 동안 그와 나는 바로 그 지도 앞에 서 있었다. 리벤트로프는 갑자기 지도 앞에서 물러났다. 그러면서 이렇게 말했다. "그런 경우라면, 전쟁은 불가피합니다. 달리 방법이 없습니다. 총통께서는 결심하셨습니다. 아무도 총통을 막을 수 없으며, 아무도 우리를 막지 못할 것입니다." 우리는 각자 의자로 돌아갔다. 나는 개인적으로 한낱 국회의원에 지나지 않았지만, 약간의 영향력은 있었다. 실제로 나는 그때 내가 한 말을 그대로 기억하고 있는데, 독일 대사에게 그렇게 말하는 것이 옳다고 생각했다. "당신이 전쟁을 언급할 때, 그 전쟁이란 전면전을 말하는 것일 텐데, 결코 잉글랜드를 과소평가해서는 안 됩니다. 영국이란 묘한 나라여서 그 정신을 이해하는 외국인은 거의 없습니다. 현 정부의 태도만으로 판단하지 마시기 바랍니다. 일단 큰 목표가 제시되기만 하면, 영국 정부와 국민은 예상하지 못했던 온갖 형태의 행동을 개시하게 될 것입니다." 그리고 나는 되풀이해서 말했다. "영국을 과소평가해서는 안 됩니다. 영국이란 나라는 아주 현명합니다. 만약 독일이 우리 영국을 또다른 세계대전에 몰아넣는다면, 영국은 지난 전쟁 때처럼 전 세계를 독일과 맞서도록 만들 것입니다." 그러자 독일 대사는 흥분하여 대꾸했다. "아, 잉글랜드는 아주 현명할지 모르지요. 그러나 이번에는 전 세계를 독일의 적으로 만들지는 못할 것입니다." 우리는 좀더 쉬운 쪽으로 대화의 방향을 돌렸다. 그러나 여기에 더 기록할 만한 것은 없었다. 어쨌든 그 일은 내 기억 속에 남아 있으며, 그 당시 외무부에 보고한 내용이므로, 여기에 써도 좋다고 생각한다.

자신의 목숨이 걸린 종전 후의 전범 재판에서 리벤트로프는 그 대화를

합법적인 것으로 승인할 용의가 있습니다." 따라서 루스벨트 대통령은 자신의 제안이 영국의 그러한 노력을 중단시키는 결과가 되지 않을지 고려하기를 바란다. 그러므로 미국의 계획을 실행하는 것을 연기하는 편이 현명하지 않겠는가?

그러한 답변을 받은 루스벨트는 약간 실망했다. 1월 17일, 루스벨트는 체임벌린에게 서한으로 회답하겠다고 알렸다. 외무장관은 1월 15일 저녁에 귀국했다. 그가 귀국을 서두른 것은 자신이 부재 중에 혼자 일을 처리한 것에 대해서 만족해하는 수상 때문이 아니라, 외무부의 심복이 요청했기 때문이었다. 빈틈없는 알렉산더 캐도건은 도버 항에서 이든을 기다렸다. 영미 관계의 증진을 위해서 오랫동안 열심히 일해왔던 이든은 무척 당황해했다. 그는 즉시 로널드 린지에게 타전하여 체임벌린의 냉랭한 답변의 파장을 최소화하려고 시도했다. 루스벨트의 서한은 1월 18일 아침 런던에 도착했다. 루스벨트는 서한에서 영국이 직접 교섭을 고려중이라는 사실을 감안하여 자신이 한 제안을 연기하는 데에는 동의하지만, 영국 정부가 이탈리아의 아비시니아에서의 지위를 승인할지도 모른다는 암시에 대해서는 중대한 관심을 가지고 있다고 덧붙였다. 루스벨트로서는 영국의 그러한 태도가 극동 지역의 일본의 정책과 미국 내부의 여론에 악영향을 끼칠 것이라고 생각했다. 코델 헐은 워싱턴의 영국 대사에게 그 서한을 전달하면서 직접 그 내용을 강조했다. 헐은 그와 같은 승인은 "불쾌한 감정을 불러일으켜 불 속에서 밤을 줍는 위험을 반복하여 더 크게 만드는 결과가 되고, 미국이 직접 관련되어 있는 극동의 권익을 희생하는 대가로 유럽에서 이루어지는 부도덕한 거래나 마찬가지"라고 했다.

루스벨트의 서한은 영국 내각의 외교문제위원회의 모임에서 여러 차례 검토되었다. 이든은 영국 정부의 종전 태도를 상당히 수정하는 데에 성공했다. 대부분의 각료들은 그로써 이든이 만족해하리라고 생각했다. 이든은 만족스럽지 않다는 것을 그들에게 확실히 드러내지 않았다. 그러한 논의에 이어 1월 21일 저녁 두 개의 메시지가 워싱턴으로 전달되었다. 체임벌린은 루스벨트의 제의를 마음속으로는 환영하지만, 미국의 제안에 대한 반응이 좋지 않을 경우 그 실패에 대한 책임을 부담하기는 곤란하다는 요지의 답변이었다. 체임벌린은 두 독재자와 일본을 명백하게 자극할 미국의 제안을 무조건 받아들일 수는 없다는 사실을 분명히 밝히고 싶어했다. 뿐만 아니라 이탈리아가 범한 행위의 합법적 승인에 관한 영국의 입장을 미국 대통령이 충분히 이해했다고 느끼지 못한다는 사실도 지적했다. 두 번째 메시지는 그 문제에 관한 영국의 입장을 설명하는 내용이었다. 영국은 이탈리아와의 일반 협정의 한 부분으로서만 에티오피아 점령을 승인한다는 것이었다.

영국 대사는 그 두 개의 메시지가 미국 대통령에게 전달되던 1월 22일, 섬너 웰스와 나눈 대화 내용을 보고했다. 웰스는 이렇게 말했다고 했다. "대통령께서는 그 승인을 미국과 영국이 함께 삼키지 않으면 안 되는 쓴 약이라고 하셨습니다. 삼켜야 한다면 함께 삼키기를 원한다고 하셨습니다."

그와 같은 경위로 일반 협정의 가능성을 논의하기 위해서 유럽의 지도적 국가들을 함께 모으는 데에 미국의 영향력을 이용해보려던 루스벨트 대통령의 제안은, 물론 그 경우에도 미국의 강력한 힘을 일시적으로 이용한다는 것이었지만, 체임벌린에 의해서 거부당하고 말았다.

★ ★ ★ ★ ★

루스벨트의 제안에 대한 체임벌린의 반대를 이유로 외무부 장관이 사임할 수 없다는 사실은 분명했다. 루스벨트로서는 암운이 짙어져가는 유럽의 정세에 의도적으로 미국을 끌어넣는 것은 자신의 국내 정치에서 도박을 하는 것이나 다름없었다. 만약 그러한 영미 양국의 의견 교환 내용이 누설되었더라면, 고립주의의 모든 열강들이 들고 일어났을 것이다. 다른 한편, 전쟁을 지연시키거나 방지하기 위해서는 유럽의 증오와 공포의 고리 속에 미국이 개입하는 것 이상의 방법은 없었을 것이다. 그것은 영국으로서는 거의 사활이 걸린 문제였다. 오스트리아와 뮌헨에서 일어난 사건들의 전개 과정에서 미국의 존재가 얼마나 큰 영향을 미쳤는지 아무도 뒤돌아보고 측정할 수 없었을 것이다. 영국의 거절은 실로 전쟁이 아닌 방법으로 세계를 폭압으로부터 구할 수 있는 마지막 한 가닥 기회를 상실한 것이라고밖에 볼 수 없었다. 유럽의 정세에 대해서 식견과 경험이 부족했던 체임벌린이 저절로 대서양을 건너 뻗어온 손길을 뿌리친 자기 과신의 태도는 오늘날까지도 놀라울 뿐이다. 그 일화에서 잘 드러나고 있듯이, 영국의 운명과 영국에 의존하는 모든 사람들의 운명을 책임지고 있는 유능하고 선량한 사람이 균형 감각과 자기 보존의 감각마저 결여하고 있었다는 사실은 섬뜩할 뿐이다. 그와 같은 태도를 가능하게 한 그의 심적 상태는 오늘날까지도 도무지 상상조차 할 수 없다.

1월 25일, 이든은 프랑스와 협의하려고 파리로 떠났으나, 앞날에 대한 자신감을 잃었던 것이 틀림없었다. 이제 미국 대통령에게 보낸 회신에서 영국이 가장 중점을 둔 이탈리아와의 접촉 성공에 모든 문제가 달려 있었다. 프랑스 각료들은 이탈리아와 어떠한 일반 협정을 체결하든지 간에 스페인 문제도 포함시킬 필요가 있다고 이든에게 역설했지만, 그에게 그것은 그다지 중요하지 않았다. 2월 10일 체임벌린과 이든은 이탈리아는 원칙적으로 모든 대화에 응할 용의가 있다고 선언한 주영 이탈리아 대사 그란디 백작을 만났다.

2월 15일, 오스트리아 수상 슈슈니크가 나치 지부의 우두머리 자이스-인크바르트를 내각에 입각시키라는 독일의 요구에 굴복하여 내무장관 겸 경찰 총수로 임명했다는 소식이 들려왔다. 그 중대한 사건마저도 체임벌린과 이든 두 사람 사이의 위기를 막지는 못했다. 2월 18일에 체임벌린과 이든은 다시 그란디 백작을 만났다. 그것이 두 사람이 협력한 마지막 업무였다. 그란디는 오스트리아와 관련한 이탈리아의 입장에 대한 논의나 이탈리아 의용병을 또는 의용병이라고 불렀던 이탈리아 정규군 5개 사단 병력을 스페인에서 철수시키라는 영국의 제안을 거절했다. 그러나 그란디는 전반적인 회담을 로마에서 열자고 요구했다. 체임벌린은 그렇게 하기를 희망했으나, 이든은 그러한 절차에 강력하게 반대했다.

논의와 내각 회의가 오랫동안 계속되었다. 결국 이든은 그러한 상황과 분위기에서 이탈리아와의 회담이 이루어질 수밖에 없다는 문제를 이유로 깨끗이 사표를 제출했다. 그 소식을 들은 동료 장관들은 깜짝 놀랐다. 그들은 파탄의 지점에까지 이르게 된 수상과 외무부 장관의 견해 차이를 이해하지 못했다. 이든의 사임은 보다 광범위하고 일반적인 쟁점들을 제기하는 새로운 문제를 안고 있었다. 그러나 그들은 논쟁 중인 문제 가운데 명분이 있는 것에만 몰두하고 있었다. 그 나머지 긴 시간들은 모두 외무부 장관이 수상과 상충하는 생각을 바꾸도록 노력하는 데에 소모되었다. 체임벌린은 내각이 곤혹스런 상태에 빠진 사실에 놀랐다. "동료들이 모두 혼란 상태에 빠진 것 같으니, 내일까지 휴회할 것을 제의합니다." 그러나 이든은 계속 어떤 형식을 찾는 것은 소용없다는 것을 알고, 20일 밤중에 사임을 확정했다. "내가 보기에, 그는 대단히 명예로운 사람이다." 수상은 그렇게 말했다. 이든의 빈자리에는 즉각 핼리팩스 경이 임명되었다.

★ ★ ★ ★ ★

원인은 명확히 알 수 없었지만, 각료들 사이에 심각한 의견 대립이 생겼다는 사실은 알 수 있었다. 나는 그러한 소식을 어느 정도 듣고 있었지만, 신중하게 이든과의 연락을 끊고 지냈다. 나는 그가 사임하기 전에 미리 자신의 문제에 대한 입장을 정리하고 다수의 친한 의원들에게 쟁점화할 수 있는 기회를 주기를 희망했다. 그러나 당시 정부의 힘은 아주 강력하여 초연한 입장에 있었기 때문에, 그 싸움은 내각의 비공개 회의나 아니면 주로 체임벌린과 이든 두 사람 사이에서만 벌어졌다.

2월 20일 늦은 밤, 나는 차트웰의 오래된 방(나는 지금도 자주 그 방에서 쉰다)에 앉아 있다가 전화를 통해서 이든의 사임 소식을 들었다. 순간 가슴이 내려앉는 것 같았으며, 한동안 절망의 어두운 물결에 휩싸이는 듯한 기분이 되었다는 사실을 말할 수밖에 없다. 긴 세월 동안 살아오면서, 나는 온갖 굴곡을 겪었다. 그 뒤에 닥친 전쟁의 전 기간 동안이나 가장 비관적인 시기에도 잠을 자는 데에 불편을 느낀 적은 없었다. 나에게 엄청난 책임이 부과된 1940년의 위기 때나 그뒤 5년 동안의 몹시 불안하고 초조했던 시기에도, 어쩔 수 없이 비상호출에는 응해야 하는 경우를 제외하고는 그날 일을 마치고 난 뒤에는 언제나 침대에 뛰어들어 잠에 빠질 수 있었다. 숙면을 취했으며 상쾌한 기분으로 깨어났기 때문에, 아침의 서류함 속에 무엇이 들어 있건 대처할 자세가 되어 있었다. 그러나 1938년 2월 20일 바로 그날 밤, 오직 그날 밤만은 잠을 이룰 수 없었다. 한밤중부터 새벽이 올 때까지 침대에 누운 채 비탄과 우려의 감정으로 괴로워했다. 동요와 굴복 그리고 오산과 유약함의 길고 암울하고 지루한 세파에 맞선 강한 그 젊은이의 모습이 떠올랐다. 내가 일을 처리하는 방식은 여러 면에서 이든과 달랐을 것이다. 그러나 바로 그 순간 그가 영국의 생사에 관한 희망을 구현하는 것처럼 보였다. 위대하고 장구한 역사의 영국 민족은 인류를 위해서 많은 일을 했으나, 아직 더 주어야 할 것이 있었다. 지금 그는 가고 없었다. 나는 유리창을 통해서 서서히 아침 햇빛이 스며드는 것을 바라보면서, 내 마음의 눈이 죽음의 환영을 응시하고 있는 것을 알았다.

제12장

오스트리아 강탈

1938년 2월

대체로 근대에 와서는, 전쟁에 패한 국가라고 하더라도 국가 기구와 그 실체와 비밀 공문서는 그대로 보존할 수 있었다. 따라서 전쟁이 마지막까지 철저히 행해진 경우, 우리는 적국의 내부 사정에 대해서 완전히 알 수 있게 되었다. 그런 기회에 우리는 우리가 가졌던 정보나 행동의 정확성을 어느 정도 점검할 수 있다. 1936년 7월, 히틀러는 때가 되면 바로 실행에 옮길 수 있도록 오스트리아 점령을 위한 군사 계획의 수립을 최고사령부 총참모본부에 명령했다. 그 작전 계획은 "오토 작전(Case Otto)"이라고 이름을 붙였다. 1937년 11월 5일, 히틀러는 장래 구상을 각 군의 참모총장에게 밝혔다. 독일은 "생활권"을 확보하지 않으면 안 된다는 것이었다. 그 목적에 가장 부합하는 곳은 동유럽으로 폴란드, 백러시아, 우크라이나였다. 그 지역을 얻기 위해서는 큰 전쟁이 불가피했으며, 결국 그 지역에 살고 있는 사람들을 절멸시키게 된다. 이때 독일은 두 국가의 "가증스러운 적"을 계산에 넣지 않을 수 없었는데, 바로 영국과 프랑스였다. 영국과 프랑스는 "유럽의 중심부에 독일의 거상(German Colossus)을 허용하지 않을 것"이었기 때문이다. 독일이 군수품 생산과 나치 당이 촉발한 애국심의 열기에 의해서 확보한 우위를 잘 이용하기 위해서는 최초의 유리한 기회를 놓치지 말고 개전해야 하며, 그 명백한 두 적국이 미처 싸울 준비가 되기 전에 처리해야 했다.

노이라트, 프리치 그리고 블롬베르크조차도 그들은 모두 독일 외무부, 총참모본부, 장교단에 의해서 영향을 받고 있는 인물이었는데, 히틀러의 그러한 정책에 놀라지 않을 수 없었다. 그들이 생각하기로는 위험 부담이 너무 컸다. 그들은 히틀러의 대담한 진행으로 모든 형태의 재무장에서 독일은 옛 연합국들보다 당연히 앞서 있다는 사실을 알고 있었다. 육군은 다달이 발전했다. 그런 반면 프랑스의 내부적 쇠락과 영국의 의지 결핍은 독일에는 극한까지 갈 수 있는 유리한 요소들이었다. 모든 것이 그렇게 순조롭게 진행되고 있다면, 1, 2년을 더 기다릴 필요가 있었겠는가? 영국이나 프랑스가 전쟁 준비를 완전히 하려면 시간이 필요했다. 그때 히틀러가 수시로 유화적 언변을 늘어놓으면, 그 무력하고 타락한 민주주의 국가들을 계속 쓸데없는 논의나 펼치도록 붙잡아둘 수 있을 터였다. 그러나 히틀러는 확신할 수가 없었다. 히틀러는 본능적으로 승리는 확실한 과정을 통해서 얻을 수 있는 것이 아니라는 것을 깨닫고 있었다. 모험을 해야 했다. 도약하지 않으면 안 되었다. 히틀러는 연이은 성공에 기세가 드높았다. 첫째 재무장, 둘째 징병제도, 셋째 라인란트 진주, 넷째 무솔리니의 동의가 그것이었다. 모든 준비가 완료될 때까지 기다리는 것은 이미 시기를 놓칠 때까지 기다리는 것이나 다름없었다. 역사가나 그날그날 살아가는 데에 급급해야 할 필요가 없는 사람은 히틀러가 출동하기 전에 힘을 더 키웠더라면 세계를 자기 손에 넣는 행운을 가질 수 있었을 것이라고 쉽게 말할 수 있을 것이다. 그러나 그렇게 되지는 않는 법이다. 인간의 생애나 국가의 운명에 확실한 것은 없다. 히틀러는 결정을 서둘렀고, 그 결정은 자신이 최상의 상태에 있을 때 전쟁을 하는 것이었다.

부적절한 결혼으로 장교단 내에서 세력을 잃은 블롬베르크가 가장 먼저 제거되었다. 그리고 1938년 2월 4일 히틀러는 프리치를 파면했고, 자신이 군의 통제권을 장악했다. 아무리 천부적 자질과 힘을 갖추었다고 하더라도,

아무리 자신이 줄 수 있는 형벌이 무서운 것이라고 하더라도, 자신의 의지를 광대한 영역에 행사하기 위해서는, 히틀러는 국가의 정책뿐만 아니라 군사기구를 자신이 직접 지배해야 했다. 당시의 히틀러로서는 아우스터리츠와 예나의 전투에서 승리하고 난 뒤의 나폴레옹과 같은 힘을 가지고 있었다. 물론 그것은 스스로 마상에서 지휘하여 얻은 위대한 전투의 승리 때문이 아니라, 그의 내부 조직과 추종자들 모두 알고 있듯이 히틀러 자신의 판단과 과감한 시도로 이루어진 정치와 외교를 통한 승리에서 비롯한 결과였다.

★ ★ ★ ★ ★

『나의 투쟁』에 명백히 기술되어 있는 바와 같이 튜튼 민족을 독일 제국 속에 모으기 위한 그의 결심과는 별도로, 히틀러가 오스트리아 공화국을 합병하고 싶어하는 데에는 두 가지 이유가 있었다. 오스트리아 합병은 독일에 체코슬로바키아로 향하는 입구는 물론 동남 유럽으로 통하는 보다 더 넓은 관문을 열어주기 때문이었다. 1934년 7월 나치당의 오스트리아 지부 조직에 의한 돌푸스 수상 암살 사건 이후 돈과 음모와 힘으로 독립 오스트리아 정부를 파괴하려는 공작은 끊임없이 계속되었다. 오스트리아의 나치 운동은 독일 국내에서든 연합국을 상대해서든 어디에서든지 히틀러의 성공과 함께 성장했다. 그것은 단계적으로 진행될 필요가 있었다. 파펜은 오스트리아 정부와 가장 친밀한 관계를 유지하고, 그들로 하여금 오스트리아 나치 당을 합법적 단체로 승인하도록 만들라는 지령을 받았다. 바로 그때 무솔리니의 태도가 히틀러를 주춤거리게 했다. 돌푸스 박사의 암살 직후 이탈리아 독재자는 피신하여 있는 돌푸스의 부인을 위로하려는 목적으로 베네치아로 날아갔다. 그때 상당한 이탈리아 병력이 오스트리아 남부 국경에 집결했다. 그러나 1938년 초 유럽의 국가별 연합 양상과 가치에 결정적 변화가 일어났다. 강철과 콘크리트로 벽을 점점 더 높이 쌓은 지크프리트

선은 프랑스 앞을 가로막아 서서 마치 그것을 돌파하려면 막대한 프랑스 남성들의 희생이 필요하다고 말하는 것처럼 보였다. 서쪽 방향의 통로는 막혀버렸다. 세력을 약화시키지는 못하고 화만 자극하는 효과 없는 제재로 인하여 무솔리니는 독일 방식을 채택하게 되었다. 그는 마키아벨리의 그 유명한 한마디를 의미심장하게 음미하고 있었을 것이다. "사람은 사소한 피해는 복수하지만, 심각한 피해는 복수하지 않는다." 무엇보다 서유럽 민주주의 국가들은 직접 공격을 받지 않는 한에서는 폭력에 맞서지 않는다는 사실을 반복하여 보여주고 있는 것 같았다. 파펜은 오스트리아 정계에서 능란하게 처신하고 있었다. 다수의 오스트리아 명사들이 그의 압력과 계략에 굴복했다. 빈은 가장 중요한 관광 산업도 만연한 정치적 불안감 때문에 나쁜 영향을 받고 있었다. 보이지 않는 곳에서 벌어지는 테러리스트의 활동이나 폭탄 세례는 연약한 오스트리아 공화국의 운명을 뒤흔들어놓았다.

마침내 합법적 지위를 얻은 오스트리아 나치 당의 지도자들을 빈 내각에 입각시킴으로써 오스트리아 정책의 지배권을 장악할 시기가 왔다고 생각하게 되었다. 1938년 2월 12일, 군의 최고 통수권을 장악한 지 8일 뒤에 히틀러는 슈슈니크 오스트리아 수상을 베르히테스가덴[바이에른 주에 있는 휴양 도시. 히틀러의 별장이 있다/역주]으로 불렀다. 슈슈니크는 외무장관 귀도 슈미트를 대동하고 소환에 응했다. 우리는 당시의 대화가 수록된 슈슈니크의 기록을 보관하고 있다.* 히틀러는 오스트리아 국경의 방어 시설을 언급했다. 그 문제를 극복하기 위해서는 필요한 군사 작전이 요구되며, 그렇게 하여 전쟁이냐 평화냐 하는 대논쟁을 불러일으키겠다는 것이었다.

히틀러 : "나는 명령만 내리면 되오. 그러면 밤 사이에 국경의 우스꽝스러운 허깨비들은 모두 사라질 것이오. 당신은 30분이라도 견딜 수 있을 것이라고 믿

---

* 슈스니크, 『오스트리아를 위한 진혼곡』, 37면 이하.

지는 않겠지요? 아마 하룻밤 사이에 나는 봄날의 돌풍처럼 빈에 들어가 있을지 모르오. 그러면 당신네들로서는 정말 큰일이 아닐 수 없을 거요. 난 오스트리아 사람들을 위해서 그렇게 하고 싶지는 않소. 꽤 많은 희생이 따를 것이기 때문이오. **군대 뒤를 이어 돌격대와 나치 지구대가 진입할 것이오.** 어느 누구도, 심지어 나조차도 보복 행위를 막을 수 없을 것이오. 당신은 오스트리아가 제2의 스페인이 되는 것을 원하오? 될 수만 있다면, 난 그런 것들을 피하고 싶단 말이오."

슈슈니크 : "필요한 조사를 하고 난 뒤에 독일 국경에 접한 방어 시설 구축을 중단시키겠습니다. 당연히 각하께서 오스트리아에 진입할 수 있다는 사실을 압니다. 그러나 수상 각하, 우리가 원하든 원하지 않든, 그렇게 되면 유혈 사태가 일어나고 말 것입니다. 우리는 이 세계에서 고립되어 있지 않습니다. 말하자면, 전쟁이 불가피할 것입니다."

히틀러 : "지금 이 순간 이렇게 안락의자에 앉아 말로 하는 건 쉬운 일이오. 그러나 이런 이야기 뒤에는 고통과 피가 뒤엉켜 있단 말이오. 슈슈니크, 당신은 그 책임을 질 수 있소? 이 세상에서 그 어느 누구도 내 결정을 막을 수는 없오! 이탈리아? 나와 무솔리니 사이엔 이미 양해가 되어 있소. 난 이탈리아와 가장 가까운 관계란 말이오. 영국? 영국은 오스트리아를 위해서 손가락도 까딱하지 않을 거요.……그렇다면 프랑스? 그래요, 2년 전에 난 아주 소수 병력으로 라인란트에 들어갔는데, 아주 큰 모험이었어요. 만약 그때 프랑스군이 출동했다면, 우리는 철수할 수밖에 없었을 것이오.……그렇지만 프랑스는 이제 뭐든 이미 늦었소!"

이 첫 번째 회견은 오전 11시에 있었다. 형식을 갖춘 점심 식사를 끝낸 뒤에 오스트리아인 일행은 작은 방으로 불려갔는데, 거기에는 서면으로 작성된 최후통첩을 가지고 온 리벤트로프와 파펜이 기다리고 있었다. 조건에 대한 토론은 허용되지 않았다. 그 내용에는 오스트리아 나치 당의 자이스-인크바르트를 치안 장관으로 임명할 것, 구속 중인 모든 오스트리아 나치 당원에 대한 일반 사면을 단행할 것, 오스트리아 나치 당을 정부가 지원하는 단체인 조국 전선에 정식으로 편입시킬 것 등이 포함되어 있었다.

그 뒤에 히틀러는 오스트리아 수상을 만났다. "거듭 말하거니와, 이것이 정말 최후의 기회요. 사흘 이내에 이 협정이 실행되기를 바라오." 요들[국방군 최고사령부 작전참모부장/역주]의 일기는 그렇게 시작되었다. "슈슈니크는 귀도 슈미트와 함께 다시 한번 혹독한 정치적, 군사적 압박에 시달렸다. 오후 11시에 슈슈니크는 그 '의정서'에 서명했다."* 파펜은 슈슈니크와 함께 썰매를 타고 눈 덮인 길을 달려 잘츠부르크로 돌아가면서 말했다. "총통이 어떤 사람인지, 이제 직접 경험하신 것입니다. 다음에 올 때면 한결 편해질 것입니다. 총통도 태도가 달라질 것입니다."

드라마는 각본대로 진행되었다. 무솔리니는 베르히테스가덴에서 보여준 오스트리아의 태도는 옳을 뿐만 아니라 현명했다고 생각한다는 메시지를 슈슈니크에게 구두로 전했다. 무솔리니는 오스트리아 문제에 대한 이탈리아의 변함없는 태도와 그의 개인적인 우정을 확신한다고 말했다. 2월 24일, 오스트리아 수상은 오스트리아 의회에서 연설하면서 독일과의 협정 체결을 환영한다고 말했다. 그러나 의정서의 명확한 규정을 넘어서는 일은 결코 일어나지 않을 것이라고 약간 날카롭게 강조했다. 3월 3일, 슈슈니크는 로마의 오스트리아 육군 무관을 통해서 무솔리니에게 비밀 메시지를 전달했는데, 자신은 국내의 정치적 입지를 강화하기 위하여 신임을 묻는 국민투표를 실시할 의사가 있다고 했다. 24시간 뒤 수상은 무관으로부터 무솔리니를 만난 기록을 받았다. 무솔리니의 태도는 낙관적이었다. 상황은 호전될 것이며, 로마와 런던 사이에 곧 이루어질 화해가 현재의 압박 상태를 완화할

---

* 뉘른베르크 재판 기록(왕실 문서보관소), 제1부, 249면.

것이라고 자신했다.……국민투표에 대해서, 무솔리니는 "그건 잘못 생각하고 있어요"라며 경고했다. "만약 결과가 좋으면, 사람들은 순수하지 못하다고 할 것이오. 결과가 나쁘면, 정부가 궁지에 몰리게 될 것이고, 찬반이 팽팽하다면, 하지 않은 것만 못하지 않겠소." 그러나 슈슈니크의 결정은 바뀌지 않았다. 3월 9일, 그는 오스트리아 전역에서 그 주일의 일요일인 3월 13일에 국민투표를 실시한다고 공식 발표했다.

처음에는 아무 일도 일어나지 않았다. 자이스-인크바르트는 이의 없이 그 계획을 받아들이는 것처럼 보였다. 그러나 11일 아침 5시 30분, 슈슈니크는 빈 경찰본부에서 걸려온 전화 벨 소리에 일어났다. 슈슈니크가 전화를 통해서 들은 소식은 이런 것이었다. "잘츠부르크의 독일 국경은 폐쇄되었습니다. 독일 세관 공무원들은 전원 철수했습니다. 철도는 끊겼습니다." 이어서 그 다음에 뮌헨의 총영사로부터 받은 보고 내용은 독일 군단이 동원되었다는 것이었다. 예상 목적지 — 오스트리아!

그날 아침 늦게 자이스-인크바르트는 괴링이 전화를 걸어 한 시간 이내에 국민투표를 취소하라고 했다고 알려왔다. 한 시간 안에 아무 연락이 없으면, 자이스-인크바르트가 전화를 할 수 없는 상황으로 간주하고 그에 따라 조치하겠다는 것이었다. 책임 있는 관리들로부터 경찰과 군대는 전혀 믿을 수 없다는 정보를 확인하고는, 슈슈니크는 자이스-인크바르트에게 국민투표를 연기하겠다고 알렸다. 15분 뒤, 자이스-인크바르트는 메모지에 날려 쓴 괴링의 전문을 가지고 왔다.

사태는 수상이 즉각 사임하고, 두 시간 이내에 자이스-인크바르트 박사가 새 수상으로 지명될 경우에 한하여 수습될 수 있다. 그 시간 안에 모든 것이 이행되지 않으면, 독일의 오스트리아 공격이 뒤따를 것이다.*

* 슈슈니크, 앞의 책, 51-52, 66, 72면.

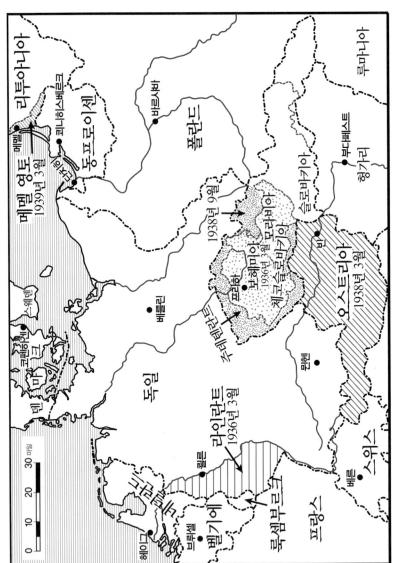

히틀러의 공격

제13장
체코슬로바키아

오스트리아 침공이 한창 진행 중일 때 히틀러가 자동차 안에서 폰 할더 장군에게 말했다. "이제 체코 사람들이 아주 곤란하게 되겠군." 할더는 그 말의 의미를 금방 알아차렸다. 앞날이 보이는 듯했다. 그 말에서 히틀러의 의도를 알 수 있었는데, 동시에 히틀러의 군사적 무지까지 알 수 있었다. 할더가 설명했다. "독일 군대가 남쪽에서부터 체코슬로바키아를 공격하는 것은 실제로는 불가능한 일이었습니다. 린츠를 통과하는 단선 철도가 완전히 노출되어 있었기 때문에 기습 공격은 아예 생각할 수도 없었습니다." 그러나 히틀러의 주요 정치적 전략 개념은 옳았다. "서부 방벽"은 완성되려면 아직 멀었지만 점차 구축되어가고 있었으며, 솜[프랑스 북서부 지방의 강. 1916-1918년 전투가 벌어졌다/역주] 전투와 파샹델[벨기에의 서부 프랑드르 지방의 마을. 제1차 세계대전 때 3차례 공방전이 벌어졌다/역주] 전투의 끔찍한 기억과 함께 이미 프랑스 육군과 마주 대하고 있었다. 히틀러는 프랑스나 영국은 결코 싸움에 나서지 않을 것이라고 확신하고 있었다.

독일 군대가 오스트리아로 진군하던 날, 괴링이 베를린 주재 체코 공사에게 독일은 "체코슬로바키아에 대해서 어떠한 악의도 가지고 있지 않다"고 확언했다는 이야기가 들렸다. 3월 14일, 프랑스 수상 블룸은 파리 주재 체코 공사에게 프랑스는 체코슬로바키아에게 한 약속을 무조건 지키겠다고 엄숙히 밝혔다. 그러한 외교적 재확인도 무자비한 현실을 가릴 수는 없었다. 대륙의 전체적 전략 지형은 변해 있었다. 독일의 관심과 병력은 이제 체코슬로바키아 서부 전선에 집중되었는데, 체코슬로바키아의 그쪽 국경 지역에는 인종적으로는 독일인들이 살고 있었으며 진보적이고 적극적인 독일 국가사회주의 분자들이 혼란 속에서 첩자 역할을 하고 있었다.

★ ★ ★ ★ ★

독일을 저지하겠다는 희망 속에서 영국 정부는 체임벌린의 결정에 따라서 이탈리아와 지중해 문제의 해법을 찾았다. 그렇게 되면 프랑스의 입지를 강화하고, 프랑스와 영국이 중부 유럽의 문제에 집중할 수 있게 될 것이라고 판단했다. 이든의 실각으로 다소 위안을 받고 자신의 협상력이 강화되었다고 생각했던 무솔리니는 영국의 후회를 못 본 체하지는 않았다. 1938년 4월 16일, 영-이 협정이 체결되었다. 그 협정은 거의 의미가 없는 중부 유럽에서 이탈리아가 호의적 태도를 보이는 대가로 아비시니아와 스페인에서 이탈리아의 자유로운 행동을 사실상 허용하는 것이었다. 영국 외무부는 그 협상에 대해서 회의적이었다. 체임벌린의 전기 작가에 의하면 그는 개인적인 편지에서 이렇게 말했다는 것이다. "외무부에서 나에게 제출한 협정문 초안은 정말 볼 만한 것이었다. 그것은 북극의 곰이라도 얼어붙게 만들었을 것이다."*

그러한 동향에 대한 외무부의 걱정에 나도 동감했다.

히틀러는 국면을 면밀하게 관찰하고 있었다. 히틀러에게도 유럽의 위기 상황에서 이탈리아와 궁극적으로 결합하는 것은 중요했다. 그는 4월 말의 3군 참모총장들과의 회의에서 어떻게 하면 일의 진행을 가속화할 것인지 고심했다. 무솔리니는 아비시니아에서 자유롭게 행동할 수 있기를 원했다. 영국이 그러한 자유 행동을 용인했음에도 불구하고, 그로서는 결국 독일의 지지가 필요할지 모르는 일이었다. 만약 그렇다면, 그는 독일의 체코슬로바

---

* 필링, 앞의 책, 350면.

키아에 대한 행동을 받아들여야 했다. 그것이 선결 문제였다. 그리고 체코 문제의 해결에서 이탈리아는 독일 편에 얽혀들고 말 것이었다. 베를린에서는 영국과 프랑스의 정치인들이 공식적으로 한 말의 의미를 분석하고 있었다. 그러한 서유럽 중심 국가들이 유럽의 평화를 위하여 적절한 태도를 취해달라며 체코를 설득하는 의도는 충분히 드러났다. 헨라인이 이끄는 주데텐란트의 나치 당은 체코슬로바키아 영토 내의 독일 국경 인접 지역에 대한 자치권을 공식적으로 요구했다. 프라하 주재 영국과 프랑스 양국의 공사는 그 직후에 체코슬로바키아 외무부 장관을 방문하여 향후 "체코 정부가 그 문제의 해결을 위해서 최대한 양보해주기를 바란다"고 의사를 표명했다.

5월 중, 체코슬로바키아의 독일인들은 선동을 강화하라는 지령을 받았다. 지방 선거는 당연히 치르게 되어 있었으므로, 독일 정부는 계산된 신경전을 벌이기 시작했다. 이미 독일 군대가 체코 국경을 향해 이동하고 있다는 소문이 끊임없이 나돌았다. 독일은 부인했지만 체코로서는 믿을 수 없었고, 따라서 5월 20일에서 21일로 넘어가는 밤 사이에 체코군은 부분적인 동원령을 내렸다.

히틀러는 꽤 오래 전부터 프랑스나 영국은 체코슬로바키아를 위해서 싸우지 않을 것이라고 확신했다. 5월 28일, 그는 주요 참모들을 소집하여 회의를 열고 체코슬로바키아 공격 준비를 지시했다. 그러나 히틀러의 군사 참모진 모두가 일치하여 그의 절대적 확신에 공감한 것은 아니었다. 독일 장군들은 공군을 제외하고는 여전히 연합국의 전력이 훨씬 우위에 있다는 사실을 고려하여 프랑스와 영국이 히틀러의 도전에 굴복하리라고 생각하지 않았다. 체코군을 격파하고 보헤미아 방어선을 돌파하거나 우회하기 위해서는 35개 사단의 전체 병력이 필요했다. 독일군 3군 참모총장들은 히틀러에게 체코 육군이 성능이 우수한 최신 무기와 장비로 무장하고 있다고 보아야 한다고 보고했다. 서부 방벽 또는 지크프리트 선의 방벽은 이미 흙벽 수준으로 존재하기는 했지만, 완성에 이르기에는 많은 시간이 필요했다. 그리고 체코를 공격하게 되는 순간 100개 사단을 동원할 능력이 있는 프랑스에 대비한 독일의 서부 전선 전체를 방어하기 위해서 가용할 수 있는 병력도 오직 상비군 5개 사단과 예비부대 8개 사단밖에 없었다. 몇 년만 더 기다리면 독일 육군은 완벽하게 최고가 될 수 있음에도 불구하고, 당장 그러한 위험을 감수하려는 데에 독일 장군들은 아연실색했다. 비록 징집제도, 라인란트 진주 그리고 오스트리아 합병과 관련한 연합국의 평화주의와 유약한 태도에 의해서 히틀러의 정치적 판단이 옳았다는 것이 드러났지만, 국방군 최고사령부는 히틀러의 허세가 네 번째에도 성공하리라고 믿기는 어려웠다. 지난 대전의 위대한 승전국들이 명백히 우세한 군사력을 확보하고 있음에도 불구하고, 그들에게는 상식과 분별력에 맞게 의무와 명예를 따르는 행동을 포기한다는 것은 이성의 경계에서 멀리 벗어나는 기대하기 어려운 결과로 보였다. 게다가 러시아가 있었다. 러시아는 체코슬로바키아에 대해서는 같은 슬라브 민족이라는 유대감을 가지고 있었고, 바로 그 시기에 독일에 대한 적대감은 절정에 이르러 있었다.

소련과 체코슬로바키아라는 국가로서의 관계나, 소련과 베네슈라는 체코 대통령 개인과의 관계는 모두 친밀하고 견고한 우정으로 맺어져 있었다. 그러한 관계의 근저에는 어떠한 인종적 유대감과 그 무렵에 벌어진 사건이 있었는데, 잠깐 이야기하고 지나가기로 한다. 베네슈 대통령이 1944년 1월 모로코의 마라카시에 있던 나를 찾아와 들려준 이야기는 이렇다. 1935년 베네슈는 히틀러로부터 제안을 받는데, 프랑스와 독일 사이에 전쟁이 일어날 경우 중립을 지켜준다면, 그 대가로 어떠한 경우에도 체코슬로바키아 영토의 보전을 존중하겠다는 것이었다. 그러한 상황에서는 조약에 따라 체코가 프랑스와 행동을 함께 해야 할 의무가 있다는 점을 지적하자, 독일 대사는 베네슈에게 조약을 파기할 필요까지는 없다고 대답했다. 만약 그럴 때가 오면 병력 동원이나 진군을 하지 않음으로써 조약의 의무를 이행하지 않으면 될 것이라고 했다. 체코와 같은 약소국가로서는 그러한 제안에 분개할 처지가 되지 못했다. 체코슬로바키아의 독일에 대한 공포는 이미 심각한 것이었는데, 특히 주데텐의 독일인 문제가 언제든지 제기되고 또 독일 정부에 의해서 조장되어 극도의 불안과 점점 더 커져가는 위험 상태에 빠질 수 있어 그 공포는 더 깊어져갔다. 따라서 체코슬로바키아는 그 문제에 관하여 아무런 의사 표시도 하지 않고 내버려두었고, 1년 남짓 동안은 아무 일도 없었다. 그러다가 1936년 가을, 독일 군부 고위층에서 베네슈 대통령에게 연락이 갔다. 그 내용은 이전에 총통이 제안한 것을 받아들일 의사가 있다면, 빠를수록 좋을 것이라는 취지였다. 그렇지 않으면 베네슈가 할 수 있는 독일에 대한 도움을 아무 의미가 없는 것으로 만들어버릴 사건이 러시아에서 곧 일어날 것이라고 했다.

그 골치 아픈 암시에 대해서 생각하고 있는 동안 베네슈는 프라하의 소련 대사관을 통해서 러시아의 주요 인물과 독일 정부 사이에 교신이 이루어지고 있다는 사실을 알게 되었다. 그것은 스탈린을 몰아내고 친독일 정책에 기반한 새 정권을 수립하려는 이른바 군부와 고참 볼셰비키의 음모 중의 일부였다. 베네슈 대통령은 그에 관하여 자기가 파악한 모든 내용을 지체 없이 스탈린에게 알렸다.* 그후에 소련에서는 무자비한 그러나 필요없다고는 할 수는 없는 군부 및 정치권의 숙청이 뒤따랐으며, 검찰총장 비신스키가 전권을 휘두른 1937년 1월의 재판이 잇따라 열렸다.

고참 볼셰비키가 군부 고위층과 뜻을 같이 한다든지, 반대로 군부 고위층이 고참 볼셰비키와 결탁한다든지 하는 일은 아주 믿기 힘들지만, 그들은

---

* 베네슈의 정보는 이미 소련 비밀경찰이 우호적인 외국 정보통을 통하여 스탈린에게 전달되도록 체코 경찰에게 알려준 것이었다는 사실은 몇 가지 증거에 의해서 뒷받침된다. 그러나 그렇다고 하더라도 베네슈가 스탈린을 위해서 애쓴 공로가 감소되는 것은 아니므로, 여기서는 아무 문제가 되지 않는다.

모두 자신들을 축출한 스탈린에게 적대감을 가지고 있었던 것은 확실했다. 그러므로 전체주의 국가에서 유지되고 있는 일반 기준에 따라서 그들을 한 꺼번에 제거하는 일은 아주 안성맞춤이었다. 지노비예프, 부하린, 혁명의 초기 지도자들, 조지 6세 대관식에 소련 대표로 참석했던 투하체프스키 원 수 그리고 수많은 군부의 고위 장교들이 총살당했다. 대위 계급 이상의 장 교와 군속 5,000명 이상이 "청산되었다." 러시아 육군은 전력의 상당한 손 실을 감수하고 내부의 친독일 분자들을 숙청할 수밖에 없었다. 소련 정부는 확연하게 반독일 성향을 띠게 되었다. 스탈린은 베네슈 대통령에게 개인적 인 부채 의식을 지니고 있었다. 따라서 베네슈를 도와주려는 그리고 나치로 부터 위협을 당하고 있는 그의 조국을 도와주려는 강렬한 열망에 소련 정부 는 활기를 띠게 만들었다. 당연히 히틀러는 그러한 정황을 알고 있었다. 그 러나 내 생각으로는 영국과 프랑스 정부는 그 정도로 알고 있지는 않았다. 체임벌린과 영국 그리고 프랑스 참모본부는 1937년의 숙청으로 러시아 육 군이 내부적으로 분열되어 소련 전체가 극심한 증오와 복수의 감정으로 산 산조각이 난 것으로 생각했다. 아마도 그것은 지나친 판단이었을 것이다. 왜냐하면 공포 정치에 기반한 정부 시스템은 오히려 무자비하고 번창하는 힘을 이용하여 더 강화될 수도 있기 때문이다. 이 이야기에서 내가 말하고 자 하는 가장 중요한 사실은 러시아와 체코슬로바키아 그리고 스탈린과 베 네슈 사이에 형성된 긴밀한 관계이다.

　그러나 독일의 내부적 긴장이나 베네슈와 스탈린 사이의 결합 관계는 바 깥세상 어디에도 알려지지 않았으며, 영국이나 프랑스의 각료들도 깨닫지 못했다. 지크프리트 선은, 비록 미완성이었음에도 불구하고, 두려운 장벽이 었다. 새 정보에 의한 것이기는 했지만, 독일 육군의 정확한 병력과 전투력 은 정확히 판단할 수 없었는데, 과장된 것만은 분명했다. 무방비 도시들에 대한 공습의 위험은 예측할 수 없었다. 무엇보다 민주주의 국가들의 가슴은 전쟁에 대한 증오심으로 가득 차 있었다.

그러나 6월 12일, 프랑스 수상이 된 달라디에는 전임자 블룸이 3월 14일에 행한 서약을 되풀이하여 프랑스의 체코슬로바키아에 대한 약속은 "신성하면서 회피할 수 없는 것"이라고 선언했다. 그 주목할 만한 성명은 13년 전 동유럽의 모든 문제는 로카르노 조약이 체결될 때까지 모호한 상태로 내버려둘 수밖에 없다는 의미를 함축한 그 조약에 관한 온갖 잡다한 세평을 깨끗이 일소했다. 프랑스와 체코슬로바키아 사이에 체결된 1924년의 조약은 법적으로뿐만 아니라 사실상 완전히 유효하며, 1938년의 모든 정황에도 불구하고 정권을 이어받은 프랑스 수상에 의해서 그러한 사실이 재확인되었다는 것은 역사 앞에서 의심의 여지가 없었다. 그러나 그 문제에 관하여 히틀러는 자신의 독단적인 판단이 옳다고 확신했고, 따라서 6월 18일 우려하는 장군들을 안심시키면서 체코슬로바키아 공격의 최종 명령을 내렸다. 그는 카이텔[국방군 최고사령부 총장, 히틀러의 개인 참모도 겸한다/역주]에게 말했다. "나는 [라인란트의] 비무장 지대나 오스트리아 진입 때와 마찬가지로 프랑스가 출동하지 않고 영국 역시 개입하지 않는다는 확신이 있는 경우에만 체코슬로바키아에 대한 행동을 결심할 것이오."*

1938년 7월 26일, 체임벌린은 체코 정부와 헨라인 사이에서 해법을 찾을 목적으로 런시먼 경을 프라하로 파견한다고 의회에 알렸다. 바로 다음날 체코 정부는 교섭의 기초로 소수 민족에 관한 규정의 초안을 만들었다. 그리고 같은 날 핼리팩스 경은 의회에서 이렇게 연설했다. "나는 오늘날 유럽 어느 나라의 정부를 담당하는 어떤 책임자도 전쟁을 원하는 사람은 아무도 없을 것이라고 믿습니다." 8월 3일 런시먼 경은 프라하에 도착했다. 관계 기관들과 일련의 끝없는 복잡한 토론이 이어졌다. 그러나 2주일 만에 협상은 결렬되었고, 그 뒤로 사태는 급격히 진행되었다.

---

* 뉘른베르크 재판 기록, 제2부, No.10.

8월 27일, 이제 외무부 장관이 된 리벤트로프는 베를린 주재 이탈리아 대사의 방문에 관해서 보고했다. 이탈리아 대사는 무솔리니로부터 "독일이 체코슬로바키아에 대한 행동을 개시할 날짜를 사전에 통보받을 수 있도록 독일 정부에 요청하라는 서면 지시를 받았다"고 했다. 무솔리니는 "프랑스 국경에서 적절한 시기에 필요한 조치를 취할 수 있도록 하기 위하여" 그러한 요구를 한 것이었다.

★ ★ ★ ★ ★

8월 한 달 동안 불안은 점점 더 커져갔다. 9월 2일 오후, 나는 소련 대사로부터 연락을 받았다. 급한 용무가 있어 나를 만나러 차트웰을 방문해도 좋겠느냐는 것이었다. 나는 그 이전부터 마이스키 대사와 어느 정도 개인적인 친분 관계가 있었고, 그는 내 아들 랜돌프와도 자주 만나고 있었다. 그래서 그의 방문을 받아들였는데, 이런저런 인사말을 나눈 뒤, 그는 내가 여기서 쓰려고 하는 상세한 이야기를 분명하게 격식을 갖추어 설명했다. 그의 이야기가 그다지 많이 진행되기도 전에 나는 그것이 한낱 개인에 불과한 나에게 대한 고백이란 사실을 깨달았다. 소련 정부가 영국 외무부에 직접 접촉을 시도했다가는 거절당할 것이라는 판단 때문에 내 쪽을 선택한 것이었다. 내가 들은 것을 영국 정부에 보고하여야 한다는 의도가 명확히 깔려 있었다. 그러한 의도를 대사가 직접 말하지는 않았지만, 이야기를 하면서 비밀로 해 달라는 요청이 없었다는 사실이 그런 의도를 함축하고 있었다. 이야기의 내용이 대단히 중요한 것이라는 사실을 알았기 때문에 나는 핼리팩스나 체임벌린이 듣고 판단할 때 편견을 가지지 않도록 내 관점을 내세우거나 논쟁의 불씨가 될 용어를 사용하지 않으려고 조심해야 했다.

내가 들은 이야기의 요지는 다음과 같다.

바로 그날[9월 2일/역주], 모스크바의 프랑스 대리대사(대사는 휴가 중이었다)

가 외무부 장관 리트비노프를 방문하여, 만약 독일이 체코슬로바키아에 대한 공격을 개시할 경우, 폴란드와 루마니아가 취할지도 모르는 중립적 태도의 곤란한 상황까지 특별히 고려하여 러시아가 어떻게 도와줄 수 있는지 프랑스 정부를 대리하여 질문했다. 리트비노프는 소련으로서는 해야 할 의무를 다할 것이라고 대답했다. 그는 폴란드와 루마니아의 태도에 따라서 생길 수 있는 어려움을 인정했지만, 루마니아의 경우는 극복할 수 있을 것이라고 했다. 예를 들면, 국제연맹이 체코슬로바키아를 침공에 의한 피해국으로, 독일을 침략국으로 결정할 경우, 러시아 군대와 전투기가 루마니아 영토를 통과할 수 있도록 설득할 수 있을 것이라는 말이었다.

국제연맹 이사회가 비록 만장일치는 아닐지라도 다수가 그러한 결정에 찬성함으로써 충분하다는 것이 리트비노프의 생각이었다. 그러면 아마도 루마니아는 그 결정에 따를 것이라고 계산했다. 따라서 그는 규약 제11조에 근거하여 전쟁의 위험이 있고 연맹 회원국 상호간에 협의할 필요가 있으므로 이사회를 소집해야 한다는 의견을 제시했다. 시간적 여유가 별로 없기 때문에 이사회 소집은 빠르면 빠를수록 좋다는 것, 그리고 지원의 수단과 방식에 관하여 러시아, 프랑스, 체코슬로바키아 사이의 참모 회의가 즉시 열려야 한다고 주장했다.

또한 그는 프랑스, 러시아 그리고 영국이 참여한 공동 선언을 기대하면서 평화 유지를 위한 최선의 방법을 평화 애호 국가들이 협의하여야 한다고 토로했다. 미국도 그러한 선언에 정신적 지지를 보낼 것으로 믿었다.

마이스키는 그렇게 내게 전해주었다. 나는 체코슬로바키아 정부의 잘못이 조금도 없더라도 헨라인-베네슈 협상이 결렬될 때까지는 물론 설사 결렬이 되지 않더라도 영국 정부는 다음 단계의 조치를 고려하지 않을 것 같다고 말했다. 히틀러가 정말 평화적 해결을 하려는 생각을 가지고 있었다면, 우리는 히틀러를 자극하기를 원하지 않았을 것이다.

나는 마이스키와 대화한 내용 전부를 다시 구술하여 받아쓰게 한 다음 즉시 핼리팩스 경에게 보냈다. 그는 9월 5일 답신을 보내왔는데, 연맹 규약 제11조에 근거한 행동은 도움이 되리라고는 생각하지 않지만, 염두에 두겠다는 조심스러운 태도였다. 그는 "현재로서는 당신이 지적한 대로 헨라인이 베르히테스가덴에서 가지고 돌아온 보고를 참고하여 상황을 검토하지 않으면 안 됩니다"라고 했다. 그리고 사태는 대단히 우려할 만한 것이라고 덧붙였다.

★ ★ ★ ★ ★

9월 7일자 「타임스」는 사설에서 다음과 같이 썼다.

주데텐에 거주하는 독일인들이 최근 체코 정부가 제시한 양보안보다 더 양보한 것을 요구하고 있다면, 스스로 체코 공화국 체제 내에서 살기가 어려운 독일인들의 불편함을 제거하는 수준 이상으로 나아갈 것이란 사실을 짐작하게 한다. 그렇다면 체코슬로바키아 정부는 그들이 같은 민족이라는 유대감을 지닌 인접 국가의 타국인들이 사는 주변부 땅을 할양함으로써 보다 동질성이 강한 국가로 만들겠다는 계획—한편에서는 호의적인 반응이 있었다—을 국가적으로 포기할 것인지 아닌지를 고려해야 할 것이다.

그것은 물론 보헤미아 방어선 전체의 양도를 의미했다. 영국 정부는 즉시 「타임스」 사설의 내용은 미국 정부의 견해를 대변하는 것은 아니라고 발표했지만, 외국의 여론, 특히 프랑스는 그 말을 믿으려고 하지 않았다. 1938년 9월 10일 당시 프랑스 외무부 장관이었던 보네는 파리 주재 영국 대사 에릭 핍스 경에게 다음과 같이 질문했다. "히틀러는 내일이라도 체코슬로바키아를 공격할 수 있습니다. 만약 히틀러가 공격한다면, 프랑스는 즉시 동원령을 내릴 것입니다. 그리고 영국을 향해 물을 것입니다. '우리는 진군한다.

영국도 우리와 함께 할 것인가?' 여기에 대한 영국의 대답은 무엇입니까?"

그 질문에 대한 영국의 답변은 내각의 동의를 얻어 핼리팩스 경이 에릭 핍스 경을 통해서 12일에 전달했는데, 내용은 다음과 같다.

그러한 질문에 대한 명확한 대답이 프랑스 정부에 얼마나 중요한 것인지 잘 인식하고 있습니다. 그러나 귀하께서 보네 장관에게 지적했듯이, 질문 그 자체로는 단순한 형식이지만, 그 질문이 적용될 시점의 상황과 결코 분리될 수는 없습니다. 필연적으로 지금 상황에서 그것은 완전히 가정에 지나지 않습니다.

더구나 이 문제에 관하여 영국 정부는 본국의 입장만 생각할 수 없습니다. 왜냐하면 영국 정부가 내리는 결정이나 취하려는 행동은 실제로 자치령들을 구속하기 때문입니다. 자치령 정부들은 실제 상황에 당면하기 전에 어떤 형태로든지 자국의 입장을 결정해야 되는 일을 원하지 않을 것이 확실합니다. 그들은 스스로 상황을 판단하기를 원합니다.

그렇기 때문에 이 단계에서 보네 장관을 통해서 제기한 질문에 본인이 대답한다면, 영국 정부는 프랑스의 안전이 위협당하는 것을 결코 허용하지 않는 동시에, 현재 예견할 수 없는 상태에서 앞으로 취할 행동의 성격과 행동을 개시할 시기에 대하여 정확하게 밝히는 것을 불가능하다는 말씀을 드립니다.*

"영국 정부는 프랑스의 안전이 위협당하는 것을 결코 절대 허용하지 않는다"는 언명에 대하여 프랑스 정부는 만약 프랑스의 안전이 위협당하는 일이 발생하게 되면, 영국이 어떻게 도와줄 수 있느냐고 물었다. 그에 대한 런던으로부터의 답변은, 보네의 말에 의하면, 전쟁 초반 6개월 동안 차량화 부대가 아닌 2개 사단과 150기의 비행기를 보낼 수 있다는 것이었다. 만약 보네로서는 체코를 운명에 맡기고 내버려두는 데에 대한 변명의 구실을 찾

---

* 조르주 보네, 『워싱턴과 프랑스 외무부』, 360-361면.

은 보완되지 않았다. 단지 100문의 대공포가 인구가 집중된 세계 최대의 도시를 지키기 위해서 존재할 뿐이었는데, 그것마저도 전혀 훈련되지 않은 병사들의 손에 맡겨져 있었다. 히틀러가 정직했고 항구적인 평화가 실제로 성취되었더라면, 체임벌린이 옳았을 것이다. 불행하게도 체임벌린이 속았다면, 우리는 우리의 태만이 야기한 최악의 상황을 수습하기 위해서 최소한 숨을 돌릴 여유를 확보해야 할 것이었다. 그러한 생각, 그리고 전쟁의 공포가 일시적으로 회피되었다는 데서 오는 안도감과 기쁨에 의해서 정부는 자신을 지지하는 다중의 충성스러운 동조를 얻을 수 있었다. 정부의 그 정책은 "최근의 위기 상황에서 전쟁을 막았다"는 이유로 하원에서 366대 144로 승인되었다. 30내지 40명의 보수파 반대자들은 기권함으로써 정부 정책에 대한 비토를 표시하는 것 외에 달리 할 수 있는 일이 없었다. 그러한 기권은 형식을 갖추어 반대표가 단결된 행동으로 나타난 것이었다.

11월 1일, 보잘것없는 인물 하차 박사가 공석이 된 체코슬로바키아의 대통령 자리에 앉게 되었다. 새 정부는 프라하에서 출범했다. 그 버림받은 정부의 외무부 장관은 "유럽과 세계의 일반 정세는 가까운 장래에 평온한 시기를 기약할 수 없게 만들고 있다"고 말했다. 히틀러 역시 그렇게 생각하고 있었다. 강탈한 전리품의 공식적인 분할은 독일에 의해서 11월 초에 진행되었다. 폴란드는 아무런 방해를 받지 않고 테셴을 차지했다. 독일의 인질이었던 슬로바키아인들은 불안하기 짝이 없는 자치권을 얻었다. 헝가리는 슬로바키아를 희생한 대가로 하찮은 보상을 받았다. 뮌헨 협정의 그러한 결과와 관련하여 하원에서 문제가 제기되자, 체임벌린은 프랑스와 영국이 뮌헨 협정 이후 체코슬로바키아에 대해서 의도하고자 했던 국제적 보장은 현재의 국경선이 아니라 불가침의 가설적 문제에 관한 것이었다고 설명했다. 그는 태연하게 말했다. "지금 우리는 베르사유 조약에서 확정된 국경선의 재조정 작업을 지켜보고 있는 중입니다. 지금 그 국경선에 책임이 있는 사람들이 그들 자신들이 확정한 국경선이 그 상태로 영구히 남아 있을 것이라고 생각했는지 어떤지 나로서는 알 수 없습니다. 아마 그들도 세월이 가면 국경선이 다시 조정될 수 있으리라고 예상했을 것입니다.……나는 체코슬로바키아에 대해서 할 말은 했다고 생각합니다.……" 그러나 뒤에 가서 다시 말하지 않으면 안 될 때가 오게 되어 있었다.

★ ★ ★ ★ ★

뮌헨 협정 이후 한 해 동안 히틀러와 연합국 중 어느 쪽의 전력이 더 증강되었는가에 대한 논란이 있었다. 우리의 무방비 상태를 잘 알고 있던 수많은 영국인들은 다달이 공군력이 발전하고 허리케인이나 스핏파이어 같은 기종이 곧 생산 단계에 들어서자 안도의 숨을 쉬게 되었다. 비행부대와 대공포의 수가 늘어났다. 군수산업에 대한 일반적인 요구도 가속되었다. 그러나 그러한 개선은 대단한 것처럼 보였지만, 독일 군비의 막강한 진전 상황에 비교하면 보잘것없는 것이었다. 이미 설명한 바와 같이, 전국적 규모의 군수품 생산 계획은 4개년에 걸친 과제였다. 첫 해는 아무것도 없고, 두 번째 해에는 아주 조금, 세 번째 해에는 꽤 많이, 그리고 네 번째 해에는 풍성한 성과를 낸다는 것이었다. 히틀러의 독일은 그 기간 동안 이미 전시와 다름없는 통제와 추진 속에서 밀도 높은 준비를 해온 지 3년째 아니면 4년째였다. 그에 반하여 영국은 평상시를 전제로 미약한 추진력에 의존하여 작은 규모로 움직이는 데 지나지 않았다. 1938년에서 1939년 사이의 영국의 군사비 총지출액은 3억400만 파운드였고,* 독일은 15억 파운드 이상이었다. 전쟁이 일어나기 직전 한 해 동안 독일은 영국과 프랑스의 생산량을 합한 것보다 최소한 두 배, 어쩌면 세 배의 군수품을 생산했을 것이다. 그리고 독일의 대규모 탱크 제조 시설은 완전 가동 상태에 있었다. 따라서

---

* 1937-1938 : 2억3,400만 파운드, 1938-1939 : 3억400만 파운드, 1939-1940 : 3억6,700만 파운드.

독일의 무기 생산 속도는 우리보다 훨씬 더 높았다.

독일의 체코슬로바키아 정복은 연합국으로부터 체코 육군의 21개 정규 사단과 이미 동원된 15개 혹은 16개의 후방 사단 그리고 산악의 요새 방어선까지 빼앗아가는 결과가 되었다. 특히 산악의 방어선은 뮌헨 회담이 진행되고 있을 때만 하더라도, 독일 육군이 기동화되고 충분히 훈련된 주력 부대 30개 사단을 그 앞에 배치해야 했던 요새였다. 할데[육군 최고사령관/역주]와 요들[국방군 최고사령부 작전참모부장/역주] 두 장군에 의하면 뮌헨 협정을 위한 협상이 진행 중일 때 서부에는 독일군 13개 사단—그중 겨우 5개 사단만이 제1선 부대로 편성되어 있었다—이 배치되어 있었을 뿐이었다. 우리는 확실히 체코슬로바키아의 붕괴와 함께 대략 35개 사단의 손실에 맞먹는 곤란을 당하게 된 것이다. 게다가 중부 유럽에서 두 번째로 중요한 병기창이자 1938년 8월부터 1939년 9월 사이의 생산량이 같은 기간 동안 영국 무기 공장의 실제 생산량과 거의 같은 수준이었던 스코다 공장도 적의 수중에 넘어갔다. 독일이 전시를 방불케 하는 긴장 속에서 움직이고 있을 때, 프랑스 노동자들은 일찍이 1936년에 오랫동안 열망하던 주 40시간 노동시간을 성취했다.

더 불행한 일은 프랑스 육군과 독일 육군의 상대적 전력이 역전된 것이었다. 1938년 이후 독일 육군은 매월 병력과 부대 수에서 그리고 예비군 모집의 수가 증가했을 뿐만 아니라 질과 수준도 향상되었다. 훈련을 통한 숙련도의 향상은 꾸준한 증가 추세의 군비와 보조를 같이 했다. 프랑스 육군의 경우 그와 유사한 발전이나 확충은 없었다. 프랑스 육군은 모든 면에서 추월당하고 있었다. 1935년만 하더라도 프랑스는 이전 연합국의 도움을 받지 않고도 독일을 공격하여 치열한 전투 없이도 재점령할 수 있을 정도였다. 1936년까지도 프랑스의 전력은 압도적으로 우위에 있었다. 그러한 상태가 1938년까지 계속 유지되었다는 사실은 이제 전후 독일의 발표에 의해서 우리 모두가 알고 있다. 그와 같이 독일군 전력이 열세였다는 약점을 알고 있었기 때문에 독일군 최고사령부에서 결과적으로는 히틀러의 명성을 드높이게 된 일련의 성공적인 행동을 매번 전력을 기울여 제어하려고 했던 것이다. 이제는 우리가 조사한 결과로 알 수 있게 된 사실이지만, 뮌헨 협정 다음 해까지 독일의 훈련된 예비군은 여전히 프랑스보다 열세였음에도 불구하고 독일 육군의 효율은 거의 정점에 접근하고 있었다. 독일 육군의 전력은 프랑스의 두 배에 해당하는 인구를 토대로 한 것이었기 때문에, 비교할 때마다 점점 더 강해지는 것은 그야말로 시간 문제였다. 군대의 사기 문제에서도 독일은 유리한 위치에 있었다. 연합국의 와해, 특히 전쟁의 두려움에 의한 와해 현상은 군대의 정신력 약화를 초래했다. 양보만 하여 굴복당하는 느낌은 장병들의 사기를 저하시켰다 자신감과 성취 그리고 힘이 점점 더 강화되고 있다는 느낌은 독일 민족의 전쟁 본능을 불타오르게 했으나, 반면에 무기력을 인정할 수밖에 없었던 프랑스 장병들의 사기는 침체되어갔다.

★ ★ ★ ★ ★

그러나 중요한 한 분야에서만은 우리가 독일을 능가하여 호전되기 시작했다. 1938년에는 글레디에이터 같은 복엽 전투기를 당시로서는 가장 현대적 모델이었던 허리케인과 그 뒤의 스핏파이어로 막 교체하게 되었다. 1938년 9월, 우리는 5개 비행중대를 허리케인으로 바꾸었다. 구식의 예비 전투기나 보조 전투기는 사용할 수 없게 되었으므로 폐기했다. 독일이 현대적 모델의 전투기로 교체한 것은 우리보다 상당히 빨랐다. 독일은 이미 꽤 많은 메사슈미트 109를 보유하고 있었는데, 영국의 구식 기종으로는 감당할 수 없었다. 우리는 1939년에는 더 많은 비행중대를 새 기종으로 편성하여 한결 나아졌다. 그해 7월 우리는 8기총 장착의 최신 전투기 26개 중대를 가지게 되었으나, 예비 전투기와 보조 전투기까지 전면적으로 교체하기에는 시간이 모자랐다. 영국 본토 항공전이 시작된 1940년 7월, 영국은 대략 최신 전투기 47개 중대가 가동 가능했다.

독일로서는 전쟁이 시작되기 전에 이미 양적, 질적으로 공군력의 확대를 완료한 상태였다. 영국의 공군력 증강을 위한 시도는 독일에 비해 거의 2년 정도 늦었다. 그러나 1939년에서 1940년 사이에 독일은 20퍼센트 증강에 그쳤는데, 우리는 최신 전투기를 80퍼센트나 늘렸다. 그러나 1938년에도 우리는 안타깝게도, 질적으로는 여전히 부족한 상태였다. 1939년에 공군력의 불균형 해소는 어느 정도 진척되었지만, 시련이 닥쳤던 1940년보다도 아직도 상대적으로 나쁜 상황이었다.

1938년에도 런던 공습이 있을 수 있었는데, 당시 우리는 어처구니없는 준비 부족의 상황이었다. 그러나 독일이 프랑스, 네덜란드, 벨기에, 룩셈부르크를 먼저 점령하여 근접 폭격 거리 내의 기지를 확보하기 전에는 결정적인 영국 본토 항공전의 가능성은 없었다. 그러한 기지 없이는 당시 전투기 수준으로는 폭격기를 엄호할 수 없었다. 1938년이나 1939년에는 독일군이 프랑스군을 이길 수 있는 능력이 없었다.

프랑스 전선을 돌파하기 위한 독일의 대규모 전차 생산은 1940년까지는 실현되지 못했다. 서부 전선의 우세한 전력의 프랑스와 동부 전선의 아직 점령되지 않은 폴란드를 둔 채로 독일은 전체 공군력을 영국 공격에 집중시킬 수 없었다. 영국에 대한 공습은 프랑스를 항복시킨 뒤에야 가능했다. 그것은 러시아의 태도나 체코슬로바키아의 저항은 전혀 고려하지 않은 것이었다. 그러한 조건에도 불구하고, 뮌헨 협정에 의해서 "얻었던" 것으로 애기되었던 숨 쉴 틈은 뮌헨의 위기 당시 히틀러의 독일보다 영국과 프랑스를 훨씬 더 불리한 처지로 밀어넣었다.

★ ★ ★ ★ ★

마지막으로 말해두고자 하는 놀라운 결과는 1938년 한 해 동안 히틀러는 오스트리아와 주데텐을 합병하고, 오스트리아인 675만 명과 주데텐 주민 350만 명, 도합 1,000만 명 이상의 노동자와 병사를 자신의 절대적 지배 아래 두게 되었다는 사실이다. 참으로 가공할 만한 힘의 균형이 히틀러 쪽으로 기울었던 것이다.

제15장

프라하, 알바니아 그리고 폴란드의 보장

뮌헨 협정의 결과로 나타난 안도의 느낌이 사라진 뒤, 체임벌린과 영국 정부는 아주 난처한 상황에 처하게 되었다. 체임벌린 수상은 "나는 우리 시대가 평화를 맞이했다고 믿는다"고 말한 바 있었다. 그러나 대다수 그의 각료들은 "우리 시대"를 가능한 한 급속히 재무장하는 데에 이용하기를 원했다. 거기서 내각의 분열이 일어났다. 뮌헨의 위기가 불러일으킨 경각심과 특히 대공포 부족을 비롯한 우리의 준비 부족 상태가 적나라하게 나타난 데에 자극을 받아 강력한 재군비에 돌입하게 되었다. 그러한 태도는 당연히 독일 정부와 그 영향을 받은 언론의 비난의 대상이 되었다. 그러나 영국 국민의 여론은 확고했다. 수상에 의해서 전쟁으로부터 해방된 것을 기뻐하고 평화의 구호에 갈채했으나, 영국 국민은 무기의 필요성 또한 절실히 느끼게 되었다. 각 부처는 위기 때 노출된 놀라울 정도의 부족함을 강조하며 필요한 요구를 하기 시작했다. 내각은 국가의 교역에 혼란을 일으키지 않고 넓은 의미에서 독일이나 이탈리아를 자극하지 않으면서 준비가 가능한 범위 내에서 기꺼이 타협하기에 이르렀다.

체임벌린은 여전히 세계정세의 뚜렷한 호전을 기대하려면 자신이 독재자들과 개인적 접촉을 하는 수밖에 없다고 믿었다. 그러나 그는 그들이 이미 방침을 결정했다는 사실을 전혀 알지 못했다. 그는 희망적 분위기에 젖어 핼리팩스 경과 함께 1월 중에 이탈리아를 방문하겠다고 제안했다. 약간 늦게 초청장이 왔고, 1939년 1월 11일에 회담이 이루어졌다. 이탈리아의 이면을 보여주는 치아노의 일기 중에서 영국과 영국 대표들에 대해서 언급한 부분은 읽는 이의 얼굴을 붉히게 만든다. "본질적으로, 이번 그들의 방문은 슬픈 음조가 있었다.……접촉은 아무 효과도 없었다. 우리는 그들과 얼마나 다른가! 전혀 딴 세상의 존재였다. 우리는 그런 이야기를 만찬 뒤에 총통에게 했다. 우리 말을 듣고 무솔리니는 '그 사람들은 영국 제국을 만든 프랜시스 드레이크나 다른 위대한 모험가들과 질적으로 달라. 몇 세대를 거친 부자들의 지겨운 자식들 같단 말이야'라고 말했다." 그리고 치아노는 계속해서 이렇게 썼다. "영국인들은 싸우기를 원하지 않는다. 그 사람들은 가능한 한 물러서지 않겠다고 하면서도, 싸우기는 싫은 것이다.……영국인들과의 회담은 끝났다. 결정된 것이라고는 아무것도 없다. 리벤트로프에게 전화로 아무 영향력도 없는 대실패였다고 말해주었다.……" 그리고 2주일 뒤에는, "퍼스 경[영국 대사]은 체임벌린이 하원에서 행할 예정인 연설의 요지를 보내 승인을 구하면서, 필요하다면 우리가 고쳐도 좋다고 했다"라고도 했다. 무솔리니는 그 내용을 승인하면서 이렇게 한마디 덧붙였다. "영국 정부의 수반이 자기 연설물의 요지를 다른 나라 정부에 미리 제출한 것은 전례가 없는 일임이 확실하다. 영국으로서는 나쁜 조짐이다."* 그러나 종국에 비운을 맞은 것은 치아노와 무솔리니였다.

그 사이에, 1939년 1월 리벤트로프는 폴란드에 대한 외교 공세를 펴기 위해서 바르샤바에 가 있었다. 독일은 체코슬로바키아를 흡수한 다음에 폴란드를 포위할 예정이었다. 그 작전의 첫 번째 단계는 단치히에 대한 독일의 주권을 주장하고, 발트 해의 독일 지배권을 중요한 거점인 리투아니아의 항구 메멜에까지 연장함으로써 폴란드를 바다로부터 단절시키는 것이었다. 폴란드 정부는 그러한 독일의 압력에 대항하여 강력하게 저항했고, 히틀러

---

* 『치아노의 일기』, 1939-1943(맬컴 머저리지 편집), 9-10면.

는 얼마 동안 사태를 주시하면서 군사 행동의 시기를 기다리고 있었다.

3월의 두 번째 주일 동안 독일과 오스트리아, 특히 빈과 잘츠부르크 지역에서 병력이 움직이고 있다는 소문이 떠돌았다. 독일의 40개 사단이 전시 편성으로 동원되었다는 소식이 전해졌다. 독일의 지원을 믿은 슬로바키아는 자기들의 영토를 체코슬로바키아 공화국*에서 분리하려고 계획했다. 폴란드의 외무장관 베크 대령은 게르만의 바람이 다른 방향으로 부는 것을 보고 한결 마음을 놓고, 슬로바키아의 열망에 완전히 공감한다고 바르샤바에서 공식 선언을 했다. 슬로바키아의 지도자 티소 신부는 베를린에서 히틀러로부터 한 국가의 수상에 준하는 예우를 받았다. 3월 12일 의회에서 체코슬로바키아의 국경 보장에 대한 질문을 받은 체임벌린은, 자신의 제안은 정당한 이유가 없는 침략에 대한 것이었다는 점을 상기시켰다. 그러한 침략은 아직 일어나지 않았다. 그러나 그는 오래 기다릴 필요가 없었다.

★ ★ ★ ★ ★

왜곡된 낙관주의의 물결이 1939년 3월 한 달 동안 영국 전역을 휩쓸었다. 독일의 강력한 압박에서 비롯된 체코슬로바키아의 긴장이 안팎으로 점점 더 고조되고 있음에도 불구하고, 뮌헨 협정을 지지하는 내각과 언론은 영국 국민을 끌고 들어간 정책에 대한 신뢰를 잃지 않았다. 3월 10일 내무부 장관은 대국민 연설에서 장차 "황금시대"로 이끌어갈 5개년 평화 계획에 대한 자신의 포부를 밝혔다. 독일과의 통상 조약에 관한 제안은 희망적으로 계속

---

* 체코슬라비아 공화국은 오스트리아-헝가리 제국이 1918년에 해체되면서 슬로바키아, 보헤미아, 모라비아, 루테니아 지방이 통합하여 탄생되었다. 그러나 독일이 침공하는 과정에서 슬로바키아는 독일의 보호령이 되었고 체코는 독일의 한 주가 되었다. 1945년 소련군이 진주하자 체코인과 슬로바키아인은 체코슬로바키아 공화국을 재탄생시켰다. 그뒤 소련의 위성국이 되었고, 1968년에는 모라비아 지방과 보헤미아 지방이 통합하여 체코 공화국이, 슬로바키아 지방은 슬로바키아 공화국이 되면서 체코슬로바키아 연방공화국이 되었다. 그러나 1989년 동유럽 민주화의 폭풍 속에서 1918년부터 74년 동안 지속되어온 연방이 1992년에 분리되어 체코 공화국과 슬로바키아 공화국으로 각각 독립했다/역주

논의되고 있는 중이었다. 그 유명한 유머 잡지 「펀치」에 실린 카툰을 보면, 존 불[John Bull : 전형적인 영국인의 별칭/역재]이 악몽에서 깨어나 안도의 한숨을 쉬고 있는 사이에 간밤의 온갖 흉악한 소문과 환각과 의혹이 창문 밖으로 날아가고 있었다. 그 만화가 독자들 앞에 나타난 바로 그날, 히틀러는 뮌헨 협정의 결정에 의해서 방어선을 빼앗긴 채 쓰러지기 직전에 있는 체코슬로바키아 정부에 최후통첩을 보냈다. 프라하에 진군한 독일 군대는 무저항의 국가를 완전히 그 손아귀에 넣었다. 그 기사를 보도한 석간 신문이 배달되었을 때 나는 이든과 함께 하원의 흡연실에 앉아 있었다고 기억한다. 허망한 생각을 가지지 않고 사태를 직시하고 있던 우리 같은 사람들도 그러한 무법적인 기습적 폭력에 깜짝 놀랐다. 모든 정보기관을 이용하고 있는 영국 정부가 갈팡질팡하고 있었다는 사실을 나는 믿을 수가 없었다. 3월 14일, 체코슬로바키아 공화국은 해체되었고 정복되었다. 슬로바키아인들은 정식으로 독립을 선언했다. 비밀리에 폴란드의 지원을 받은 헝가리 군대는 헝가리가 요구했던 체코슬로바키아의 동부 지방, 즉 카르파토-우크라이나에 침입했다. 프라하에 도착한 히틀러는 체코슬로바키아를 독일의 보호령으로 선포했고, 독일 제국에 합병시켰다[체코는 독일의 한 주가 되었고, 슬로바키아는 독일의 보호령이 되었다/역주].

15일, 체임벌린은 하원에서 이렇게 말할 수밖에 없었다. "독일군의 무력에 의한 보헤미아 점령은 오늘 아침 6시에 시작되었습니다. 체코슬로바키아 정부는 국민들에게 저항하지 말 것을 명령했습니다." 그리고 그는 자신이 체코슬로바키아에 대해서 보증했던 것은 더 이상 유효하지 않은 것 같다고 말했다. "……슬로바키아 의회가 슬로바키아의 독립을 선언한 뒤로 사정이 바뀌었습니다. 독립 선언의 결과 내부 분열에 의하여 우리 영국이 국경선을 보장하려고 했던 그 국가 자체가 없어져버렸습니다. 그러므로 영국 정부가 그 의무를 이행하는 것이 불가능하게 되었습니다."

그것이 결정적인 이유인 것처럼 여겨졌다. 체임벌린은 결론으로 이렇게 말했다. "나는 당연히 지금 일어난 사태를 심히 유감스럽게 생각합니다. 그렇지만 그것을 이유로 우리의 진로를 바꿀 수는 없습니다. 이 세계 모든 사람들의 염원은 여전히 평화에 집중되어 있다는 사실을 기억해야 할 것입니다."

이틀 뒤 체임벌린은 버밍엄에서 연설할 예정이었다. 나는 그가 이미 일어난 일에 대해서는 최대한 솔직하게 받아들이기를 기대하고 있었다. 그러나 수상의 태도는 나를 깜짝 놀라게 만들었다. 그는 스스로 히틀러의 성격을 꿰뚫어볼 수 있는 특별한 통찰력과 독일의 행동의 한계를 정확히 측정할 수 있는 능력이 있다고 믿었다. 그는 뮌헨에서 진심을 터놓은 만남이 이루어졌다는 희망 섞인 믿음을 가지고 있었다. 따라서 그와 히틀러와 무솔리니 세 사람의 협력으로 이 세계를 끝없는 전쟁의 공포에서 구출했다는 것이다. 그런데 돌연 폭발이라도 일어난 것처럼 그의 신념과 그의 행동과 논의의 근거가 된 모든 것이 산산이 부서져버렸다. 그는 사태에 대한 중대한 오판, 즉 자기 자신을 속였을 뿐만 아니라 자신의 실수를 그를 추종한 각료 또는 불행한 영국 국민의 여론의 탓으로 돌렸던 행위에 대한 책임이 있었다. 그럼에도 불구하고 그는 하룻밤 사이에 태도를 180도 바꿔버렸다. 체임벌린이 히틀러를 잘못 이해하고 있었다면, 히틀러는 영국 수상 자체를 완전히 얕잡아보고 있었을 것이다. 히틀러는 체임벌린의 시민적 모습과 평화에 대한 열망을 그의 성격이 그대로 나타난 것으로 오해하고 있었으며, 그의 우산을 그의 상징으로 생각했다. 히틀러는 네빌 체임벌린이 대단히 강한 근성의 소유자이며, 타인으로부터 조롱당하는 일을 혐오한다는 사실을 모르고 있었다.

버밍엄의 연설은 새로운 논조로 바뀌었다. 체임벌린은 뮌헨 협정의 신뢰를 깨뜨린 히틀러의 극악한 행위를 비난했다. 그는 그동안 히틀러가 말로써 행한 모든 약속을 열거했다. "이것이 유럽에서 내가 주장해야 할 영토에 관한 마지막 요구이다." "나는 더 이상 체코라는 국가에 대해서 관심이 없다. 확실히 보증한다. 우리는 체코인들을 원하지 않는다." 체임벌린은 계속해서 말했다. "나는 뮌헨 협정 이후 대다수의 영국 국민이 그 정책이 계속 진행될 수 있기를 바라는 솔직한 나의 희망을 나와 함께 가지고 있다고 믿었습니다. 그러나 오늘 나는 그러한 희망이 무자비하게 깨져버렸다는 데 대한 국민의 실망과 분노의 감정을 함께 가지게 되었습니다. 이번 주일에 일어난 사건과 내가 지금 읽어드린 히틀러의 그 약속이 어떻게 조화될 수 있을까요?……그것은 약소국에 대한 마지막 침공일까요, 아니면 계속되는 것일까요? 그것은 실제로 이 세계를 무력으로 지배하기 위한 시도의 첫걸음일까요?"

이틀 전에 수상이 하원에서 한 연설의 분위기와 정책에 비할 때 그보다 더 큰 모순을 상상하기란 쉬운 일이 아니었다. 그는 극심한 긴장의 시간을 보낸 것이 틀림없었다. 그리고 그의 심경의 변화는 말에만 한정된 것이 아니었다. 히틀러의 목록에 들어 있는 다음 차례의 "약소국"은 폴란드였다. 결단의 중요성과 의논해야 할 사람들을 고려하면, 얼마 동안의 바쁜 시간이 필요했던 것은 틀림없다. 2주일 만에(3월 31일에) 수상은 의회에서 이렇게 말했다.

……폴란드의 독립을 명백하게 위협하고 폴란드 정부가 국민적 저항을 결정적으로 고려하는 그러한 행위와 관련하여, 영국 정부는 즉시 폴란드 정부에 가능한 모든 지원을 아끼지 않을 것입니다. 영국 정부는 폴란드 정부에 대하여 이러한 유효한 약속을 한 바가 있습니다.

프랑스 정부 역시 그러한 상황에서는 영국 정부와 똑같은 입장에 설 것이라는 점을 제가 밝혀도 좋다고 허락했다는 사실을 덧붙여 말씀드릴 수 있습니다.……

그러나 체임벌린과 외무부는 바로 그러한 스핑크스의 수수께끼에 말려들어 난처한 지경에 이르게 되었다. 그와 같은 위기 국면에서 사태가 그러한 속도로 대규모로 진전되고 있는 경우에는 문제를 한 번에 하나씩 단계적으로 해결하는 것이 현명한 법이다. 영국, 프랑스 그리고 러시아 3국의 연합이 체결되었더라면, 1939년 독일에 강력한 경종을 울렸을 것이며, 당연히 그때까지 전쟁은 피할 수 있었을 것이다. 그리고 다음 단계에서도 연합국은 강력한 조치를 취할 수 있었을 것이다. 연합국은 외교에 의해서 전반적인 주도권도 다시 거머쥘 수 있었을 것이다. 히틀러는 스스로 옳은 선택이 아니었다고 저주하게 될 두 개의 전선에서 전쟁을 시작할 수도, 그렇다고 그만둘 수도 없게 될 것이었다. 히틀러를 자신의 목숨을 대가로 치러야 할지도 모르는 곤란한 지경에 몰아넣지 못한 것은 애석한 일이었다. 오직 쉬운 일을 해결하기 위해서 정치가가 필요한 것은 아니다. 쉬운 일은 종종 저절로 해결된다. 상황이 불안하고 각자 가야 할 길이 오리무중일 때, 세계를 구할 수 있는 결단의 기회가 자연스럽게 생기는 법이다. 우리 스스로 1939년의 가공할 상황에 빠져든 이상, 드높은 희망을 가지는 것이 절대적이었다. 만약 체임벌린이 소련의 제안을 받아들여, "좋습니다. 우리 3국이 하나가 되어 히틀러의 목을 부러뜨려놓읍시다"라거나 그에 상응하는 대답을 했더라면, 의회는 찬성하고 스탈린이 이해하여 역사는 다른 방향으로 전개되었을 것이다. 그 방향은 적어도 더 나쁜 쪽은 아니었을 것이다.

반면에, 반쪽 조치와 현명한 타협안이 준비되는 동안 긴 침묵의 시간이 흘렀다. 그러한 시간의 지체는 리트비노프에게 치명타였다. 서유럽 열강들과의 문제를 명확히 해결하려던 그의 마지막 시도는 실패한 것으로 보였다. 영국에 대한 신뢰도는 아주 낮았다. 소련의 안전을 위해서는 전혀 다른 외교 정책이 요구되었으며, 따라서 새 인물이 등장해야 했다. 5월 3일자 모스크바의 공식 코뮤니케에 의하면 리트비노프가 자진하여 외무부 장관직을 사임하고 수상 몰로토프*가 겸임한다고 했다. 독일의 적개심의 대상이었던 그 뛰어난 유대인은 망가진 도구처럼 버려져, 한마디 변명할 기회도 주어지지 않은 채 세계 무대에서 끌려내려와 보잘것없는 존재가 되어 몇푼의 수당에 의지하며 경찰의 감시를 받는 처지가 되었다. 소련 외부에는 거의 알려지지 않은 인물인 몰로토프는 스탈린과의 긴밀한 음모에 의해서 외무인민위원, 즉 외무부 장관이 되었다. 몰로토프는 종전의 각종 선언이라는 장애물이나 국제연맹의 분위기에 전혀 구애받지 않고, 소련의 자기 보호를 위해서 필요하다면, 어떤 방향으로든지 움직일 수 있었다. 실제로는 그가 움직이려는 방향은 오직 하나였다. 그는 항상 기꺼이 히틀러와 협력하려고 했다. 소련 정부는 뮌헨 회담과 그밖의 회의를 통해서 확신하게 된 사실이 있는데, 영국과 프랑스는 공격을 받기 전에는 싸우려고 하지 않는다는 것과 싸우게 되더라도 별것 아니라는 것이었다. 일기 시작한 태풍은 막 들이닥칠 참이었다. 소련은 자신을 생각해야 했다.

그와 같은 난폭하고 부자연스러운 소련 정책의 반전은 전체주의 국가에서만 가능한 변형술의 결과이다. 불과 2년 전에 소련 군부 지도자들과 수천 명의 장교들이 숙청당한 이유가 되었던 바로 그런 성향을 이제는 크렘린의 몇몇 불안한 지도자들이 받아들이게 된 것이다. 2년 전이라면 친독일주의는 이단이자 반역이었다. 그런데 이제 하룻밤 사이에 그것은 국가 정책이 되었다. 따라서 감히 비난하거나, 간혹 그 변화에 빨리 적응하지 못하는 자는 자동으로 화를 입게 되었다.

이미 진행된 그 과업에 신임 외무부 장관보다 더 적임이며 준비된 인물은

---

* 몰로토프는 1930년에 인민위원회 의장, 곧 수상이 되었고 스탈린이 각료회의(이전의 인민위원회) 의장이 되었을 때에는 제1부의장의 자리를 유지했다. 그는 1949년 외무부 장관직을 사임했지만, 스탈린 사후 1953년에 복귀하여 1956년에 흐루시초프에 의해서 해임되었다. 그는 흐루시초프 제거 음모에 가담하기도 했으나, 용케 살아남아 몽골 대사 등을 역임했다/역주

아무도 없었다.

★ ★ ★ ★ ★

스탈린이 소련 외교정책의 최고위 자리에 올려놓은 인물에 대해서는 당시 영국과 프랑스 정부에 알려지지 않았던 약간의 설명을 할 필요가 있다. 뱌체슬라프 몰로토프는 뛰어난 능력을 가진 무자비한 냉혈한이었다. 그는 성공한 혁명 기간 동안 볼셰비키 지도자들이 모든 것을 걸었던 그 두려운 위험과 시련을 극복하고 살아남았다. 그는 지속적으로 생명을 위협하는, 끊임없이 변하는 계략이 득세하는 사회에서 살았고, 영달했다. 대포알처럼 생긴 머리, 검은 콧수염, 총명한 눈동자, 넓은 안면, 훌륭한 언변 그리고 냉정한 태도는 그의 성격과 재능을 적절하게 나타내고 있었다. 그는 깊이를 측정할 수 없는 복잡한 조직의 정책을 대변하는 도구적 대리인으로서 누구보다도 뛰어난 인물이었다. 내가 그를 대등한 조건에서 만난 것은 가끔 유머러스한 분위기의 회의나 관행적이고 의미 없는 건배가 오랫동안 계속되는 연회에서였다. 나는 몰로토프처럼 로봇이라는 근대적 개념을 완벽하게 대표하는 인간을 본 적이 없다. 그런데도 불구하고 일견 그는 합리적이고 날카롭게 세련된 외교관이었다. 그가 자신의 하급자들에 대해서 어떻게 했는지 나는 모른다. 그러나 테헤란 회의 후에 일단 독일군을 격퇴시킨다면 스탈린이 일본을 공격하겠다는 약속을 했을 때, 몰로토프가 일본 대사에게 어떤 태도를 취했는가는 그의 회담 기록을 통해서 추측할 수 있다. 미묘하고 날카로우며 어려운 인터뷰가 거듭되어도, 그는 완벽하게 침착한 태도로 자신의 의도를 조금도 드러내지 않으면서 온화하고 격식을 갖춘 자세로 처리했다. 한번도 틈을 보인 일이 없었다. 단 한 차례도 불필요한 마찰을 일으킨 적이 없었다. 시베리아의 겨울을 연상시키는 미소, 조심스럽게 계산된 어법에 가끔 재치가 넘치는 달변, 붙임성 있는 태도는 모두 일체가 되어 그를 소련 정책의 완벽한 대리인으로 만들었다.

쟁점에 관하여 그와 소통을 시도해보아도 그것은 언제나 헛일이었다. 계속 나아가면 거짓말과 욕설로 끝나고 말았는데, 그 실례 몇 가지를 이 책에서 다루게 될 것이다. 오직 단 한 번, 나는 그의 자연스럽고 인간적인 반응을 본 적이 있다. 1942년 봄이었는데, 그는 미국에서 귀국하는 길에 영국에 잠시 들렀다. 우리는 영-소 조약을 체결하는 조인식을 마쳤고, 본국을 향한 위험한 비행을 앞두고 있었다. 나는 다우닝 가 정원의 비밀 통로로 통하는 문 앞에서 그의 팔을 잡았고, 우리는 서로 얼굴을 쳐다보았다. 갑자기 그는 감동을 받은 것처럼 보였다. 그의 표정 속에서 나는 사람의 정을 느꼈다. 그는 함께 힘을 주어 내 팔을 잡았다. 그와 나는 아무 말 없이 서로의 손을 굳게 쥐었다. 그때 우리 둘은 모두 생사의 갈림길에서 같은 운명에 놓여 있었다. 그의 삶 주변에서는 언제나 자신을 파괴시키거나 황폐하게 만드는 일들이 일어났고, 그렇지 않으면 그가 다른 사람을 파괴시키거나 황폐하게 만드는 일들이 일어나고 있었다. 소련 공산당은 몰로토프에게서 능력을 비롯한 여러 방면에서 그들을 대표할 수 있는 성격을 발견한 것이 틀림없었다. 그는 언제나 충성스러운 당원이었으며 공산주의의 사도였다. 나는 그가 겪었던 고통을 내가 받지 않고 살았다는 사실을 인생의 끝에서 얼마나 다행스럽게 느끼고 있는지 모른다. 그런 고통을 겪느니보다 차라리 태어나지 않는 편이 더 나았을 것이다. 외교 문제의 처리 방식에 관해서는 아마도 마자랭, 탈레랑, 메테르니히도 기꺼이 그를 동료로 맞아들였을 것이다. 만약 볼셰비키가 허락하는 내세가 있다면 말이다.

몰로토프는 외무부 장관 자리를 맡는 그 순간부터 폴란드를 희생시켜 독일과 해결하기 위한 협상을 시도하는 정책을 추구했다. 영국과 소련의 교섭은 느리게 진행되었다. 5월 19일에 그 문제가 영국 하원에 상정되었다. 토론은 간결하고 진지했는데, 각 당의 당수와 주요 전직 관료들에게 한정된 형식이었다. 로이드 조지, 이든 그리고 나 세 사람은 동등한 조건으로 원대한 성격의 협정을 소련과 긴급히 맺지 않으면 안 된다고 정부를 압박했다. 수상은 답변을 통해서 처음으로 소련의 제안에 대한 자신의 생각을 드러냈다. 냉담하게 받아들였으며, 실로 경멸하는 태도를 보였다. 수상의 모습은 1년 전 루스벨트의 제안을 거절할 때 볼 수 있었던 균형 감각을 상실한 것처럼 비쳐졌다. 애틀리, 싱클레어 그리고 이든은 위험이 닥치고 있다는 것과 대소 동맹의 필요성에 관한 일반론을 말했다. 그 모든 것은 이미 때가 늦었다는 데에는 의심할 여지가 없었다. 우리의 교섭 노력은 타개할 수 없는 교착 상태에 빠진 것 같았다. 폴란드와 루마니아 정부는 영국의 보장 약속을 받아들이면서 소련 정부가 제안한 같은 형식의 보장은 수락할 태세가 아니었다. 그와 비슷한 양상은 전략적 요충지역인 발트 해 연안국가들 사이에서도 나타나고 있었다. 소련 정부는 일반적 보장의 범위에 핀란드와 발트 해 연안국가들까지가 포함될 경우에 한하여 상호 원조 협정에 따를 것임을 명백히 했다. 핀란드와 발트 해 연안 3국의 네 나라는 그러한 조건을 거부했다. 러시아에 대한 공포 속에서라면 언제까지나 거부했을 것이다. 핀란드와 에스토니아는 자국의 동의 없이 보장의 범위에 자국을 포함시키는 것을 침략 행위와 동일한 것으로 간주한다는 성명까지 내었다. 6월 7일, 에스토니아와 라트비아는 독일과 불가침 조약을 조인했다. 그리하여 히틀러는 느리고 우유부단한 태도로 결합하여 이루어진 자기에 대한 방어선 깊숙이 손쉽게 침투하게 되었다.

여름은 깊어가고, 전쟁 준비는 유럽 전역에서 계속 진행되었으며, 외교관의 자세와 정치인의 연설과 인류의 소망은 날이 갈수록 힘을 잃어갔다. 독일의 군사적 움직임은 폴란드 침입 자체에 대한 일종의 예비 행위로, 단치히 문제에 관한 폴란드와의 분쟁을 무력으로 해결하려는 조짐으로 보였다. 6월 10일 체임벌린은 의회에서 자신의 우려에 관해서 설명한 다음, 폴란드의 독립을 위협하는 사태가 발생할 경우 폴란드 편에 서겠다는 의사를 반복해서 표시했다. 벨기에 정부는 주로 국왕의 영향 아래서 모든 사태와 거리를 유지한다는 생각에 의해서 영국, 프랑스와의 참모 회의를 반대했으며, 엄격한 중립을 유지하겠다고 6월 23일에 입장을 밝혔다. 사태의 흐름은 영국과 프랑스 사이는 물론 각국의 내부 역시 결속하도록 만들었다. 7월 한 달 동안 파리와 런던 사이에 빈번한 왕래가 있었다. 7월 14일 프랑스 혁명 기념 축전은 영국과 프랑스의 단결을 보여줄 좋은 기회였다. 나는 프랑스 정부의 초청으로 그 멋지고 훌륭한 행사를 참관할 수 있었다.

퍼레이드가 끝나고 르 부르제를 떠나려 할 때, 가믈랭 장군이 내게 프랑스 전선에 가보지 않겠느냐고 제안했다. "아직 라인 지역을 본 적이 없으시지요." 그가 말했다. "그러면 8월에 오십시오. 모든 것을 다 보여드리겠습니다." 그에 따라서 일정이 잡혔고, 8월 15일에 스피어스 장군과 나는 그의 가까운 친구로 동북부 전선의 프랑스 육군 최고사령관 조르주 장군의 영접을 받았다. 그는 차기 육군 최고사령관으로 지목되고 있었다. 나는 그렇게 인상이 좋고 뛰어난 군인을 만나 아주 기뻤다. 우리는 여러 군사적 문제를 생각하기도 하고 그 전선 어느 지점인가를 순찰 중이던 가믈랭과 만나기도 하면서 열흘 동안 함께 다녔다.

나는 로터부르 부근의 라인 강 만곡부에서 시작하여 스위스 국경에 이르는 전 지역을 살펴보았다. 영국에서는, 1914년에도 그랬듯이, 여전히 많은 사람들이 태평스럽게 휴가를 즐기면서 아이들과 함께 모래밭에서 놀고 있었다. 그러나 라인 강변의 양상은 달랐다. 강 위에 설치했던 모든 임시 교량을 철거하여 강안의 이쪽 아니면 저쪽에 치워놓은 상태였다. 교량은 엄중하게 경비 중이었으며, 지뢰가 매설되어 있었다. 신호에 따라 단추만 누르면 한순간에 다리를 날려버릴 수 있도록 충직한 군인들이 밤낮으로 대기하고 있었다. 알프스의 눈이 녹아내려 이루어진 거대한 강은 무심하고 도도하게 흘러갔다. 프랑스 전초병들은 관목 덤불 속의 작은 참호에 웅크리고 있었다. 우리는 두세 명이 함께라면 물가로 갈 수는 있지만, 사격의 목표가 될 만한 것을 드러내서는 안 된다는 주의를 들었다. 300미터 정도 떨어진 강 건너편의 덤불 사이로 독일군들이 곡괭이와 삽을 들고 느릿느릿 진지를 구축하는 모습이 보였다. 스트라스부르의 강 연안 지역에 살던 모든 주민은 떠나고 없었다. 나는 한동안 다리 위에 서서 지나가는 한두 대의 차량을 보았다. 강의 양쪽 어귀에서 검문을 했다. 독일군 초소는 프랑스군 초소에서 100-200미터 정도밖에 떨어져 있지 않았으나, 서로 교류는 없었다. 그래도 유럽은 아직 평화로운 상태였다. 독일과 프랑스 사이에 아무런 다툼도 일어나지 않았다. 라인 강은 소용돌이를 치며 시속 10킬로미터의 속도로 굽이쳐 흘러갔다. 소년들이 탄 카누 한두 척이 물살을 따라 지나갔다. 나는 그 뒤로 5년 이상 동안 다시 라인 강을 볼 기회가 없었다. 1945년 3월, 몽고메리 원수와 함께 작은 배를 타고 강을 건넌 일이 그 다음 기회였다. 그러나 그때는 그보다 훨씬 더 북쪽의 베젤 부근이었다.

내가 라인 강 방문을 통해서 알게 된 사실들 중에서 특히 주목할 만했던 점은 프랑스가 수세에 놓여 있는 상황을 나를 초청한 책임 있는 프랑스군 지휘자들이 받아들이고 있었으며, 그러한 상황 인식은 자연히 내게도 옮겨졌다는 것이다. 그곳의 아주 뛰어난 프랑스 장교들과 이야기를 해본 결과, 그들은 독일군이 그들보다 더 강하며 프랑스군은 목숨을 건 공세를 할 만한 힘을 가지고 있지 못하다고 느끼는 듯했다. 프랑스는 오직 생존을 위해서 싸운다는 것, 오직 그것뿐이었다! 독일 쪽의 지크프리트 선은 현대식 무기로 화력이 증강되었다. 나에게는 솜과 파샹델 공격의 공포가 깊이 남아 있었다. 물론 독일은 뮌헨 협정 당시보다 훨씬 더 강해져 있었다. 우리는 독일군 최고사령부를 괴롭히고 있는 깊은 불안을 알지 못했다. 책임 있는 사람이라면—나는 그때까지 아무런 책임이 없었다—아직은 무장과 훈련이 완료되지 않은 단지 42개 독일군 사단이 북쪽 해안에서부터 스위스에 이르기까지 그 긴 전선을 지키고 있다는 가정—그런데 그것은 사실이었다—아래 행동할 수는 없었다. 우리는 육체적으로나 심리적으로나 그런 상황에 있었다. 뮌헨 협정 당시의 13개 사단 때에 비교되는 상황이었다.

★ ★ ★ ★ ★

그 마지막 몇 주일 동안 내가 두려워한 것은 영국 정부가 폴란드에 대한 보장을 약속했음에도 불구하고 독일이 폴란드를 공격했을 때 독일을 상대로 전쟁을 수행하는 것을 꺼리지나 않을까 하는 점이었다. 물론 당시 체임벌린으로서는 괴롭기는 했겠지만, 전쟁에 뛰어들 결심을 하고 있었다는 사실은 의심의 여지가 없다. 그러나 나는 그 당시에는 그를 잘 모르고 있었는데, 그를 제대로 알 수 있었던 것은 그 1년 뒤였다. 나는 히틀러가 새로운 수단이나 비밀 병기에 의해서 허세를 부려 과중한 짐을 지고 있는 영국 내각을 혼란에 빠뜨리지 않을까 우려되었다. 린데만 교수는 가끔 나에게 원자력에 관한 이야기를 하고는 했다. 따라서 나는 그에게 그 분야에 관한 상황이 어떤지 알려달라고 부탁했다. 린데만과 대화를 나눈 뒤, 나는 절친한 사이인 공군부 장관 킹슬리 우드에게 다음과 같은 편지를 썼다.

몇 주일 전 어느 일요 신문은, 최근에 발견된 일련의 과정에 의해서 우라늄으로부터 방출되는 엄청난 양의 에너지에 관하여 크게 보도한 바가 있습니다. 그 과정은 이 특수한 유형의 원자가 중성자에 의해서 분열될 때 일어난다고 합니다. 무엇보다 그것은 압도적인 파괴력을 가진 새로운 폭발물의 출현을 암시하는 것 같습니다. 그러한 관점에서, 과학적 이익이나 궁극적 실용화의 중요성이 제아무리 크더라도, 그 발견을 수년 이내에 대규모로 활용할 수 있는 위험은 아직 없다는 사실을 깨닫는 것이 핵심이라고 생각합니다.

국제적 긴장 국면이 날카로워지면서 런던을 휩쓸어버릴 수 있는 힘을 가진 가공할 신형 비밀 폭발물 제조에 그 방법이 응용될 것이라는 이야기가 의도적으로 유포되고 있다는 사실에 대한 증거가 있습니다. 그러한 협박을 수단으로 하여 다시 우리를 굴복시키려는 시도가 제5열을 통해서 이루어지고 있는 것은 분명합니다. 그러한 이유 때문에 진실한 상황을 말할 필요가 있습니다.

……그 새로운 발견으로 인하여 나치스가 그들의 적을 파괴할 수 있는 무섭고 새로운 비밀 폭발물을 가지게 되었다는 공포는 아무런 근거가 없습니다. 암울한 조짐이 나타나고 사람들을 괴롭히는 소문이 끊임없이 떠돌아다니더라도, 아무도 속아넘어가는 사람이 없기를 바랄 뿐입니다.

그 예견이 얼마나 정확했는지는 놀라운 일이 아닐 수 없다. 그나마 그 길을 찾은 것은 독일이 아니었다. 그들은 잘못된 길을 따라갔다. 뒤에 적절한 곳에서 기술하겠지만, 루스벨트 대통령과 내가 대규모의 원자폭탄 제조를 결정하고 중요한 협정에 이를 무렵 독일은 원자폭탄 개발을 포기하고 로켓과 무인 비행기 개발을 택했다.

★ ★ ★ ★ ★

7월 7일, 무솔리니가 영국 대사에게 말했다. "체임벌린에게 말하시오. 영국이 폴란드를 위해서 싸우겠다면, 우리 이탈리아는 동맹국인 독일을 위해서 무기를 들 것이오." 그러나 드러나지 않은 무솔리니의 실제 태도는 정반대였다. 그때 그는 지중해와 북아프리카에서의 이익을 확고히 하고, 스페인에 대한 간섭을 통해서 과실을 챙기며, 알바니아 정복을 마무리한다는 것 이상은 생각하지 않았다. 그는 폴란드를 점령하려는 독일을 위해서 유럽 전쟁에 끌려들어가는 것을 원하지 않았다. 공개적인 호언장담에도 불구하고, 그는 누구보다도 이탈리아의 군사적, 정치적 약점을 잘 알고 있었다. 만약 1942년에 독일이 무기를 제공했다면, 무솔리니는 전쟁을 이야기할 용의가 있었을 것이다. 그러나 1939년에는, 전혀 그렇지 않았다!

여름 동안 폴란드에 대한 압박이 강해지자, 무솔리니는 뮌헨에서의 중재자 역할을 다시 해야겠다는 쪽으로 생각을 바꾸어 세계 평화회의를 제안했다. 히틀러는 퉁명스럽게 무시해버렸다. 8월에 히틀러는 치아노에게 분명하게 전달하기를, 폴란드 문제를 해결하려고 하며, 따라서 영국은 물론 프랑스와 싸울 수밖에 없을 것이고, 그렇게 된다면 이탈리아가 참전해주기를 바란다는 것이었다. 그리고 또 이렇게 말했다. "영국이 필요한 병력을 자국 본토에 배치하고 나면, 프랑스에는 기껏해야 보병 2개 사단과 기갑부대 1개 사단 정도를 지원할 수 있을 뿐이오. 그 외에는 약간의 폭격기를 보낼 수 있겠지만, 전투기는 불가능할 것이오. 왜냐하면 독일 공군은 즉시 영국을 공습할 것이며, 그때 영국 전투기는 그 방어를 위해서 긴급히 투입될 수밖에 없기 때문이오." 프랑스에 대한 판단은 이러했다. 시간이 많이 소요되지는 않을 폴란드 공략이 끝나고 나면 독일은 서부 방벽을 따라 수백 개 사단을 집결시킬 수 있을 것이다. 그러면 프랑스는 식민지나 이탈리아 국경 또는 그밖의 어디에서든 차출할 수 있는 모든 병력을 동원하여 사활을 건 싸움을 위해서 마지노 선에 집중시킬 것이다. 그러한 이야기를 듣고, 치아노는 음울한 기분으로 돌아와 무솔리니에게 보고했다. 그때 치아노는 무솔리니가 민주주의 국가들은 틀림없이 전쟁을 할 것이며, 그 싸움의 바깥에 설 것이라는 결심을 더 강하게 하고 있다는 사실을 확인했다.

★ ★ ★ ★ ★

소련과 협정을 체결하려는 새로운 노력이 영국과 프랑스 양국 정부에 의해서 시작되었다. 그리고 모스크바에 특사를 보내기로 결정했다. 몇 년 전 스탈린과 유용한 접촉을 한 적이 있던 이든이 자원했다. 그러나 그 정중한 제안을 체임벌린 수상은 거부했다. 대신 6월 12일에 스트랭에게 그 중대한 임무를 맡겼다. 스트랭은 유능한 관리였으나, 외무부를 벗어나서는 어떤 역할도 해본 적이 없었다. 그것은 또 하나의 실수였다. 그런 하위직 인물을 보낸 것은 실제로 그들의 감정을 상하게 했다. 그가 소련이라는 조직의 두

터운 외피를 뚫고 들어갈 수 있을지 의심스러웠다. 어쨌든 모든 것은 이미 때가 늦었다. 1938년 9월에 마이스키가 나를 만나러 차트웰을 방문한 이래로 많은 일이 일어났다. 뮌헨 협정이 있었다. 그때만 해도 히틀러 군대가 성숙한 단계에 이르게 되려면 1년의 시간이 더 필요했다. 스코다 공장에서 힘을 얻어 히틀러의 군수 공장은 최대한도로 가동되고 있었다. 소련 정부는 체코슬로바키아에 대해서 많은 신경을 썼다. 그러나 체코슬로바키아는 사라져버렸다. 베네슈는 국외로 추방당했고, 나치 독일의 대관구 감독관 (Gauleiter)이 프라하를 지배하고 있었다.

다른 한편, 오래 전부터 폴란드는 러시아에게 정치적이고 전략적인 측면에서 완전히 상반된 문제를 던져주었다. 두 국가의 마지막 대규모 접촉은 1920년 바르샤바 전투 때였는데, 카미에니예프 지휘하의 볼셰비키군의 침공이 베강 장군과 다버농 경이 이끄는 영국 사절단의 조언에 힘입은 필수드스키에 의해서 격퇴되었고, 피비린내 나는 보복의 추격전이 이어졌다. 그 시절에 폴란드는 왼손을 뻗어 반소련주의의 발트 해 연안 국가들과 손을 잡았다. 그러나 폴란드는 오른손으로 뮌헨 협정 당시 체코슬로바키아 약탈에 가세했다. 소련 정부는 폴란드가 소련을 싫어하고는 있으나, 독일의 침공에 대항할 힘이 없다는 것을 잘 알고 있었다. 소련은 자기 자신에게 닥친 위험과 최고사령부의 피폐를 복구할 시간의 필요성을 깊이 자각하고 있었다. 그러한 상황에서 스트랭 사절단의 성과가 풍성하기를 기대할 수는 없었다.

폴란드와 발트 해 연안 국가들은 독일이 침공할 경우 소련의 힘으로써 구출되는 것을 꺼렸기 때문에, 이 문제를 둘러싸고 협상은 혼미 속에서 헛돌았고, 조금도 나아가지 못했다. 7월 한 달 동안 논의는 간헐적으로 계속되었는데, 마침내 소련이 군사 문제를 기초로 프랑스와 영국의 대표와 회담을 계속하자고 제안했다. 그에 따라 영국 정부는 8월 10일 드랙스 제독과 사절단을 모스크바에 파견했다. 그들은 교섭의 권한을 증명할 문서를 소지하지 않았다. 프랑스 사절단 단장은 두망 장군이었다. 소련 측에서는 보로실로프 원수가 회의를 주재했다. 지금에 와서 알게 된 일이지만, 바로 그 당시에 소련 정부는 독일 협상자의 모스크바행을 허용했다. 군사 회담은 폴란드와 루마니아에 의한 소련군의 자국 영토 통과 거부라는 암초에 걸리게 되었다. 폴란드인의 태도는 이러했다. "독일과 함께한다면 우리는 자유를 잃을 것이다. 그렇다고 소련과 함께한다면 우리는 영혼을 잃을 것이다."*

1942년 8월 이른 아침에 크렘린에서 스탈린이 내게 소련 입장의 한 측면을 설명했다. "폴란드가 공격을 받더라도 영국과 프랑스 정부는 참전 결정을 하지 않을 것이며, 대신 영국, 프랑스, 러시아의 일련의 외교적 협력으로 히틀러를 저지하려 한다는 인상을 이전에 받은 바 있습니다. 우리는 그러한 방법으로 전쟁을 막을 수 없었다고 확신합니다." 이런 인상을 받게 되었던 스탈린은 당시의 대화 상대방에게 이렇게 질문했다고 한다. "독일군과 싸우는 데 프랑스는 몇 개 사단을 보낼 수 있습니까?" 그의 대답은, "대략 100개 사단입니다"였다. 그러자 스탈린이 다시 물었다. "영국은 얼마나 보낼 수 있지요?" 대답은, "2개 사단, 그리고 추가로 2개 사단"이었다. "아, 2개 사단, 그리고 추가로 2개 사단." 스탈린은 그 대답을 반복하고는, 다시 물었다. "만약 독일과 싸운다면, 우리가 전선에 보낼 사단 수가 얼마나 되어야 하는지 아십니까?" 잠시 침묵이 흘렀다. "300개 사단 이상입니다." 나는 스탈린이 언제 어디에서 누구와 이런 대화를 했는지는 듣지 못했다. 그러나 그것은 확실히 근거가 있는 말이라는 것을 인정하지 않을 수 없는데, 외무부의 스트랭에게는 유리하지 않은 이야기였다.

스탈린과 몰로토프는 자신들의 진정한 의도는 가능한 한 최후의 순간까지 감추어두는 것이 흥정을 위해서 필요하다고 판단했다. 몰로토프와 그의 부하들은 연합국과 독일 양쪽을 접촉하면서 이중성의 놀라운 기교를 보였

---

* 레노, 앞의 책, 제1권, 587면.

용하려고 했다. 우리처럼 오랫동안 전쟁 준비와 우세한 공군력의 확보를 주장해온 사람들은 최악의 시나리오를 받아들이지 않으면서, 평화주의자들이 자극을 유발하더라도 불만이 없었다. 나는 정부가 전쟁 초반의 며칠 동안 발생할 공습으로 인한 사상자들을 위해서 25만 개의 침대를 준비한 것으로 알고 있었다. 그 점에서 과소평가 같은 것은 없었던 것이다. 그런데 실상은 어떠했는지 잘 살펴보아야만 한다.

약 10분쯤 뒤에 울음소리 같은 소리가 다시 들렸다. 나로서는 조금 전의 그 경보가 다시 울리는 것인지 뭔지 알 수가 없었는데, 누군가가 도로를 따라 달리며 "해제다"라고 소리를 쳤다. 우리는 모두 흩어져 집으로 돌아가서 하던 일을 다시 했다. 나의 할 일은 하원으로 가는 것이었다. 서두르지 않고 정확히 정오에 모여 간단하면서도 엄숙한 기도로 일과를 시작했다. 그곳에서 나는 회의가 끝나는 대로 들러달라는 수상의 메모를 받았다. 내 자리에 앉아서 의원들의 발언을 듣고 있는데, 극도로 긴장하고 흥분했던 그 며칠 동안을 지내고 난 뒤였기 때문인지 스스로 아주 차분한 기분이 되는 것을 느낄 수 있었다. 마음은 평온해졌고, 인간과 개인의 문제로부터 초월한 듯한 느낌이 들었다. 평화를 사랑하고, 비록 전쟁에 대한 준비는 제대로 하지 못했지만, 명예의 부름에 즉시 두려움 없이 응하는 영광스러운 전통의 영국이 나를 전율시켰으며, 지상의 문제와 육체적 감각으로부터 멀리 떨어진 영역으로 우리의 운명이 끌어올려지는 것 같았다. 나는 그 기분을 연설을 통해서 하원에 전하려고 시도했는데, 공감을 얻지 못한 것은 아니었다.

체임벌린은 나를 해군부 장관에 임명하는 동시에 전쟁내각에 입각시키는 일이 가능하게 되었다고 말했다. 그 말을 듣고 무척 기뻤다. 내가 그 문제를 거론한 적은 없었지만, 아무리 영향력이 있다고 하더라도 특정한 부서를 맡지 않는 장관이 그렇듯이 다른 사람이 한 일에 대해서 높은 자리에서 고민만 하는 것보다는 확실한 임무가 있는 편이 나았기 때문이다. 조언하는 것보다는 지시하는 것이 쉬우며, 폭넓게 이야기할 수 있는 특권보다는 비록 영역이 한정되더라도 직접 실행할 수 있는 권한을 가지는 편이 더 좋다. 수상이 애당초 나에게 전쟁내각이나 해군부 중에서 선택하라고 했다면, 나는 해군부를 선택했을 것이다. 그런데 그 양쪽을 모두 가지게 되었다.

언제 국왕으로부터 임명을 받느냐에 대해서는 한마디도 듣지 못했는데, 5일이 되어서야 나는 국왕의 손에 키스를 하고 취임할 수 있었다. 그런데 전쟁의 초기 몇 시간이야말로 해군에게 결정적으로 중요하다. 따라서 나는 즉시 업무를 시작할 것이며, 아침 6시에 도착할 것이라고 해군부에 알렸다. 해군부는 친절하게도 모든 함대에게 "윈스턴 복귀"라고 타전했다. 그리하여 나는 다시 해군부 장관실로 돌아갔다. 25년 전 피셔 경[당시의 해군참모총장/역주]이 사임하면서 나도 나의 첫 장관직에서 물러날 수밖에 없었고, 뒤에 밝혀진 대로 다르다넬스 해협 돌파의 중요한 구상을 돌이킬 수 없도록 망쳐버렸다. 내가 앉은 오래된 장관실 의자 몇 미터 뒤쪽에는 내가 1911년에 설치해놓은 나무 지도함이 그대로 있었다. 그 속에는 북해 지도가 들어있는데, 가장 중요한 목표 지점에 집중하기 위하여 나는 해군 정보국에 지시하여 독일 함대의 공해에서의 이동과 배치에 관한 내용을 표시하도록 했다. 1911년 이래 4반세기가 넘는 세월이 흘렀는데도, 여전히 동일한 국가에 의해서 생명의 위협을 받게 된 것이다. 다시 한번 정당하지 못한 침략 행위에 짓밟히게 된 약소국을 방어하기 위하여 우리는 칼을 뽑지 않을 수가 없다. 다시 한번 우리는 목숨과 명예를 걸고 용감하고 잘 훈련되었으며 무자비하기도 한 독일 민족의 무력적 횡포에 맞서 싸워야 한다. 다시 한번! 그래야만 한다.

해군참모총장이 나를 만나러 왔다. 나는 종전 해군부에 있을 때부터 두들리 파운드를 알고 있었는데, 피셔 경의 신뢰를 받고 있는 참모의 한 사람이라는 정도였다. 이탈리아가 알바니아를 기습했을 때 그가 지휘했던 지중해 함대의 배치에 관하여 내가 국회에서 강하게 비난한 적이 있었다. 그런데 이제 그와 내가 동료로 만나게 된 것이었다. 그 거대한 해군부라는 기관이 원활하게 운영되느냐 마느냐는 우리의 관계와 근본적인 의사의 합치 여부에 달려 있었다. 우리는 서로 미심쩍어하는 부분도 있었지만, 함께 다정한 눈길을 나누었다. 처음부터 우리의 우정과 상호 신뢰는 무르익어갔다. 나는 파운드 제독을 직업적으로나 개인적으로나 대단한 자질을 지닌 사람이라고 평가하고 존중했다. 전황의 부침과 변전에 따라 우리가 타격을 받을 때, 그와 나는 점점 더 진실한 동료이자 친구가 되어갔다. 그로부터 4년 뒤 이탈리아에 대한 전면적 승리를 거둘 순간에 그가 사망했다. 그것은 우리 해군과 국민의 손실이었으며, 나는 개인적인 비통함으로 괴로워했다.

★ ★ ★ ★ ★

아마 독자들도 어느 정도는 짐작하고 있으리라고 믿지만, 나는 해군부와 영국 해군에 대하여 상당히 많이 알고 있는 편이었다. 1911년부터 1915년까지 4년 동안 해군부를 맡아 전쟁에 대비하여 함대를 정비하는 데 힘을 쏟았으며 결정적인 전쟁 초기 10개월 동안 해군을 직접 지휘하는 임무를 맡았는데, 내 생애에 가장 활발할 시기였다. 방대한 양의 구체적 정보를 수집하고 함대와 해전에 관하여 많은 지식을 얻게 되었다. 사임 후에도 해군 문제와 관련하여 연구도 하고 글도 썼다. 하원에서도 그 문제에 대해서 여러 차례에 걸쳐 발언했다. 항상 해군부와 긴밀한 관계를 유지했으며, 그 시절 나는 가장 엄격한 비판자였음에도 불구하고 많은 비밀 사항을 알게 되었다. 나는 방공연구위원회에서 일한 4년 동안의 경험으로 레이더에 관한 최근의 모든 발전상을 알 수 있었는데, 그것이 이제는 해군의 업무에 중대한 영향을 미치게 되었다. 1938년 6월에 당시 해군참모총장이었던 채트필드 경은 직접 포틀랜드의 대잠수함학교를 보여주었고, 잠수함 탐지기를 사용하여 잠수함 발견 훈련을 하고 있는 구축함을 함께 타고 바다로 나가기도 했다. 1938년까지 해군 통제관이었던 고 헨더슨 제독과의 개인적인 친분관계, 그리고 당시 해군부 장관의 권유로 신형 전함과 순양함의 설계에 관하여 채트필드 경과 논의한 경험에 의해서 나는 새로운 군함 건조에 대해서 철저하게 전망할 수 있었다. 발표된 기록에 의해서 우리 함대의 능력, 편성 그리고 구조의 실정과 전망에 대해서도 잘 알고 있었다. 또한 독일, 이탈리아, 일본 해군에 대해서도 마찬가지였다.

★ ★ ★ ★ ★

해군부를 책임지고 전쟁내각 각료가 됨으로써 내가 해야 할 임무의 첫 단계는 나 자신의 전략 전문 팀을 만드는 것이었다. 그러한 목적을 위해서 수년 동안 친구로서 신뢰를 쌓아온 린데만 교수에게 도움을 얻기로 했다. 우리는 전체 구상에 관한 전망과 예측을 함께 해보았다. 오직 실질적인 것에만 관심이 있는 믿을 만한 여섯 명의 통계학자와 경제학자들과 함께 린데만을 해군부에 소속시켰다. 그 유능한 팀은 모든 공식 정보에 접근할 수 있었으며, 린데만의 지도로 우리가 알 수 있는 범위 내에서 전쟁의 전체 상황을 보여주는 도표와 도형을 작성하여 계속 나에게 제공했다. 그들은 전쟁내각에 돌아다니는 모든 부서의 문서를 불굴의 인내로써 조사하고 분석했다. 그리고 내가 제기한 의문에 대한 해답을 찾았다.

당시에는 전반적인 정부 통계 기구가 없었다. 부처마다 각자 고유의 수치와 통계를 근거로 일했다. 공군부의 계산과 육군부의 계산이 달랐다. 조달부와 상무부는 같은 것을 의미하는 데도 다른 용어를 사용했다. 따라서 내각 내부에서 특정한 핵심 내용이 제대로 전달되지 않아 가끔 오해를 빚고 시간을 낭비했다. 그러나 나는 모든 정보는 그것을 만들어낸 분야가 그 나머지 분야와 전체적으로 관련이 있다고 확신했다. 그러한 방식의 접근은 처음에는 전 분야의 일부만 해결할 뿐이었지만, 우리에게 쏟아지는 무수한 정보와 수치에 대해서 정확하고 이해 가능한 견해를 형성하는 데에 무척 유용하게 작용했다.

대규모 전쟁을 예상했던 1914년의 해군 상황과는 전혀 달랐다. 그때 우리 영국은 독일과 비교하여 주력함 16대 10, 순양함 2대 1의 비율로 전쟁을 시작했다. 당시 우리가 동원한 것은 8척의 전함을 가진 8개 전투 함대였는데 각 함대에는 한 개의 순양함대 그리고 각 순양함대에는 한 개의 소함대가 배속되었다. 그리고 별도의 순양함이 덧붙었다. 나는 그 전력으로 우리보다 열세였지만 여전히 강력한 적군 함대와 맞섰던 것이다. 그런데 25년 뒤, 현재 독일 해군은 겨우 재건에 착수했을 뿐이고 전열을 갖출 능력조차 없었다. 독일의 2대 전함 비스마르크와 티르피츠는 둘 다 조약에서 정한 톤수의 제한 범위를 초과하는 것으로 추정되었지만, 완성하려면 최소한 1년은 더 있어야 했다. 경전투순양함 샤른호르스트와 그나이제나우는 1938년에 건조했는데, 불법으로 1만 톤급에서 2만6,000톤급으로 톤수를 늘였다. 그밖에 독일은 아드미랄 그라프 슈페, 아드미랄 쉐어, 도이칠란트와 같은 1만 톤급의 '포켓 전함' 3척, 거기에 1만 톤급 8인치 포 쾌속 순양함 2척, 경순양함 6척, 구축함 60척과 소함정을 보유하고 있었다. 그와 같이 표면적인 규모로서는 우리의 제해권에 대한 도전의 위험은 없었다. 영국 해군이 독일 해군에 비해 전력이나 함정 수에서 압도적 우위에 있다는 사실에 대해서는 의심할 여지가 없었다. 그리고 과학적인 면이나 훈련 또는 기능에서 결함을 추정할 만한 근거는 아무 데서도 발견할 수 없었다. 순양함과 구축함의 부족과는 별도로, 영국 함대는 평상시 높은 수준을 유지하고 있었다. 영국 함대가 직면하고 있는 것은 어떤 적이라기보다는 광대하고 무한한 책임이었다.

이탈리아는 선전포고를 하지 않았다. 무솔리니는 사태를 관망하겠다고 이미 밝힌 바가 있었다. 그러한 불명확한 상황 속에서 우리의 계획이 완성될 때까지 한시적 예방 조치로 선박의 항로를 희망봉을 우회하는 방향으로 전환하는 것이 최선이라고 생각했다. 어쨌든 우리는 독일과 이탈리아를 합친 것보다 더 우세한 해군력을 보유하고 있었고, 강력한 프랑스 함대가 있었다. 프랑스 함대는 다를랑 제독이 뛰어난 능력으로 오랜 기간 지휘하면서 나폴레옹 3세의 제정시대 이래 가장 효율적이고 높은 수준을 보여주었다. 만약 이탈리아가 적대적으로 나온다면, 우리의 첫 번째 전장은 지중해가 될 터였다. 나는 일시적 방편인 경우를 제외한다면, 그 거대한 내해의 중앙은 포기하고 단순히 양쪽 입구만 봉쇄하는 따위의 모든 계획에는 반대했다. 프랑스 해군의 지원과 요새화한 항구가 없어도 영국 해군만으로도 충분히 이탈리아 함대를 몰아낼 수 있었다. 우리는 두 달 또는 그보다 더 짧은 시일 내에 지중해 제해권을 장악해야 했다.

★ ★ ★ ★ ★

「타임스」를 필두로 언론계는 대여섯 명 이내의 무임소 각료로 구성되는 전쟁내각의 기본 구성 원칙을 지지했다. 그러한 구성으로써만이 전시 정책, 특히 광범위한 국면에 대한 폭넓고 조화가 된 의견을 만들 수 있다는 의미였다. 간략히 요약하면, "다른 일은 하지 않고 오직 전쟁만 수행하는 다섯 명"이 이상적이라고 생각했던 것이다. 그러나 그 과정에서 실질적으로 많은 난점이 드러나게 된다. 명목상 지위가 아무리 높다 하더라도 별도로 분리된 일군의 정치가들로서는 중대한 문제가 관련된 대형 부서의 장관인 각료와 교섭하는 데에 어려움이 있을 것이었다. 그러한 문제는 특히 군사 관련 부서의 경우에 현실로 나타난다. 전쟁내각의 각료는 그날그날 벌어지는 일들에 대해서 직접적인 책임을 질 수가 없을 것이다. 그들은 중요한 결정을 할 수도 있고, 사전에 일반적인 조언을 하거나 사후에 평가를 할 수도 있을 것이다. 그러나 모든 문제에 대하여 세부 사항까지 파악하고 있는 전문적인 관료들로부터 업무 지원을 받으면서 집행을 책임지고 있는 구체적 부처,

예를 들면 해군부 장관이나 육군부 또는 공군부 장관에게는 미치지는 못할 것이다. 그들이 일치단결하면 해결하지 못할 일이 없겠지만, 그들 사이에서도 의견은 많이 나뉠 것이다. 대화나 논쟁이 끊임없이 계속되는 동안 전쟁의 격류는 맹렬하게 흘러간다. 따라서 전쟁내각의 각료들도 스스로 사실과 수치를 파악하고 있는 각 부처의 장관과 논쟁하려고 들지 않을 것이다. 그들은 실제 집행이 이루어지는 곳에 부담을 가중시키는 일을 하는 것에는 심적 부담을 느낄 것이다. 따라서 전쟁내각 각료들은 감독관이나 조언자의 역할만 하려는 경향을 띤다. 그들은 매일 엄청난 양의 자료를 읽기는 하지만, 다른 부처에 폐해를 끼치지 않고 도움이 될 수 있도록 그 지식을 활용하는 방안에 대해서는 확신이 없을 것이다. 가끔 부처 사이의 분쟁에서 그들은 중재하거나 타협점을 찾는 것 이상의 역할을 할 수 없을 것이다. 그러므로 외무부 장관과 전쟁 부서의 장관들이 그 최고기관의 구성원이 될 필요가 있었다. 보통 "빅 파이브"에 해당하는 각료 중 일부는 전쟁 수행에 관한 지식이나 적합성 때문이 아니라 정치적 영향력 때문에 발탁된다. 따라서 그 수가 점점 늘어나기 시작하여 처음 설정했던 한계를 훨씬 초과하게 될 것이다. 물론 수상이 국방부 장관을 겸하면 압축적으로 강력해질 것이다. 개인적으로는 내가 장관이었을 때 나는 주변에 무임소 장관들이 있는 것이 싫었다. 나는 상담자를 상대하기보다는 기관의 장을 상대하는 편이 좋았다. 누구나 그날의 일을 충실히 하고 맡은 일에 대한 책임을 져야 한다. 그렇게만 하면 말썽을 일으킬 일도, 분수에 넘는 짓으로 문제를 일으킬 일도 없을 것이다.

체임벌린의 애당초 전쟁내각의 구상은 주변의 압력에 의해서 즉시 확대되었다. 처음에는 외무부 장관 핼리팩스 경, 옥새대신 새뮤얼 호어 경, 재무부 장관 존 사이먼 경, 국방조정부 장관 채트필드 경, 정무장관 핸키 경이 구성원이 되었으나, 곧 군사 관련 부처 장관들이 추가되었는데, 나도 그중

한 사람이었고 육군부 장관 호어 벨리샤와 공군부 장관 킹슬리 우드 경이 그들이었다. 그뿐만이 아니었다. 자치령 장관으로 새로 정부에 참여한 이든, 내무부 장관 겸 안전부 장관 존 앤더슨 경은 전쟁내각의 정식 구성원은 아니었으나 모든 회의에 출석할 필요가 있었다. 그리하여 전쟁내각은 모두 11명으로 이루어졌다.

나는 제쳐두더라도, 다른 각료들은 최근 수년 동안 국가 업무를 다루어왔고 지금 당면한 것과 같은 유형의 외교와 전쟁 문제에 개입했다. 나는 거의 11년 동안 공적인 업무를 맡지 않았다. 그러므로 과거의 일에 대해서나 당시에 드러난 준비 부족에 대해서나 책임이 없었다. 반면에, 나는 6, 7년 동안 줄곧 여러 형태의 불행을 예언해왔는데, 대부분 현실이 되어 나타났다. 그리하여 전쟁 국면에서 전투 수행의 중책을 홀로 떠맡은 영국 해군이라는 막강한 기구를 장악했던 나로서는 아무런 어려움을 느끼지 못했다. 만약 내가 난관에 처했더라면, 수상과 각료들의 선의와 충직한 도움을 받고 해결했을 것이다. 나는 그들 모두를 잘 알고 있었다. 대부분은 볼드윈 내각에서 5년 동안 함께 봉직했고, 의정 생활의 변천 국면에 따라서 때로는 우호적으로 때로는 적대적으로 끊임없이 접촉해왔다. 존 사이먼 경과 나는 구세대 정치를 대표했다. 나는 한때는 벗어나 있었지만, 15년 동안 영국 정부에서 일했고, 사이먼도 그 기간은 나와 거의 비슷했다. 즉 그와 나는 다른 각료들보다 먼저 공직 생활을 시작했다. 나는 제1차 세계대전의 비상 국면에서 해군부와 군수부 장관으로 일했다. 체임벌린은 나보다 몇 살 위였지만, 제1차 세계대전을 정부에서 경험한 구시대 인물은 아마 내가 유일했던 것 같다. 젊은 인물과 참신한 아이디어를 요구하는 것이 자연스러웠고 대세였던 시절에 그러한 나의 경력이 위기 국면에서는 비난의 소지가 될 수도 있었을 것이다. 따라서 나는 현재를 이끌 힘을 지닌 세대 그리고 언제 나타날지 모르는 박력 있는 젊은 거인들과 보조를 맞추기 위해서 최선의 노력을 다할 것이라고 다짐했다. 그렇게 하기 위하여 지식뿐만 아니라 모든 열정과 정신력에 의지하려고 했다.

그러한 목적으로 나는 1914년과 1915년 해군부에 있을 때 불가피하게 실천하지 않을 수 없었던 생활 방식으로 다시 돌아가기로 했다. 당시에 그 방식을 통해서 날마다 일의 능률을 최대한으로 높일 수 있었다. 매일 오후가 되면 가능한 한 이른 시간에 적어도 한 시간 정도 잠을 잤다. 눈을 감으면 즉시 깊은 잠에 빠져들 수 있는 행복한 천성을 최대한으로 이용했다. 그 방식으로 나는 하루 반나절치의 일을 하루치로 만들었다. 자연은 고맙게도 망각이란 이름의 원기 회복 없이 인간이 아침 8시부터 심야까지 일하도록 만들지는 않았다. 망각이란 비록 20분 정도 지속되더라도, 모든 활력을 새롭게 하기에 충분하다. 처음에는 매일 오후에 어린아이처럼 낮잠을 자는 습관을 스스로 못마땅하게 여겼다. 그러나 그렇게 함으로써 새벽 2시 남짓까지, 가끔은 그보다 훨씬 더 늦게까지 일하고 아침 8시에서 9시 사이에 새로운 하루를 시작할 수 있었다. 나는 그 습관을 전쟁 기간 내내 지켰고, 장시간에 걸쳐 열심히 일하지 않으면 안 될 사람들에게도 낮잠을 권했다. 해군참모총장 파운드 제독도 나의 그 기법을 깨닫고 즉시 실천에 옮겼는데, 다만 그는 실제로 드러누워 자지는 않고 안락의자에 앉은 채 잠깐 눈을 붙였다. 그는 그 방법을 더 과감하게 실천하여 내각 회의 중에도 졸았다. 그러나 해군에 관한 말이 한마디만 나와도 바로 깨어나서 완벽하게 움직였다. 항상 열려 있는 그의 귀와 깨어 있는 정신은 무엇 하나 흘려 놓치는 법이 없었다.

★ ★ ★ ★ ★

한동안 우리는 내각 회의실 테이블에 앉아 히틀러의 방식과 오랜 계획에 의해서 한 약소국가가 급속하고 거의 기계적으로 파괴되는 것을 목격하고 있었다. 1,500기가 넘는 최신식 항공기가 폴란드로 날아들었고, 9개의 차량화 기갑사단 모두를 포함한 56개 사단으로 침공군이 구성되었다. 병력의 수나 장비에서 폴란드군은 침략군의 적수가 되지 못했다. 전력 배치도 현명하지 않았다. 폴란드는 국경선을 따라 병력을 전개시켜놓았다. 중앙에는 예비부대도 없었다. 독일의 야심 앞에서 너무 당당하게 맞섰다가는 혹시 부근에 대규모로 집결된 독일군의 즉각적인 동원을 유발하는 결과가 되지 않을까 두려웠던 것이다. 폴란드 현역군의 3분의 2에 해당하는 30개 사단이 맨먼저 타격을 입었다. 사태의 진전 속도와 독일 공군의 맹렬한 폭격 때문에, 궤멸되기 전에 지원군이 도착할 시간이 없었던 것이다. 따라서 모두 마지막 파멸 속으로 말려들고 말았다. 그리하여 폴란드군은 배후에 아무 지원 병력도 없이 주변 전선의 긴 돌출부를 따라 거의 2배에 가까운 독일군과 대치하게 되었다. 폴란드군이 열세였던 것은 병력의 수만이 아니었다. 포병도 훨씬 뒤떨어져 있었고, 이미 유명해지기 시작한 독일 기갑부대 9개 사단에 겨우 1개의 기갑여단이 대항했을 뿐이었다. 12개 여단의 폴란드 기병도 벌떼처럼 공격하는 탱크와 장갑차에 용감히 맞섰지만, 칼과 창으로는 적군에게 상처조차 입힐 수 없었다. 제1선에 배치된 전투기 900기 중 절반은 최신식 모델이었으나 기습을 받아 대부분이 출격하기도 전에 파괴되었다. 이틀만에 폴란드 공군은 사실상 소멸되고 말았다. 1주일도 지나지 않아 독일군은 폴란드 영토 깊숙이 들어갔다. 곳곳에서 저항이 있었지만, 아무 소용이 없었다. 2주일이 지나자 명목상 200만 병력이었던 폴란드 군대는 이미 조직된 병력으로 존재하지 못하는 상태가 되었다.

다음은 소련 차례였다. 그들은 그들이 "민주주의"라고 부르던 것을 행동으로 보여주었다. 9월 17일, 소련군의 대병력이 무방비의 폴란드 동부 국경을 넘더니, 서쪽으로 쇄도했다. 18일에는 브레스트-리토프스크에서 그들의 공모자인 독일군을 만났다. 바로 거기서 제1차 세계대전 때 볼셰비키는 서유럽 동맹국들과 체결한 엄숙한 협약을 파기하고 카이저의 독일제국과 단독강화를 맺은 뒤 그 까다로운 조건에 굴복했다. 그런데 이제 바로 그 브레스트-리토프스크에서 러시아 공산주의자들이 히틀러의 독일군과 웃음을 지으며 악수를 한 것이다. 폴란드 멸망과 폴란드 정복은 빠른 속도로 진행되었다. 거센 파도처럼 일어난 시민들의 바르샤바 저항은 대단한 것이기는 했으나, 고립무원이었다. 연일 계속된 맹렬한 공습과 허술한 서부 전선으로부터 측면의 고속도로를 통과하여 급송된 중화기의 포격이 있은 뒤, 바르샤바 라디오 방송에서는 더 이상 폴란드 국가가 들리지 않았고, 폐허가 된 그 도시에 히틀러가 입성했다. 한 달 사이에 모든 것이 끝나버렸다. 정복과 노예화를 추구했을 뿐만 아니라 대량 학살을 기도한 자들의 무자비한 손아귀 속에 3,500만의 폴란드 국민 전체가 들어가버렸다.

우리는 현대적 전격전(Britzkrieg)의 완벽한 표본을 보았다. 전장에서의 육군과 공군의 긴밀한 협력, 관심 대상의 목표물에 대한 모든 수단을 동원한 맹렬한 포격, 무장한 제5열의 활동, 스파이와 낙하산부대의 자유로운 이용, 그 무엇보다도 저항을 불가능하게 만드는 기갑부대의 돌진 등이 그것이었다. 시련의 주인공은 폴란드인이 마지막이 아니었다.

제18장
해군부의 임무

히틀러의 완벽한 폴란드 공격과 독일에 대한 영국과 프랑스의 선전포고에 이어 숨막히는 휴지 상태가 오랫동안 계속되자 전 세계는 경악 속으로 빠져들었다. 체임벌린은 그의 전기 작가가 공개한 사신에서 그 국면을 "황혼의 전쟁(Twilight War)"이라고 표현했는데, 나는 정곡을 찌르는 멋진 말이라고 생각하여 이 책에서 이 시대를 위한 제목으로 차용했다. 프랑스군은 독일을 공격하지 않았다. 프랑스는 군대 동원을 완료하기는 했으나, 전체 전선을 따라 배치된 프랑스군은 전혀 움직이지 않은 채 지켜보고만 있었다. 독일 공군은 정찰 비행을 제외하고는 영국에 대해서 어떠한 행동도 보이지 않았으며, 프랑스에 대한 공습도 없었다. 프랑스 정부는 우리에게 독일에 대한 공습을 자제해줄 것을 요청했다. 왜냐하면 무방비 상태인 프랑스 군수 공장에 대한 보복 공격을 유발할 수 있기 때문이었다. 우리는 독일의 도의심을 높이기 위하여 팸플릿을 공중에 살포하는 데에 만족하고 있었다. 지상과 하늘에서 전개되고 있던 그 기이한 국면에 모두가 놀랐다. 폴란드가 몇 주일 동안에 총동원된 독일의 무력에 의해서 파괴되고 정복되는 동안 프랑스와 영국은 수수방관하고 있었다. 히틀러로서는 그 어떠한 불만도 있을 수가 없었다.

반면에 바다에서의 전투는 처음부터 아주 격렬했다. 따라서 해군부가 전쟁에서 활동의 중심이 되었다. 9월 3일, 우리 영국 선박들은 정상적으로

으며, 자세한 조사를 위해서 포츠머스로 수송 중이라고 보고했다. 나는 열광적으로 그들을 맞이했다. 해군부에서 가장 큰 방에 80명 내지 100명 정도의 장교와 문관들을 모아 기뢰를 건져올린 이야기를 경청하도록 했다. 우리 모두가 위기에 있다는 것을 통감했다.

해군이 가진 힘과 과학의 모든 것을 응용했다. 그리고 실험과 시험이 실질적인 결과를 낳기 시작하기까지에는 그리 긴 시간이 걸리지 않았다. 우리는 즉시 모든 방면의 작업에 착수했다. 먼저 기뢰에 대응하는 적극적인 대처로는 새로운 방식의 바닷속의 기뢰 제거와 신관 자극, 다음으로 수동적 대처로는 수로에서 아직 제거되지 않았거나 제대로 제거되지 않은 기뢰에 대한 모든 선박들의 가능한 방어책 등을 고안했다. 두 번째 목적을 위하여 선체를 전선으로 감아 자기를 절연시키는 방안이 개발되었다. 그것을 우리는 선체의 자력을 배제시킨다는 의미에서 "디가우싱(degaussing)"이라고 명명하고 모든 종류의 선박에 적용했다. 그러나 심각한 피해는 계속되었다. 11월 21일에는 신형 순양함 벨파스트가 포스 만에서, 12월 4일에는 전함 넬슨이 이위 만으로 들어오는 도중 입구에서 기뢰에 접촉했다. 다행히 두 함선 모두 항구까지는 올 수 있을 정도의 피해였다. 그런데 독일 정보기관이 넬슨 호가 손상을 감추고 수리를 마친 뒤 다시 운항할 때까지 그 사실을 모르고 있었다는 것은 놀라운 사실이었다. 영국에서는 처음부터 수천 명이 그 일을 알고 있을 수밖에 없었다.

경험에 의해서 우리는 새롭고 더 간단한 디가우싱 방법을 곧 찾아냈다. 그 성공으로 얻은 정신적 효과는 아주 컸다. 그러나 적의 공작을 격퇴하는 데에 가장 큰 힘이 된 것은 지뢰 제거반의 충직하고 용감하고 끈질긴 활동과 필요한 용구를 만들어 제공한 전문 기술자들의 집요함이었다. 그때 이후로는, 비록 불안한 시기가 많았지만, 기뢰는 어떤 경우에도 통제가 가능했으며 그 위험성은 점점 더 줄어들게 되었다.

해전의 다른 면을 생각해볼 필요가 있다. 전체 전쟁에 기울이는 노력 중에서 상당한 부분이 기뢰와 벌이는 싸움에 투입되었다. 다른 임무에 편성되었던 방대한 양의 물자와 비용이 전용되었으며, 수천 명의 인원이 목숨을 걸고 밤낮으로 기뢰 제거에 동원되었다. 1944년 6월에는 절정에 이르러, 동원된 인원은 모두 6만 명에 달했다. 그 무엇도 상선 선단의 열정을 꺾어 놓을 수가 없었다. 기뢰 공격과 그에 대응한 우리의 효과적인 대처가 난마처럼 얽히면서 사기가 치솟았다. 그들의 지칠 줄 모르는 노력과 용기가 우리를 구출했다. 해상에서는 더 넓은 영역에 걸쳐 우리의 지위에 도전할 만한 결정적인 일은 일어나지 않았다. 이것이 독일의 공격에 의해서 시작된 1939년 해상 전투에 대한 나의 평가를 덧붙인 두 가지 중요한 충돌에 대한 설명이다.

★ ★ ★ ★ ★

오크니 제도 북방의 길고 엷은 우리의 봉쇄선은 주로 상선을 가장한 무장 순양함의 배치와 군데군데 배치한 함정들에 의해서 이루어졌다. 따라서 항상 독일의 주력함, 특히 가장 빠르고 강력한 두 전투순양함 샤른호르스트와 그나이제나우의 기습적 공격을 감당할 수 있었다. 그러나 우리가 그러한 공격을 할 수 없도록 막을 방법은 없었다. 침략자들이 결정적인 행동을 개시하기를 기다리는 수밖에 없었다.

11월 23일 오후 늦은 시간, 아이슬란드와 페르 제도 사이를 순찰 중이던 상선을 가장한 순양함 라왈핀디 호는 빠른 속도로 접근하는 적의 군함 한 척을 발견했다. 라왈핀디는 그 수상한 적함을 포켓 전함 도이칠란트라고 판단하고 보고했다. 라왈핀디의 함장 케네디 대령은 그런 상황에서 적과의 교전의 결과가 어떠할지 착각에 빠질 인물이 아니었다. 라왈핀디는 여객선을 개조한 것으로, 구식의 6인치 포 4문을 장착하고 있었다. 반면 포켓 전함이라고 생각했던 적함은 11인치 포 6문과 강력한 보조포를 장착하고 있었다. 그러한 열세에도 불구하고 함장은 끝까지 싸우기로 결심했다. 적은 약 10킬로미터 지점에서 사격을 개시했고, 라왈핀디는 응사했다. 그러한 일방적인 싸움이 오래갈 리가 없었지만, 라왈핀디는 포가 전부 사격 불능 상태에 빠지고 선체가 불붙어 난파 상태가 될 때까지 싸웠다. 어둠이 내리고, 라왈핀디는 침몰했다. 함장을 포함하여 용감한 270명의 장병을 잃었다.

실제로 그 적함은 도이칠란트가 아니라 참전 중이던 두 척의 전투순양함 샤른호르스트나 그나이제나우 중의 하나였다. 두 전투순양함은 대서양의 우리 호송선단을 공격하기 위하여 이틀 전에 독일에서 출발했는데, 도중에 라왈핀디를 만나 격침시킨 것이었다. 그러고는 노출을 피하기 위해서 나머지 임무를 포기하고 즉시 독일로 돌아가버렸다. 따라서 라왈핀디 호의 영웅적인 항전은 결코 헛된 것이 아니었다. 부근을 순찰 중이던 순양함 뉴캐슬이 포화의 불꽃을 보고 라왈핀디가 보낸 첫 신호에 응답한 다음 다른 순양함 델리를 불러 함께 도착했을 때에는 이미 라왈핀디가 화염에 휩싸여 타고 있었다. 뉴캐슬은 적함을 추적했는데, 저녁 6시 15분경 어둠과 폭우 속에서 나란히 있는 두 척의 배를 발견할 수 있었다. 그중 한 척이 전투순양함이란 사실을 확인했으나, 그만 어둠 속에서 놓치고 말았다. 적함은 보기 좋게 탈출에 성공했다.

독일의 가장 중요한 그 두 군함과 싸워보겠다는 일념이 모든 관계자들을 사로잡았다. 총사령관은 휘하의 모든 함대를 이끌고 출동했다. 25일 14척의 영국 순양함이 북해에서 구축함, 잠수함과 합동작전을 하고 그리고 전투함대의 도움을 받기 위해서 모였다. 그러나 운명은 역전되었다. 아무것도 보이지 않았으며, 서쪽으로 사라진 적함은 흔적도 없었다. 혹독한 날씨에도 불구하고 열정적인 수색을 7일 동안 계속했는데, 그 결과 샤른호르스트와 그나이제나우가 이미 안전하게 발트 해로 다시 진입했다는 사실을 알았다. 11월 26일 아침에 노르웨이 연안 부근을 순시하던 우리 순양함 부대의 경계선을 뚫고 지나갔다는 사실이 밝혀졌다. 안개가 너무 짙었기 때문에 서로 상대를 볼 수가 없었다. 오늘날의 현대식 레이더였다면 감지했을 테지만, 그때는 불가능했다. 일반 여론의 분위기는 해군부에 불리한 것이었다. 우리는 해군부 밖의 사람들에게 광대한 바다나 그렇게 많은 해역에서 전력을 다하는 해군의 노력을 그대로 눈앞에 보여줄 수가 없었다. 2개월 남짓의 전투와 심각한 손실 뒤에 우리가 보여줄 수 있는 것은 아무것도 없었다. "해군은 뭘 하고 있어?"라는 질문에 여전히 대답할 수가 없었다.

★ ★ ★ ★ ★

우리의 해양 통상에 대한 적의 해상 기습은, 우리가 극복할 수 있었다고 하더라도, 참으로 가공할 만한 것이었다. 베르사유 조약에 의해서 허용된 독일의 포켓 전함 세 척은 깊은 고민 끝에 상선 파괴함으로 설계되었다. 그 군함들은 6문의 11인치 포와 26노트의 속도 그리고 장갑 무장을 교묘한 기술로 1만 톤의 배수량 한계 내에서 압축하여 실현했다. 영국의 어떤 순양함도 단신으로는 대적할 수 없었다. 독일의 8인치 포 순양함은 우리보다 신식이었으며, 그것을 상선 파괴함으로 사용한다면 가공할 만한 위협이 될 것이었다. 거기에다 적은 위장한 중장비 상선을 사용할 수도 있었다. 1914년 엠덴과 쾨니히스베르크의 약탈 행위뿐만 아니라, 그 두 도시를 파괴하기 위하여 30척이 넘는 군함과 무장 상선을 동원할 수밖에 없었던 일이 아직도 우리의 기억에 생생했다.

전쟁이 일어나기 전에 한 척 또는 두 척의 포켓 전함이 이미 독일에서 출항했다는 소문과 첩보가 있었다. 영국 함대는 수색을 했으나 아무것도 발견하지 못했다. 이제야 알게 되었지만, 8월 21일과 24일 사이에 도이칠란트 호와 그라프 슈페 호가 독일을 출발했고, 우리의 봉쇄선과 북방 경비가 제대로 이루어지기 전에 이미 위험 지역을 통과하여 대양에 나와 있었다. 9월 3일에 도이칠란트 호는 덴마크 해협을 지나 그린란드 부근에 숨어 있었다. 그라프 슈페는 눈에 띄지 않게 북대서양 통상로를 가로질러 아조레스 군도 남쪽에 있었다. 두 군함은 각각 연료와 식량을 보급하는 보조선을 거느리고 있었다. 둘 모두 처음에는 어떤 행동도 취하지 않고 대양 속에 자취를 감추었다. 공격하지 않으면 아무 성과도 얻을 수 없었다. 마찬가지로 공격하지 전까지는 아무런 위험도 있을 수 없었다.

9월 30일, 5,000톤 급의 영국 상선 클레멘트 호가 단독으로 항해하던 중 페르남부코 앞 해상에서 그라프 슈페에게 격침되었다. 그 소식에 해군부는 흥분했다. 우리가 기다리고 있던 신호였다. 전함, 전투순양함, 순양함의 호위 속에서 가동 가능한 모든 항공모함들을 동원하여 즉시 여러 팀의 추적 전단을 구성했다. 두 척 또는 그 이상의 함선으로 구성된 각 팀은 포켓 전함을 나포하거나 격침할 수 있는 능력이 있다고 판단되었다.

결국 그 뒤 수개월 동안 두 척의 적선을 수색하기 위하여 모두 23척의 강력한 함정들로 이루어진 9팀의 추적 전단을 편성하게 되었다. 대서양과 인도양에 널리 흩어져 있던 기지에서 활동하던 추적 전단은 영국 선박이 항행하는 주요 수역을 지킬 수 있었다. 우리 상선을 공격하려면 적함은 최소한 그 수역의 한 지점으로 접근하지 않으면 안 되었다.

서북 대서양을 가로지르는 우리의 항행 생명선을 위협한 도이칠란트 호는 자신의 역할을 극히 주의 깊게 해석했다. 두 달 반 동안 항해하면서 도이칠란트는 한번도 호송선단에 접근하지 않았다. 영국 함대와 마주치지 않겠다는 확고한 노력 때문에 도이칠란트는 겨우 두 척의 선박을 격침시켰을 뿐인데, 한 척은 소형 노르웨이 선박이었다. 11월 초가 되어 도이칠란트는 다시 북극해를 통해서 몰래 독일로 돌아갔다. 그러나 우리의 주요 통상로에 그러한 강력한 군함이 존재한다는 사실 자체만으로, 그들이 의도한 대로 북대서양의 우리 호송선단과 추적 전단을 상당하게 긴장시켰다. 실제로 우리 입장에서는 도이칠란트가 보여주는 그 막연한 위협보다 직접 행동을 대하는 편이 나았다.

그라프 슈페 호는 더 과감했으며 위협적이었기 때문에, 즉시 남대서양에서 주목의 대상이 되었다. 그라프 슈페는 어느 지점에 잠깐 나타나서 먹잇감을 노리고는, 다시 대양 속으로 흔적도 없이 사라졌다. 멀리 남쪽의 케이프 항로에 두 번째로 출현하여 한 척의 배를 침몰시키고 거의 한 달 동안 행방이 묘연했다. 그동안 우리 추적 전단은 모든 해역을 폭넓게 찾아다녔으며, 특히 인도양에는 특별 경계령을 내렸다. 실제로 인도양은 그라프 슈페의 목적지였으며, 11월 15일에 마다가스카르 섬과 아프리카 대륙 사이의 모잠비크 해협에서 영국 소형 급유선을 격침했다. 추적 전단을 그쪽 방향으로 이끌기 위해서 그렇게 자신의 존재를 슬쩍 인도양에 드러낸 다음, 특출한 능력의 함장 랑스도르프는 즉시 그라프 슈페를 되돌려 케이프 남쪽을 거쳐 대서양으로 재진입했다. 그러한 동선이 전혀 예상할 수 없었던 것은 아니었다. 그러나 도중에서 나포하려던 우리의 작전은 신속한 후퇴 때문에 좌절되고 말았다. 사실 해군부는 대양에서 배회하고 있는 적함이 한 척인지 두 척인지조차 분명하게 알지 못했으므로, 추적은 인도양과 대서양 양쪽에서 이루어졌다. 우리는 또 슈페를 그 자매함인 셰어로 잘못 알았다. 적의 힘과 우리의 대항 수단 사이의 불균형은 아주 곤혹스러웠다. 그것은 1914년 12월 코로넬 그리고 그 뒤에 포클랜드 제도에서 벌어진 해전 직전의 불안했던 몇 주일을 상기시켰다. 당시 우리는 폰 슈페 제독이 샤른호르스트나 그 나이제나우의 선조를 거느리고 나타나기를 태평양과 남대서양의 일고여덟 군데의 다른 지점에서 기다리고 있었다. 25년이 흘렀지만, 혼란스러운 것은 마찬가지였다. 슈페 호가 케이프-프리타운 항로에 나타나서 12월 2일에 도릭 스타 호를 비롯한 두 척, 7일에 다른 선박 한 척을 격침한 사실을 알고 우리는 막연한 불안에서 벗어나는 느낌이었다.

★ ★ ★ ★ ★

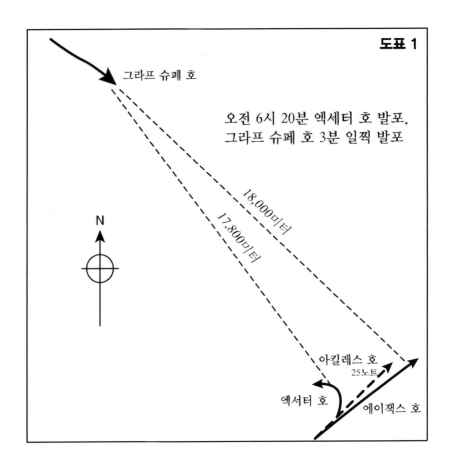

도표 1

그라프 슈페 호

오전 6시 20분 엑세터 호 발포,
그라프 슈페 호 3분 일찍 발포

18,000미터

17,800미터

N

아킬레스 호
25노트

엑서터 호

에이잭스 호

개전 이래로 하우드 함대 사령관의 특별한 임무는 라 플라타 강과 리우데
자네이루 사이의 영국 선박들을 지키는 일이었다. 그는 언젠가 슈페 호가
사냥감이 풍부한 라 플라타 강 쪽으로 오리라고 확신했었다. 그는 슈페와
조우했을 때 취할 전술에 대해서 세심하게 생각하고 있었다. 8인치 포 순양
함 컴버랜드 호와 엑세터 호에 6인치 포 순양함 에이잭스와 아킬레스—
아킬레스는 주로 뉴질랜드 출신이 탑승한 뉴질랜드 순양함이었다—를 합
치면 슈페를 나포는 물론 격침할 수도 있었다. 그러나 연료 보급이나 정비
때문에 바로 "그 날"에 그 4척이 한꺼번에 모일 수 없다면, 결과는 의문이었
다. 12월 2일 도릭스타가 침몰했다는 소식을 들었을 때, 하우드는 자신의

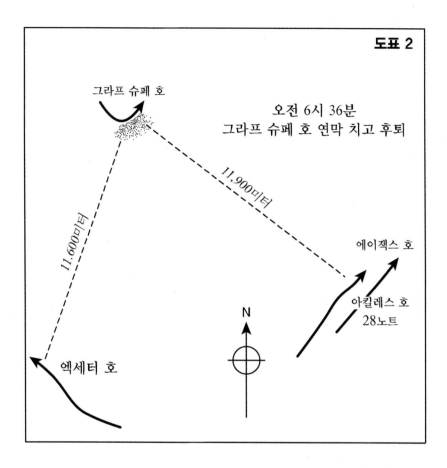

도표 2

그라프 슈페 호

오전 6시 36분
그라프 슈페 호 연막 치고 후퇴

11,900미터

11,600미터

에이잭스 호

아킬레스 호
28노트

N

엑세터 호

판단이 옳다고 생각했다. 5,000킬로미터나 떨어져 있었지만, 하우드는 슈페가 라 플라타로 올 것이라고 추측했다. 그는 어림짐작으로 13일에 슈페가 도착하리라고 예상했다. 그는 모든 전함들에 12월 12일까지 집결하라는 명령을 내렸다. 그런데 곤란하게도 컴벌랜드는 포클랜드 제도에서 정비 중이었다. 엑세터, 에이잭스 그리고 아킬레스는 13일 아침 라 플라타 강 어귀 항로의 중심에 모였다. 과연 오전 6시 14분에 동쪽에서 연기가 보였다. 그렇게 오랫동안 기다려온 충돌이 이루어지게 되었다.

하우드는 에이잭스 선상에서 적함의 사격 방향을 혼란시키기 위해서 다양한 방향에서 공격할 수 있는 전력 배치를 하면서 소함대를 최고 속도로 전진시켰다. 적함의 함장 랑스도르프는 처음에 언뜻 보고 한 척의 경순양함과 두 척의 구축함을 상대하면 될 것으로 판단했고, 그 역시 최대 속도로 앞을 향해서 달렸다. 그러나 바로 얼마 뒤 상대의 전력을 파악하고 목숨을 건 전투를 해야 한다는 사실을 알았다. 적과 아군은 시속 80킬로미터의 속도로 접근하고 있었다. 랑스도르프는 1분 안에 결단을 내려야만 했다. 그는 그들의 11인치 포에 대해서 영국 전함이 처음부터 반격할 수 없도록 가능한 한 오랜 시간 동안 우세한 사정거리를 유지하기 위해서 우측 선회를 해야 했다. 그와 같이 그는 속도를 증감하는 사이에 방해받지 않고 사격할 수 있는 시간을 확보했을 것이다. 그러면 그는 상대가 먼저 발포하기 전에 그 중 한 척을 전투 불능의 상태에 빠뜨릴 수도 있었을 것이다. 그러나 랑스도르프는 그와는 반대로 원래의 항로를 유지하며 엑세터를 향해 전진하기로 결정했다. 따라서 포격은 쌍방이 거의 동시에 시작했다.

하우드 사령관의 전술은 뛰어났다. 엑세터가 8인치 포로 일제 사격을 한 결과 초반에 슈페를 적중시켰다. 그러는 사이에 6인치 포 순양함이 맹렬하고 효과적으로 공격했다. 얼마 뒤 엑세터도 포 한 발을 맞아 B포탑이 부러졌을 뿐만 아니라, 함교의 모든 통신 수단이 파괴되고 그 위에 있던 병사가 모두 전사하거나 부상당하여 일시적으로 완전히 통제 불능 상태에 빠졌다. 그러나 이때에는 6인치 포 순양함을 무시할 수 없는 상황이 되었으므로 슈페는 주포를 그쪽으로 돌리는 바람에 엑세터로서는 결정적 위기를 모면하여 잠시 한숨을 돌릴 수 있었다. 세 방향에서 공격을 당한 독일 전함은 영국의 공격이 가열되자 잠시 후 라 플라타 강으로 갈 의도로 연막을 치고 방향을 틀었다. 랑스도르프로서는 조금 더 일찍 그렇게 하는 편이 나았을 것이다.

그렇게 방향을 돌린 뒤 슈페는 한 차례 더 엑세터와 교전하여 11인치 포탄 세례를 퍼부었다. 엑세터의 전방포는 모두 발사가 불가능한 상태가 되었다. 선체 중앙 부분이 맹렬하게 타오르며 심하게 기울어졌다. 함교가

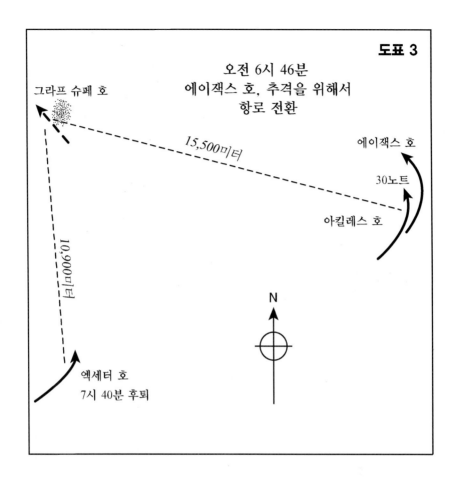

도표 3

오전 6시 46분
에이잭스 호, 추격을 위해서
항로 전환

그라프 슈페 호

15,500미터

에이잭스 호

30노트

아킬레스 호

10,900미터

N

엑세터 호
7시 40분 후퇴

폭발했는데도 상처를 입지 않은 함장 벨은 후부 지휘소에서 주변의 두세 명의 사관을 불러모아 유일하게 남은 포탑이 압력기 고장으로 사용 불능이 되는 7시 30분까지 전투를 계속했다. 그 이상은 불가능했다. 7시 40분에 엑세터는 보수를 위해서 빠져나왔고, 그 뒤로 전투에 가담하지 않았다.

추적 중이던 에이잭스와 아킬레스는 최고의 감투 정신을 발휘하며 전투를 계속했다. 슈페의 모든 주포는 에이잭스와 아킬레스를 겨냥했다. 7시 25분에 에이잭스의 후방 포탑 두 개가 파괴되었고, 아킬레스도 역시 손상을 입었다. 그 2척의 경순양함은 화력에서 적함과 비교가 되지 않았다. 그리고

도표 4

에이잭스 호

아킬레스 호

10,500미터

그라프 슈페 호

N

오전 7시 30분
그라프 슈페 호 연막으로 가려짐
에이잭스 호 적군을 향해 방향 전환
7시 25분 2개의 회전포탑 무력화

포클랜드 제도까지
1,600킬로미터

엑세터 호
7시 40분 후퇴

탄약마저 부족하게 되자 에이잭스에 있던 하우드는 경포를 효과적으로 사용할 수 있고 어뢰까지 이용할 수 있는 밤이 될 때까지 전투를 중단하기로 결정했다. 따라서 연막을 치고 방향을 돌렸는데, 적함은 따라오지 않았다. 그 격전은 1시간 20분 동안 계속되었다. 그 날의 나머지 시간 동안 슈페는 몬테비데오를 향해서 달렸다. 두 영국 순양함은 간헐적으로 번갈아 포탄을 쏘며 끝까지 따라붙었다. 한밤이 지나고 얼마 되지 않아 슈페는 몬테비데오에 들어설 수 있었다. 슈페는 수리를 위해서 정박하고, 보급품을 싣고, 부상자를 상륙시키고, 승무원을 독일 상선에 옮겨 타게 한 다음, 히틀러에게 보고했다. 에이잭스와 아킬레스는 항구 밖에 머물면서 슈페가 나오면 격침하려고 기다리고 있었다. 그러는 동안 14일 밤중에 포클랜드 제도에서 전속력으로 달려온 컴버랜드 호가 완전히 전투력을 잃은 엑세터와 교대했다. 그 8인치 포 순양함의 도착으로 위험한 상태의 전력을 가까스로 보충할 수 있게 되었다.

12월 16일, 함장 랑스도르프는 탈출이 불가능하다는 내용의 전문을 독일 해군부로 보냈다. "라 플라타 강의 수심이 불충분함에도 불구하고 슈페에 구멍을 뚫어 침몰시킬 것인지 억류 상태에 둘 것인지 결정을 요망함."

레더와 요들이 배석한 회의를 주재하면서 히틀러는 이렇게 결정하여 회신했다.

"모든 수단을 동원하여 중립 수역에서 시간을 끌 것.……가능하다면 부에노스아이레스로 탈출하라. 우루과이에서의 억류는 불가. 자침하려면 효과적으로 파괴할 것."

17일 오후 슈페에 승선해 있던 700여 명은 짐과 식량을 들고 항구의 독일 상선으로 옮겨갔다. 얼마 뒤 하우드 사령관은 슈페가 닻을 올리는 것을 알았다. 오후 6시 15분, 수많은 사람들이 쳐다보고 있는 가운데 슈페는 영국 순양함이 노리며 기다리고 있는 바다를 향해 천천히 움직였다. 저녁 8시

있을 때까지 6개월 동안 영국과 프랑스의 참모본부나 양국 정부는 전략적 원칙에 관한 어떠한 새로운 결정도 하지 않았다.

★ ★ ★ ★ ★

겨울과 봄 동안 영국 원정군은 마땅히 해야 할 일에 혼신의 힘을 다했다. 전선을 강화하고, 공격전이 되었건 방어전이 되었건 전투 준비를 하며 보냈다. 최고위 장교로부터 말단에 이르기까지 모두 열심히 해야 할 일을 했으며, 겨울 동안 주어진 기회를 최대한 이용하여 성과를 보았다. "황혼의 전쟁" 마지막에 이르러 영국군의 기량은 훨씬 향상되었다. 그리고 확대되었다. 그러나 전쟁을 앞두고 점검한 결과 드러나게 된 놀라운 결함은 **영국 원정군에는 단 하나의 기갑사단도 없었다는 점**이다. 모든 전차의 요람이라고 할 수 있는 영국은 양차대전 사이에 조만간 전장을 지배할 수 있는 신무기 개발에 너무나 태만했다. 따라서 소규모지만 훌륭한 영국 제1전차여단은 개전 선언 후 8개월이 지난 그 시련의 순간에도 17대의 경전차와 100대의 "보병" 전차만 보유하고 있었을 뿐이었다. 보병 전차 중 23대만 2파운드 포를 장착했고, 나머지는 기관총을 장착하고 있었다. 그리고 수송차량과 경전차를 갖춘 7개의 기마병 연대들과 의용병 연대들은 2개의 경기갑여단으로 편성되는 과정에 있었다.

프랑스 전선의 전개 상황은 만족스럽지 못했다. 전국적으로 징집된 대규모의 병력 내부에서는 프랑스 국민들의 분위기가 육군에 반영되어 있었다. 육군이 국내에 주둔하여서 가깝게 접촉할수록 그 정도는 더 심했다. 1939년에서 1940년 사이의 프랑스는 고양된 사기로, 즉 승리의 확신하에서 전쟁을 전망하지 못했다. 과거 10년 동안의 끊임없는 국내 정치 문제가 분열과 불신을 조장했다. 득세하는 공산주의에 대한 반작용으로 사회의 주요 인사들은 파시즘을 지향했고, 괴벨스의 능란한 정치선전에 귀를 기울이며 온갖 가십과 소문을 만들어냈다. 군부 내에서는 공산주의와 파시즘의 분열 세력이 움직이고 있었다. 몇 개월에 걸친 기나긴 겨울의 대기 시간은 독소가 배양되기에 좋은 기회였다.

군대의 사기를 높이는 데에는 수많은 요소가 작용할 수 있지만, 가장 중요한 것은 인력을 적합하고 흥미 있는 일에 완전히 몰두할 수 있도록 만드는 것이다. 나태는 위험의 온상이다. 겨울 동안 군대 안에서는 해야 할 일이 아주 많았다. 훈련에 항상 주의를 더 기울여야 했고, 경비 태세는 만족스럽지 못하고 불완전하여 마지노 선조차도 많은 부분에 보완 작업이 필요한 상태였으며, 병사들은 신체 조건의 유지를 위해서 체력 훈련을 더 해야 했다. 그럼에도 불구하고 프랑스 전선을 방문하는 사람들은 평온하고 초연한 분위기가 만연해 있음을 느꼈다. 병사들이 하고 있는 일의 내용이 겉으로 보기에도 형편없었고, 눈에 띄는 활동이 부족했기 때문이다. 몇 킬로미터의 폭으로 왕래가 끊이지 않았던 영국군 담당 지역에 비하면, 프랑스군 전선 배후의 텅 빈 도로는 아주 대조적이었다.

겨울 동안 프랑스 육군의 전력은 악화되도록 방치한 것이나 다름없었고, 따라서 전투를 하려면 이듬해 봄보다는 가을에 하는 편이 더 나았을 것이다. 곧 공세에 나서게 될 독일군의 속도와 힘에 놀랄 수밖에 없는 상황이었다. 그 단기간의 군사 행동이 마지막 국면에 이르기까지 숙적 독일에 대항하여 국토를 방위하기 위한 프랑스군의 전력은 정상에 도달하지 못했다. 그러나 그때는 이미 늦었다.

1940년 1월 10일, 서부 전선에 대한 우려가 사실로 확인되었다. 독일 공군 제7사단 참모부의 소령 한 명이 쾰른 사령부에 문서를 전달하라는 명령을 받았다. 그는 기차를 놓치자 비행기를 타고 가기로 했다. 그런데 비행기가 착륙 지점을 벗어나는 바람에 어쩔 수 없이 벨기에에 내리게 되었다. 벨기에 병사들이 그를 체포했고, 필사적으로 파기하려고 했던 문서도 압수했다. 그 문서에는 히틀러의 결정에 따른 독일군의 벨기에, 네덜란드 그리고 프랑스에 대한 전체적이고 구체적인 침공 계획이 기록되어 있었다. 얼마 지나지 않아 독일 공군 소령은 자기 상관에게 사태를 설명할 수 있도록 석방되었다. 당시에 나는 그 모든 일에 관해서 들었는데, 벨기에군이 왜 우리와 의논할 생각을 하지 않았는지 도저히 상상조차 할 수 없었다. 그러나 벨기에 측은 아무것도 하지 않았다. 그 문서에 언급된 세 나라에서는 어쩌면 독일 공군 소령이 붙잡힌 것이 속임수일지 모른다는 논란이 일었다. 그러나 그럴 가능성은 없었다. 가까운 시일 내에 독일이 벨기에를 공격할 것이라고 벨기에가 믿도록 만들어야겠다는 생각을 어떻게 독일이 할 수가 있었겠는가. 그랬더라면 독일이 원하던 바로 그 마지막 한 가지에 대비하도록, 즉 벨기에로 하여금 프랑스와 영국 양군과 함께 어느 날 비밀리에 재빨리 행동에 나설 계획을 세우도록 만들 수 있었을 것이다. 따라서 나는 독일의 공격이 임박했다고 확신했다.

우리는 벨기에에 항의했다. 그러나 벨기에 국왕과 군 참모부는 사태가 호전되기를 마냥 기다릴 뿐이었다. 독일 공군 소령이 소지했던 문서의 내용에도 불구하고, 연합국이나 공격의 대상으로 위협받고 있던 어느 국가도 아무런 행동을 보이지 않았다. 반면에 우리가 알고 있기로 히틀러는 괴링을 불러 빼앗긴 문서의 내용이 침공에 관한 전체 계획이라는 사실을 듣고는 한바탕 화를 낸 다음, 다른 계획을 수립하라는 지시를 했다. 물론 전쟁 발발 이전의 5년 동안 영국과 프랑스가 조약의 의무 범위 내에서 그리고 국제연맹이 승인하는 조건에서 당당하고 단호한 정책을 취했더라면, 벨기에는 옛 연합국들과 손을 잡고 공동 전선을 형성했을지 모른다. 그러한 연합이 적절한 형식으로 결성되었더라면, 벨기에 국경을 따라 해안에 이르는 방벽을 세워, 1914년 우리 영국군을 파멸 직전까지 몰고 갔을 뿐만 아니라 1940년 프랑스군을 궤멸하는 데에 일역을 담당한 독일군의 그 가공할 우회 작전을 저지할 수 있었을 것이다. 최악의 경우라고 하더라도, 벨기에는 실제로 당한 것보다 더 고통스러운 비운을 당하지는 않았을 것이다. 지난 일들을 생각해보자. 미국의 초연한 태도, 램지 맥도널드의 프랑스 군비 축소 캠페인, 조약의 군비 축소 조항을 다양한 형태로 침해한 독일의 위반 행위와 관련하여 우리가 감수해야 했던 상대방의 거부 행위와 우리 자신의 굴욕, 독일의 라인란트 진주라는 폭거에 대한 굴복, 독일의 오스트리아 합병에 대한 묵인, 뮌헨 협정과 독일의 프라하 점령에 대한 승인—그 모든 일을 돌이켜볼 때, 당시 영국과 프랑스에서 국가 활동에 대해서 책임을 지고 있던 그 어느 누구도 벨기에의 태도를 비난할 권리는 없었다. 우유부단하게 유화적인 태도를 취하면서 벨기에는 중립을 고수했다. 그리고 영국과 프랑스 육군이 구하러 올 때까지 독일 침략군을 요새화한 벨기에 국경선에서 저지할 수 있을 것이라는 믿음 하나를 헛되이 위안으로 삼고 있었다.

제20장

스칸디나비아 반도와 핀란드

발트 해 입구에서부터 북극권까지 뻗어 있는 1,600킬로미터의 반도는 전략적으로 무한한 가치가 있었다. 노르웨이의 산맥은 점점이 계속되는 술장식 모양의 섬들로 바다에 이어졌다. 그 섬들과 본토 사이에 노르웨이 영해에 속하는 긴 회랑이 있었고, 그곳을 통하여 독일이 외해로 진출할 수 있었다는 것은 우리의 해상 봉쇄에 심각한 타격이었다. 독일의 군수산업은 주로 스웨덴에서 공급되는 철광석을 기초로 했는데, 여름철에는 보트니아 만 끝 부분의 스웨덴 항구 룰레오에서 실어 날랐으며, 그 항구가 얼어붙는 겨울철에는 노르웨이 서해안의 나르비크에서 실어 날랐다. 바로 그 통행이 보장된 수로를 "통로(Leads)"라고 불렀는데, "통로"를 존중하는 것은 우세한 우리 영국 해군력의 눈앞에서 중립국이라는 방패의 보호를 받는 모든 해상교통을 허용하는 결과가 되었다. 해군참모본부는 독일에 제공된 그 중요한 이점 때문에 당혹해 하고 있었기 때문에, 나는 일찌감치 그 문제를 내각에서 제기했다.

나의 제안에 대한 첫 반응은 호의적이었다. 동료들은 모두 독일의 악행에 대하여 깊은 충격을 받았다. 그렇지만 약소국의 중립성을 당연히 존중해야 한다는 것은 우리 모두가 고수해야 하는 행동의 원칙이었다. 9월에 동료들의 권유에 따라서 해군부에서 그 문제에 관하여 상세하게 검토하게 한 뒤, 나는 그 문제에 직결된 중립국의 용선 톤수 규제에 대해서 각료회의에 제출

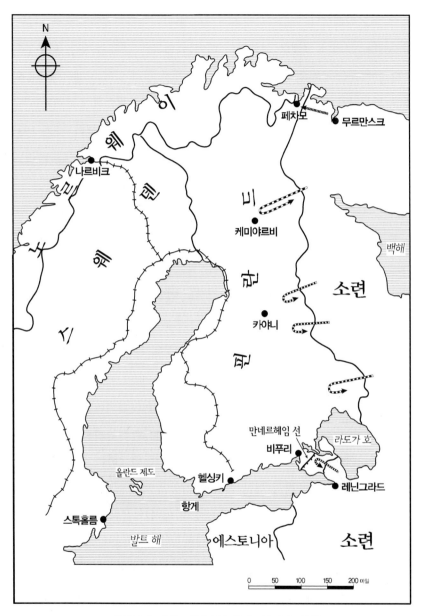

핀란드에 대한 러시아의 공격, 1939년 12월

할 초안을 작성했다. 거듭 그 내용의 필요성에 대해서는 원칙적으로 의견이 일치했다. 그러나 그것을 실행하는 데에는 동의를 얻지 못했다. 외무부의 중립국에 관한 주장의 논거에는 상당히 무게가 실려 있었기 때문에, 내 의견은 통하지가 않았다. 나중에 알게 되었듯이, 나는 계속해서 기회가 있을 때마다 수단과 방법을 가리지 않고 내 주장의 요점을 강조했다. 내가 1939년 9월에 요청한 제안에 대한 결정은 1940년 4월에야 이루어졌다. 그러나 그때는 이미 늦었다.

지금 우리가 알고 있는 바와 같이, 거의 같은 시기에 독일도 동일한 방향으로 눈을 돌리고 있었다. 10월 3일, 독일 해군 최고사령관 레더 제독은 "노르웨이 기지 확보에 관한 계획"이란 제목의 제안서를 히틀러에게 제출했다. 그 문서에서 레더는 이렇게 지적하고 있었다. "작전 기지를 북방으로 확장할 수 있는 가능성에 대한 해군 최고사령부의 의견을 가능한 빠른 시일 내에 총통께 보고할 것. 우리의 전략상, 작전상의 유리한 지위 확보를 목적으로 독소 양국의 압력에 의해서 노르웨이에 기지를 획득할 수 있는지를 확인할 것." 레더는 일련의 각서를 작성하여 10월 10일 히틀러에게 제출했다. "이들 각서에서 나는 영국이 노르웨이를 점령할 경우 우리가 감당해야만 할 불리한 점을 강조하고자 합니다. 발트 해로 진출하는 접근로를 영국이 지배하게 되면, 우리의 해군 작전과 영국에 대한 공습이 측면 공격을 당할 수 있고, 스웨덴에 대한 우리의 영향력 행사가 끝나게 됩니다. 그리고 우리가 노르웨이 해안을 점령할 경우 얻을 수 있는 이점을 강조합니다. 북대서양 쪽의 출구를 확보할 수 있고, 1917년에서 1918년 사이에 그러했던 것처럼 영국이 다시 기뢰를 부설할 가능성이 없어질 것입니다."

나치 당의 외교 전문가로 해외 선전 활동을 위한 특별 부서를 맡았던 로젠베르크는 레더 제독의 의견에 찬동했다. 그의 꿈은 "독일의 자연스러운 리더십 아래에서 북방 민족을 포용하는 북구 공동체의 이상적인 구상에 따라서 스칸디나비아 반도를 바꾸어놓는 것"이었다. 1939년 초에 로젠베르크는 노르웨이의 극단적 국가주의 정당을 하나의 도구로 삼을 수 있겠다고 생각했다. 그 정당은 노르웨이 육군부 장관을 지낸 비드쿤 퀴슬링이 이끌었다. 접촉이 이루어져 키슬링의 활동은 로젠베르크의 조직과 오슬로 주재 독일 해군 무관을 통해서 독일 해군참모본부의 계획에 연결되었다. 퀴슬링과 그의 보좌관 하겔린은 12월 14일 베를린으로 갔다. 레더가 그들을 히틀러 앞으로 데려갔고, 노르웨이에서 정변을 일으키는 문제에 관하여 의견을 나누었다. 퀴슬링은 세부 계획을 가지고 있었다. 보안 유지에 조심성이 많은 히틀러는 자신이 책임져야 할 일이 늘어나는 것을 꺼려하는 척하면서 스칸디나비아는 그대로 중립 상태로 있는 편을 원한다고 했다. 그럼에도 불구하고, 레더에 의하면, 히틀러가 최고사령부에 노르웨이 작전 준비를 지시한 것은 바로 그날이었다.

그 모든 사실에 대하여 우리는 아무것도 모르고 있었다.

★ ★ ★ ★ ★

그 사이에 스칸디나비아 반도는 예상하지 않았던 각축의 장이 되었고, 영국과 프랑스에서 강렬한 감정적 반응을 불러일으켰을 뿐만 아니라 노르웨이에 관한 논란에 큰 영향을 미치게 되었다. 스탈린이 에스토니아, 라트비아 그리고 리투아니아와 체결한 "상호 원조 조약"은 이미 소련의 3국에 대한 점령의 구실이 되었으며, 3국을 파멸로 몰아넣었다. 따라서 소련의 붉은 군대 육군과 공군은 서쪽에서 소련으로 진입할 수 있는 길을 완전히 봉쇄했고, 적어도 발트 해 항로까지 그 영향을 미치게 되었다. 핀란드를 거쳐 진입할 수 있는 길만 남게 된 것이다.

1921년에 소련과 체결한 평화 조약에 서명한 핀란드 정치인 중의 한 사람인 파시키비가 10월 초에 모스크바로 갔다. 소련의 요구는 폭압적인 것이었다. 레닌그라드를 적의 포 사정거리 바깥에 두기 위하여 카렐리아 지협의 핀란드 국경선을 현격하게 뒤로 후퇴시켜야 한다는 것이었다. 핀란드 만의 섬들의 할양, 북극해의 핀란드 유일의 부동항 페차모의 조차, 그리고 무엇보다 러시아 해군과 공군의 기지로 사용하기 위한 핀란드 만 입구의 항코 항에 대한 조차를 요구했다. 핀란드는 항코 항에 관한 요구를 제외하고는 양보할 각오를 하고 있었다. 핀란드 만의 요충지가 소련의 손에 들어가면, 핀란드의 전략적, 국가적 안전은 사라져버리는 것을 의미했다. 11월 13일에 협상은 결렬되었고, 핀란드 정부는 군사 동원령을 내렸다. 11월 28일, 몰로토프가 핀란드와 소련 사이에 체결했던 상호불가침 조약의 파기를 선언했다. 그리고 이틀 뒤 소련군은 1,600킬로미터의 핀란드 국경선의 8개 지점을 공격했고, 그날 아침에 소련 공군은 수도인 헬싱키를 폭격했다.

소련군의 주력은 처음에 카렐리아 지협의 핀란드 방어선을 공격했다. 그 곳은 남북으로 숲 지대를 통과하는 30킬로미터 가량은 족히 되는 요새화 지역으로 눈에 깊이 파묻혀 있었다. 그 방어선은 핀란드군 총사령관이었으며 1917년 핀란드를 볼셰비키로부터 구했던 장군의 이름을 따서 "만네르헤임 선"이라고 불렀다. 거대한 강국 소련의 작고 활기찬 고도의 문명국에 대한 무조건적인 공격을 보고 영국과 프랑스 그리고 특히 미국에서 격노의 감정이 들끓었다. 그러나 그것은 바로 경이와 안도의 감정으로 바뀌었다. 초반 몇 주일 동안의 공격에서 소련군은 아무런 성공도 거두지 못했다. 핀란드군은 전체 병력이 20만 명가량이었는데 정말 잘 싸웠다. 소련군 탱크 앞을 막아선 것은 핀란드군의 대담성과 얼마 뒤 "몰로토프 칵테일(Molotov Cocktail)"이란 별명을 얻게 되는 신형 수류탄이었다.

소련 정부로서는 쉽게 승리하리라고 예상했던 것 같았다. 소련이 헬싱키를 비롯하여 몇몇 지역에 대한 초기 공습은 큰 규모는 아니었지만, 공포를 불러일으킬 것이라고 기대했다. 그러나 초반의 소련군은 병력 수에서는 막강했으나, 질적 수준이 떨어졌고 훈련도 제대로 되어 있지 않은 상태였다.

소련군의 공습과 침공을 받은 핀란드 국민은 일치단결하여 불굴의 투지와 최상의 전투력으로 대항했다. 핀란드군의 "허리" 공격은 침략군에게 큰 타격을 입혔다. 그 지방은 거의 대부분 소나무로 뒤덮인 완만한 구릉이었는데, 마침 그때 30센티미터 정도의 눈이 쌓여 있었다. 추위는 아주 지독했다. 핀란드군은 스키와 방한복을 비롯하여 장비를 잘 갖추었지만, 소련군은 그렇지 못했다. 게다가 핀란드 군인은 한 사람 한 사람이 모두 용감한 전사였으며, 정찰과 숲 속 전투에 아주 능했다. 소련군은 병력의 수와 중화기에 의존했으나, 효과가 없었다. 핀란드 국경 방어군은 전선의 도로를 따라 서서히 후퇴했고, 소련군은 긴 행렬을 이루며 추적했다. 소련군이 국경을 넘어 50킬로미터 정도 들어온 순간 핀란드군이 공격을 개시했다. 전면에서는 숲 속에 설치한 방어선에 의해서 저지당했고, 측면에서는 밤낮으로 맹렬한 공격을 받았으며, 후방에서는 교통이 완전히 두절되어버렸다. 따라서 소련군의 긴 행렬은 여러 토막으로 끊겼으며, 그렇지 않고 운이 좋은 경우에는 큰 손실을 입고 오던 길로 되돌아갔다. 12월 말까지 핀란드의 측면을 돌파하려던 소련의 계획은 무산되고 말았다.

그동안 카렐리아 지협의 만네르헤임 방어선에 대한 독일의 공격도 제대로 되지 않았다. 12월 초에 거의 12개 사단이 동원되어 연이어 대규모 공격을 했고, 그런 공격을 한 달 내내 계속했다. 그해 연말까지 모든 전선에서 실패한 결과, 소련 정부는 상대가 예상했던 것과 다르다는 사실을 깨달았다. 소련은 대공세를 펼치기로 결정했다. 그것은 광범위한 준비를 필요로 했다. 12월 말부터 핀란드 전선은 조용해졌으며, 그러한 현상은 핀란드를 막강한 침략자를 물리친 승리자로 만들었다. 그 놀라운 사건은 교전국이든 중립국이든 구분 없이 전 세계 모든 국가들을 기쁘게 했다. 소련 군대로서는 아주 나쁜 광고를 한 셈이었다. 영국에서는 많은 사람들이 애써 소련을 우리 편으로 끌어들이지 않은 것을 다행으로 여겨 자축했고, 그러한 선견지명에 의기양양해했다. 소련 육군은 숙청으로 황폐해졌으며 소련 정부와 사회 조직의 고질적인 부패와 타락이 이제 실증된 것이라는 성급한 결론이 내려지기도 했다. 그런 생각은 영국에서만 일어난 것이 아니었다. 히틀러와 그의 장군들은 핀란드에서 적나라하게 드러난 소련의 진면목에 대해서 깊이 생각했으며, 그것이 히틀러의 사고에 상당히 영향을 미치게 되었다는 사실은 의심의 여지가 없었다.

리벤트로프-몰로토프 협약 때문에 소련 정부에 대하여 품고 있던 모든 분노의 감정이 바로 그 무렵의 야만적인 도발과 침략 행위로 인하여 바람 속의 불꽃처럼 타올랐다. 그런 현상과 함께 소련 군대가 드러낸 무능함에 대한 조소와 핀란드 국민의 용맹성에 대한 열광이 한데 뒤섞여 나왔다. 이미 시작된 세계대전이었음에도 불구하고, 항공기와 기타 고가의 전쟁 물자는 물론이고 영국, 미국 특히 프랑스로부터 지원군을 파견하여 돕겠다는 강렬한 염원이 있었다. 군수품 보급이나 지원군 파견을 위해서 핀란드로 갈 수 있는 길은 오직 하나였다. 철도로 산을 넘으면 스웨덴 철광산에 이르게 되는 나르비크 철광석 반출 항구는 이제 전략적 가치가 아니라 새롭게 감정적인 의미를 지니게 되었다. 핀란드를 위한 보급선으로 나르비크 항을 이용하는 것은 노르웨이와 스웨덴의 중립성에 영향을 미쳤다. 두 나라는 독일과 소련을 모두 두려워했으며, 자신들을 위협하고 있으면서 언제 삼켜 버릴지 모르는 전쟁에서 벗어나려는 목적 외에는 아무것도 없었다. 그 두 국가로서는 그것만이 살아남는 길이었다. 그러나 독일과의 관계에서 우위를 확보하기 위하여 "통로"에 기뢰를 부설하는 방식으로 노르웨이 영해를 기술적으로 침범하는 행위조차 꺼려했던 영국 정부가 자신의 전쟁과는 직접 관련도 없는 노르웨이와 스웨덴 양국에 대하여 핀란드에 병력과 물자를 수송을 위한 자유 통행이라는 훨씬 더 큰 요구를 하기에 이른 것이었다.

나는 핀란드 국민에 대한 깊은 연민의 정을 느끼고 있었고, 따라서 핀란드 원조에 대한 모든 제안을 지지했다. 그리고 독일에는 아주 중요할 수밖에 없는 철광석 공급선을 끊게 되는 큰 전략적 이점을 성취할 수 있는 수단으로서 그 새롭고 반가운 시도를 환영했다. 만약 나르비크가 핀란드에 대한 연합국 보급 기지가 된다면, 독일 선박이 항구에서 철광석을 적재하고 "통로"를 따라 안전하게 독일까지 항해하는 것을 확실히 저지할 수 있을 터였다. 노르웨이와 스웨덴의 항의를 이유가 무엇이 되었든지 일단 눌러놓기만 한다면, 그들의 이익보다 더 큰 대단한 조치를 할 수 있었다. 따라서 12월 16일, 나는 "통로"에 기뢰를 부설하는 단순하고 피 한 방울 흘릴 필요가 없는 작전에 대한 승인을 얻기 위하여 다시 노력했다.

나의 제안은 12월 22일 의회에서 심의되었다. 나는 최선을 다하여 호소했다. 그렇지만 행동을 위한 어떠한 결정도 얻어내지 못했다. 노르웨이 영해가 독일에 의해서 남용되어서는 안 된다는 외교적 항의를 노르웨이에 제출할 수 있다는 것뿐이었다. 그리고 3군 참모총장들에게 스칸디나비아 지상에서 가능한 행동의 군사적 중요성을 고려하라는 이야기를 했다. "핀란드를 위한 지원군의 나르비크 상륙 작전과 독일군의 노르웨이 남부 점령의 가능성에 대비한 작전 계획 수립"의 권한을 3군 참모총장들에게 부여했다. 그러나 해군부에는 어떤 행정 명령도 내려지지 않았다. 12월 21일 회람한 문서에 나는 노르웨이에 대한 소련의 의도에 관한 가능성을 분석한 정보를 요약하여 기재했다. 소련이 무르만스크에 3개 사단을 집결하여 해상 원정을 준비하고 있다는 보고였다. 나의 결론은 이러했다. "아마도 그 지역이 초기 행동의 무대가 될 것이다." 그 결론은 적중했다. 그러나 방향이 달랐다.

★ ★ ★ ★ ★

나는 오랫동안 슈페 호의 보조함이었던 알트마르크 호의 나포에 관심이 있었다. 알트마르크는 격침된 우리 상선 승무원들의 해상 감옥으로 사용되

제21장

노르웨이

다시 이야기를 시작하기 전에, 1940년 4월에 생긴 내 지위의 변화에 대하여 설명해야겠다.

국방조정부 장관이라는 채트필드 경의 직책은 중복적인 것이었고, 그가 스스로 제출한 사표를 체임벌린은 4월 3일에 수리했다. 다음날인 4일, 수상관저에서는 그 공석을 채울 계획은 없고 대신 군부 관련 각료 중 연장자인 해군부 장관을 군사조정위원회(Militarary Co-ordination Committee)의 위원장으로 하는 절차가 진행 중이라는 성명을 발표했다. 따라서 나는 그 자리에 앉았으며, 4월 8일부터 15일까지 매일, 가끔은 하루에 두 차례 위원회를 열었다. 나는 예외적으로 광범위한 책임을 짊어지게 되었으나, 실질적인 지휘권은 없었다. 전쟁내각의 구성원이었던 군부 장관들 사이에서는 내가 "동일 직급 중 서열이 첫 번째"였다. 그러나 나에게는 결정을 하거나 집행할 수 있는 힘이 없었다. 따라서 군부 각료들과 직업군인의 수뇌부를 모두 내 편으로 만들어야 했다. 그리하여 나는 중요하고 유능한 여러 인물이 막 시작된 전쟁 — 실제로 그것은 전투였다 — 의 급변하는 국면에 관하여 각자의 견해를 표현할 권리와 의무를 가지게 했다.

3군 참모총장들은 각각 매일 자신들의 장관들과 전반적 상황에 대해서 토의한 뒤 함께 회합했다. 그 자리에서는 그들만의 결정이 이루어졌는데, 아주 중요한 결정들이었다. 나는 그 내용에 대해서 나에게 아무것도 숨기지 않는 해군참모총장으로부터 전해 듣거나 3군 참모총장위원회가 작성하는 각종 비망록이나 각서를 보고 알 수 있었다. 그러한 결정에 대해서 질문할 사항이 있는 경우 물론 나는 우선 조정위원회에 문제를 넘길 수 있었다. 조정위원회에는 군부 각료 전원과 3군 참모총장들이 위원으로 참석했는데, 3군 참모총장들은 함께 일하는 군부 각료들의 지지를 받았다. 정중한 대화를 충분히 나눈 뒤 참석한 서기가 깔끔하게 보고서를 작성하고, 그 내용을 확인하기 위하여 3군이 각각 검토했다. 그렇게 하여 우리는 모든 사람들이 협의한 후에 도출한 최고의 공동 견해에 의해서 최대 다수의 최대 이익을 위해서 온갖 문제를 해결하는 안정적이고 행복한 수준에 다다랐다. 그러나 그와 같은 종류의 전쟁에서는 상황이 다르다고 느꼈다. 서글프게도 나는 이 말을 하지 않을 수 없다. 실제의 전쟁에서는 곤봉이나 쇠망치 또는 그보다 더 효과적인 수단으로 상대방의 안면을 강타하는 악한이 되지 않으면 안 된다. 그러나 그 모든 것은 유감스러운 일이다. 그것은 전쟁을 회피해야 한다는 좋은 이유 중의 하나이기도 하며, 소수의 의견을 충분히 고려하고 반대파의 견해를 충실히 기록해가며 모든 문제를 사이좋게 협의하여 결정해야 하는 이유가 되기도 한다.

전쟁내각의 국방위원회(Defence Committee)는 군사조정위원회와 3군 참모총장들의 보고를 토의하기 위해서 거의 매일 회의를 가졌다. 그 보고의 결론이나 의견의 차이는 자주 수시로 열리는 각료회의에 상정되었다. 모든 것을 한 번 설명한 뒤 다시 되풀이하여 설명하지 않으면 안 되었다. 그러한 과정이 끝나고 나면 전체 국면은 종종 바뀌었다. 전시에 필연적으로 전투 최고사령부가 될 수밖에 없는 해군부에서는 함대에 관한 사항은 즉시 결정했으며, 가장 중대한 경우에만 수상의 결재를 받았다. 그러한 경우 항상 수상은 해군부의 의견을 지지했다. 다른 군부의 행동이 관련되어 있는 경우 사태의 진전에 따라서 일의 진행이 이루어지지 않았다. 그러나 노르웨이 작전의 초기에 사건의 성질상 실행에 관한 권한의 4분의 3은 해군부의 손에 있었다.

나에게 주어진 권한이 어떠했든, 나는 우리가 당면한 문제에 관하여 내가 더 나은 결정을 하거나 해결책을 제시할 수 있었다고 말하지는 않겠다. 지금부터 말하려는 사태의 충격이 너무나 강력했고 정세는 극히 혼란스러웠기 때문에, 나는 수상의 권위만이 군사조정위원회를 통제할 수 있다는 사실을 알게 되었다. 따라서 4월 15일에 나는 체임벌린에게 군사조정위원회를 맡아달라는 요청을 했고, 그는 노르웨이 작전 동안 계속된 모든 회의를 주재했다. 그와 나는 긴밀한 관계에서 합의했고, 그는 내가 표명한 의견에 그가 지닌 최고의 권위를 부여했다.

관련된 당사자들이 모두 충성과 선의를 다했다. 그럼에도 불구하고 수상과 나는 우리 제도가 체계를 제대로 갖추고 있지 못하며, 특히 돌발 사태를 맞았을 경우 더 그렇다는 사실을 통감했다. 당시 해군부는 불가피하게 중심축이 될 수밖에 없었지만, 군부 각료 중 한 사람이 해군부의 전체 업무를 처리하고 해군의 행동에 대한 책임을 부담하면서 동시에 다른 군부의 모든 작전을 조정해야 하는 이 새로운 기구에 대해서는 명백히 반대가 있을 수밖에 없었다. 그러한 불만은 수상이 직접 군사조정위원회 위원장을 맡고 해군장관인 나를 지지하는 것만으로는 제거되지 않았다. 그러나 방법의 결함으로 또는 냉정한 운영의 결과로 불행한 사태가 연이어 거의 매일 속출하는 가운데, 유연하며 친숙하기는 그러나 구심점이 없는 그 구조 속에서 나는 나의 지위를 계속 유지했다.

결국 나는 3군참모총장위원회를 소집하고 주재할 권한을 부여받게 되었는데, 스칸디나비아에서 우리가 많은 재난을 당하기 전이었다. 3군참모총장위원회의 구성원들이 참석하지 않으면 아무것도 할 수가 없었는데, 나는 공식적으로 그들을 "지도하고 명령하는" 책임을 맡았다. 참모본부의 책임자인 선임 참모 헤이스팅스 이즈메이 장군이 내 밑에 배치되어 **참모이자 대리인 역할**을 맡았으며, 그 자격으로 3군참모총장위원회의 구성원이 되었다. 나는 이즈메이와 오랫동안 알고 지냈으나, 그때야 처음으로 친밀한 관계가, 아니 그 이상의 가까운 사이가 되었다. 그와 같이 3군 참모총장들은 그러한 자격으로 나에게 대하여 광범위한 책임을 졌고, 나는 수상을 대리하여 그들의 결정과 정책에 명목상 영향을 미칠 수 있었다. 그런 한편, 그들이 자신이 속한 각 군부의 장관에게 더 충성할 것이라는 사실은 당연한 일이며, 각 군부의 장관이 자신의 권한 일부를 다른 동료 각료들에게 양도하는 것에 대하여 어느 정도 불만을 느끼지 않는다면, 그들은 인간이 아닐 것이다. 게다가 군사조정위원회를 **대표하여** 모든 책임은 나에게 있다는 것이 문서에 명시되어 있었다. 나는 중요한 일을 수행할 실권은 없으면서도 막대한 책임만 부담하게 되었던 것이다. 그럼에도 불구하고 나는 그 새로운 기구가 제대로 작동할 수 있도록 운영할 수 있으리라고 생각했다. 그 기구의 운명은 오직 일주일 동안 지속될 수 있었다. 그러나 나와 이즈메이 장군과의 사적이고 공적인 관계 그리고 그와 3군참모총장위원회와의 관계는 1940년 5월 1일부터 내가 관직에서 떠나게 되는 1945년 6월 26일까지 깨어지거나 약화되지 않고 계속 유지되었다.

★ ★ ★ ★ ★

4월 5일 금요일 저녁, 오슬로 주재 독일 공사가 각료들을 포함한 주요 인사들을 공사관 영화 상영회에 초대했다. 영화는 독일의 폴란드 정복을 다룬 내용이었는데, 독일군이 바르샤바를 폭격할 때의 강렬한 공포 장면에서 그 절정을 이루었다. 그때 자막은 "이에 대하여 폴란드인은 영국과 프랑스 친구들에게 감사해도 좋다"였다. 모임은 침묵과 당혹감 속에서 끝났다. 그러나 노르웨이 정부의 주된 관심은 영국의 행동에 있었다. 4월 8일 오전 4시 30분에서 5시 사이에 네 척의 영국 구축함은 나르비크 항으로 통하는 할로 웨스트 피오르 입구에 기뢰 밭을 설치했다. 오전 5시에 런던에서 그 뉴스를 보도했고, 5시 30분에 영국 정부가 노르웨이 외무부 장관에게 통지문을 보냈다. 오슬로에서는 런던으로 보낼 항의문을 작성하며 그날 아침을 보냈다. 그러나 오후 늦게 우리 해군부는, 런던 주재 노르웨이 공사관에 독일 군함들이 노르웨이 연안을 따라 북상하고 있는 것이 관측되었는데, 나르비크를 향해 항행하는 것 같다는 정보를 전했다. 거의 같은 시간에 독일군 수송선 리우데자네이루가 노르웨이 남부 해안에서 폴란드 잠수함 오르첼호에 의해서 격침되었다는 것과 그 배에 타고 있던 수많은 독일 군인들을 그 지역 어부들이 구출했다는 것 그리고 그들은 영국과 프랑스의 침공을 방어하는 노르웨이를 지원하기 위하여 베르겐으로 가는 중이라고 말했다는 보고가 오슬로에 들어왔다. 또다른 사건도 있었다. 독일은 덴마크로 이미 쳐들어갔는데, 노르웨이는 그들 자신이 직접 독일의 침공을 당하기 전까지 그 뉴스를 모르고 있었다. 그와 같이 노르웨이로서는 아무런 유형의 경고를 받은 적이 없었다. 덴마크는 충성심이 높은 두 명의 병사가 목숨을 잃는 정도의 저항 끝에 쉽게 무너졌다.

그날 밤 독일 군함이 오슬로에 접근했다. 외곽의 포대가 발포했다. 노르웨이 수비 함대는 기뢰 부설함 트리그바손과 두 척의 소해정으로 구성되어 있었다. 날이 밝자 두 척의 독일 소해정이 해안 포대 부근에 병력을 상륙시키기 위하여 피오르 입구로 진입했다. 한 척은 트리그바손이 격침했으나, 독일군은 상륙에 성공하여 포대를 점령했다. 그러나 용감한 그 기뢰 부설함은 피오르 입구에서 두 척의 독일 구축함을 나포했고, 순양함 엠덴에 타격을 주었다. 포 1문만 장착하고 있을 뿐인 포경선 한 척이 특별한 지시가 없었음에도 침략군을 향해서 행동을 개시했다. 그 포경선의 포는 부서지고 선장은 두 다리를 잃었다. 선장은 선원들의 사기를 저하시키지 않으려고 스스로 갑판 위에서 몸을 굴려 바다에 뛰어들어 숭고한 죽음을 택했다. 중

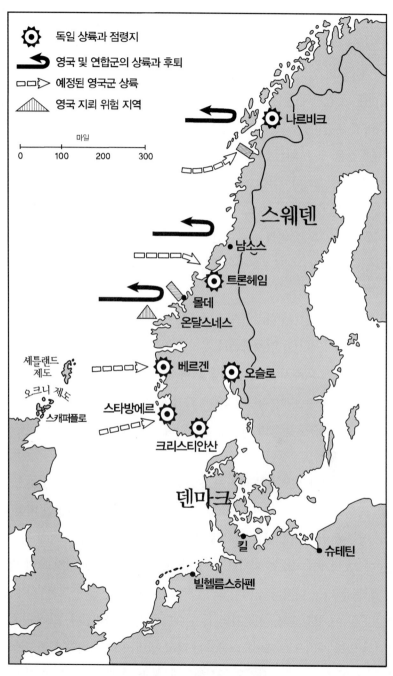

독일 상륙과 점령지

영국 및 연합군의 상륙과 후퇴

예정된 영국군 상륙

영국 지뢰 위험 지역

마일

0   100   200   300

나르비크

스웨덴

남소스

트론헤임

몰데

온달스네스

셰틀랜드
제도

오크니 제도

스캐퍼플로

베르겐

오슬로

스타방에르

크리스티안산

덴마크

킬

슈테틴

빌헬름스하펜

연합군의 노르웨이 작전, 1940년

순양함 블뤼허를 앞세운 독일 주력 부대는 피오르로 진입하여 오스카보르 그 요새가 지키고 있는 좁은 수로로 나아갔다. 노르웨이 포대가 포문을 열었고, 450미터쯤 떨어진 해안에서 발사한 두 발의 어뢰가 치명타를 입혔다. 블뤼허는 순식간에 침몰했으며, 타고 있던 독일군 군정 담당 고위 장교들과 게슈타포 분견대원들도 운명을 같이했다. 순양함 뤼초를 비롯한 독일의 다른 군함들은 모두 퇴각했다. 손상을 입은 엠덴은 더 이상 해전에 나설 수 없게 되었다. 그러나 결국 오슬로는 점령당하고 말았는데, 바다를 통해서가 아니라 부대 수송기와 피오르 상륙에 의해서였다.

히틀러의 계획은 번쩍하는 순간에 그 전체 모습을 드러내었다. 독일은 병력을 크리스티안산드, 스타방에르, 북쪽에서는 베르겐과 트론헤임에 상륙시켰다.

가장 대담한 일격은 나르비크에 떨어졌다. 일주일 동안 빈 배인줄 알았던 독일 철광석 운반선들은 보급품과 무기를 잔뜩 싣고 평소의 항로대로 노르웨이의 중립에 의해서 승인된 회랑을 따라 나르비크 항으로 돌아왔다. 열 척의 독일 구축함은 한 척마다 200명의 병사를 싣고 샤른호르스트와 그나이제나우의 호위를 받으며 독일을 출발하여 며칠 항행한 끝에 9일 이른 아침 나르비크에 도착했다.

노르웨이 군함 노르게와 에이드스볼드는 피오르에 정박하고 있었다. 그들은 최후까지 싸울 준비가 되어 있었다. 새벽녘 독일 구축함들이 빠른 속도로 항구에 접근하고 있는 것이 포착되었으나, 처음에는 압도적인 눈보라 때문에 그 정체를 확실히 파악할 수가 없었다. 얼마 뒤 독일군 장교 한 명이 모터보트를 타고 나타나서 에이드스볼드의 투항을 요구했다. 그는 "나는 공격한다"는 에이드스볼드 지휘관의 짧은 대답을 듣고 물러났다. 그리고 즉시 어뢰의 일제 사격으로 에이드스볼드는 타고 있던 병력 전원과 함께 침몰했다. 그 사이에 노르게는 사격을 개시했는데, 불과 몇 분 뒤 노르게마저 어뢰를 맞고 바로 침몰했다. 용감했으나 무망한 저항에서 287명의 노르웨이 수병이 전사했으며, 두 함선에서 구조된 사람은 100명에도 미치지 못했다. 따라서 나르비크의 점령은 아주 쉽게 끝났다. 그곳은 전략적 요충지, 우리에게는 결코 돌아오지 않을 전략적 요충지였다.

그날 아침 포브스 제독은 주력 함대를 이끌고 베르겐을 마주보고 있었다. 나르비크의 상황은 모호했다. 독일의 점령에 앞서 선수를 치기 위하여 사령관은 우리 구축함대에게 피오르로 진입하여 적의 병력이 상륙하지 못하도록 하라는 명령을 내렸다. 워버턴-리 대령은 휘하의 다섯 척 구축함, 곧 하디, 헌터, 해벅, 핫스퍼 그리고 호스타일을 이끌고 웨스트 피오르로 들어갔다. 워버턴-리는 트라노이에서 수로안내원으로부터 우리 구축함보다 더 큰 여섯 척의 군함과 유보트가 이미 진입했으며 항구 입구에는 기뢰가 부설되었다는 말을 들었다. 그는 그 정보를 보고하면서, "새벽을 기하여 공격할 예정"이라고 덧붙였다. 4월 10일, 안개와 눈보라 속에서 다섯 척의 영국 구축함은 피오르로 돌입하여 새벽녘에 나르비크 항 앞바다에 도착했다. 항구 안에는 다섯 척의 독일 구축함이 있었다. 첫 번째 공격에서 하디는 독일군 사령기를 계양한 구축함에 어뢰를 명중시켜 적의 사령관이 사망했다. 다른 구축함 한 척은 두 발의 어뢰에 침몰했으며, 나머지 세 척은 아군의 포화에 압도당하여 제대로 저항하지 못했다. 항구 안에는 다섯 척의 영국 선박을 포함한 스물세 척의 여러 국적의 상선이 있었는데, 독일 상선 여섯 척은 파괴되었다. 그때까지 우리 구축함 다섯 척 중 세 척만 공격에 가담하고 있었다. 핫스퍼와 호스타일은 뒤에 남아 해안 포대의 공격이나 바다에서 접근할지 모르는 다른 적함에 대비했던 것이다. 그런데 그 두 척도 두 번째 공격에 가세하여 핫스퍼는 어뢰로 두 척의 상선을 침몰시켰다. 워버턴-리 대령이 타고 있던 구축함은 상처 하나 입지 않았다. 적군의 화기는 침묵했고, 한 시간 동안의 전투에서 워버턴-리에게 달려드는 함선은 어느 방향에서도 나타나지 않았다.

그러나 운세는 역전되고 말았다. 세 번째 공격을 하고 돌아설 때 워버턴-리 대령은 새로운 함선 세 척이 접근하고 있는 것을 발견했다. 적함은 거리를 좁히려는 기색은 보이지 않고 약 6킬로미터 남짓 떨어진 곳에서 포문을 열었다. 갑자기 전방의 안개 속에서 적함 두 척이 나타났다. 혹시나 했지만 그것은 지원에 나선 영국 함선이 아니라 부근의 피오르에 정박하고 있던 독일 구축함이었다. 잠시 후 아군보다 구경이 더 큰 독일 구축함의 포가 위력을 과시했다. 하디의 브리지가 박살이 나면서 워버턴-리는 치명상을 입었고, 그의 부관 스태닝 대위를 제외한 모든 장교와 참모들이 전사했다. 살아남은 대위는 키를 잡았다. 그때 한 발의 포탄이 기관실에 작렬했고, 하디는 맹포격에 좌초되었다. 하디의 함장이 함대에 보낸 마지막 지시는 "적과 교전을 계속하라"였다.

그 사이에 헌터는 격침되었고, 파괴된 핫스퍼와 호스타일은 해벽과 함께 외해로 빠져나가려고 시도했다. 항로를 가로막고 있던 적은 아군 함선을 저지할 수 있는 여력이 없었다. 30분쯤 뒤 아군은 외해로부터 다가오고 있는 대형 군함과 마주쳤다. 그것은 독일군의 예비 폭약을 싣고 오던 라우엔펠스였다. 해벽이 포격했고, 라우엔펠스는 전복되었다. 하디의 생존한 병사들은 사령관의 시신과 함께 가까스로 해안에 상륙했다. 사령관 워버턴-리에게는 빅토리아 십자훈장이 추서되었으며, 워버턴-리와 그 부하들은 적군과 우리 해군사에 그 이름을 남겼다.

기습, 무자비함 그리고 정밀성이 무구하고 순수한 노르웨이에 대한 공격을 규정하는 성격이었다. 7개 사단이 동원되었다. 800기의 작전 항공기와 250내지 300기의 수송기가 독일군 작전의 두드러진 결정적 특징이 무엇인지 말해주었다. 48시간 내에 노르웨이의 모든 항구가 독일의 손에 들어갔다. 국왕(하콘 2세)도, 정부도, 군대와 국민도 무슨 일이 벌어졌는지 알게 되었고 동시에 격렬한 분노에 휩싸였다. 그러나 모든 것은 이미 때가 늦었다. 독일의 침투와 선전선동은 그때까지 노르웨이인들의 시계를 흐리게 했고, 마침내 그들의 저항력을 약화시켰다. 퀴슬링 소령이 점령된 나라의 친독일 통치자로서 독일이 장악한 노르웨이 라디오 방송에 등장했다. 거의 모든 노르웨이 관리는 그에게 협력하기를 거부했다. 노르웨이 군대가 동원되었고, 오슬로에서 북쪽으로 밀어붙이는 침략군에 맞서 바로 싸우기 시작했다. 무기를 구할 수 있었던 애국 투사들은 산과 숲속으로 들어갔다. 국왕, 내각 그리고 의회는 오슬로에서 160킬로미터 떨어진 하마르로 퇴각했다. 독일군 장갑차가 맹렬히 추격했고, 폭격과 기관총 세례가 하늘에서 쏟아져 그들을 몰살시키려는 가공할 시도가 감행되었다. 그러나 그들은 가장 완강하게 저항하라는 포고를 전국에 지속적으로 보냈다. 나머지 국민들은 피비린내 나는 사태에 압도되어 허탈한 또는 음울한 상태로 굴복하고 말았다. 노르웨이 반도는 그 길이가 거의 1,600킬로미터에 달한다. 주민들은 흩어져 살았고 도로나 철도는 아주 적었는데, 특히 북쪽에서는 더욱 그러했다. 노르웨이를 장악한 히틀러의 신속함은 전쟁과 정책에서 발휘한 놀라운 솜씨였으며, 독일의 철저함과 간악함과 야만의 불변의 증거였다.

★ ★ ★ ★ ★

그때까지만 해도 독일에 대한 공포 속에서 우리에게 그토록 냉담했던 노르웨이 정부는 아주 강렬하게 구원을 호소했다. 남부 노르웨이의 구출은 우리에게 처음부터 명백히 불가능한 일이었다. 훈련을 마친 영국군 거의 전부와 반쯤 훈련된 병력의 대부분은 프랑스에 배치되어 있었다. 적정한 규모였으나 점점 증강되고 있던 공군은 원정군 지원에, 본국 방위에, 강도 높은 훈련에 모두 분산되어 있어 여력이 없었다. 가장 중요한 취약 지점들을 지키는 데에 필요한 대공포는 당시 실제 보유하고 있는 수량의 열 배였다. 그래도 우리는 우리 자신을 위한 준비나 이해관계에서 큰 혼란을 겪더라도 최선을 다하여 노르웨이를 도와야 한다는 의무감을 느꼈다. 나르비크는 연합국 전체의 이익을 위하여 반드시 탈환해야 했고, 탈환하면 방위할 수도 있을 것 같았다. 그렇다면 노르웨이 국왕은 그곳에서 정복당하지 않은 자신의 깃발을 휘날릴 수 있었을 터였다. 나르비크를 탈환하여 육군의 기지로 삼을 수 있을 때까지 침략군의 북상을 어느 정도 지연시키는 수단으로 트론헤임을 지키기 위하여 싸워야 했다. 그 전투가 바다에서였다면, 800킬로미터의 산악 지대를 넘어 수송되어야 했던 것보다 훨씬 우세한 전력으로 수행될 수 있었을 것이다. 내각은 나르비크와 트론헤임을 구하고 방어하는 데에 가능한 모든 수단을 진지하게 승인했다. 핀란드 작전에서 벗어난 부대와 나르비크에 대비한 기본 전력은 바로 투입할 수 있었다. 그러나 그 부대들은 비행기, 대공포, 대전차포, 탱크와 수송 수단이 부족했으며 훈련도 되어 있지 않았다. 노르웨이 북부 지방은 전체가 우리 군인들이 한번도 본 적이 없고, 느껴보거나 상상조차 해본 적도 없는 두터운 눈으로 뒤덮여 있었다. 스노슈즈도 스키도 없었으며, 심지어 스키를 탈 수 있는 사람도 없었다. 우리는 최선을 다하는 수밖에 없었다. 그렇게 그 불안한 전투는 시작된 것이다.

우리는 나르비크, 트론헤임 그리고 다른 장소에 상륙했거나 상륙하려고 시도했다. 작전 계획, 운영 그리고 힘에서 독일의 우월성은 명백했다. 독일군은 신중하게 준비한 모든 국면에서 공군의 대규모 사용을 철저히 이해하고 있었다. 더군다나 독일군 개개인의 우수성은 분명했으며, 특히 소규모 단위 부대에서 현저했다. 나르비크에서는 혼합 부대이자 급하게 편성된 6,000명의 병력이 6주일에 걸쳐 2만 명의 연합군이 만에 접근하지 못하게 했으며, 나중에도 시가지에서는 쫓겨났지만 결국 연합군이 철수할 때까지 살아남아 있었다. 해군에 의해서 시작된 눈부신 해상 공격은 무모한 모험이라는 이유로 의무 이행을 거절한 육군 사령관 때문에 마비되고 말았다. 나르비크와 트론헤임에 분산시킨 아군의 병력은 양쪽 모두의 계획에 해가 되었다. 남소스에서는 오도가도 못했다. 오직 안달스네스 원정에서만 상대를 물어뜯어놓았다. 독일군은 눈으로 뒤덮인 험난한 지역을 수백 킬로미터나 헤쳐 나왔음에도 불구하고 우리가 용맹스러운 전적을 남기기도 한 그곳에서 아군을 격퇴했다. 제해권을 장악하고 있던 우리는 무방비의 해안 어디라도 공격할 수 있었다. 그러나 온갖 장애물을 무릅쓰고 그 먼 거리의 육로를 횡단하여 진격해온 적군은 우리보다 속도가 빨랐다.

우리는 의무의 부름에 응하여 노르웨이에 깊숙이 뛰어들어 진지하게 노력했다. 그러나 잔인하게도 운명은 우리를 외면했다. 지금에서야 우리가 거기에서 용케도 잘 벗어났음을 알 수 있다. 5월 초순까지 우리는 차례로 철수에 성공한 것에 안도의 숨을 내쉬어야 했다. 그 모든 사건에서 내가 맡았던 두드러진 역할이나, 우리에게 닥쳤던 설명할 수 없는 어려움이나, 우리 참모본부들이나 정부 조직 그리고 전쟁 수행 방법의 결함 등을 생각하면, 내가 끝까지 살아남았으면서도 일반 대중의 존중과 의회의 신뢰 속에서 지위를 계속 유지했다는 사실이 놀랍기만 할 뿐이다. 그것은 6, 7년 동안 사태의 진행에 관하여 내가 예측한 것이 대체로 틀리지 않았고, 당시에는 아무도 관심을 가지지 않았지만 이제는 누구나 기억하는 경고를 끊임없이 해왔기 때문에 가능했다.

6월 8일 독일 전투순양함 샤른호르스트와 그나이제나우의 공격을 받은 항공모함 글로리어스가 1시간 30분 만에 침몰했다. 항공모함을 호위하던 구축함 아카스타가 격침될 때 유일하게 생존한 일등수병 C. 카터의 이야기에 따라, 우리는 해상 전투의 생생하고 전형적인 모습을 그려볼 수 있다.

우리 함상에는 죽음 같은 정적이 흘렀습니다. 아무도 입을 열지 않았고 배는 전속력으로 적으로부터 벗어나고 있었습니다. 그때 몇 가지 명령이 떨어졌습니

면 킹슬리 우드는 수상에게 그와 같은 위기에 대처하기 위해서는 위기에 맞설 수 있는 거국내각이 필요하다고 주장했으며, 체임벌린은 그 의견을 받아들였다고 했다. 11시에 수상이 불러 나는 다시 다우닝 가로 갔다. 거기서 또다시 핼리팩스를 만났다. 그와 나는 체임벌린과 마주보고 테이블 앞에 앉았다. 체임벌린은 거국내각의 조직은 자신의 능력 범위 밖의 일이라고 말했다. 노동당 지도부로부터 받은 반응 역시 그에게 그런 결론에 이르게 한 것은 의심의 여지가 없었다. 따라서 남은 문제는 체임벌린 자신이 사임하고 난 뒤 누구를 국왕에게 추천할 것인가 하는 것이었다. 그의 태도는 냉정하고 침착했으며, 후임 문제와 관련하여 개인적인 측면을 완전히 떠난 것처럼 보였다. 그는 테이블 너머로 우리 두 사람을 쳐다보았다.

　나는 공적 생활을 하는 동안 여러 차례 중요한 대화를 했지만, 그날의 대화는 분명히 가장 중요한 것이었다. 평소에 나는 말이 많은 편이었다. 그러나 그때는 침묵을 지키고 있었다. 체임벌린의 마음속에는 이틀 전 밤 하원의 거친 분위기가 뚜렷이 떠오른 듯했다. 그때 내가 노동당과 벌인 논쟁이 아주 격렬했다고 느낀 모양이었다. 그것은 내가 그를 지지하고 방어하기 위한 행동이었는데, 그는 오히려 내가 노동당의 지지를 필요로 할 경우 장애 요소가 되지 않을까 우려하고 있었다. 그가 실제로 한 말을 그대로 기억할 수는 없지만, 그는 대체로 그런 의미로 얘기했던 것 같다. 체임벌린의 전기 작가 페일은 수상이 핼리팩스 경을 더 좋아했다고 단정적으로 썼다. 내가 계속 침묵을 지키고 있자 대화는 오랫동안 중단되었다. 그것은 휴전 기념일 행사의 2분 동안의 묵념보다 더 긴 것 같았다. 이윽고 핼리팩스가 입을 열었다. 그는 원외의 귀족으로서 자신의 지위가 그러한 전시에 수상의 임무를 맡는 데에 장애가 될 것 같다고 말했다. 그는 모든 일에 책임을 질 수는 있었지만, 의회에 대한 신뢰에 정부의 사활이 걸려 있을 때 의회를 이끌고갈 권력을 가지려고 하지는 않았다. 몇 분에 걸쳐 그는 그러한 뜻으로 자기 생각을 말했다. 그가 이야기를 마쳤을 때 그 책무가 나에게 떨어질 것이 확실해졌다. 아니 실제로 떨어지고 말았다. 그때 나는 비로소 침묵을 깨뜨렸다. 나는 내각을 구성하라는 국왕의 임무를 부여받기 전까지는 야당의 그 누구와도 접촉하지 않겠다고 말했다. 그것으로써 그 중대한 회합은 종결되었다. 우리는 늘 그랬듯이 수년간 함께 일하면서 공직에 있을 때나 재야에 있을 때나 영국 정계의 익숙한 분위기 속에서 함께 지내온 허심탄회하고 우정이 가득한 모습으로 돌아갔다. 그리고 나는 예상했던 대로 많은 일이 기다리고 있는 해군부로 돌아갔다.

네덜란드 장관들이 내 방에서 기다리고 있었다. 초췌하고 지친 모습에 눈동자에는 공포가 서려 있었는데, 그들은 막 암스테르담에서 비행기로 도착했다. 그들의 국가는 아무런 이유도, 사전 경고도 없이 공격을 당했다. 화염과 쇳덩어리가 국경을 넘어 밀려왔고, 저항이 시작되어 국경 수비대가 발포하자 맹렬한 공습이 이루어졌다. 국토 전체가 혼란의 도가니 속에 빠지고 말았다. 오랫동안 준비한 방어 계획이 실행에 옮겨졌다. 제방을 열어 물이 육지 깊숙이까지 넓게 범람하도록 했다. 그러나 독일군은 어느새 외곽 진지를 넘어섰다. 그리고 라인 강 둑 아래쪽을 따라 쇄도하여 그라블린 요새를 돌파했다. 자위데르 해를 에워싸고 있는 제방 도로를 위협했다. 그것을 어떻게 막을 수 있었을까? 다행히 멀지 않은 곳에 있던 우리의 소함대에게 즉시 제방 도로를 소탕하고, 몰려드는 침략군에게 가능한 한 큰 타격을 입힐 수 있도록 하라는 명령이 내려졌다. 빌헬미나 여왕은 여전히 조국 네덜란드에 머물고 있었는데, 오래 있기는 어려워 보였다.

그러한 토의 끝에 해군부는 근해에 있던 우리 함대에게 여러 가지 지시를 했고, 네덜란드 해군과 긴밀한 관계를 가지도록 했다. 노르웨이와 덴마크에 대한 최근의 침공 행위를 알고 있음에도 불구하고, 네덜란드 각료들은 바로 어젯밤까지 친선을 외치던 대국 독일의 국민이 왜 갑자기 그러한 놀랍고

야만적인 침공을 감행했는지를 이해하지 못하고 있었다. 그렇게 된 경위와 다른 몇 가지 문제에 대한 이야기를 나누는 사이에 한두 시간이 흘렀다. 독일군의 물결에 휩쓸린 모든 국경으로부터 전문이 홍수처럼 쏟아져들어왔다. 이전의 슐리펜 작전*이 시대에 맞게 새로운 모습을 하고 네덜란드에서 완벽하게 실현되고 있는 것처럼 보였다. 1914년 독일군의 우익은 기습적으로 벨기에를 침입하여 관통했지만, 네덜란드 바로 앞에서 저지되었다. 그때 만약 전쟁이 3, 4년 정도 계속되었더라면, 네덜란드 통과를 위한 특별 군단이 편성되고 철도 종점과 교통망이 정비되었으리라는 것은 널리 알려진 사실이었다. 세월이 흘러 이제 그 유명한 작전이 여러 가지 모든 수단을 갖추고 경악과 배신감 속에서 다시 개시되었다. 그리고 독일군은 이미 다른 시도를 먼저 했다. 그들은 측면을 우회하여 결정적인 타격을 가하려고 하지 않고 주요한 전선을 정면으로 돌파하려고 했다. 정면 돌파를 우리나 프랑스군의 지휘관들은 예상하지 못했다. 그해 초 기자회견에서 나는 독일군의 배치, 도로와 철도망의 확충 그리고 압수한 독일의 작전 계획 문서로 볼 때 독일의 처분에 명백하게 운명을 맡기고 있던 중립국의 운명에 대해서 경고한 바가 있었다. 그러나 모두 내 말을 불쾌하게 생각했다.

그렇게 거대한 전쟁의 파괴적 상황에서 수상 관저에 앉아 조용히 나눈 대화는 마음속에 오래 남아 있을 수가 없었다. 그러나 나는 체임벌린이 국왕에게 갔다던가 가려던 참이라던가 하는 말을 들은 기억이 남아 있다. 그것은 예상하던 일이었다. 6시에 왕궁으로 오라는 연락이 왔다. 차를 타고 해군부에서 버킹검 궁전까지 가로수길을 따라 가면 2분이면 충분했다. 석간신문은 유럽 대륙의 놀라운 뉴스로 가득 메워져 있었지만, 내각의 위기에

---

* 독일 육군 원수 슐리펜이 총참모장으로서 1905년에 완성한 작전 계획. 프랑스와 러시아에 대한 정면 돌파의 2개 전선을 상정하고 입안되었으나, 제1차 세계대전에서는 제대로 적용되지 못했다/역주

대해서는 한마디도 하지 않았다. 대중은 해외에서나 국내에서나 무슨 일이 벌어지는지 이해할 시간이 없었다. 그래서였는지 몰라도 왕궁 입구 부근에도 사람들이 전혀 몰려들지 않았다.

나는 곧 조지 6세를 방문했다. 국왕은 나를 아주 정중하게 맞았고, 앉으라고 권했다. 그는 잠시 관찰하듯이 나를 날카롭게 살펴보다가 장난스럽게 말했다. "내가 왜 보자고 했는지 모르시지요?" 나는 그의 어조에 맞추어 대답했다. "폐하, 왜 보자고 하셨는지 저는 상상조차 할 수 없습니다." [영국 국왕은 인도 황제를 겸했기 때문에 "전하"가 아니라 "폐하"가 되었다/역주] 그는 웃으면서 말했다. "당신께 조각을 부탁하고자 합니다." 나는 당연히 그렇게 하겠노라고 말했다.

국왕은 거국내각의 성격을 띠어야 한다는 조건을 붙이지 않았다. 따라서 나는 국왕의 명령을 형식상 거국내각이 아니어도 좋다는 의미로 생각했다. 그러나 그때까지 일어난 일이라든가 체임벌린이 사임할 때의 여러 사정을 고려하면, 그때의 상황에서는 거국내각의 성격을 띤 정부가 확실히 필요했다. 비록 야당과 합의에 이르지 못하더라도, 하원에서 다수 의석을 차지하고 있는 한, 위기를 맞아 국가를 위해서 일하려는 가능한 모든 사람을 모아 가장 강력한 정부를 조직하는 것은 헌법적으로도 허용되어 있었다. 나는 국왕에게 즉시 노동당과 자유당 지도자들과 만날 것이고, 5-6명의 각료로 전쟁내각을 조직할 것이며, 늦은 밤까지라도 최소한 5명의 명단을 보고하겠다고 했다. 그리고 물러나서 해군부로 돌아갔다.

7시에서 8시 사이에 나의 요청으로 애틀리가 찾아왔다. 그는 그린우드를 동반했다. 나는 내각을 구성할 권한을 부여받았다는 사실을 알리고, 노동당도 참여를 부탁했다. 그는 참여하겠다고 했다. 나는 노동당이 내각의 3분의 1을 맡아달라고 했고, 5명 또는 6명이 될 전쟁내각에 두 사람을 입각시켜줄 것을 제안했다. 따라서 애틀리에게 적임자에 대한 검토를 할 수 있도록 명단을 달라고 요청했다. 그리고 나는 즉시 함께 일할 수 있는 사람으로 어니스트 베빈, 알렉산더, 모리슨 그리고 달턴을 거명했다. 나는 물론 애틀리와 그린우드 두 사람 모두 하원에서 오랫동안 알고 지내던 인물들이었다. 전쟁이 일어나기 전 10년 동안 다소 독립적인 지위에 있었던 나는 야당인 노동당이나 자유당보다 보수당이나 거국내각 정부와 충돌한 경우가 더 많았다. 우리는 한동안 유쾌하게 한담을 나누었다. 그리고 그들은 지난 48시간 동안 긴밀한 연락을 취하고 있었던 그들의 동료 간부와 당원들에게 전화로 보고하기 위하여 밖으로 나갔다.

나는 체임벌린에게 추밀원의 수장을 맡아 하원을 이끌어달라고 부탁했다. 체임벌린은 전화로 그렇게 하겠노라고 승낙했다. 그리고 그는 밤 9시에, 자신은 사임했으며 후임자에게 지지와 성원을 보내달라는 성명을 발표하기 위해서 방송을 준비했다. 그는 스스로를 희생한 사람답게 관대한 어조로 방송 연설을 했다. 나는 핼리팩스 경에게 외무부 장관으로 계속 남아 전쟁 내각에 참여해줄 것을 요청했다. 밤 10시 가까이 되어 약속한 대로 국왕에게 다섯 명의 명단을 보냈다. 3군부의 장관 임명은 국가의 운명이 걸린 시급한 문제였다. 나는 이미 그 세 사람을 마음속으로 내정하고 있었다. 이든은 육군부, 알렉산더는 해군부, 자유당 당수 아치볼드 싱클레어 경은 공군부를 맡아야 한다고 생각했다. 동시에 국방부 장관직도 맡았는데, 업무 관장 범위와 권한은 확정하지 않았다.

★ ★ ★ ★ ★

바로 그 5월 10일 밤, 이 거대한 전쟁의 서두에서 나는 한 국가의 최고 권력을 장악하게 되었다. 나는 그때부터 세계대전이 진행된 5년 3개월 동안 점점 더 확대되는 권력을 행사했고, 전쟁이 끝나 우리의 적들이 무조건 항복하거나 항복하려고 할 무렵에는 국민의 투표에 의하여 나라 일을 지휘하는 직책으로부터 즉시 물러나게 되었다.

정치적 위기의 그 혼란스러웠던 지난 며칠 동안 어떤 경우에도 나는 흥분하지 않았다. 모든 것을 있는 그대로 받아들였다. 그러나 내가 새벽 3시경에야 잠자리에 들어 겨우 안도할 수 있었다는 사실을 독자들에게 감출 수는 없을 것 같다. 마침내 나는 모든 국면에 걸쳐 지시할 수 있는 권한을 가지게 되었다. 나는 매 순간 운명과 함께 걷고 있는 것처럼 생각되었으며, 그 이전의 모든 생애는 바로 그 시간 그 시련을 위한 준비 기간에 지나지 않았던 것 같았다. 거친 정계에서 보낸 10년의 세월이 나를 통상적인 정파적 적대감에서 벗어나게 했다. 당시를 기준으로 지난 6년 동안 내가 했던 경고는 수없이 많았고 또한 구체적이었다. 따라서 지금에 와서 보면 그 내용은 놀라울 만큼 정확하여 아무도 나를 반박할 수 없을 것이다. 전쟁을 일으켰다거나 전쟁 준비가 부족했다는 이유로도 나를 비난할 수는 없다. 나는 전쟁에 관해서라면 상당히 많이 알고 있었다고 생각했으며, 실패하지 않을 자신이 있었다. 그러므로 간절히 아침을 기다리면서도 깊게 잠들 수 있었다. 그러나 힘을 북돋우어주는 꿈은 필요 없었다. 현실이 꿈보다 나았기 때문이다.

제2부

홀로 싸우다

1940년 5월 10일-1941년 6월 22일

"전쟁의 초반 40일이 지났을 때 우리는 고립무원의 상태가 되었다.
승승장구하는 독일과 이탈리아는 우리에게 절체절명의 공격을 퍼부었고,
소련은 적대적 중립의 태도로 히틀러를 적극 지원하는 가운데,
일본은 정체를 알 수 없는 위협적 존재였다."

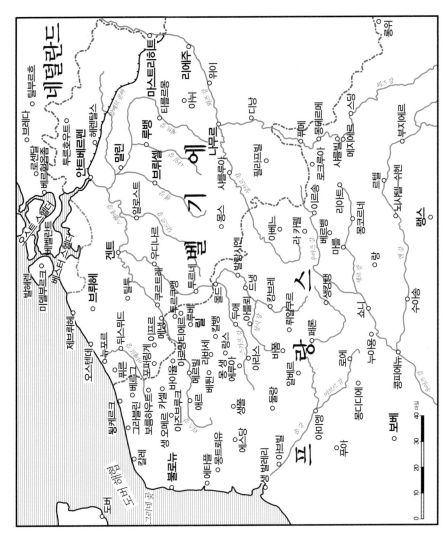

1940년 5월, 작전 지역

제1장
거국연립내각

서서히 응집되어 오랫동안 과포화 상태에 있던 맹렬한 폭풍우가 마침내 우리 머리 위에 쏟아졌다. 400만-500만의 인간이 역사에 기록될 모든 전쟁 가운데 가장 혹독한 전장에서 서로 마주쳤다. 그 배후에서 우리는 지난 세계대전의 어려운 시절을 지내고 다시 새로 시작된 세계대전의 국면을 맞게 되었지만, 프랑스 전선은 1주일 만에 돌이킬 수 없을 정도로 파괴될 운명이었다. 3주일도 넘기지 못한 상태에서 명성을 떨치던 프랑스 육군은 패주와 폐허 속에서 허물어져갔고, 우리 영국 육군은 모든 장비를 잃고 바다로 내몰리게 되었다. 6주일이 채 되지 않아 승리한 독일과 이탈리아가 우리를 꼼짝 못하게 만들었고, 전 유럽은 히틀러의 무력 앞에 무방비 상태가 되었고, 지구 반대편에서는 일본이 노려보고 있는 가운데 우리는 거의 무장해제되어 고립될 처지였다. 그러한 상황과 암울한 전망 속에서 나는 수상과 국방부 장관을 겸직하고, 국가의 이익에 가장 도움이 되리라고 생각되는 모든 수단을 동원하여 안팎에 걸친 영국의 과제를 수행하기 위한 첫 단계로 각 정당을 망라하는 거국내각 정부의 조직에 착수했다.

거의 하루도 어김없이 정확히 5년 뒤, 우리는 상황에 대한 한결 나은 전망을 할 수 있게 되었다. 이탈리아는 패배하고 무솔리니는 살해되었다. 막강한 독일군은 무조건 항복했다. 히틀러는 스스로 목숨을 끊었다. 아이젠하워 장군은 엄청난 수의 포로를 생포했다. 게다가 알렉산더 육군 원수는 이탈리아에서, 몽고메리 육군 원수는 독일에서 24시간 이내에 거의 300만 명에 이르는 독일 병사를 포로로 만들었다. 프랑스는 해방되어 활력을 되찾았고, 회생했다. 우리는 연합국인 세계 최강의 두 나라와 손을 잡고 일본의 저항을 신속하게 억제하기 위하여 함께 나아갔다. 그 대비는 정말 뚜렷했다. 지난 5년 동안에 걸쳐 걸어온 길은 멀고, 힘들고, 험난했다. 그 여정에서 산화한 자들은 결코 헛되이 목숨을 버린 것이 아니었다. 마지막까지 행진을 마친 사람은 영광스럽게 그 길을 밟은 사실을 언제나 자랑으로 여길 것이다.

★ ★ ★ ★ ★

내가 관장한 업무를 설명하면서 그 유명한 거국연립정부(National Coalition Government)에 대한 이야기를 해야 할 때에는, 우선 무엇보다도 위험에 처하여 더욱 강하게 결속한 대영제국이 결과적으로 수많은 국가와 국민의 대의명분을 위하여 기여한 공헌의 크기와 노력을 분명하게 해야 할 것이다. 먼저 나는 우리가 오랫동안 무한한 고마움을 표시하지 않을 수 없는 우리의 위대한 동맹국 미국과 유쾌하지 못한 비교를 한다거나 무익한 분쟁을 불러일으키려는 의도가 전혀 없다는 것을 말하고 싶다. 영국의 전쟁 수행을 위한 노력이 얼마나 크고 중요했는지 알리고 이해시키는 것이 영어 사용 국가들의 공통 이익을 위하는 일이기 때문이다. 따라서 다음 페이지에 전쟁 전체 기간 동안의 도표를 하나 만들었다. 도표는 1944년 7월까지 실제로 적과 교전한 대영제국의 사단 수가 미국보다 훨씬 더 많았다는 사실을 보여준다. 이 전체 숫자는 유럽과 아프리카 지역뿐만 아니라 일본과 벌인 아시아 지역 전쟁을 포함하고 있다. 1944년 가을 대규모의 미군이 노르망디에 도착할 때까지, 태평양과 오스트레일리아를 제외한 그 어느 전장에서든 우리는 우군 국가들 사이에서 최소한 동등한, 보통의 경우에는 주도적 지위의 발언권을 가지고 있었다. 그러한 상황은 위에서 말한 기간 중 어느 달을 예로 들더라도 모든 전장에서 참전한 총 사단 수는 변함이 없는 사실이다.

	영국군			미군		
	서부전투 지역	동부전투 지역	합계	서부전투 지역	동부전투 지역	합계
1940.1.1	5 1/3	-	5 1/3(a)	-	-	-
1940.7.1	6	-	6	-	-	-
1941.1.1	10 1/3	-	10 1/3(b)	-	-	-
1941.7.1	13	-	13(b)	-	-	-
1942.1.1	7 2/3	7	14 2/3	-	2 2/3	2 2/3(c)
1942.7.1	10	4 2/3	14 2/3	-	8 1/3	8 1/3
1943.1.1	10 1/3	8 2/3	19	5	10	15
1943.7.1	16 2/3	7 2/3	24 1/3	10	12 1/3	22 1/3
1944.1.1	11 1/3	12 1/3	23 2/3	6 2/3	9 1/3	16
1944.7.1	22 2/3	16	38 2/3	25	17	42
1945.1.1	30 1/3	18 2/3	49	55 2/3	23 1/3	79

(a) 프랑스에 파견된 영국군(BEF)
(b) 아비시니아의 비정규군 제외
(c) 필리핀 부대 제외
동부 전투 지역과 서부 전투 지역의 구분은 카라치를 통과하는 남북을 잇는 선으로 한다.
다음은 작전 지역에 포함하지 않는다.
· 인도의 서북 국경 지역, 지브롤터, 서부 아프리카, 아이슬란드, 하와이, 팔레스타인,
  이라크, 시리아(1941년 7월 1일의 경우는 제외)
· 몰타는 작전 지역에 포함, 1942년 1월부터 1943년 7월까지에는 알라스카도 포함
· 외인부대―예컨대 자유 프랑스인, 폴란드인, 체코인― 는 제외

1944년 7월 이후에는 적군과 교전한 사단들로 볼 때 미군이 참여한 전선은
점점 더 우세해졌다. 그러한 상황은 계속되어 10개월 뒤에 최후의 승리에
이를 때까지 미군은 승승장구했다.

내가 만든 다른 비교표는 대영제국의 인명 손실이 우리의 용감한 연합국
보다 훨씬 더 크다는 것을 보여준다. 영국 무장 병력 중 전사자와 사망으로
추정되는 실종자는 모두 30만3,240명이었고, 거기에 자치령, 인도, 식민지의
전사자 10만9,000명을 더하면 전부 41만2,240명을 넘어섰다. 그러나 그 수
치에는 영연방에서 공습에 희생된 민간인 6만500명, 우리의 상선대와 어민

적 지위에서 중요하고 기본적인 전쟁 작전을 수행하려고 하다 보니 대단한 모험은 엉망이 되어버리고 말았다. 그러한 시도를 하는 것을 두고 무분별하다고 한다. 그때의 교훈은 나의 골수에 스며들었다.

정상에 서면 모든 것은 매우 단순하다. 인정받은 지도자는 무엇을 하는 것이 최선인가에 대한 자신감을 가지고 있거나, 아니면 최소한 그에 대한 결심만 하면 된다. 제1인자에게 집중되는 충성심이란 실로 거대한 것이다. 넘어지려고 한다면, 누군가가 붙잡아주어야 한다. 실수를 저지른다면, 얼른 숨겨주어야 한다. 자고 있다면, 함부로 방해해서는 안 된다. 만약 나쁜 인간이라면, 그때는 도끼로 목을 쳐야 한다. 그러나 그 마지막 극단의 과정은 언제나 일어날 수 있는 일은 아니다. 더군다나 선출된 지 얼마 되지 않는 지도자에게는 그러한 일이 생길 까닭이 없다.

전쟁을 이끌어가는 기구의 근본적 변경은 보기보다는 현실적인 것이었다. 나폴레옹은 "헌법은 짧고 모호한 것이어야 한다"고 말한 적이 있다. 기존의 기구는 고스란히 그대로 유지되었다. 공직자 개개인들도 전혀 교체되지 않았다. 초기에 전쟁내각과 3군참모총장위원회는 종전대로 매일 회의를 열었다. 국왕의 재가에 따라 나 자신이 국방부 장관이 되었으나, 법률이나 헌법을 개정하지도 않았다. 나의 권리와 의무가 명확하게 드러나지 않도록 주의했다. 왕실이나 의회에 그 어떠한 특권도 요구하지 않았다. 그러나 내가 전쟁내각과 하원의 지지를 받으면서 전쟁을 전반적으로 지도하는 것은 이해되고 양해되었다. 나의 취임과 함께 생긴 주요한 변화는 권한의 범위가 구체적으로 확정되지 않은 국방부 장관이 3군참모총장위원회를 지휘하고

---

* 1915년 서부 전선이 교착 상태에 빠졌을 때, 해군장관 처칠은 해군력을 이용하여 터키 지배의 다르다넬스 해협을 돌파하는 측면 우회 작전 계획을 세웠다. 이 작전은 다르다넬스 해협을 통한 러시아 보급 지원도 한 목적이었다. 그러나 21만 이상의 사상자를 내고 실패함으로써 처칠은 책임을 지고 해군장관직을 사임했다. 갈리폴리(Gallipoli) 작전이라고도 한다. 갈리폴리는 다르다넬스 해협의 좁은 반도에 있는 도시이다/역주

감독한다는 것이었다. 나는 그러한 국방부 장관인 동시에 수상이었기 때문에, 전문적이고 정치적인 인물을 선임하고 해임하는 폭넓은 권한을 포함하는 수상 고유의 권력을 전부 가지고 있었다. 그리하여 3군참모총장위원회는 처음으로 정부의 수장과 매일 접촉하면서 합당한 자기 위치를 찾을 수 있게 되었고, 수상과 의견의 일치를 이룸으로써 전쟁 수행과 병력을 완전히 장악할 수 있는 힘을 얻게 되었다.

형식적으로 어떻게 되었건, 해군부와 육군부 그리고 공군부 장관은 실제로 아주 결정적인 영향을 받았다. 세 장관은 전쟁내각의 각료도 아니었고, 3군참모총장위원회에도 관여하지 않았다. 그들은 자기 부서의 업무와 관련하여 전적인 책임을 져야 한다는 점에는 조금도 변화가 없었다. 그러나 급박하게 그리고 거의 눈에 띄지 않게 전략적 계획의 수립이나 그날그날의 작전 수행과 관련된 문제에서는 책임이 없어졌다. 그와 같은 사항은 국방부 장관 겸 수상 바로 아래서 활동하는 3군참모총장위원회에 의하여 전쟁내각의 권위로 결정되었다. 3군부의 장관은 아주 유능하고 신뢰할 수 있는 나의 친구들로서, 내가 그들을 그 자리에 앉혔으며 그들은 아무런 형식에 얽매이지 않았다. 그들은 팽창일로에 있던 군대를 편성하고 운용하면서 용이하고 실질적인 영국식의 가능한 모든 노력을 다하여 일을 추진했다. 그들은 국방위원회 구성원일 뿐만 아니라 항상 나와 접촉하고 있었기 때문에 충분한 정보를 얻고 있었다. 그들 분야의 전문가적 부하로서 3군 참모총장들은 무슨 일이든 그들과 의논했으며 최대의 경의를 표시했다. 전쟁의 지휘권은 일원화되었고, 그들은 충실히 복종했다. 그들의 권한이 폐기되거나 도전받는 경우는 없었으며, 군부 내의 누구도 자신의 생각을 솔직하게 밝혔다. 그러나 실제 전쟁은 소수에 의해서 지휘되었으며, 종전에는 어려워 보이던 것들이 한결 더 단순해졌다. 물론 히틀러의 경우는 달랐지만 말이다. 우리가 견뎌내지 않으면 안 되었던 사건과 수많은 재난의 홍수에도 불구하고 조직은 거의 자동으로 작동되었으며, 항상 놀라울 정도로 신속히 실제 행동으로 옮길 수 있는 긴밀한 생각의 흐름 속에서 하루하루가 지나갔다.

★ ★ ★ ★ ★

영국해협의 건너편에서는 이제 끔찍한 전투가 벌어지고 있고 독자들은 틀림없이 그 이야기를 듣고 싶어하겠지만, 여기에서는 내가 취임한 초기부터 군사 분야와 그밖의 공무 수행을 위해서 계획하고 착수한 방식과 기구에 대하여 설명하는 것이 좋으리라고 생각한다. 나는 공무 처리는 **문서**에 의해서 해야 한다는 강력한 소신을 가지고 있다. 물론 사후에 검토해보면, 일어나는 사건에 쫓겨 그때그때 작성된 기록은 형평성을 결여하고 있거나 정확하지 않은 경우가 있을 것이다. 그러나 그것은 어쩔 도리가 없다. 군사적 규율의 계급적 문제를 제외하고는, 명령을 내리는 것보다는 의견과 희망을 피력하는 편이 언제나 더 나은 방식이다. 그러나 여전히 합법적으로 임명된 정부의 수반이나 특히 국방의 책임을 짊어진 장관의 문서화된 지시는 그것이 명령으로 표현된 것이 아니라고 하더라도 실행하는 가운데 결실을 보는 경우가 보통이다.

내 이름이 함부로 사용되는 일이 없도록 하기 위해서, 7월의 위기를 맞아 나는 다음과 같은 각서를 발표했다.

내가 지시한 내용은 모두 서면으로 되어 있든가, 아니면 반드시 지시 직후에 서면화되어 확인된다는 것을, 그리고 내가 결정한 것으로 알려진 국방에 관한 사항에 대하여 그것이 서면으로 기록된 것이 아닌 경우에는 나의 책임으로 받아들일 수 없다는 것을 명확히 이해해주기 바랍니다.

아침 8시에 일어나면 나는 모든 전문을 읽고, 침대에서 각 부와 3군참모총장위원회에 내려보내는 메모와 지시 사항을 계속 구술했다. 그 모든 내용은 차례로 타이핑되어 즉시 이즈메이 장군, 전쟁내각 국방위원회의 서기국장, 그리고 매일 아침 일찍 나를 만나러 오는 3군참모총장위원회의 내 대리인에게 교부되었다. 그렇게 하여 10시 30분에 열리는 3군 참모총장위원회에는 다량의 서면이 쌓였다. 위원들은 일반 상황에 대한 토론을 하면서 내 견해를 전폭적으로 고려했다. 그리고 우리 사이에서 계속 협의를 거쳐야 할 특별한 문제가 없으면, 오후 3시에서 5시 사이에 내 이름으로 또는 3군 참모총장들의 이름으로 제안하여 합의가 된 일련의 명령과 전문을 준비했고, 즉시 해결이 요구되는 사항에 대한 결정을 내려보냈다.

총력전에서 군사적 문제와 비군사적 문제를 명확히 구분하는 선을 긋는 일은 참으로 불가능하다. 그러한 알력이 군부와 전쟁내각 사이에서 발생하지 않았던 것은 주로 전쟁내각의 사무국을 맡은 에드워드 브리지스 경의 인품 덕택이었다. 지난날의 계관시인의 아들인 그는 아주 유능한 데다 지칠 줄 모르고 일했을 뿐만 아니라, 비상한 힘과 재능과 인격적 매력을 갖추고 있으면서 단 한점의 시의심의 흔적도 찾아볼 수 없는 본성의 사람이었다. 그의 모든 관심은 오직 전쟁내각의 사무국이 그 전체로서 수상과 전쟁내각에 최선을 다하여 봉사하는 일이었다. 자기 개인의 지위라는 관념은 애당초 그의 머릿속에는 없었으며, 사무국의 문관과 무관 사이에서 단 한마디라도 말다툼 같은 것이 오간 적도 없었다.

큰 문제에 부딪혔거나 견해의 차이가 있을 경우에 나는 전쟁내각의 국방위원회를 소집했다. 처음에는 체임벌린, 애틀리 그리고 3군부 장관으로 구성되었고, 3군 참모총장들이 참석했다. 그 위원회의 공식 회의는 1941년 이후에는 점점 횟수가 줄어들었다.* 위원회가 점점 원활하게 운영됨으로써 나는 매일 열리는 전쟁내각 회의에 3군 참모총장들의 참석이 더 이상

---

* 국방위원회는 1940년에 40회, 1941년에 76회, 1942년에 20회, 1943년에 14회, 1944년에 10회 개최되었다.

필요하지 않다는 결론에 도달했다. 따라서 나는 우리 사이에서는 "월요일의 내각 퍼레이드"라고 알려진 제도를 시행했다. 매주 월요일마다 상당수의 인사들이 모였는데, 전쟁내각의 모든 구성원, 3군부의 각 장관, 내무부 장관, 재무부 장관, 자치령부 장관, 인도부 장관, 정보부 장관, 3군 참모총장들, 외무부 사무국장 등이 참석했다. 그 회의에서는 각 군의 참모총장들이 차례로 지난 일주일 동안 일어났던 일에 대하여 설명을 했고, 이어서 외무부 장관이 외교 관계의 주요한 진전 상황에 관하여 보고했다. 월요일을 제외한 나머지 엿새 동안은 전쟁내각만 단독으로 회의를 열었고, 결정이 필요한 모든 중요한 문제는 그 회의에 회부되었다. 토론의 대상이 된 주제와 중요한 관련성이 있는 부서의 장관은 그 특정한 문제 해결을 위해서 출석했다. 전쟁내각의 구성원은 전쟁에 관한 모든 문서를 빠짐없이 회람했으며, 내가 보낸 중요한 전문도 모두 볼 수 있었다. 신뢰가 형성됨에 따라서 전쟁내각은 작전 상황에 관하여 아주 주의 깊게 확실한 지식을 배경으로 감독하되 직접 간섭하는 경우는 점점 더 줄어들었다. 그들 덕분에 나는 국내 문제와 정당에 관련된 거의 모든 일의 부담을 덜 수 있었고, 따라서 자유롭게 주요 쟁점에만 집중할 수 있었다. 모든 중요한 작전과 관련해서 나는 항상 때를 놓치지 않고 그들과 협의했다. 그러나 그들은 복잡한 문제에 대하여 신중하게 숙의하면서도 때때로 구체적 날짜나 세부 사항에 관하여는 보고하지 않도록 해달라고 요청했다. 실제로도 내가 그러한 부분에 관하여 말하려고 했을 때 그들이 제지한 경우가 여러 차례 있었다.

나는 국방부 장관이라는 직책을 행정부의 한 부서로 구체화하려는 생각은 전혀 하지 않았다. 그렇게 하려면 입법이 필요했고, 내가 앞에서 말했던 온갖 미묘한 부분들의 조정—대개는 개개인의 선의로 자체 해결되었지만—에 관하여 때늦은 법률 개정의 과정 속에서 철저히 검토되어야 했다. 다만 수상의 직접 지휘 아래 전쟁내각 사무국에 군사부가 있었는데, 그 사무국의 전신은 전쟁 전의 제국 국방위원회 사무국이었다. 군사부의 책임자는 이즈메이 장군이었으며, 그 아래 중요한 역할을 홀리스 대령과 제이콥 대령이 담당했고, 3군부에서 특별히 선발한 젊은 장교들이 도왔다. 그 파트가 국방부 장관의 참모부가 되었다. 내가 그들로부터 도움을 받은 것은 이루 말할 수가 없다. 이즈메이 장군, 홀리스 대령과 제이콥 대령은 전쟁이 진행됨에 따라서 계급과 평판이 꾸준히 상승했으며, 끝까지 자리를 지켰다. 보안 사항에 정통하고 깊이 관련된 부서 구성원의 교체는 지속적이고 능률적인 업무처리에 방해가 될 뿐이다.

3군참모총장위원회도 초기에 약간의 이동이 있었을 뿐, 그 뒤로는 거의 그대로 유지되었다. 1940년 9월에 임기가 만료된 공군참모총장 뉴월 원수는 뉴질랜드 총독으로 갔고, 공군의 스타로 꼽혔던 포털 원수가 그 뒤를 이었다. 포털은 전쟁이 끝날 때까지 나와 함께 일했다. 1940년 5월에 아이언사이드 장군의 후임으로 임명된 존 딜 경은 1941년 12월 나와 함께 워싱턴을 방문할 때까지 계속 육군참모총장직을 수행했다. 그때 그를 나의 개인적인 군사 대리인 겸 영미합동참모단의 영국군 단장으로 임명했다. 그와 미국 육군참모총장 마셜 장군의 관계는 모든 업무의 중요한 연결 고리가 되었다. 약 2년 뒤 그가 순직하자, 이례적인 조치로 미국의 용사들만을 위해서 마련되었던 발할라, 즉 앨링턴 국립묘지에 안장했다. 그를 이어 육군참모총장의 자리에 오른 사람은 마지막까지 나와 함께 일한 앨런 브룩 경이었다.

1941년부터 약 4년 동안, 초반에는 불운하고 실망스러운 일들로 점철되었지만, 참모총장들이나 국방부 참모진 내부에서는 파운드 해군참모총장의 순직으로 인한 인적 교체만 있었다. 그것은 아마도 영국군 역사에 특기할 만한 일이었다. 그와 유사한 연속성은 루스벨트 대통령의 참모진에서도 이루어졌다. 미국의 3군 참모총장들 곧 마셜 장군, 킹 해군 원수, 아널드 장군 그리고 그 뒤의 리 제독은 미국의 참전 이후 마지막까지 아무도 경질되지 않았다. 영국과 미국이 함께 영미 합동3군참모총장위원회를 구성했을 때, 그러한 사실은 모두에게 참으로 큰 도움이 되었다. 과거 그 어떠한 동맹국 사이에서도 예를 찾아볼 수 없는 현상이었다.

국내 문제에서도 우리[문관과 무관/역주] 사이에 아무런 이견이 없었다고 는 말 할 수 없다. 그러나 3군 참모총장들과 나 사이에는 상대방을 압도하 려고 하기보다 서로 신뢰하고 설득하여 이해시켜야 한다는 일종의 양해가 이루어졌다. 말할 나위도 없이 그러한 것은 사용하는 전문 용어가 같은 언 어로 되어 있고 군사 이론과 전쟁 경험이라는 큰 토대를 공유하고 있다는 사실로부터 힘입은 바가 크다. 시시각각 변하는 국면 속에서 우리는 한몸처 럼 움직였다. 전쟁내각은 우리에게 많은 재량권을 부여했으며, 지치지 않고 위축되지 않으며 계속 우리를 지지했다. 제1차 세계대전 때와 같은 정치가 들과 군인들, 다시 말하면 "프록코트 족(Frocks)"과 "국방색 모자족(Brass Hats)" 사이에 협력의 분위기를 어둡게 하는 독설이 오가는 식의 분열은 없었다. 우리의 결속은 참으로 매우 돈독했고, 우정은 내가 높이 평가할 정 도로 깊이 형성되었다.

전쟁 수행을 위한 행정의 능률은 주로 최고 권위에서 나오는 결정이 실제 로 엄정하고 충실하게 그리고 제때에 준수되는가에 달려 있다. 그러한 것은 당시 영국이 처한 위기에서 우리가 헌신했던 근본 목적에 대한 전쟁내각의 고도의 성실성, 이해 그리고 진지한 결정에 의해서 실현될 수 있었다. 그 지시에 따라 선박과 부대와 비행기 그리고 공장이 움직였다. 그러한 전반적 인 과정 그리고 나를 뒷받침해준 믿음과 관용과 충성에 의해서 나는 전쟁의 거의 모든 국면에 걸쳐 총체적인 지휘를 할 수 있었다. 당시의 상황이 워낙 좋지 않았기 때문에, 그러한 방식은 참으로 필요한 것이었다. 모두가 죽음 과 파멸이 목전에 다가와 있다는 사실을 깨닫고 있었기 때문에 그러한 방식 이 받아들여졌다. 우리 곁에 다가선 것은 만인이 경험할 수밖에 없는 개개인의 죽음이 아니었다. 그것은 개인의 죽음과는 비교할 수 없이 중대한 영국의 운명, 사명 그리고 영광의 죽음이었다.

★ ★ ★ ★ ★

거국내각에서 발전시킨 정부 운영의 방식을 어떻게든 설명하려면, 내가 미국 대통령과 다른 여러 국가의 수반과 자치령 정부에 보낸 나의 일련의 개인 서한들에 대해서 말하지 않을 수 없다. 그러한 통신 방식은 설명할 가치가 충분히 있다. 내각으로부터 정책에 필요한 결정을 얻게 되면 나는 혼자서 문안을 구상한 뒤 구술하여 받아쓰게 했는데, 그것은 대체로 친구나 동료들에게 보내는 사적이고 비공식적인 서신 형식으로 썼다. 사람은 보통 자신의 말로 자신의 생각을 더 잘 표현할 수 있는 법이다. 내가 그러한 서한을 미리 내각에서 읽어주는 경우는 거의 없었다. 그들의 견해를 잘 알고 있었기 때문에, 나는 아주 편하고 자유롭게 내 방식대로 일을 할 수 있었다. 물론 외무부 장관이나 외무부와는 돈독한 관계였으므로, 어떠한 견해 차이도 함께 협의하여 해결했다. 그러한 전문들은 보내고 난 뒤 가끔 전쟁내각의 주요 구성원이나 특별히 관련이 있는 경우 자치령부 장관에게도 회람시켰다. 그것을 보내기 전에는 당연히 내가 말하고자 하는 핵심과 사실 관계를 부서별로 점검했고, 거의 모든 군사 통신문은 이즈메이를 거쳐 3군 참모총장들에게 전달하게 했다. 그러한 방식은 정부의 공식 전달 체계나 대사들의 업무에 상반되는 것은 아니었다. 오히려 수많은 결정적으로 중요한 업무를 처리할 수 있는 통로가 되었고, 전쟁을 수행하는 나로서는 국방부 장관으로서 내가 한 역할에 못지않았을 뿐만 아니라 때로는 훨씬 더 중요했다.

자유롭게 자신의 의사를 표현할 수 있었던 극히 한정된 범위의 인사들은 내가 보여주는 초고에 언제나 만족스러워했으며, 따라서 나도 점점 더 확신을 가지게 되었다. 미국 당국과의 견해 차이를 예로 들면, 제2선에서는 극복하기 어려웠던 문제가 정상급과 직접 접촉하자 불과 몇 시간 만에 해결되곤 했다. 사실 시간이 지나면서 점점 더 그와 같은 최정상급 수준의 업무 처리의 효용성은 매우 현저해져갔기 때문에, 나는 그러한 방식이 각 부처별 문제 처리의 중개 방식이 되지 않도록 각별히 주의하지 않으면 안 되었다. 따라서 나는 세세한 부분의 중요한 문제와 관련하여 미국 대통령에게 개인적인 연락을 해달라는 동료들의 요청을 거듭 거절해야만 했다. 만약 그러한 일들이 개인적인 서한에 침투한다면, 서로의 개인적인 비밀성은 파괴될 것이며, 따라서 그 가치도 소멸하고 말 것이었다.

루스벨트 대통령과 나의 관계는 점점 더 가까워져서 양국 사이의 주요한 업무는 실제로 둘 사이의 직접적인 의견 교환에 의해서 이루어졌다. 그러한 방식을 통하여 우리는 서로 완전한 이해에 도달했다. 루스벨트는 국가의 대표로서뿐만이 아니라 정부의 수반으로서 모든 영역에 걸쳐 권위를 가지고 말하고 행동했다. 전쟁내각을 운영하고 있던 나도 거의 같은 폭으로 영국을 대표했다. 그와 같이 하여 아주 높은 수준의 협력이 이루어졌으며, 그로 인한 시간의 절약과 관계 인원의 감축도 실로 대단히 귀중한 수확이었다. 나는 필요한 전문을 런던의 미국 대사관으로 보냈고, 그러면 그것은 특별 암호 송신기에 의해서 직접 백악관의 대통령에게 전달되었다. 답신을 수취하고 일을 처리하는 속도는 시차의 도움을 받았다. 내가 저녁, 밤, 심지어 새벽 2시경에 준비한 메시지는 루스벨트가 잠자리에 들기 전에 전해졌고, 그의 답신은 거의 다음날 아침 내가 눈을 뜨면 이미 도착해 있었다. 나는 모두 950통의 메시지를 그에게 보냈고, 그로부터 받은 답신은 모두 800통이었다. 나는 온화한 마음의 벗이자 우리가 받드는 높은 이상의 실현을 위해서 최선봉에 선 투사였던 위대한 인물과 항상 접촉하고 있다는 느낌을 받았다.

★ ★ ★ ★ ★

1940년 5월 13일 월요일, 나는 임시 소집된 하원에서 새 행정부에 대한 신임 투표를 요구했다. 다양한 직책에 대한 인선 경과를 보고한 뒤, 나는 말했다. "내가 드릴 수 있는 것은 피와 노고와 눈물과 땀 말고는 아무것도 없습니다(I have nothing to offer but blood, toil, tears, and sweat)." 우리의 장구한 역사에서 그렇게 짧으면서도 즉시 좋은 반응을 얻었던 정치적 강령을 의회와 국민에게 표현한 수상은 존재하지 않았다. 나는 이렇게 연설을 끝맺었다.

당신은 물을 것입니다. 우리의 정책이 무엇인가? 나는 이렇게 대답합니다. 우리의 모든 힘과 신이 우리에게 허락한 모든 힘을 합쳐 바다와 지상과 하늘에서 싸우는 것입니다. 암울하고 통탄할 인류 범죄의 목록에서도 유례를 찾아볼 수 없었던 기괴한 폭군에게 대항하여 싸우는 것입니다. 그것이 우리의 정책입니다. 당신은 묻습니다. 우리의 목적은 무엇인가? 나는 한마디로 대답할 수 있습니다. 승리입니다. 모든 대가를 치른 끝에 얻을 수 있는, 모든 공포를 극복한 뒤에 얻을 수 있는 승리입니다. 그 길이 아무리 멀고 고단하더라도 승리해야 합니다. 왜냐하면 그것이 우리가 살아남을 수 있는 유일한 길이기 때문입니다. 이것을 알아야 합니다. 승리 없이는 대영제국은 살아남지 못합니다. 대영제국의 모든 신념은 살아남지 못합니다. 인류로 하여금 그 목표를 향해 전진하게 하는 수세대에 걸친 열정과 추진력은 살아남지 못합니다. 그러나 나는 흔쾌히 희망을 가지고 나에게 맡겨진 임무에 응합니다. 우리의 뜻이 많은 사람들 가운데에서 묵살되어버리지는 않을 것이라고 믿습니다. 바로 이 순간, 나는 모두의 도움을 요구할 권리가 있다고 생각합니다. 따라서 이렇게 말합니다. "모입시다. 그리고 힘을 모아서 함께 나아갑시다(Come, then, let us go forward together with our united strength)."

그와 같은 단순한 논지에 하원은 투표로써 만장일치로 동의했다. 그리고

5월 21일까지 휴회에 들어갔다.

그리하여 우리는 모두 공통의 임무를 안고 출발했다. 영국의 그 어느 수상도 향후 5년 동안 국가의 모든 정파의 사람들로부터 내가 누렸던 것과 같은 내각의 충성과 진정한 지원을 결코 받아보지 못했을 것이다. 의회는 여전히 자유롭고 적극적인 비판을 유지하면서도 정부가 제안하는 조치에 대하여 지속적이고 압도적인 지지를 보냈으며, 국민은 전례 없이 단결했고 열정적이었다. 그러한 현상은 참으로 바람직한 일이었다. 왜냐하면 순서에 따라 우리에게 닥쳐올 사태들은 어느 누구도 예상할 수 없었을 정도로 끔찍했기 때문이다.

제2장

프랑스 전투

1939년 9월 전쟁이 시작되었을 때, 독일의 육군과 공군 주력 부대는 폴란드 침공과 정복에 집중되었다. 엑스-라-샤펠에서부터 스위스 국경에 이르기까지 전 서부 전선에는 독일군 비기갑 42개 사단이 있었다. 총동원 체제 하에서 프랑스군은 70개 사단을 독일군에 대항하여 배치했다. 그러나 앞에서 설명한 바와 같은 이유로, 프랑스군은 독일군을 공격할 수 있는 가능성이 없는 것 같았다. 1940년 5월 10일이 되자 상황은 매우 달라졌다. 적군은 8개월이라는 시간을 벌어 폴란드를 함락하고 약 155개 사단을 무장시키고 장비를 갖추었으며 훈련까지 시켰는데, 그중 10개 사단은 기갑사단*이었다. 스탈린과의 협정에 따라 히틀러는 동부 전선의 독일군 배치를 최소화할 수 있었다. 육군참모총장 할더 장군에 의하면, 러시아에 대응해서는 "관세 징수 업무도 제대로 할 수 없을 정도의 경무장 엄호 부대"만 배치했다. 소련은 그들의 앞날에 어떤 일이 닥칠지 낌새도 차리지 못한 채, 강력하게 요청해왔고 오랫동안 고통 속에서 기다려왔던 그 "제2전선(Second Front)"이 무너지는 것을 보고만 있었다. 따라서 히틀러는 126개 사단과 최소한 1,000대의 중(重)전차를 포함한 약 3,000대의 전차를 보유한 10개 기갑사단이라

---

* Panzerdivision : 독자적인 작전 능력을 가진 탱크 부대를 중심으로 한 독일 기갑사단. 4개 대대로 구성된 전차 여단, 4개 대대로 구성된 기동보병 여단, 포병 연대, 정찰, 공병 부대 등으로 구성되었다/역주

확실하게 지킬 수 있는 사람은 없다. 그러나 적이 주공을 펼쳐 전선을 돌파했을 경우, 언제나 즉시 다수의 사단을 현장으로 급파하여 최초 공격의 기세가 수그러들 순간에 반격을 할 수 있도록 해야 한다. 아니, 그렇게 해야만 한다.

마지노 선(Maginot Line)의 존재 이유는 무엇이었는가? 그것은 국지적 반격을 할 수 있도록 출격의 통로를 마련할 뿐만 아니라 대규모 병력을 예비부대로 확보할 수 있게 함으로써, 국경의 광범위한 영역에서 병력을 최소화하기 위한 것이었다. 그러나 예비부대는 없었다. 그러한 사태는 나로서는 생전 처음 겪는 충격적인 일로 받아들일 수밖에 없었다. 비록 해군부의 업무에 매달려 무척 바쁘기는 했지만, 나는 왜 그러한 사실을 모르고 있었던가? 왜 영국 정부, 그리고 무엇보다 영국 육군부는 전혀 모르고 있었던가? 프랑스 최고사령부가 우리에게 아니면 고트 경에게 프랑스군의 배치에 관하여 어렴풋이 대강의 사실만 알려주었을 뿐이라는 사실은 변명이 될 수 없었다. 우리는 알아야 할 권리가 있었다. 우리는 집요하게 알고자 했어야 했다. 양국의 군대는 전선에서 함께 싸우고 있지 않았던가? 나는 다시 창가로 가서 프랑스 공화국의 문서를 태우고 있는 모닥불에서 피어오르는 연기의 소용돌이를 바라보았다. 여전히 노신사들은 손수레에 싣고 온 것들을 부지런히 불길 속에 던져넣고 있었다.

이윽고 가믈랭 장군이 다시 입을 열었다. 그는 병력을 모아 적군으로부터 관통당한 곳, 뒷날 우리가 "벌지(Bulge)"라고 불렀던 지점에 측면 공격을 시도할 것인가에 대하여 이야기했다. 전선의 평온한 구역, 즉 마지노 선에서 철수하고 있는 사단이 8개 또는 9개였다. 그중에서 아직 전투에 가담하지 않은 기갑사단은 2개 또는 3개였다. 아프리카에서 오고 있는 8개 내지 9개 사단은 2, 3주일 안에 도착할 예정이었다. 독일군은 두 개 전선 사이의 회랑 지대를 통해 진군할 것이 틀림없었으므로, 거기서 1917년과 1918년에 치렀던 방식의 전투를 할 수 있으리라는 것이었다. 독일군은 엄호해야 할 두 측면의 부담이 점점 늘어나는 동시에 진격하는 탱크 부대의 보급 문제 때문에, 어쩌면 회랑 지대에서 견디기 어렵지 않을까 생각했다. 가믈랭은 그러한 의미로 말했고, 그것은 전적으로 옳았다. 그러나 내가 보기에 당시만 하더라도 가장 영향력 있고 책임을 지고 있었던 그 소수의 인물들에게서는 확신이 느껴지지 않았다. 그래서 내가 가믈랭에게, 언제 어디서 벌지 전선의 두 측면을 공격하자는 것이냐고 물었다. 그는 이렇게 대답했다. "수에서도 열세, 무기에서도 열세, 전술에서도 열세입니다." 그리고 절망적으로 어깨를 움츠렸다. 아무런 논란이 없었다. 논란의 필요조차 없었다. 전쟁이 발발하고 8개월이 지나서야 8개 사단을 지원하고, 그나마 가동 가능한 현대적인 탱크 사단은 하나도 보내지 않았던 우리의 미미한 도움을 생각하면, 도대체 영국인은 어디서 무엇을 하고 있었단 말인가?

★ ★ ★ ★ ★

가믈랭 장군과 프랑스 최고사령부가 그 뒤에 한 말들을 요약하면, 프랑스는 공군이 열세이므로 영국 공군의 폭격기 편대와 전투기 편대를 더 보내 달라는 주장이었는데, 특히 전투기를 원한다고 했다. 전투기에 대한 지원 요청은 프랑스가 붕괴할 때까지 열린 모든 회의에서 반복되었다. 가믈랭 장군은 전투기는 프랑스 육군을 엄호하기 위해서 필요할 뿐만 아니라 독일군 탱크를 저지하기 위해서도 필요하다고 했다. 거기에 대해서 나는 이렇게 대답했다. "그렇지 않습니다. 탱크를 저지하는 것은 포병이 할 일입니다. 전투기의 임무는 지상전의 상공을 깨끗이 청소하는 것입니다." 어떠한 경우에도 수도를 방위하는 공군을 국외로 내보내서는 안 된다는 것은 우리의 가장 중요한 원칙이었다. 우리의 존망이 거기에 달려 있었기 때문이다. 그럼에도 불구하고 뼈속까지 깎아내는 일이 필요한 법이다. 아침에 프랑스를 향해 출발하기 전, 내각은 전투기 부대 4개 중대 정도를 프랑스에 더 지원할 수 있는 권한을 내게 부여했다. 대사관으로 돌아가서 딜과 함께 숙의한 끝에, 나는 6개 중대를 더 보내기로 결정했다. 이제 영국에는 25개 전투기 중대가 남게 되었는데, 그것이 마지막 한계였다. 어느 쪽으로 결정하든 그 것은 가슴을 찢는 아픔을 수반했다. 나는 이즈메이 장군에게 런던으로 전화하여 즉시 내각을 소집하여 한 시간쯤 뒤에 도착할 긴급한 사안에 대해서 고려해달라고 일렀다.

회신은 11시 30분경에 왔다. 내각의 답변은 "예스"였다. 나는 즉시 이즈메이를 차에 태우고 함께 레노의 숙소를 찾아갔다. 그의 집은 다소 어두웠다. 잠시 후 레노가 실내복을 걸치고 침실에서 나왔고, 나는 반가운 소식을 들려주었다. 전투기 부대 10개 중대! 나는 그에게 달라디에를 불러오게 했다. 달려온 달라디에는 영국 내각의 결정을 들었다. 그와 같은 방식으로나마 나는 우리의 제한적인 힘이지만, 최대한 우방인 프랑스의 사기를 진작시키려고 했다. 달라디에는 한마디도 하지 않았다. 그는 천천히 의자에서 일어나더니 내 손을 움켜쥐었다. 내가 대사관으로 돌아간 때는 새벽 2시경이었다. 소규모 공습으로 인한 대포 소리 때문에 때때로 뒤척이기는 했지만, 잠은 잘 잤다. 아침이 되어 영국으로 돌아왔고, 다른 일이 밀려 있었음에도 불구하고 새 정부의 그 다음 단계의 인선에 몰두했다.

17일 오전 10시에 전쟁내각을 열어 파리 방문 결과를 보고했다. 그리고 내가 감지할 수 있었던 상황에 대해서도 설명했다.

나는 프랑스 측에 만일 프랑스가 최선의 노력을 다하지 않으면, 전투기 중대의 추가 파견으로 야기되는 우리의 안전에 대한 심각한 우려를 무릅쓰고 프랑스의 요청을 받아들인 우리의 결정이 정당화될 수 없다고 말했다는 사실을 보고했다. 내가 느끼기에, 공군의 증파 문제는 영국 내각이 그때까지 직면했던 문제 중에서 가장 중대한 것이었다. 독일 공군의 손실은 우리 영국의 네댓 배 정도 된다는 주장이 제기되었는데, 내가 듣기로 프랑스 공군에 남아 있는 전투기는 원래의 4분의 1 수준이었다. 그날 가믈랭은 모든 상황이 "끝났다"고 생각하고, 이렇게 말한 것으로 알려졌다. "오늘, 내일[18일] 그리고 내일 밤까지만 파리의 안전을 보장한다." 전투의 위기는 시간이 지날수록 고조되었다. 그날 오후 독일군은 브뤼셀에 진입했다. 그 다음날에는 캉브레에 들어섰고, 생 캉탱을 통과하여 페론에 있던 우리의 소규모 부대를 일소해버렸다. 부근에 있던 벨기에군, 영국군, 프랑스군은 모두 스헬데 강 쪽으로 계속 퇴각했다.

(5월 18일에서 19일 사이의) 한밤중에 비요트 장군은 고트 경을 그의 사령부로 찾아가서 만났다. 그 프랑스 장군의 개인적 인품도 그가 제안한 내용도 연합국에 신뢰를 줄 만한 것이 되지 못했다. 바로 그 순간부터 영국 원정군 총사령관의 마음속에는 해안 방향으로 퇴각할 가능성이 떠오르기 시작했다. 1941년 3월에 발표된 보고서에 고트 경은 이렇게 쓰고 있었다. "현재[19일 밤]의 상황은 전선이 다소 손상되었다거나 일시적으로 파괴되었다는 정도가 아니라, 포위된 요새나 마찬가지이다."

★ ★ ★ ★ ★

레노는 프랑스 내각과 최고사령부의 대규모 인적 쇄신을 단행했다. 18일, 페탱 원수를 부수상에 임명했다. 달라디에를 외무부로 돌리고, 레노 자신이 국방부 장관과 육군부 장관을 겸임했다. 19일 오후 7시에는, 동부 지중해에서 막 돌아온 베강을 가믈랭 장군의 후임으로 임명했다. 나는 그가 포슈 원수의 오른팔이었을 때부터 알고 있었는데, 1920년 8월 볼셰비키의 폴란드 침공에 대항한 바르샤바 전투에서 보여준 그의 대단한 수완에 감탄한 바 있었다. 그 전투는 당시 유럽에서는 중대한 사건이었다. 그는 73세나 되었지만, 아주 능력이 있을 뿐만 아니라 혈기왕성하다고 알려져 있었다. 5월 19일 오전 9시 45분에 발동된 가믈랭 장군의 마지막 명령(제12호)은, 북부군은 포위되지 말고 그들의 연락망을 끊어버린 독일 기갑사단을 공격

범례
영국군
프랑스군
벨기에군
독일 공격

제7군
안트베르펜
겐트
벨기에군
칼라
됭케르크
이프르
브뤼셀
불로뉴
릴
나무르
몽스
제1군
아라스
캉브레
아브빌
제9군
아미앵
페론
생 강탱
제7군(신설)
메지에르
스당
랑
르텔
수아송
제2군
0 10 20 30 40 마일
제6군
랭스

5월 18일 저녁 상황

하면서 어떠한 일이 있더라도 솜 강 남쪽으로 후퇴할 것이며, 동시에 제2군과 새로 편성된 제6군은 메지에르 방향을 향해 북쪽으로 진격하라는 내용이었다. 그러한 결정은 모두 옳았다. 실제로 북부군에 대한 남쪽으로의 총퇴각 명령은 이미 나흘 전에 내려졌어야 했다. 스당 부근의 프랑스 전선 중심부가 돌파되는 중대한 사태가 벌어지자, 북부군의 유일한 희망은 즉시 솜 강까지 물러나는 것이었다. 그런데 그렇게 하지 않고 비요트 장군의 지휘에 따라 점차적으로, 부분적으로 스헬데 강까지 철수하면서 오른쪽에 측면 방어선을 형성했다. 그때까지만 하더라도 일제히 남하할 시간은 있었을 것이다.

북부군 사령부의 혼란, 프랑스 제1군의 명백한 마비 상태, 전투의 경과에 대한 불확실한 정보 등은 전쟁내각을 극도로 불안하게 만들었다. 우리의 모든 대처는 조용하고 차분하게 진행되었지만, 일치된 단호한 결정의 이면에는 무언의 격정이 흐르고 있었다. 19일 오후 4시 30분, 고트 경이 "어쩔 도리가 없다면, 됭케르크 쪽으로 퇴각할 수 있는 가능성을 검토 중이다"라고 했다는 소식을 들었다. 영국 육군참모총장(아이언사이드)은 그 제안을 받아들일 수 없었다. 그는 우리 대부분이 그랬던 것처럼 남쪽 방향으로 가는 것이 좋다고 생각했다. 따라서 우리는 아이언사이드를 고트 경에게 보내 훈령을 전달하게 했다. 훈령의 내용은 영국군을 남서쪽으로 이동시키고, 어떠한 난관을 무릅쓰고라도 남쪽에 있는 프랑스군과 합류하도록 할 것, 그리고 벨기에군도 그 이동에 따르도록 하든지 아니면 가능한 최대한의 벨기에군 병력을 영국해협의 항구에서 벗어날 수 있도록 하라는 것이었다. 또한 우리가 결정한 내용은 직접 프랑스 정부에 통보할 것이라는 사실도 전하게 했다. 전쟁내각에서는 우리와 직통 전화를 개설해놓고 있던 조르주 장군의 사령부로 딜을 보냈다. 그의 임무는 거기서 나흘 동안 머물면서 자신이 본 내용을 모두 보고하는 것이었다. 고트 경과의 연락은 도중에 자주 끊겨 어려웠지만, 단일 전투에서 나흘을 버틸 수 있는 보급품과 무기가 있다는 사실을 확인했다.

5월 20일 아침, 전쟁내각 회의에서는 다시 우리 군대의 상황에 대한 토의가 있었다. 솜 강 방향으로 퇴각하기 위한 토막 전투가 성공하더라도, 상당수의 병력이 본대에서 이탈하거나 해안 쪽으로 내몰리지 않을까 하는 것이 나의 걱정이었다. 그 세부적 내용은 회의록에 이렇게 기록되어 있다. "수상은 경계 조치로 해군부는 다수의 소형 함정들을 언제든 프랑스 해안의 항구나 만으로 출동할 수 있도록 대기시켜야 한다고 생각했다." 해군부는 즉시 움직였으며, 시일이 지나고 상황이 좋지 않게 되면서 더 활발하게 움직였다. 작전권은 도버에서 지휘하고 있던 램지 제독에게 맡겨졌으며, 20일 오후에는 런던에서 발동한 명령에 따라 해운부 대표를 포함한 첫 번째 관계자 회의를 열어 "초대규모 병력의 해협 비상 탈출"을 논의했다. 필요한 경우 칼레, 불로뉴, 됭케르크의 각 항구를 통해 24시간에 1만 명씩 탈출하는 방안을 계획했다. 해양 수송 장교들은 하위치로부터 웨이머스에 이르기까지 1,000톤급에 해당하는 모든 선박의 일람표를 작성하는 명령을 받았으며, 영국 항구의 모든 선박에 대한 조사도 철저히 행했다. "다이너모 작전(Operation Dynamo)"으로 명명된 그러한 계획들은 열흘 뒤에 육군을 구조하게 되었다.

★ ★ ★ ★ ★

독일군의 진격 방향이 한층 분명해졌다. 기갑부대와 기계화사단은 아미앵과 아라스 사이로 끊임없이 쇄도하여 솜 강을 따라 서쪽으로 돌아 해안 방향으로 진군했다. 20일 밤에는 북부군의 도로와 연락망을 완전히 끊어버리고 아브빌에 입성했다. 그 끔찍하고 치명적인 죽음의 흉기들은 전선을 무너뜨린 뒤에는 거의 아무런 저항도 받지 않았다. 독일군 탱크—프랑스인들을 전율하게 만든 "샤르잘망(chars allemands)"—는 열려 있는 평야를 마음대로 휘저으며 다녔고, 기계화된 수송부대의 보급을 받으며 하루에 50-60킬로미터를 전진했다. 그들은 저항의 낌새조차 느끼지 못한 채 수십 개의 소도시와 수백 개의 시골 마을을 통과했으며, 장교들은 열어젖힌 차량 덮개 위로 몸을 내밀어 유쾌한 표정으로 주민들에게 손을 흔들기도 했다. 목격자들에 의하면 여러 무리의 프랑스군 포로들이 그들을 따라 행군했는데, 상당수는 총을 그대로 메고 있었기 때문에 가끔 그들의 총을 모아 탱크로 깔아뭉개기도 했다는 것이다. 내가 충격을 받은 것은 몇 천 대의 탱크로 밀어붙여 강력한 적군을 완전히 전멸시키려고 했던 독일 기갑부대에게 완전히 패퇴한 사실과, 전선이 일단 한번 뚫리자 그 이후로 프랑스의 모든 저항이 순식간에 궤멸되고 말았다는 사실 때문이었다. 전체 독일군의 이동은 주요 간선도로를 따라 이루어졌으며, 그 어느 한 곳에서도 저지된 적이 없었던 것 같았다.

베강이 처음으로 한 행동은 그의 휘하의 선임 지휘관들과 협의하는 것이었다. 그 자신이 북쪽의 상황을 확인하고 그 지역의 지휘관들과 접촉하려고 했던 것은 그로서는 자연스러운 일이었다. 패배의 위기에 몰려 있는 전투의 지휘권을 인수한 장군은 여러 가지를 참작하지 않으면 안 된다. 그러나 시간이 너무 없었다. 그는 자신에게 남겨진 조정 역할을 해야 할 최고 지위의 업무를 떠나서 개인적 행동으로 시간을 지연시키고 무리해서는 안 되었다. 어떠한 일이 일어났는지, 계속 이야기해보겠다. 20일 아침, 가믈랭의 자리를 이어받은 베강은 다음날인 21일에 북부군을 방문하도록 일정을 조정했다. 북쪽으로 가는 도로가 독일군에 의해서 점령되었다는 사실을 알고는 비행기를 이용하기로 결정했다. 그런데 그가 타고 가던 비행기는 공격을 당하여 칼레에 불시착했다. 이프레에서 열기로 한 회의는 21일 오후 3시로 연기되었다. 이프레에서 그는 벨기에의 레오폴 국왕과 비요트 장군을 만났다. 시간과 장소를 통지 받지 못한 고트 경은 물론 영국 장교들은 아무도 참석하지 못했다. 레오폴드 국왕은 그 회의를 "혼란스러운 잡담의 4시간"이라고 표현했다. 거기서 토의된 내용은 3국 군대의 협력과 베강 계획의 실행이었고, 만약 그것이 실패할 경우 영국군과 프랑스군은 리스 강 쪽으로, 벨기에군은 이제르 강 쪽으로 퇴각한다는 것이었다. 오후 7시에 베강은 떠나야 했다. 8시까지도 도착하지 못한 고트 경은 비요트 장군으로부터 회의 내용을 전해들었다. 베강은 자동차로 칼레까지 가서 잠수함을 타고 디에포를 경유한 다음 파리로 복귀했다. 비요트는 위기 상황에 대처하기 위해서 자신의 자동차로 달려가던 중 한 시간도 채 지나지 않아 충돌 사고로 사망했다. 그리하여 모든 것은 미완의 상태로 남게 되었다.

21일에 아이언사이드가 돌아와서 전쟁내각의 훈령을 받은 고트 경이 남쪽으로 행군하는 것에 반대하는 것 같았다고 보고했다. 남쪽으로 행군하는 것은 이미 탱크와 기동부대로 적이 강력히 장악하고 있는 지역으로 공격해 들어가는 형태가 되면서 스헬데 강에서부터 후위전에 말려들게 된다는 주장이었다. 또한 그러한 이동 중에는 측면도 보호해야 한다는 것이었다. 그런데 어떤 시도를 하더라도 프랑스 제1군과 벨기에군은 그러한 기동 작전에 제대로 적응할 수 없을 것 같았다. 또한 아이언사이드는 북부의 프랑스군 최고 지휘부는 혼란에 빠져 있으며, 비요트 장군은 지난 8일 동안 조정 임무를 수행하는 데에 실패했을 뿐만 아니라 아무런 계획도 없는 것처럼 보였고, 영국 원정군은 사기가 왕성했고 그때까지 사상자 수는 500명 정도뿐이었다고 덧붙였다. 아이언사이드는 피란민으로 혼잡하고 독일 공군기의 사격으로 엉망이 된 도로의 상황을 생생하게 전했다. 돌아오는 그에게도 험난한 여정이었다.

전쟁내각은 두 가지 중 하나를 선택해야만 했는데, 모두 두려운 것이었다. 하나는 프랑스군이나 벨기에군과 공동 작전을 펼치든 그렇지 않든, 고트 경이 부정적으로 판단했던 솜 강까지 이르는 남쪽 길을 뚫는 것이었다. 다른 하나는 됭케르크 쪽으로 물러나서 당시에는 희소했을 뿐만 아니라 고가였던 대포와 장비들을 잃을 각오를 하고 적의 공습 속에서 바다 쪽으로 탈출하는 방법이었다. 첫 번째 방안은 명백히 큰 위험을 수반했다. 그러나 남하하는 계획이 실패할 경우에 대비하여 해상 탈출을 위한 가능한 예비 경계와 사전 준비를 해서는 안 될 이유가 없었다. 나는 전쟁내각의 동료들에게 프랑스로 가서 레노와 베강을 만나 결정을 내려야겠다고 제안했다. 프랑스에서는 조르주 장군의 사령부에서 딜이 나와 나를 기다리고 있었다.

★ ★ ★ ★ ★

5월 22일, 내가 파리에 도착했을 때에는 새로운 무대가 펼쳐져 있었다. 가믈랭은 갔고, 달라디에도 전장에서 사라졌다. 레노는 수상 겸 육군부 장관이었다. 독일군은 결정적으로 바다 쪽으로 진격 방향을 틀었기 때문에 파리는 즉각적인 위협으로부터 벗어났다. 최고사령부는 아직 뱅센에 있었다. 정오 무렵 레노는 나를 자동차에 태워 그곳으로 안내했다. 정원에는 가믈랭 주변에서 본 적이 있는 몇 사람—그중에서 한 명은 키가 큰 기병 장교였다—이 침울한 표정으로 왔다갔다 하고 있었다. "저건 구체제입니다(C'est l'ancien régime)." 부관이 그들을 가리키며 말했다. 레노와 나는 베강의 방으로 안내되었고, 조금 뒤에는 지도실로 갔다. 거기에는 총사령관의 대형 지도가 몇 개 있었다. 베강이 우리를 맞았다. 그는 육체적으로 많은 일을 한 데다 밤새 달려왔음에도 불구하고, 밝고 활기차고 날카로웠다. 그는 우리 모두에게 매우 좋은 인상을 주었다. 그는 자신의 전쟁 계획을 밝혔다. 북부군의 남쪽 진군이든 퇴각이든 찬성하지 않았다. 북부군은 캉브레와 아라스 주변으로부터 생 캉탱 방향으로 남동쪽을 향해 공격해야 하며, 그가 생 캉탱-아미앵 포킷이라고 부르는 지역에서 교전 중인 독일 기갑사단의 측면을 칠 수 있을 것이라고 했다. 그리고 북부군의 후미는 동쪽을 향해 엄호하고 있을 뿐만 아니라 필요한 경우 북쪽까지 엄호할 수 있는 벨기에군이 지켜줄 것이라고 했다. 그 사이에 프레르 장군이 지휘하는 새 프랑스 부대가 솜 강을 따라 전선을 형성할 것이라고 했다. 새 부대는 알사스, 마지노 선, 아프리카 그리고 기타 여러 지역에서 차출한 병력으로 18개 내지 20개 사단 규모로 구성한다는 것이었다. 새 부대의 좌익은 아미앵을 통과하여 아라스로 진격하고, 최선의 노력을 다하여 북부군과의 연계를 확립해야 한다. 베강은 적군의 탱크에 대해서는 끊임없이 부담을 주어야 한다고 말했다. "기갑사단들이 주도권을 잡도록 내버려두어서는 안 됩니다." 필요한 명령은 이미 명령을 발동할 수 있는 한도 내에서는 모두 발동했다. 그런데

범례
　영국군
　[프랑스군 벨기에군
　독일 공격

안트베르펜

벨기에군

겐트

이제르 강

됭케르크

브뤼셀

칼레

이프르 메냉

리스 강

카셀

우디나르데

생오메르

영국 원정군

스헬더 강

나무르

불로뉴

아즈부르크

릴

몽트뢰유

베튄

제1군

몰드

발랑시엔

에댕

생 폴

두에

아라즈

아브빌

둘랑

캉브레

독일군 10개 기갑사단

솜 강

우아즈 강

페론

하미앵

생 캉탱

세르 강

스당

제7군(집결)

쇼니

랑

르텔

0　10　20　30　40 마일

수아송

엔 강

제6군

랭스

5월 22일 저녁 상황

그때 우리는 베강의 전체 계획을 이미 들었던 비요트 장군이 자동차 사고로 사망했다는 소식을 접하게 된 것이었다. 딜과 나는 베강의 계획을 받아들이는 것 외에는 달리 방도가 없었으며, 실제로 아무런 다른 생각도 하지 않았다. 나는 한 가지를 강조했다. "북부군과 남부군 사이에 아라스를 경유하는 연결 도로를 다시 뚫는 것이 절대적으로 필요합니다." 또 남쪽 방향으로 공격하는 동안에도 고트 경이 해안으로 통하는 길은 확보하고 있어야 한다고 설명했다. 결정된 사항에 관하여 오류가 없도록 하기 위하여 나는 그 내용을 구술하여 받아 적게 한 다음 베강에게 보였고, 베강은 확인한 다음

동의했다. 따라서 나는 그 내용을 내각에 보고했고, 이어서 고트 경에게 그 소식을 전하도록 했다.

베강의 새 계획은 주안점만 제외하고는 취소된 가믈랭 장군의 명령 제12호와 전혀 다르지 않다는 사실을 알 수 있다. 그리고 그것은 19일 영국의 전쟁내각이 발표한 강경한 의견과 서로 배치되는 것도 아니었다. 북부군은 공세를 취하면서, 가능하다면 적군의 탱크를 파괴하면서 남쪽으로 밀고 내려가야 했다. 그리고 아미앵을 거쳐 진격해올 프레르 장군의 새 프랑스 부대의 지원을 받게 될 것이었다. 만약 그대로 실현되었다면, 그것은 대단히 중요한 의미를 가질 수 있었다. 나는 고트가 4일 동안 명령을 받지 않고 있었던 사실에 대해서 레노에게 개인적인 고충을 털어놓았다. 베강이 취임한 뒤에도 결정을 하는 데까지는 3일을 허비했다. 최고사령부의 인적 교체는 옳았다. 그러나 그 결과로서 나타난 시간의 지체는 재앙이었다.

최고위급의 전쟁 지휘가 결여된 상태에서 사태는 멋대로 흘러갔고, 적은 지배권을 장악했다. 21일에서 23일 사이에 영국군은 아라스 부근에서 절망적인 소규모 전투를 했는데, 롬멜이라는 이름의 장군이 이끄는 부대가 포함된 독일 기갑부대는 너무나 강했다. 그때까지 베강 장군은 프레르 장군의 군대가 아미앵, 알베르, 페롱을 향하여 남쪽으로 진군할 것을 기다리고 있었다. 그러나 실제로 그 부대는 아무런 뚜렷한 진전도 없이 마냥 소집하고 편성하는 일만 하고 있을 뿐이었다.

★ ★ ★ ★ ★

당시 내각과 군부 상층부는 4월 23일부터 영국 육군참모차장이 된 존 딜 경이 우리의 주요한 육군 고문으로서 그의 능력과 전략적 지식을 충분히 구사할 수 있으리라는 느낌을 확실히 가지고 있었다. 그의 전문가적인 수준이 아이언사이드보다 여러 면에서 뛰어나다는 사실을 부인할 사람은 아무도 없었다.

던 고트는 영국과 프랑스 양국 정부나 프랑스 최고사령부의 통제력이 완전히 무너져버린 것을 확인하고, 남쪽 공격을 단념하고 벨기에의 항복으로 인하여 생긴 북쪽의 틈을 메우고 바다를 향해 진군하기로 결심했다. 그 순간에는 궤멸과 항복으로부터 벗어날 수 있는 유일한 길이었다. 오후 6시, 고트는 제5사단과 제50사단에 명령을 내려 영국 제2군단과 연합하여 북쪽에서 벌어지고 있는 벨기에의 틈을 막도록 했다. 그는 비요트에 이어서 프랑스 제1집단군을 지휘하던 블랑샤르 장군에게 자신의 작전 계획을 통보했다. 사태를 파악한 블랑샤르는 밤 11시 30분에 명령을 내렸는데, 그것은 됭케르크 주변에 교두보를 확보하기 위해서 26일에 릴 서쪽의 리스 운하 배후까지 모두 후퇴하라는 내용이었다.

5월 26일 이른 아침, 고트와 블랑샤르는 해안으로 철수하는 계획을 세웠다. 프랑스 제1군은 퇴각해야 할 거리가 더 길었기 때문에 영국 원정부대의 첫 출동은 26일과 27일 사이의 밤중에 이루어질 수 있도록 준비하고 있어야 했다, 영국 제1군단과 제2군단의 후위 부대는 27일과 28일 사이의 밤까지 국경 방어 진지에 남아 있었다. 그 모든 행동은 고트 경 자신이 책임을 지고 이루어졌다. 그러나 영국에서도 조금 다른 각도의 정보에 의하긴 했지만, 이미 동일한 결론을 내리고 있었다. 26일, 육군부는 전문을 보내 고트 경의 부대 이동을 승인했고, 그에게 "프랑스군 및 벨기에군과 연합하여 해안을 향한 작전을 수행하는" 권한을 부여했다. 동시에 모든 종류의 크고 작은 함선을 규합하여 비상 함대를 조직하는 일에 박차를 가했다.

그동안 됭케르크 부근에서는 교두보 설치 작업이 진행되고 있었다. 프랑스군은 그라블란-베르그 지역을, 영국군은 거기서부터 운하를 따라 퓌른을 거쳐 뉴포르와 바다에 이르는 지역을 맡았다. 두 방향에서 몰려오는 다양한 병과의 병력을 방어선에 직물을 짜듯이 배치했다. 26일자 명령을 확인시키면서 육군부는 27일 오후 1시 고트 경에게 다시 전문을 보냈다. 그의 임무

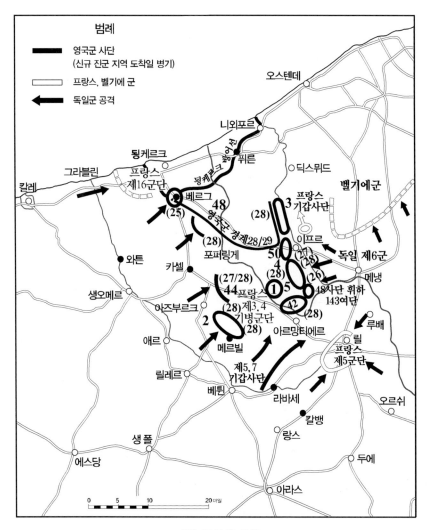

범례

- **영국군 사단**
  (신규 진군 지역 도착일 병기)
- 프랑스, 벨기에 군
- **독일군 공격**

오스텐데

니외포르

됭케르크
프랑스
제16군단

뒤른

딕스뮈드

벨기에군

그라블린

칼레

됭케르크 엘우선

베르그

48

(25)

(28)

3

프랑스
기갑사단

이프르

(28)

영국군 경계28/29

포퍼링게

50

독일 제6군

(28)

4

(28)

(28)

메냉

와튼

카셀

(27/28)

44프랑스

1

5

48사단 휘하
143여단

생오메르

(28)

제3,4
기병군단

(28)

42

(28)

아즈부르크

2

루배

애르

메르빌

(28)

아르망티에르

릴
프랑스
제5군단

릴레르

베튄

제5,7
기갑사단

라바세

오르쉬

생 폴

칼뱅

랑스

에스당

두에

아라스

0   5   10   20마일

5월 28일의 상황

는 "가능한 한 최대한의 병력을 탈출시키는 것"이라는 내용이었다. 나는 그
전날 레노에게 영국 원정군을 철수하는 계획을 알리고, 그에 대응하는 조치
를 취해달라고 요청했다. 그런데 통신망이 붕괴되어 27일 오후 2시가 되어
서야 프랑스 제1군 사령관의 명령이 예하 부대에 전달되었다. "리스 부근
지역에서 임전무퇴의 공세를 유지할 것."

영국군 4개 사단과 프랑스 제1군은 릴 부근에서 고립될 수 있는 긴박한 위험에 처했다. 독일군의 포위 움직임은 이제 그 두 집게발을 닫으려는 순간이었다. 그러나 바로 그때가 기계화된 수송 수단이 위력을 발휘하는 보기 드문 결정적 순간이었다. 고트가 명령을 내리자, 4개 사단 전군이 거의 하룻밤 사이에 놀랄 만한 속도로 되돌아온 것이다. 그 와중에서도 영국 육군의 나머지 병력은 회랑 지대의 양쪽 끝에서 치열한 전투를 벌이며 바다로 통하는 길을 지켰다. 그동안 우리 제2사단의 용전에 의해서 이틀이 지연되고 제5사단의 분투에 힘입어 사흘이 늦어진 독일군의 두 집게발 끝이, 1942년 스탈린그라드를 포위했던 러시아의 대작전처럼, 마침내 5월 29일 밤 서로 모아졌다. 그 올가미를 닫는 데는 이틀 하고 반나절이 걸렸다. 프랑스군의 수송 수단은 말[馬]뿐이었으며, 게다가 됭케르크로 가는 간선도로는 이미 끊겨 나머지 도로들은 퇴각하는 부대와 수송 차량의 긴 대열과 수천 명의 피란민으로 꽉 차 있었음에도 불구하고, 그동안 영국군 사단들과 이미 궤멸된 제5군단을 제외한 프랑스 제1군의 대부분은 적군 포위망의 틈을 이용하여 양호한 상태로 철수했다.

★ ★ ★ ★ ★

나는 열흘 전에 체임벌린에게 다른 각료들과 함께 검토해보라고 요청한 질문을 정식으로 3군 참모총장들에게 보냈는데, 그것은 영국의 독자적인 전투 수행 능력에 관한 것이었다. 질문지를 만들면서 방향은 제시하되, 그것이 어떠한 것이든 3군 참모총장들이 자유롭게 의견을 표현하게 하려는 의도를 반영했다. 나는 그 이전에 이미 그들의 생각이 확고하다는 것을 알고 있었다. 그러나 그러한 확고한 의사를 기록된 형태로 보관하는 것은 현명한 방식이다. 그리고 나로서는 우리의 결정이 전문적인 의견을 토대로 하고 있다는 사실을 의회에 명확히 알려줄 수 있기를 바랐다. 다음은 나의 질문과 그에 대한 대답이다.

1. 우리는 수상이 제시한 다음과 같은 질문 사항에 비추어 "미래에 발생할 사태에 대한 영국의 전략"에 관한 우리의 보고서를 검토했다.

"독일군이 현재 상태를 계속 유지하고 있는 가운데, 벨기에가 영국 원정군의 해안 도착을 도운 뒤 항복하지 않을 수 없게 되고, 프랑스는 전쟁을 계속 수행할 능력을 잃고 중립국이 되는 경우 ; 군비 철폐, 오크니 제도의 해군 기지 할양 등과 같은 영국의 운명을 독일의 처분에 맡기는 조건이 우리에게 제시되는 경우 ; 우리 독자적으로 독일 그리고 어쩌면 이탈리아에게 대항하여 전쟁을 계속 수행할 수 있는 가능성은 어떠한가? 우리 해군과 공군은 중대한 침공을 저지할 수 있는 합리적인 희망을 가질 수 있는가? 영국 본토에 집결할 수 있는 병력으로 1만 명을 넘지 않는 부대의 공중을 통한 기습작전에 대항할 수 있는가? 영국의 저항을 오랫동안 계속 유지하는 것이 이미 유럽의 대부분을 제압한 독일군에게 위협이 될 수 있는가?"

2. 이에 대한 우리의 결론은 이하의 여러 사항에 포함되어 있다.

3. 우리 공군이 존재하는 한, 해군과 공군의 합동 작전으로 바다를 통한 독일군의 강력한 침공을 저지할 수 있다고 생각한다.

4. 독일이 우세한 공군력에 의하여 제공권을 완전히 장악한다면, 우리 해군은 일시적으로 적의 침공을 저지할 수는 있지만 무한정 가능하리라고는 생각하지 않는다.

5. 만약 우리 해군이 침공을 저지할 수 없고 공군은 전멸한 상태에서 독일군이 공격해온다면, 연안과 해변의 방비로는 독일군 탱크와 보병이 우리 해안에 확고한 기반을 구축하는 사태를 막을 수가 없을 것이다. 그러한 상황에서는 우리 육상 병력이 적군의 중대한 침공에 대처할 만큼 충분하지 못하다.

6. 문제의 핵심은 공군력의 우세이다. 독일군이 일단 제공권을 확보하면,

아마도 공군의 공격만으로 우리를 정복하려고 시도할지 모른다.

7. 독일은 우리 공군과, 코벤트리와 버밍엄에 중요한 시설이 집중되어 있는 비행기 제조 산업을 파괴하지 않는 한 완벽한 공군력의 우세를 확보할 수 없다.

8. 비행기 공장에 대한 공습은 밤낮으로 행해질 것이다. 중대한 손실을 막기 위해서는 주간에 나타나는 적기에 타격을 입혀야 한다고 생각한다. 그러나 우리가 어떠한 방어 수단을 강구하더라도—그리고 항상 모든 조치를 신속하게 추진하고 있다고 하더라도—우리의 비행기 제조 산업이 의존하고 있는 대규모의 공업 중심지에 대한 야간 공습을 방어할 수 있으리라고 자신하지는 못한다. 우리 공장에 대한 물질적 손실을 목표로 하는 야간 공습이라면, 적으로서는 굳이 정밀 폭격을 시도할 필요가 없다.

9. 공습이 우리의 비행기 제조 산업을 제거하는 데에 성공할 것이냐 하는 것은 두 가지 요소에 달려 있다. 첫째는 폭격에 의한 물질적 손실이며, 둘째는 공장 노동자들과 대규모의 파괴와 폐허 속에서 일을 계속 하고자 하는 그들의 의지에 미치는 정신적 영향력이다.

10. 그러므로 적이 우리 비행기 공장에 야간 공습을 한다면, 공장 지역 내에 막대한 물질적, 정신적 타격을 입혀 모든 기능을 마비시킬 정도에 이를 것이다.

11. 양적인 면에서 독일 공군력은 우리보다 4대 1의 비율로 우세하다는 사실을 명심해야 한다. 게다가 독일의 비행기 공장은 잘 분산되어 있어 상대적으로 접근이 용이하지 않다.

12. 그런 반면, 우리가 반격용 폭격기 부대를 보유하는 한 독일의 공장 중심부에 똑같은 방식의 공습을 행하여 정신적, 물질적 효과로 인한 마비 상태를 초래하게 할 수 있다.

13. 요약하면, 결론은 이렇다. 언뜻 보기에 독일은 모든 면에서 유리하다.

그러나 실질적인 승부는 우리의 전투 병력과 일반 국민의 사기가 독일이 누리고 있는 수적, 물질적 우세에 상응하여 균형을 유지할 수 있느냐의 여부에 달려 있다. 우리는 균형을 유지할 수 있다고 믿는다.

말할 것도 없이 됭케르크 구출 작전 이전의 가장 암담했던 시기에 작성된 그 보고서에는 3군 참모총장들인 뉴월, 파운드, 아이언사이드가 서명했을 뿐만 아니라 3군 참모차장들인 딜, 필립스, 피어스도 서명했다. 몇 년이 지난 뒤에 읽어보아도, 그것은 아주 중대하고 무서운 결의를 담고 있었다. 그것을 본 전쟁내각 각료나 다른 몇몇 각료는 모두 하나가 되었다. 토론은 없었다. 우리 모두의 마음과 정신은 하나였다.

나는 집무실에서 다음과 같은 일반 훈령을 내렸다.

(보안 엄수)

현재와 같은 암울한 시기에 정부의 모든 동료 및 주요 고위관리들은 사태의 중대성을 결코 과소평가해서는 안 되며, 전 유럽을 자기 지배하에 두려는 적의 의지를 꺾어놓을 때까지 전쟁을 계속 수행할 수 있는 우리의 능력과 불굴의 결의를 보여주면서 각자의 역할 범위 내에서 고도의 사기를 유지할 수 있다면, 수상으로서 고마움을 표시하지 않을 수 없겠다.

프랑스가 단독 강화를 할 수도 있다는 생각은 결코 허용될 수 없다. 유럽 대륙에 어떠한 일이 벌어지더라도 우리의 의무는 의심할 여지없이 분명하다. 우리는 이 섬과 제국과 우리의 대의를 지키기 위하여 전력을 다할 것이다.

1940년 5월 28일

★ ★ ★ ★ ★

28일 이른 아침, 벨기에군이 항복했다. 고트 경은 항복하기 겨우 한 시간 전에 공식 통지를 받았지만, 벨기에의 함락은 이미 3일 전에 예견되었던 것이었고 그로 인한 방어의 틈을 대체로 메우고 있었다. 그날 하루 내내 영국 육군의 탈출 가능성은 알 수 없는 상태였다. 코민에서 이프르를 거쳐 바다에 이르는 전선에서 브룩 장군이 이끄는 제2군단은 동쪽을 향하여 가면서 벨기에의 틈을 메우려고 대규모 전투를 벌여야 했다. 그러나 벨기에군이 북쪽으로 물러난 뒤에 항복을 선언함으로써, 그 틈은 회복이 불가능할 정도로 넓어졌다. 영국군과 벨기에군 사이로 돌입하는 독일군을 저지할 수 없었는데, 결과는 아주 치명적일 수 있었다. 적군이 이제르 강을 건너 내륙 쪽으로 돌아 들어오게 되면 교전 중인 아군의 바로 뒤쪽 해변을 점령하게 된다는 사실 때문에, 도처에서 우리가 기선을 제압했다.

독일군은 유혈이 낭자한 반격을 당했다. 그동안 브룩이 싸우고 있는 전선에서 뒤쪽으로 불과 6킬로미터 정도밖에 떨어지지 않은 곳에서는 됭케르크의 교두보 구축을 위해서 엄청난 장비와 병력이 수송되었으며, 즉시 교두보 수비대로 변신했다. 29일에는 영국 원정군의 대부분이 교두보 부근에 도착했으며, 동시에 철수를 위한 해군의 모든 조치는 절정에 이르렀다. 5월 30일, 최고사령부는 모든 영국군 사단, 혹은 사단의 일부가 잔존하고 있는 경우에는 그 전원이 교두보 안으로 진입했다고 보고했다.

프랑스 제1군의 절반이 넘는 병력은 됭케르크에 도착하여 거의 모두 안전하게 배를 타고 떠났다. 그러나 최소 5개 사단의 퇴각 대열은 릴 서쪽에서 죄어들고 있던 독일군 포위망의 집게발에 걸리고 말았다. 릴의 프랑스군은 점점 가중되는 적군의 압력에 맞서 전선을 좁혀가며 31일 저녁까지 싸웠지만, 식량 부족과 탄약 소진으로 투항하지 않을 수 없게 되었다. 그리하여 약 5만 명의 프랑스 병사의 운명이 독일군의 수중에 들어가고 말았다. 몰리니에 장군의 뛰어난 지도력에 의해서 프랑스 용사들은 그 급박한 나흘 동안 7개 사단 이상의 독일군을 맞아 싸웠다. 만약 그렇지 않았더라면, 그 독일군 병력은 됭케르크 부근으로 진격했을 것이다. 그 프랑스군은 그들보다

운이 좋은 동료 병사들과 영국 원정군의 탈출에 위대한 공헌을 했다.

★ ★ ★ ★ ★

그토록 막중하고 전 국면에 걸친 책임을 짊어지면서, 어떻게 조정할 수도 없을 뿐만 아니라 개입할 경우 득이 되기보다는 해가 될 것 같은 당시의 극적인 사건을 마치 명멸하는 불빛을 바라보듯이 지켜보는 일은 나에게는 실로 가혹한 경험이었다. 솜 강 유역으로 후퇴한다는 베강의 계획을 충실히 쫓고 있는 동안 이미 중대한 상황에 이른 우리의 위험 상황이 더욱 심각해졌다는 사실은 의심의 여지가 없었다. 그러나 고트는 베강의 계획을 포기하고 바다를 향해 진군하기로 결정했으며, 우리는 그 결정에 신속히 동의했다. 그리고 그 결정은 고트와 그의 참모진에 의해서 노련한 솜씨로 실행되었다. 그것은 영국 전쟁사에서 찬연히 빛나는 한 장면으로 새겨질 것이다.

제4장
됭케르크 구출 작전

5월 28일 화요일, 나는 일주일 만에 하원에 출석했다. 그 사이 틈틈이 중간보고를 했지만 특별한 것은 없었으며, 의원들로부터 중간보고의 요청도 없었다. 그러나 모두들 우리 군대의 운명 또는 그 이상의 것이 그 주일 안에 결정될 것이라고 생각하고 있었다. 나는 이렇게 말했다. "의회는 고통스럽고 견디기 힘든 소식을 받아들일 마음의 준비를 하고 있어야 합니다. 내가 여기서 부언하고자 하는 바는, 이 전쟁에서 어떤 일이 일어나든지 그 무엇도 우리가 이미 모든 것을 바쳐온 세계의 대의를 지켜야 한다는 우리의 의무로부터 벗어날 수는 없다는 것입니다. 그리고 또한 그 무엇도, 지난 역사에서 그러했던 것처럼 우리의 적을 완전히 격멸하는 그날까지 온갖 재난과 고통을 극복하여 돌파할 수 있다는 우리의 자신감을 무너뜨릴 수 없다는 것입니다." 정부를 구성한 이후 나는 수많은 전쟁내각 밖의 동료들을 극히 개인적인 경우를 제외하고는 만나지 못했다. 하원의 내 방에서 전쟁내각 구성원이 아닌 각료급의 사람들과 회의를 가져야 할 필요가 있다고 생각했다. 그리하여 탁자에 둘러앉은 사람은 대략 25명이 되었다. 나는 사태의 경과를 설명하고, 현재 우리가 처해 있는 상황을 간단히 얘기한 다음, 모든 것은 알 수 없는 상태라고 했다. 그런 다음 특별한 의미를 두지 않고 담담하게 말했다.

"당연히 우리는 됭케르크의 결과가 어떻든 계속 싸울 것입니다."

그러자 그 자리에서 즉시 감정을 행동으로 나타내는 일이 일어났는데, 그런 현상은 옳건 그르건 전쟁 전에는 모두 서로 다른 견해를 표시하던 스물다섯 명의 노련한 정치인과 의원들이라는 점을 고려할 때 나로서는 놀라울 따름이었다. 몇 사람은 벌떡 일어나 무엇인가 소리를 지르며 내 자리로 달려와 등을 두들겨주기도 했다. 그 위급한 상황에서 국가 지도자로서 우유부단하게 머뭇거렸다면, 나는 수상 자리에서 쫓겨나고 말았을 것이다. 모든 각료는 적에게 굴복하느니 기꺼이 자신의 목숨을 아끼지 않고, 가족과 재산까지 포기할 준비가 되어 있었다. 그 점에서 그들의 태도는 하원과 대다수의 국민을 대표하는 것이었다. 그 뒤에 나는 적당한 기회에 종종 그들의 감정을 대신 표현하지 않으면 안 되었다. 그들의 감정이 나의 감정과 일치하는 것이었기에 때문에 가능한 일이었다. 그때는 백열화한 불가항력의 숭고한 감정이 나라 전체에 흘러넘치고 있었다.

★ ★ ★ ★ ★

영국과 프랑스 군대의 됭케르크 철수에 관해서는 정확하고도 훌륭한 기록들이 작성되어 있다. 20일 이후 선박과 작은 주정을 모으는 작업은 도버에서 지휘했던 램지 제독의 통제 아래 진행되었다. 26일 저녁 해군부의 신호와 함께 "다이너모" 작전이 시작되었고, 최초의 철수 병력이 그날 밤 본국으로 돌아왔다. 불로뉴와 칼레를 잃고 난 뒤 우리에게 남은 것이라고는 됭케르크 항의 나머지 부분과 벨기에 국경 옆의 사방이 트인 해안밖에 없었다. 당시 계산으로 우리가 구출할 수 있는 최상의 수준은 이틀 동안 4만5,000명 정도였다. 다음날인 5월 27일 아침, "특별한 요구"에 따라 추가로 소주정을 확보하기 위한 비상조치가 취해졌다. "특별한 요구"란 영국 원정군의 전원 구출이라는 의미였다. 됭케르크 항구에서 병력을 태울 수 있는 대형 선박

외에 해안에서 수송 작업을 펼칠 다수의 작은 주정이 필요한 것은 당연했다. 해운부 장관 H. C. 리그스의 제안에 따라 해군부 장교들은 테딩턴과 브라이틀링시 사이의 온갖 소형 조선소나 수리소를 뒤졌고, 그 결과 40척이 넘는 모터 보트와 란치[군함에 싣고 다니는 대형 보트/역주]가 그 다음날 쉬어니스에 집결했다. 그와 동시에 런던 항에 정박 중이던 여객선들의 구명정, 템스 강의 예인선, 요트, 낚싯배, 전마선, 바지 선 그리고 유람선에 이르기까지 해안에서 사용할 수 있는 것은 모두 동원했다. 27일 밤, 작은 배들은 거대한 물결을 이루며 바다를 향해 발진했다. 먼저 영국 해협의 항구들을 거쳐 됭케르크 해안으로, 사랑하는 우리 용사들 곁으로 나아갔다.

일단 작전이 개시되어 보안을 유지할 필요가 없어지게 되자, 해군부는 즉시 남부와 동남부 해안 어민들의 자발적인 참여를 허용했다. 동력선이든 범선이든 배를 가진 사람은 모두 됭케르크로 향했다. 따라서 일주일 전에 준비했던 계획은 놀랄 정도로 많은 자원봉사자들의 눈부신 활약에 힘입어 큰 도움을 얻게 되었다. 29일 도착한 선박의 수는 얼마 되지 않았다. 그러나 그것을 시작으로 31일부터 거의 10만 병력을 해안으로부터 바다에 대기 중인 큰 배로 옮기는 결정적인 역할을 수행했다. 그 기간 동안 나는 해군부 지도실 실장이었던 핌 대령을 비롯한 낯익은 한두 사람의 얼굴을 볼 수가 없었는데, 그들은 네덜란드 쾌속정 한 척으로 나흘 동안에 800명의 병사를 실어 날랐다. 쉬지 않고 계속되는 적기의 폭격 속에서 우리의 군대를 구출하기 위해서 나선 선박은 모두 860척가량이었는데, 그중 700척가량이 영국 선박이었고 나머지는 연합국의 것이었다.

★ ★ ★ ★ ★

한편 됭케르크 주변 지상의 시계(視界)를 확보하는 일은 차질 없이 정확히 이루어졌다. 혼란에서 벗어난 부대는 이틀 동안 구축된 방어 진지를 따라 배치되었다. 몸의 상태가 좋은 병사들은 따로 돌려서 별도의 방어선을 만들었다. 제2사단이나 제5사단처럼 너무 지친 부대는 예비부대로 해변에 배치했다가 먼저 승선하도록 조치했다. 처음에는 전선에 3개 군단을 배치하지 않으면 안 되었는데, 29일에 프랑스 병력이 크게 가세하여 2개 군단으로 충분하게 되었다. 적군은 철수하는 우리 군대를 바짝 추격하여 힘든 전투가 끊이지 않았는데, 특히 뉴포르와 베르그 부근의 측면에서 격전이 벌어졌다. 철군이 계속되어 영국군과 프랑스군의 수가 줄어들면서 그만큼 방어선도 축소되었다. 해변에서는 수천 명의 병사가 끊임없는 적군의 공습 아래 3일, 4일 또는 5일씩 모래 언덕들 사이에서 보냈다. 독일 공군이 철수를 불가능하게 할 것이기 때문에, 최후의 일격을 위해서 기갑부대를 유지해야 한다는 히틀러의 생각은 결과적으로 틀렸지만, 전혀 터무니없는 판단은 아니었다.

히틀러의 기대를 빗나가게 한 것은 세 가지 요인이 작용했기 때문이다. 첫째, 해안선을 따라 끊임없이 무수히 공중 폭격을 했지만, 거의 타격을 주지 못했다. 폭탄은 부드러운 모래 속에 파묻혔고, 따라서 파괴력은 소멸되고 말았다. 초반에 격심한 공습이 있고 난 뒤 우리 군대는 사상자가 거의 발생하지 않은 사실에 깜짝 놀랐다. 폭탄은 도처에 떨어졌지만, 그로 인하여 잘못된 병사는 거의 없었다. 만약 암석으로 이루어진 해안이었다면, 아주 치명적인 결과가 초래되었을 것이다. 이윽고 병사들은 적의 공습을 아무렇지도 않게 여기게 되었다. 모래 언덕 아래서 희망을 안고 침착하게 웅크리고 있었다. 바로 앞에는 회색빛이었으나, 적의 없는 바다가 놓여 있었다. 그리고 그 너머에는 구원의 손길이 되어줄 배가 그리고 고향이 기다리고 있었다.

히틀러가 예상하지 못했던 두 번째 요인은 독일군 조종사들의 대량 희생이었다. 영국과 독일 공군의 능력은 노골적으로 시험의 대상이 되었다. 우리 전투기 사령부는 집중적인 노력으로 전장의 상공을 계속하여 초계하면

는 그가 단독 강화로 방향 전환을 할 것만 같은 분위기를 감지했다. 그가 어떠한 표현을 구사했는가 하는 문제는 별개로 하고, 그의 영향력, 평판, 일련의 불행한 사태를 받아들이는 침착성은 그를 따르는 사람들을 압도했다. 지금 누구였는지는 기억나지 않지만, 프랑스 측의 한 사람이 그들 특유의 세련된 말투로 계속된 군사적 실패로 인하여 결국에는 프랑스의 외교 정책에 수정을 가하지 않을 수 없을지 모른다고 말했다. 그때 스피어스가 가만히 있을 수 없다는 듯이 끼어들었는데, 완벽한 프랑스어로 특히 페탱을 향해서 한마디 했다. "원수 각하, 그렇게 될 경우 그것은 봉쇄를 의미한다는 것을 아실 텐데요?" 누군가 대답했다. "어쩌면 봉쇄가 불가피할 수도 있겠지요." 그러자 스피어스는 페탱을 정면으로 바라보며 말했다. "그렇게 되면 프랑스가 봉쇄될 뿐만 아니라 독일 손에 들어간 프랑스의 모든 항구에 대한 폭격이 불가피하게 될 것입니다." 나는 그 말을 듣고 통쾌했다. 무슨 일이 벌어지더라도 혹은 그 어느 누구가 탈락하더라도 우리는 끝까지 싸울 것이다. 내가 입버릇처럼 하던 말이었다. 그날 밤에도 약간의 공습이 있었다. 다음날 아침, 나는 파리를 떠났다.

★　★　★　★　★

5월 31일과 6월 1일, 됭케르크의 철군은 마지막은 아니었지만 절정에 이르고 있었다. 이틀 동안 13만2,000명이 안전하게 영국에 상륙했는데, 격렬한 공습과 포격 아래서 거의 3분의 1에 해당하는 병사들을 소주정들이 실어 날랐다. 6월 1일 이른 새벽부터 독일군 폭격기는 우리 전투기들이 연료 보급을 위해서 물러선 틈을 타서 최대의 폭격을 퍼부었다. 그 공격으로 밀집해 있던 우리 선박들이 큰 피해를 입었는데, 그 규모는 이전 일주일 동안의 손실과 맞먹었다. 그날 하루 동안 폭격기, 기뢰, 이보트[독일의 고속 어뢰정. 슈넬보트(Schnellboot), 즉 쾌속정이란 뜻인데, 영국에서는 이보트라고 불렀다. Enemy Boat의 약자/역주]의 공격 그리고 기타 사고로 인하여 입은 손실은 침몰 31척에 파손 11척이었다. 육상에서 적군은 우리 교두보를 돌파하기 위하여 전력을 다했다. 그렇지만 연합군 후위 경계부대의 필사적인 저항으로 만에서 저지되었다.

작전의 마지막 국면은 비상한 기교와 엄밀성을 통해서 수행되었다. 시시각각 벌어지는 상황에 즉흥적으로 대응하는 것이 아니라 사전에 계획을 수립하는 일이 비로소 가능해졌다. 6월 2일 새벽, 7문의 대공포와 12문의 대전차포를 갖춘 4,000명의 영국군은 시계(視界)가 축소된 상당한 프랑스 병력과 함께 됭케르크 외곽에 남아 있었다. 그때는 이미 짙은 어둠 속에서만 탈출이 가능한 상황이었으므로, 램지 제독은 모든 수단을 동원하여 밤중에 전원이 항구로 내려가기로 결정했다. 그날 저녁 무렵 예인선과 소주정 말고도 11척의 구축함과 14척의 소해정을 포함하여 44척의 배가 영국에서 왔다. 40척의 프랑스와 벨기에 선박도 합세했다. 자정이 되기 전에, 영국군 후위 경계부대가 승선하여 출발했다.

하지만 그것으로 됭케르크의 이야기가 끝나는 것은 아니다. 그날 밤 우리는 프랑스 측이 제시한 것보다 더 많은 프랑스 병력을 수송할 준비를 해두고 있었다. 그런데 새벽에 철수하지 않으면 안 될 상황이 되었을 때 우리 선박의 대부분은 비어 있었으며, 상당한 프랑스 병력은 여전히 적군과 교전하면서 해안에 남아 있었다. 한 번 더 시도를 해야만 했다. 그렇게 오랜 시간 동안 조금도 쉬지 않고 작전에 참여한 탓에 지칠 대로 지쳤음에도 불구하고, 선박 회사들은 우리 요구에 응했다. 6월 4일 2만6,175명의 프랑스 병사가 영국에 상륙했는데, 2만1,000명 이상이 영국 선박으로 해협을 건넜다. 그러나 불행하게도 수천 명의 프랑스 병사는 그대로 남아서 4일 아침까지 점점 축소되는 교두보에서 전투를 계속했는데, 적군이 마을 근교에 도달했을 때쯤에는 전력이 바닥나버렸다. 그들은 며칠 동안 영국군과 프랑스군 동료의 철수를 엄호하기 위하여 용감하게 싸웠다. 그들은 모두 그 다음해까지 포로 생활을 해야 했다. 우리는 됭케르크 후위 경계부대가 끝까지 참고 견딘 덕분에 영국 본토 방위를 위한 군대의 재건과 최종의 승리를 침착하게 성취할 수 있었다는 사실을 잊어서는 안 된다.

6월 4일 오후 2시 23분, 영국 해군부는 프랑스의 동의를 얻어 "다이내모 작전"이 종료되었음을 선언했다. 모두 33만8,000명이 넘는 영국군과 연합군 병사가 영국에 상륙했다.

★ ★ ★ ★ ★

6월 4일 의회가 열렸다. 공개 석상에서, 그리고 뒤에 비공개회의에서 사건의 전말을 상세히 설명하는 것은 나의 의무였다. 여기서는 내가 한 연설을 발췌하여 인용하기로 한다. 영국 국민뿐만 아니라 전 세계에 대하여 포기하지 않고 계속 싸우기로 한 우리의 결의가 결코 단순한 절망적 몸부림이 아니라 진지한 고심의 결과에서 비롯한 것이라는 사실을 알리는 일이 중요했다. 내가 확신을 가진 근거에 관해서도 솔직히 밝힐 필요가 있었다.

우리는 그 구출 작전을 승리의 상징으로 삼지 않도록 유의해야 합니다. 철군으로 전쟁에서 승리를 획득할 수는 없기 때문입니다. 그러나 그 구출 작전의 이면에는 반드시 기록되어야 할 승리가 포함되어 있습니다. 바로 공군이 거둔 승리입니다. 그런데 수많은 우리 용사들은 귀환하면서, 활동하고 있는 공군의 모습을 보지 못했습니다. 그들은 오직 우리 공군의 엄호 공격망을 벗어난 적군의 폭격기만 보았을 뿐입니다. 따라서 그들은 우리 공군의 공적을 과소평가하고 있습니다. 나는 그러한 이야기를 너무나 많이 들었는데, 바로 그렇기 때문에 오늘 이 자리에서 제대로 말하고자 하는 것입니다. 잘 들어주시기 바랍니다.

그것은 영국 공군과 독일 공군 사이의 대단한 각축전이었습니다. 독일 공군으로서는 그 해안에서 철군을 불가능하게 하고, 거의 수천 척에 달하는 수송 선박을 격침하는 것 이상의 중요한 목표를 어디서 발견할 수 있었겠습니까? 전쟁 전체를 통틀어 그보다 군사적으로 더 중요하고 의미 있는 목표물이 또 어디에 있었겠습니까? 적군은 대단한 노력을 했지만, 그 결과는 패퇴였습니다. 적군은 그들의 계획을 수행하는 데 실패한 것입니다. 우리는 군대를 이동시켰습니다. 적군은 그들이 우리에게 입힌 것보다 네 배 더 큰 손실을 입었습니다.……우리의 모든 종류의 비행기와 모든 조종사는 지금 우리가 대적해야 하는 적보다 우월하다는 사실을 증명한 것입니다.

바깥으로부터의 침략에 대항하여 이 영국 섬을 상공에서 방어해야 할 경우 우리가 누리는 유일한 혜택이란, 바로 실질적이고 확실한 안심의 토대가 되는 것이라고 말할 수 있습니다. 나는 우리의 젊은 공군 용사들에게 찬사를 보냅니다. 위대한 프랑스 군대는 지금 불과 수천 대의 탱크에 쫓겨 혼란에 빠져 있습니다. 그렇다면 수천 명의 공군 용사의 기량과 헌신으로 문명 그 자체의 대의를 지키는 일도 가능한 것 아니겠습니까?

나는 히틀러가 영국 제도(諸島)를 침공할 계획을 가지고 있다고 알고 있습니다. 그러한 일은 이전에도 종종 있었던 일입니다. 나폴레옹이 평저선과 대군을 거느리고 1년 동안 불로뉴에 주둔하고 있을 때, 누군가가 그에게 이렇게 말했습니다. "영국에는 맛이 쓴 잡초가 있습니다." 이제 영국 원정군이 돌아왔으므로, 잡초는 훨씬 더 무성해진 상태입니다.

우리는 현재 이번 전쟁이나 지난 전쟁의 그 어느 시기와도 비교할 수 없을 정도로 강력한 군사력을 보유하고 있는데, 이러한 사실이 우리 본토 방위의 문제 전반에 많은 영향을 미치고 있습니다. 그러나 이 상태가 오래 계속되지는 않을 것입니다. 우리는 방어적 전쟁에만 만족할 수는 없습니다. 우리는 동맹국에 대한 의무를 짊어지고 있습니다. 용맹한 지휘관 고트 경을 중심으로 다시 한번 영국 원정군을 편성하고 재건해야 합니다. 그 모든 것은 준비되어 있습니다. 다만 그 이전에 우리는 가능한 최소한의 병력으로 효과적인 안보 유지를 수행하는 동시에 최대한의 잠재적 공격력을 보유할 수 있도록 이 섬의 방위 수준을 고도로 조직해야 합니다. 이제 우리는 그 과제에 당면한 것입니다.

나는 다음과 같은 말로 연설을 끝맺었는데, 뒤에 알게 되듯이 그것은 미국의 결정에 아주 시기적절하고 중요한 요인이 되었다.

설혹 유럽 대부분의 지역과 오랜 전통의 주요 국가들이 게슈타포의 손아귀에 이미 들어갔거나 들어가게 되어 나치 지배의 끔찍한 상황에 빠져들더라도, 우리는 결코 힘없이 주저앉거나 포기하지 않을 것입니다. 우리는 끝까지 나아갑니다. 우리는 프랑스에서 싸울 것입니다. 우리는 자신감과 힘을 점점 키워 하늘에서 싸울 것입니다. 우리는 어떠한 대가를 치르는 한이 있더라도 이 섬을 지킬 것입니다. 우리는 해안에서 싸울 것입니다. 상륙 지점에서도 싸울 것입니다. 들판에서도, 거리에서도 그리고 언덕에서도 싸울 것입니다. 우리는 결코 물러서지 않을 것입니다. 실제로 단 한 순간도 그럴 가능성이 있다고는 생각조차 하지 않지만, 만약 이 영국 전부 또는 그 대부분이 정복당하여 기아에 허덕일지라도, 영국 해군 함대를 무기로 삼아 바다 건너 저 편의 신세계가 막강한 힘으로 구세계를 구출하여 해방시키기 위해서 나설 그때까지 우리 제국이 싸움을 계속 수행할 것입니다.

제5장

먹잇감을 향한 돌진

영국 국민과 이탈리아 국민 사이의 우의는 가리발디와 카부르 시대[두 사람은 비토리오 에마누엘레 2세와 함께 1861년에 이탈리아 통일을 성취했다/역주]에 형성되었다. 북부 이탈리아가 오스트리아로부터 해방될 당시의 각 국면마다 그리고 이탈리아가 통일과 독립을 향해 나아가던 각 단계마다 이탈리아는 빅토리아 시대의 자유주의를 공감하게 되었다. 그러한 영국의 영향을 받아 이탈리아는 제1차 세계대전 때 연합국의 대의에 접근하게 되었다. 볼셰비즘에 대항하여 나타난 무솔리니의 집권과 파시즘 체제의 확립은 초기에는 영국 정파에 따라서 여론을 갈라놓았지만, 양국 국민들 사이에 구축된 광범위한 결속의 선의에 영향을 미치지는 못했다. 아비시니아에 대한 자신의 구상이 심각한 문제를 일으키기 전까지, 무솔리니는 영국 쪽에서서 나치즘과 독일의 야심에 반대했던 사실을 우리는 잘 알고 있다. 나는 아비시니아 문제에 대한 볼드윈-체임벌린 내각의 정책이 어떻게 양국 관계에 최악의 결과를 초래했으며, 어떻게 그 이탈리아 독재자의 힘을 조금도 꺾지 못한 상태에서 *그가 우리로부터 이탈하도록* 했는지, 또한 왜 국제연맹은 아비시니아를 구하지도 못한 채 상처만 입었는지에 관한 서글픈 이야기를 앞에서 이미 했다. 그리고 우리는 유화 정책의 시절에 잃어버린 무솔리니의 호의를 되찾기 위하여 체임벌린과 새뮤얼 호어 경과 핼리팩스 경이 시도한 열성적이었으나 헛된 노력도 앞에서 보아서 잘 알고 있다. 그리고 종국에 가서는 대영제국의 태양은 이미 졌으며, 독일의 도움을 받을 경우 이탈리아의 미래는 그 제국의 폐허 위에 건설될 수 있으리라는 무솔리니의 믿음이 점점 굳어져서 확고하게 되었다. 베를린-로마 추축이 형성되었으며, 이탈리아가 영국과 프랑스를 적으로 선언하고 뛰어든 전쟁의 첫날을 맞이하는 계기가 되었다.

무솔리니가 자기 자신과 이탈리아의 태도를 최종적으로 결정하기 전에 전쟁이 어떻게 전개되는지 살펴보려고 한 것은 당연한 신중함의 발로였다. 방관자적 입장은 어떤 경우에도 이익이 될 수 없었다. 이탈리아는 자신의 비위를 맞추려는 이쪽저쪽의 나라들에 둘러싸여 충분히 이익을 확보했으며, 유리한 조약을 체결하고 군비를 증강할 시간을 벌었다. 그와 같이 모호한 몇 개월이 지났다. 그러한 정책을 지속했을 경우 이탈리아의 운명은 과연 어떻게 되었을 것인가를 상상해보는 일은 매우 흥미롭다. 국내에 선거권을 가진 이탈리아계 사람이 상당히 많은 미국으로서는 히틀러에게 무력으로 이탈리아를 독일 편에 서게 하려는 시도는 아주 중대한 문제를 일으키게 될 것이라는 점을 미리 밝혀두어야 했을 것이다. 이탈리아가 계속 중립을 지켰더라면 이탈리아는 그 대가로 평화와 번영과 보다 강력한 국력을 얻었을 것이다. 일단 히틀러가 러시아와 분쟁에 휘말리기만 하면 그 유리한 상황은 거의 무한정 계속될 것이며, 그에 따른 이탈리아의 이익은 계속 늘어만 갈 것이었다. 그렇게 되면 강화를 할 때나 전쟁이 끝날 즈음 무솔리니는 태양의 반도와 그곳을 보금자리로 삼고 있는 근면하면서도 다산적(多産的) 국민들로부터 일찍이 찾아볼 수 없었던 현명한 정치인으로 추앙받았을 것이다. 그것은 실제로 그를 기다리고 있었던 상황보다 훨씬 더 좋은 상황이었을 것이다.

1927년에 두 차례 나는 무솔리니를 만났는데, 그와 나 사이의 개인적 관계는 아주 친밀했고 격의도 없었다. 도저히 불가피하게 우리가 전쟁으로 나아갈 준비를 해야 할 상황이 아니었다면, 나는 결코 아비시니아 문제와 관련하여 영국이 그와 적대적이도록 한다거나 국제연맹으로 하여금 분연히 그에 대항하도록 하지는 않았을 것이다. 그는 히틀러와 마찬가지로, 영국의 일반 여론이 나의 주장을 지지하지 않는 것을 반겼음에도 불구하고 영국의 재무장을 촉구하는 나의 캠페인을 이해하고 어느 면에서는 존중했다.

우리가 마침내 참담한 프랑스 전투에 이르게 된 위기 속에서 이탈리아를 싸움에 끌어들이지 않도록 최선의 노력을 다하는 것이 수상으로서의 나의 의무라는 사실은 명백했다. 나는 헛된 희망에 빠져들지는 않되, 내가 동원할 수 있는 모든 수단과 영향력을 즉시 행사하려고 했다. 내가 정부 수장의 자리에 취임한 지 엿새째가 되었을 때 내각의 요청에 따라 무솔리니에게 쓴 청원의 편지가 있는데, 그것은 훗날 상황이 바뀌고 난 2년 뒤에 그의 답신과 함께 공개되었다. 1940년 5월 16일자였다.

나는 수상 겸 국방부 장관으로 취임한 오늘 귀하와 로마에서 만났던 그때를 회상하면서, 이탈리아 국민의 수장인 귀하께 급속하게 벌어져가는 양국의 간극을 초월하여 선의에서 우러난 말씀을 드리고자 합니다. 영국과 이탈리아 양국의 국민 사이에 피의 강물이 흐르는 사태를 막기에는 이미 때가 늦었다고 생각하십니까? 의심의 여지없이 우리는 서로 깊은 상처를 입히고 서로를 잔혹하게 짓밟아 지중해를 암흑의 바다로 만들 수 있습니다. 귀하께서 그렇게 명령하신다면, 틀림없이 그렇게 될 것입니다. 그렇지만 여기서 밝히건대, 일찍이 나는 그 관대한 이탈리아의 적이 되어본 적이 없으며 이탈리아의 입법자인 귀하에 대하여 조금이라도 적의를 품어본 적이 없습니다. 지금 성난 파도처럼 유럽을 휩쓸고 있는 거대한 전투가 어떻게 전개될 것인지 예상하는 일은 한가롭기 그지없습니다. 그러나 유럽 대륙에 어떠한 일이 벌어지든지간에 영국은 끝까지 갈 것입니다. 전에도 그러했던 것처럼, 단독으로라도 끝까지 포기하지 않을 것입니다. 그리고 우리가 점점 더 높은 강도로 미국의 지원을, 나아가 전 아메리카의 도움을 받게 될 것이라고 나는 어느 정도 확신하고 있습니다.

귀하는 기록으로 남게 될 이 엄숙한 호소의 나의 글이 약자의 심리 또는 두려움에서 비롯한 것이 아니라는 점을 믿어주시기 바랍니다. 다른 모든 주장을 압도하여 시대의 요구로 다가오는 외침은, 어깨를 나란히 한 라틴 문명과 기독교 문명의 두 계승국이 생사가 걸린 싸움에서 서로 진영을 달리할 수는 없다는 것입니다. 공포의 신호가 나타나기 전에 명예와 경의로써 호소합니다. 귀를 기울여주시기 바랍니다. 그 공포의 신호를 결코 우리가 먼저 보내는 일은 없을 것입니다.

무솔리니의 답신은 아주 강경했다. 그러나 솔직함이라는 최소한의 장점은 갖추고 있었다.

귀하의 서한에 대하여 답하면서, 나는 우리 두 나라가 서로 대립하는 위치에 서게 된 데에는 역사적이고 우발적인 중대한 이유가 있다는 사실을 이미 귀하께서 잘 알고 계시리라는 점을 말하고자 합니다. 아주 멀리 거슬러올라갈 것도 없이, 1935년 제네바에서 이루어진 이탈리아에 대한 제재가 영국 정부에 의해서 주도되었다는 사실을 상기시켜드리고 싶습니다. 당시 이탈리아는 귀국 또는 다른 어떤 국가의 경제적 이익이나 영토에 대하여 조금도 손해를 끼치지 않으면서 아프리카에서 자그마한 양지 바른 땅을 얻고자 노력하고 있었을 뿐입니다. 게다가 이탈리아는 자국의 바다에서 실제로 고립된 상태에 있다는 사실도 기억해야 할 것이라고 말씀드립니다. 만약 귀국이 독일에 대하여 선전포고를 한 이유가 귀하의 서명을 존중하여서라면, 귀하는 이탈리아–독일 조약에 따른 약속에 대한 존중과 명예라는 동일한 의식이 어떤 사태에 직면해서라도 현재와 미래의 이탈리아의 정책을 안내하리라는 것을 이해해야 할 것입니다.

바로 그 순간, 가장 유리한 때에 전쟁에 참여하겠다는 무솔리니의 명백한 의도를 알 수 있었다. 실제로 프랑스군의 패배가 분명해지자 무솔리니는 즉시 결단을 내렸다. 5월 13일, 무솔리니는 치아노에게 한 달 이내에 영국과 프랑스를 상대로 선전포고를 하겠다는 뜻을 밝혔다. 6월 5일 이후 언제든 적당한 날에 공식적으로 선전포고를 할 것이라는 사실을, 5월 29일에 이탈리아군 수뇌부 참모들에게 전달했다. 그 날짜는 히틀러의 요청에 따라 다시 6월 10일로 늦추어졌다.

★ ★ ★ ★ ★

5월 26일, 북부군의 운명이 어떻게 될지 또 일부라도 탈출이 가능할지 아무도 모르는 상황에서, 레노는 그때까지 우리의 생각 속에서 떠나지 않고 있던 이탈리아 문제를 논의하기 위하여 영국으로 왔다. 이탈리아의 선전포고는 당장에라도 가능한, 전제된 사실이었다. 그렇다면 프랑스로서는 또 하나의 불타는 전선을 감당할 수밖에 없었고, 새로운 적은 남쪽에서 무섭게 밀고 올라올 터였다. 어떻게 무솔리니를 매수라도 할 수 없을까? 그것이 새로 제기된 문제였다. 나는 조금도 성사 가능성이 없다고 생각했다. 프랑스 수상이 시도해보기 위해서 논거로 내세웠던 모든 사실들은 내가 보기에는 전혀 기대할 바가 못 된다는 확신만 강하게 하는 것들이었다. 레노는 프랑스 국내에서 강한 압박에 시달리고 있었으며, 우리는 동맹국의 중요한 무기의 하나인 프랑스 육군이 현실적으로 붕괴되어가고 있다는 사실에 관하여 할 수 있는 모든 고려를 다하기를 희망했다. 중대한 사실을 털어놓을 필요가 없었음에도 불구하고, 레노는 프랑스가 전쟁을 포기할 가능성에 대하여 모호한 태도를 취하지 않았다. 레노 자신은 계속 싸우고 싶었지만, 다른 기질의 사람으로 바로 교체될 가능성이 항상 존재했던 것이다.

우리는 프랑스 정부의 제의에 따라서 이미 5월 25일에 공동으로 루스벨트 대통령에게 조정을 요청했다. 요청서를 통하여 영국과 프랑스는 루스벨트에게 이탈리아에 대해서 다음과 같은 사항을 말해도 좋다고 했다. 우리는 이탈리아가 지중해의 영토 문제와 관련하여 영국과 프랑스에 불만이 있다고 이해하고 있으며, 따라서 우리는 이탈리아의 합리적인 요구에 대해서 얼마든지 고려할 의향이 있으며, 연합국은 이탈리아가 다른 교전국들과 동등한 지위에서 평화 회의에 참여할 수 있도록 허용하며, 이러한 협정 내용이 제대로 실행되고 있는지 루스벨트 대통령이 살펴보도록 요청하겠다는 것이었다. 루스벨트 대통령은 우리의 요청을 받아들였는데, 그에 대한 이탈리아 독재자의 반응은 아주 무례한 것이었다. 레노와 회담할 때에 우리는 이미 그 결과를 알고 있었다. 프랑스 수상은 보다 확실한 제안을 내놓았다. 두말할 것도 없이 그 제안들이 이탈리아의 "자신의 바다에서의 예속 상태"를 개선하기 위한 것이라면, 지브롤터와 수에즈에서의 지위에도 영향을 미칠 수밖에 없었다. 프랑스는 튀니스에 관해서도 똑같은 양보를 할 용의가 있다고 했다.

우리는 그런 생각에 대하여 결코 호의적인 태도를 보일 수가 없었다. 그런 생각을 검토하는 일이 틀렸다든가 그 무렵에 이탈리아의 참전을 막기 위하여 비싼 대가를 치를 만한 가치가 없다든가 하는 이유 때문이 아니었다. 나의 느낌으로 말하면, 우리가 처한 위태로운 상황에서 우리가 패하면 우리는 무솔리니에게 그 자신이 손에 넣을 수 있는 것이나, 히틀러로부터 얻을 수 있는 것을 단 하나도 제공할 수 없었다. 목숨이 걸린 마당에 편한 계책을 운위할 처지가 되지 못했다. 무솔리니의 우호적인 조정을 구하기 위해서 협상을 시작한다면, 우리는 계속 싸울 의지를 깨끗이 거두어야만 했다. 나의 동료들은 아주 단호하고 강경한 태도였다. 우리는 모두 무솔리니가 선전포고를 하는 순간 밀라노와 토리노를 폭격하여 호된 맛을 보여주리라는 생각을 했다. 내심으로 동의했던 레노는 납득한 표정으로 최소한의 만족을 표시했다. 그런데 며칠 뒤 프랑스 정부는 단독으로 이탈리아에 대하여 영토적 양보를 하겠노라고 통보했다. 무솔리니는 그 제안을 일소에 붙였다. 6월 3일, 치아노는 프랑스 대사에게 말했다. "그는 평화적인 협상에 의해서 프랑스에 빼앗긴 영토를 회복하는 데에는 관심이 없습니다. 프랑스를 상대로 전쟁을 결심했습니다." 우리가 예상하던 그대로였다.

미국이 엄청난 노력을 했음에도 불구하고 무솔리니의 방향을 결코 돌려놓을 수는 없었다. 6월 10일 오후 4시 45분, 이탈리아 외무부 장관은 영국 대사에게 그날 자정부터 영국과 전쟁 상태에 돌입하는 것으로 간주한다고 통보했다. 같은 내용이 프랑스 정부에도 전달되었다. 치아노가 통고문을 건네주기 위하여 프랑스 대사관으로 갔을 때, 문 앞에서 프랑스 대사 프랑수아 퐁세는 이렇게 말했다. "당신들도 독일이 여간 힘든 상전이 아니란 걸 알게 되겠지요." 무솔리니는 로마의 그의 발코니에서 꽤 그럴듯하게 동원된 군중을 향하여 프랑스와 영국을 상대로 전쟁이 시작되었음을 선언했다. 훗날 치아노는 변명하듯이 말하기를, "그것은 5,000년에 한 번밖에 오지 않는 기회였다"고 했다. 그런 기회는 아주 드물기는 하지만, 반드시 좋은 기회라고 할 수는 없었다.

이탈리아는 즉시 알프스 전선의 프랑스군을 공격했으며, 그에 대응하여 영국은 이탈리아에 대하여 선전포고를 했다. 지브롤터에 억류 중이던 이탈리아 선박 5척이 영국 해군에게 나포되었다. 해상의 모든 이탈리아 선박은 나포하여 영국군이 지배하는 항구로 예인하라는 명령이 해군에 떨어졌다. 12일 밤, 영국에서 출격한 우리 폭격기 편대는 장거리 비행 때문에 경포탄만 탑재할 수밖에 없었지만, 토리노와 밀라노를 처음으로 폭격했다. 마르세유의 프랑스 비행장을 이용할 경우에는 중폭탄을 실을 수 있을 것이었다.

프랑스는 알프스 고갯길을 넘어 리비에라 해안을 따라 침공하는 이탈리아 서부군에 맞서 3개 사단과 그 정도에 상응하는 진지 방어 부대를 동원할 수 있었을 뿐이다. 이탈리아 병력은 움베르토 왕자가 이끌었는데, 32개 사단

일부터 도착할 수 있도록 명령이 떨어졌으나, 그 시점에서는 아무런 희망이라고는 보이지 않았다. 독일의 맹공이 곧 우리를 향하리라는 그 전율할 위기의 국면에서 편성을 끝낸 로울랜드 제52사단과 캐나다 제1사단의 오직 2개 사단만을 침몰해가는 동맹국 프랑스로 보낼 수밖에 없었다는 사실은 개전 이후 최초의 8개월 동안 프랑스로 파견할 수 있었던 우리의 극히 제한적인 전력 때문이었다는 점을 기록해두지 않을 수 없다. 돌이켜보면 우리가 죽기를 각오하고 싸우기로 결심했을 때, 적의 침공을 눈앞에 두고 있었을 때, 프랑스의 몰락이 거의 분명해졌을 때, 바로 그런 순간에 어떻게 우리가 우리 자신의 살을 도려내듯이 남아 있는 유효한 전력을 보내는 용기를 낼 수 있었는지 놀라울 따름이다. 그러한 일이 가능했던 것은 제해권과 제공권이 없이는, 또한 필요한 상륙용 주정이 없이는 독일이 영국 해협을 건너는 일이 매우 어렵다는 사실을 알고 있었기 때문이다.

* * * * *

당시 우리는 마지노 선에서 퇴각한 하일랜드 제51사단이 여전히 솜 강 배후에 남아 있었는데, 전력은 양호했다. 우리의 (유일한) 제1기갑사단도 같은 곳에 있었는데, 칼레로 파견된 탱크 대대와 지원 부대는 제외되었다. 그 사단은 베강의 작전 계획에 따라 솜 강 횡단을 시도하다가 큰 손실을 입었다. 6월 1일경에는 원래 전력의 3분의 1 수준으로 축소되었고, 재정비를 위해서 모두 센 강 남쪽으로 철수시켰다. 그와 동시에 프랑스 내의 우리의 군사 기지와 병참 기지에서 모은 9개의 보병 대대는 주로 소총으로 무장하고 있었다. 그러나 대전차 무기나 수송 수단 그리고 신호기는 거의 전무한 상태였다.

6월 5일, 프랑스 전투의 최후의 국면이 전개되기 시작했다. 됭케르크 전투에서 독일군 기갑부대가 프랑스 전선에서의 승리를 완성하기 위해서 전력을 아낀다는 이유로 주춤거리다가 멈추어버린 광경은 이미 앞에서 보았다. 그러나 이제 그 기갑부대도 출발시켜 파리와 바다 사이에서 곧바로 형성된 불안한 전선을 향해 진격했다. 여기서는 우리가 일부 참가했던 해안 측면 전투에 관하여 기록할 수 있다. 프랑스 제10군은 솜 강 전선을 막기 위하여 안간힘을 쓰고 있었다. 6월 7일, 독일군 2개 기갑사단이 루앙으로 돌진했다. 우리의 하일랜드 제51사단을 포함한 프랑스 군 좌익은 프랑스 제9군단의 잔존 병력과 함께 본대로부터 분리되어 루앙-디에프의 막다른 골목에 갇혀버렸다.

우리는 그 사단이 아브르 반도로 쫓겨 되돌아가 본대로부터 격리되지 않을까 노심초사하고 있었기 때문에, 지휘관인 포춘 소장에게 필요하다고 판단할 경우 지체 없이 루앙 방면으로 퇴각하라는 지시를 내려놓고 있었다. 그러나 그러한 이동은 이미 붕괴되고 있던 프랑스 지휘부에 의해서 금지되었다. 우리는 거듭하여 긴급 항의를 제기했으나, 아무 소용이 없었다. 그것은 실로 극히 중대한 과오였다. 결정적 위험이 만 3일 전에 명백해졌기 때문이다.

6월 10일, 우리 사단은 격렬한 전투를 치른 뒤 프랑스 제9군단과 함께 바다를 통한 퇴로를 기대할 수 있는 생 발레리 주변으로 물러났다. 11일에서 12일 사이의 밤에는 안개 때문에 퇴각하는 병력을 실은 배가 출항할 수 없었다. 12일 아침이 되자 독일군이 남쪽 해안 절벽까지 다가왔고, 해변이 그들의 직접 사격권 내에 들어갔다. 생 발레리에서는 백기가 올라갔다. 프랑스 군단은 8시 정각에 항복했고, 하일랜드 사단의 잔존 병력은 오전 10시 30분경에 역시 투항하지 않을 수 없었다. 8,000명의 영국군과 4,000명의 프랑스군이 롬멜 장군 휘하의 제7 기갑사단의 수중에 들어가고 말았다. 나는 우리 사단이 적시에 루앙으로 퇴각할 수 있도록 허용하지 않은 프랑스 당국의 조치에 분개했다. 그렇게 부대 이동을 금지함으로써 아브르 쪽으로도 가지 못하고 남쪽으로 퇴각할 수도 없게 되었고, 결국 프랑스군과 함께 적에게 넘어가게 된 것이다. 하일랜드 사단의 운명은 어려웠다. 그러나 몇년 뒤 스코틀랜드 제9사단과 통합하여 재건한 제51사단이 리비아의 알라메인에서부터 라인 강 너머의 최후의 승리에 이르기까지 모든 전장을 가로질러 진군함으로써, 결과적으로 하일랜드 사단의 자리를 메운 스코틀랜드인이 복수를 한 셈이 되었다.

★ ★ ★ ★ ★

6월 11일 오전 11시쯤에 레노가 보낸 전문이 도착했다. 그는 이미 루스벨트에게도 전문을 보냈다. 프랑스의 비극적 운명은 바닥으로 미끄러지듯이 하강하고 있었다. 지난 수일 동안 나는 연합군 최고전쟁회의 개최를 요구하고 있었다. 파리에서는 회합이 불가능했다. 파리의 상황이 어떠한지 전혀 알 수 없었다. 독일군 선봉부대가 파리 목전에 접근해 있다는 사실은 분명했다. 회합의 약속을 얻어내는 데에는 꽤 어려움이 있었지만, 형식에 얽매일 그럴 상황이 아니었다. 우리는 도대체 프랑스가 어떻게 하려는 것인지 알아야만 했다. 그제서야 레노는 오를레앙 부근의 브리아르에서 우리를 만날 수 있다고 했다. 프랑스 정부는 파리에서 투르로 이동하고 있는 중이었다. 프랑스군 최고사령부는 브리아르 근처에 있었다. 지체할 시간이 없었으므로, 나는 플라밍고 기를 점심시간 직후 헨던 비행장에 대기하도록 한 뒤 아침 각료회의에서 동의를 얻은 다음 오후 2시경에 출발했다.

그것은 나로서는 네 번째 프랑스 방문이었다. 군사적 상황이 주된 용건이었으므로, 육군부 장관 이든과 육군참모총장 딜 장군과 함께 갔다. 당연히 이즈메이도 동행했다. 독일군 비행기가 영국 해협 깊숙이 뚫고 들어오고 있었으므로, 우리는 더 멀리 돌아가야 했다. 종전과 마찬가지로 12기의 스핏파이어 전투기가 플라밍고를 호위했다. 두어 시간 뒤에 우리는 한 조그만 착륙장에 내렸다. 꽤 여러 명의 프랑스인들이 서 있었는데, 잠시 후 대령 한 사람이 자동차를 타고 왔다. 상황이 좋지 않을 때는 차라리 그렇게 하는 편이 더 나으리라고 생각하여, 나는 웃는 얼굴로 자신감에 찬 태도를 보였다. 그런데 그 프랑스 대령은 무감각한 표정에 반응이 없었다. 일주일 전 파리를 방문했을 때부터 시작하여 그동안 사태가 얼마나 악화되었는지 즉시 알 수 있었다. 얼마 뒤 우리는 한 저택으로 안내되었다. 거기에는 레노, 페탱 원수, 베강 장군, 비유맹 공군 장군, 그리고 다른 몇몇 사람들이 있었는데, 막 국방차관으로 임명된 비교적 젊은 장군 드골도 있었다. 바로 곁의 철로에는 사령부 건물로 사용하는 기차가 있었는데, 우리 일행 중 일부가 숙소로 쓰게 되었다. 저택에는 화장실에 단 한 대의 전화만 설치되어 있었다. 통화량은 많았고, 통화 상대를 호출하는 데에 오랜 시간이 걸렸으며, 끝없이 반복하여 소리를 질러대야 했다.

7시에 회의를 시작했다. 어떠한 비난도 반대도 없었다. 우리 모두가 참혹한 현실에 직면하고 있을 뿐이었다. 토의는 이렇게 진행되었다. 나는 파리를 지켜야 한다고 프랑스 정부를 다그쳤다. 침략군에 대항하여 거대한 도시의 개별 가구의 방어력을 한데 응집시키면 엄청난 힘이 된다는 점을 강조했다. 그리고 페탱 원수에게 1918년 영국 제5군의 대참사 이후 보베에 갔을 때 그가 사용하던 기차 안에서 며칠 밤을 함께 보냈던 일을 상기시켰다. 포슈 원수에 대해서는 언급하지 않으면서, 페탱이 어떻게 사태를 수습했는지에 대해서 이야기했다. 또한 클레망소가 그에게 무엇이라고 했던가도 되새겼다. "나는 파리의 전면에서, 파리의 중심에서, 파리의 배후에서 싸울 것이다." 페탱은 아주 조용한 목소리로 위엄을 갖추어 대답하기를, 당시에는 동원 가능한 병력이 60개 사단에 달했지만, 현재는 하나도 없다는 것이었다. 파리를 폐허로 만든다고 하여 최종 결과가 달라지지는 않을 것이라고 했다.

그 다음에 베강 장군은 80내지 100킬로미터 떨어진 곳에서 벌어지고 있는 유동적인 전투 상황을 설명했는데, 프랑스군의 용맹함을 극찬했다. 그는 가능한 한 모든 지원군을 증원해야 하며, 무엇보다도 영국 전투기 부대가 즉시 동원되어야 한다고 요청했다. 그는 호소했다. "바로 여기가 결정적인 지점입니다. 바로 지금이 결정적인 순간입니다. 따라서 조금이라도 전투기 편대를 영국 본토에 남겨두는 조치는 잘못된 것입니다." 그러나 나는 그때 특별히 참석하게 했던 다우딩 공군 원수가 보는 앞에서 이루어진 각료회의의 결정에 따라 이렇게 대답했다. "여기는 가장 결정적인 지점이 아닙니다. 지금은 가장 결정적인 순간이 아닙니다. 바로 그 순간은 히틀러가 서둘러 독일 공군을 영국 공격에 동원하는 그때입니다. 우리가 제공권을 계속 장악하고, 따라서 바로 지금 그러하듯이 바다를 자유로운 공간으로 확보할 수 있게 된다면, 그때 우리는 프랑스에 필요한 모든 것을 되찾아줄 수 있을 것입니다."* 25개의 전투기 중대는 어떠한 일이 있더라도 영국 본토와 해협의 방어를 위해서 남겨두어야 했다. 어떠한 이유로도 그것만은 포기할 수 없었다. 우리는 무슨 일이 일어나더라도 전쟁을 계속할 각오였으며, 끝까지 전쟁을 수행할 수 있을 것이라고 확신했다. 따라서 그 전투기 중대들을 포기하는 것은 우리의 생존 희망을 버리는 행위나 다름없었다.

잠시 후 서북부 전선의 최고사령관 조르주 장군이 도착했다. 그는 경과 보고를 받은 뒤, 베강의 프랑스 전선 상황에 관한 의견을 확인했다. 나는 게릴라 전에 대한 나의 견해를 다시 주장했다. 독일군은 막상 부딪쳐보면 겉보기만큼 강하지는 않다. 프랑스군의 모든 사단과 여단을 총동원하여 전력을 다해 싸운다면, 전체 전선에서 적군의 진격을 막아낼 수 있을 터였다. 그러자 조르주는 아무 저항도 받지 않은 채 독일군 비행기가 퍼붓는 기관총 사격 때문에 혼란 상태에 빠진 피란민으로 혼잡해진 도로의 끔찍한 상황, 엄청난 수의 주민들의 집단 이동 그리고 점점 허물어져가는 정부와 군대의 통제력에 대해서 설명했다. 도중에 베강 장군이 프랑스가 강화를 요청해야

---

* 내가 한 말은 이즈메이 장군의 기억에 의해서 복원할 수 있었다.

할지 모른다고 말했다. 그러자 레노가 즉시 일축했다. "그것은 정치적인 문제입니다." 이즈메이의 기억에 의하면, 나는 이렇게 대답했다. "육군이 항복할 수밖에 없는 것이 곤경에 처한 프랑스를 위한 최선의 방책이라고 생각한다면, 우리 걱정은 조금도 하지 마십시오. 당신들이 어떻게 하든, 우리는 끝까지, 영원히 싸울 것입니다." 그리고 내가 프랑스 육군이 장소를 가리지 않고 어디서든 전투를 계속하면, 독일 육군 100개 사단의 진격을 저지하거나 아니면 지치게 만들 수 있을 것이라고 말하자, 베강 장군이 대답했다. "만약 그렇게 된다고 하더라도, 독일은 영국을 침공하여 정복할 또다른 100개 사단이 있을 것입니다. 그럴 경우에는 어떻게 하실 건가요?" 나는 다시 응수했다. 내가 비록 군사 전문가는 아니지만, 나의 군사 고문들의 의견을 종합하면, 독일군의 영국 섬의 침입에 대한 최선의 방책은 가능한 한 많은 적군을 도중에 바다에 빠뜨려 익사시키는 것이고, 그 다음에는 해안으로 기어올라오는 나머지의 머리를 내리치는 것이다. 베강은 씁쓸한 미소를 지으며 말했다. "어쨌든 영국이 탱크의 공격을 막을 수 있는 훌륭한 장애물을 갖추고 있다는 점은 인정하지 않을 수 없군요." 그러한 것들이 내가 그에게서 들은 마지막 인상적인 몇 마디였다. 그 모든 참담한 토의 과정에서 나는 혼란스러웠으며, 비애의 감정에 빠져들지 않을 수 없었다. 4,800만 인구의 영국이 독일과의 육상 전투에서 더 성과를 내지 못했다는 사실과, 그때까지 전사자의 90퍼센트와 전란으로 인한 피해의 99퍼센트를 프랑스가, 오직 프랑스만이 감당하도록 했다는 결과에서 비롯하는 비애였다.

한 시간 남짓 지난 뒤 우리는 일어섰다. 회의실 탁자에 식사를 차리는 동안 나는 세면장으로 가서 손을 씻었다. 그 틈에 나는 조르주 장군에게 말을 건넸다. 우선 프랑스 본토의 모든 전선에서 항전을 계속하면서 동시에 산악 지역에서는 게릴라 전을 장기적으로 끌고 가고, 그 다음에는 일주일 전까지 내가 "패배주의적인 것"이라고 간주했던 행위이지만, 아프리카로 전선을 옮겨가면 어떻겠느냐고 제안했다. 내가 존중해 마지않던 친구, 가장 직접적인 책임은 혼자 부담하면서 프랑스군을 자기 의사대로 할 수 있는 기회는 없었던 그는 내가 말한 두 가지 방안 모두 희망이 없다고 생각하는 듯했다.

그 즈음에 일어난 일들을 나는 여기서 가볍게 쓰고 있지만, 우리 모두의 마음과 영혼은 참으로 질곡 속에서 헤어나지 못하고 있었다.

★ ★ ★ ★ ★

10시경 저녁을 먹기 위해서 모두 식탁에 앉았다. 내 왼쪽에는 레노가, 오른쪽에는 드골 장군이 자리를 잡았다. 수프와 오믈렛 그리고 한두 가지 음식이 나왔고, 커피와 와인이 곁들여졌다. 독일의 횡포로 인하여 끔찍한 상황에 처한 그 순간에도 분위기는 우호적이었다. 그러나 곧 의견 충돌이 생겼다. 이탈리아가 참전하는 순간 즉시 맹폭을 가하는 것이 얼마나 중요한 가를 내가 강조했던 일과, 토리노와 밀라노를 공격하기 위하여 영국의 중폭격기 부대를 마르세유 부근의 비행장으로 이동시키기로 하는 결정이 프랑스의 전폭적 동의를 얻어 이루어졌다는 사실을 독자는 기억할 것이다. 모든 공격의 준비는 완료되어 있었다. 그런데 식탁에 앉자마자 프랑스 주둔 영국 공군 사령관 배럿 중장이 이즈메이에게 전화를 했는데, 이탈리아를 공격할 경우 영국군의 영향권 밖에 있는 남프랑스에 대한 보복 공격이 예상된다는 이유로 프랑스 지방 당국이 영국 폭격기의 이륙을 불허했다는 것이다. 레노, 베강, 이든, 딜 그리고 나는 식탁을 떠나 잠시 협의했다. 레노는 영국 폭격기의 출동을 막아서는 안 된다는 요구를 프랑스 당국에 해야 한다는 데 동의했다. 그러나 그날 밤늦게 배럿 공군 중장이 보고한 바에 따르면, 비행장 주변의 프랑스 주민들이 온갖 종류의 수레와 운반용 차를 활주로에 풀어놓아 폭격기들이 임무 수행을 위해서 출격할 수 없는 상황이라고 했다.

잠시 후 모두 식탁에서 일어나 다른 곳으로 옮겨 커피와 브랜디를 마시고 있을 때 레노가 내게 다가와 말하기를, 페탱 원수가 프랑스는 강화의 길을 찾을 필요가 있다고 하면서 작성한 서면을 보여주겠다고 했다는 것이었다. "아직 그 서면을 제게 보여주지는 않았습니다. 좀 수치스럽게 생각하는 것 같습니다." 레노가 말했다. 페탱은 모든 것이 끝났고 프랑스는 항복할 수밖에 없다고 생각하고 있으면서도 우리의 마지막 25개 전투기 중대를 보내달라는 베강의 요구를 암묵적으로 지지한 사실을 수치스럽게 생각하고 있다는 것이었다. 우리는 우울한 기분으로 그 어수선한 저택과 몇 킬로미터 떨어진 군용 열차 칸에 나누어 잠을 잤다. 14일, 독일군은 파리에 입성했다.

아침 일찍 우리는 다시 회의를 열었다. 공군 중장 배럿이 참석했다. 레노는 우리의 전투기 부대를 5개 중대만이라도 프랑스에 배치해달라고 요청 내용을 수정했고, 베강 장군은 병력의 부족을 메우기 위해서 주간 폭격이 절대적으로 필요하다고 말했다. 나는 런던으로 돌아가는 즉시 전쟁내각에서 프랑스에 공군 지원을 증강하는 데에 관련한 전반적인 문제를 신중하고 우호적으로 검토하겠다고 약속했다. 그러나 영국의 본토 방위에 필수불가결한 전력을 박탈하는 일은 결정적인 실수가 될 것이라고 다시 한번 강조했다.

센 강 하류에서의 반격에 관한 의미 없는 토의를 하고 난 뒤, 나는 아주 진지한 자세로 정세에 변화가 생기는 경우 프랑스 정부는 즉시 영국 정부에 그 내용을 알려달라고 했다. 전쟁이 제2의 국면으로 접어들면서 취할 행동을 좌우하게 될 프랑스의 최종 결정이 이루어지기 전에 영국에서 언제든지 달려와 직접 상황을 확인할 수 있게 해달라는 것이었다.

그리고 우리는 페탱, 베강 그리고 그들 참모들과 헤어졌는데, 그것이 그들의 마지막 모습이었다. 작별하기 직전 나는 다를랑 제독에게만 따로 당부했다. "다를랑, 프랑스 함대를 적에게 넘겨주면 결코 안 되오." 다를랑은 결코 그러한 일이 일어나지 않도록 하겠노라고 엄숙하게 약속했다.

★ ★ ★ ★ ★

연료가 없어 12기의 스핏파이어의 호위가 불가능해졌다. 연료를 가져와 채울 때까지 기다리든지, 그냥 호위 없이 플라밍고에 타든지 선택을 해야 했다. 가는 동안 내내 구름이 끼어 있을 것 같았다. 한시라도 빨리 귀국해야 했다. 따라서 우리는 호위기 없이 출발했다. 단, 가능하다면 해협 건너편에 호위기가 마중을 하도록 했다. 해안 가까이 접근하자 하늘이 점점 맑아지더니 구름이 완전히 사라졌다. 2,500미터 아래를 내려다보니 우리 오른편에서 아브르가 불타고 있었다. 연기는 동쪽 방향으로 흘러갔다. 우리를 호위할 비행기는 나타나지 않았다. 기장이 승무원과 의논을 하는 모습이 눈에 띄었다. 그 뒤에 바로 우리는 조용한 해수면 약 300미터까지 급강하했는데, 그 정도까지 내려가면 비행기가 시야에서 흔히 사라지기 때문이었다. 도대체 무슨 일이 일어났는가? 뒤에 안 사실이지만, 바로 우리 아래쪽에서 독일군 비행기 두 대가 어선을 향해 소사(掃射)하고 있었던 것이다. 독일군 조종사들이 위를 쳐다보지 않은 것이 천만다행이었다. 영국 해안에 다가가자 호위기가 우리를 맞으러 나왔고, 충직한 플라밍고는 헨던 비행장에 무사히 착륙했다.

그날 오후 5시, 나는 전쟁내각에 프랑스 방문 결과를 보고했다. 프랑스군의 상황에 대해서는 베강 장군이 회의에서 보고한 내용을 그대로 전했다. 6일 밤낮을 계속 싸운 결과, 프랑스군은 전력을 거의 소진했다. 기갑부대의 지원을 받은 120개 사단의 적군이 40개 사단의 프랑스군을 습격할 것이다. 이제 프랑스군은 조직적인 저항을 시도해볼 수 있는 마지막 방어선만 남겨 두고 있었다. 그 선마저 두세 곳은 이미 돌파당했다. 베강 장군은 프랑스가 전투를 계속할 수 있는 전망이 없다고 확실하게 판단했으며, 페탱 원수는 강화할 결심을 굳혔다. 그는 프랑스가 독일군에 의해서 체계적으로 파괴되고 있기 때문에, 그러한 운명 아래에서는 남아 있는 국토만이라도 살리는 것이 자신의 의무라고 믿었다. 나는 그가 레노에게 보여만 주고 건네지는 않았던 바로 그러한 취지의 메모에 대해서 언급했다. "바로 이 시점에서 페탱이야말로 아주 위험하기 짝이 없는 인물입니다. 그 사람은 항상 패배주의자예요. 지난 세계대전 때도 마찬가지였습니다." 한편 레노는 계속 싸우기로 단단히 결심한 것처럼 보였다. 레노와 함께 회의에 참석했던 드골 장군은 게릴라 전을 펼치자는 의견이었다. 드골은 젊고 기백이 넘쳤으며, 나에게는 좋은 인상을 주었다. 만약 지금 전선이 붕괴되면, 레노가 틀림없이 드골에게 지휘권을 부여할 것이라고 생각되었다. 다를랑 제독도 프랑스 해군은 절대 적군에게 항복하지 않을 것이라고 선언했다. 도저히 어쩔 수 없는 경우가 되면, 마지막 순간에 함대를 캐나다에 넘겨줄 것이라고 했다. 그러나 그러한 결정은 프랑스 정치인들이 허용하지 않을 터였다.

프랑스의 조직적인 저항은 이제 최후의 순간에 도달한 것이 분명해졌고, 따라서 전쟁의 제1막도 막을 내리고 있었다. 프랑스는 어떤 형태로든 싸움을 계속 이어갈지는 모른다. 어쩌면 프랑스에는 두 개의 정부가 존재할 수도 있을 것이었다. 강화 협상에 의해서 수립된 정부와 프랑스 식민지에서 조직한 저항 세력이 만든 정부가 공존하면서, 후자는 바다에서 프랑스 함대로 계속 전쟁을 수행하고 육상에서는 게릴라 전을 전개할 수도 있지 않을까 생각했다. 그러나 어떻게 될지 아직도 섣불리 말할 단계가 아니었다. 당분간 우리는 프랑스에 계속 지원군을 보내야 할 것 같았지만, 그 시점에서 집중해야 할 당면 과제는 영국 섬을 지키는 일이었다.

제7장
본토 방위와 반격의 준비

훗날 이 부분을 읽게 될 독자들은 미지의 베일이 얼마나 두껍고 또한 당혹스럽게 만드는 것인지를 알아야 할 것이다. 시간이 지나 모든 것이 백일하에 드러난 지금에 와서 보면, 어디서 우리가 무지했으며 또 지나치게 공포를 깊이 느꼈던가, 어느 지점에서 우리가 경솔했으며 또 졸렬했던가를 쉽게 알 수 있다. 2개월 사이에 두 차례에 걸쳐 우리는 충격 속에 빠졌다. 노르웨이의 유린과 스당의 돌파는 그 뒤에 계속된 모든 사태와 함께 독일의 선제적이고 압도적인 힘을 실증한 사례였다. 독일은 세세한 부분에 이르기까지 무엇을 준비해왔고 어떻게 조직해왔는가? 그들은 새로운 무기를 갖추고 돌연 푸른 하늘에 나타나서 완벽한 계획에 따라 거의 아무런 장비도 없이 비무장 상태인 우리 섬의 10-20군데의 착륙 가능한 곳 중에서 한 곳을 급습할 것인가? 아니면 아일랜드로 향할 것인가? 자신의 추론이 제아무리 깔끔하고 확실하다고 하더라도, 다른 가능성의 여지를 무시한다면 그것은 얼마나 어리석은 짓이 되겠는가? 존슨 박새1709-1784. 문학비평가, 저술가/역주]는 이렇게 말했다. "분명히 단언하겠는데, 인간이 보름 뒤에 사형에 처해질 것을 알게 된다면 놀라울 정도로 정신 집중이 이루어질 것이다." 나는 항상 우리가 승리할 것을 믿고 있었다. 그러나 상황에 따라 무척 긴장했으며, 나의 의견을 구체화할 수 있게 된 것을 감사하고 있었다.

내각의 동료들은 일찍이 의회로부터 비상대권을 얻어놓는 것이 옳다고 생각하고 있었는데, 그 법안은 그 며칠 전에 준비해두었다. 그것은 모든 영국 국민의 생명과 자유와 재산을 보호하기 위하여 실질적으로 무제한의 권한을 정부에 부여하는 수단이 될 것이었다. 법적으로 말하면, 의회가 승인한 그 권력은 절대적이다. 그 법은 "명령에 의하여 공공의 안전, 제국의 방위, 공공질서의 유지, 국가가 참전하고 있는 전쟁의 효율적인 수행, 공동체의 삶에 필수적인 물자의 공급과 노역을 위해서 필요하고 적절하다고 판단될 경우, 개인의 재산과 노동력을 국가가 관리할 수 있는 방위 규정을 제정할 권한을 내용으로 포함하는 것"이었다.

인력에 관해서는, 필요한 곳에 누구든지 가서 일하도록 지시할 수 있는 권한을 노동부 장관에게 부여했다. 그에게는 **적정 임금** 조항을 정할 권한까지 주었는데, 임금의 조건을 규정하는 법률 속에 그 내용을 삽입했다. 노동력공급위원회를 중심 부서로 설치할 계획이었다. 넓은 의미의 재산권 규제 역시 동일한 방식으로 처리하려고 했다. 은행을 포함한 모든 회사의 설립은 정부가 통제했다. 사용자들은 장부를 작성하도록 의무화했고, 초과 이윤에 대해서는 100퍼센트의 세금을 부과하기로 했다. 그린우드가 운영하게 될 생산자문위원회를 구성하여 노동 수급 책임자를 임명하게 했다.

그 법안은 체임벌린과 애틀리가 1940년 5월 22일 오후에 의회에 상정했고, 애틀리는 자신이 제2 독회(讀會)를 발의했다. 보수당이 다수를 차지하고 있던 하원과 상원의 거쳐야 할 모든 단계를 오후 반나절에 모두 만장일치로 거치고, 그날 밤 국왕의 재가까지 얻었다.

> 로마를 위해서 싸우던 로마인들은
> 땅도 금화도 아끼지 않았네
> 아들도 아내도, 육신도 생명도
> 용감했던 그 지난날에는*

검토를 위해서 제시된 방법 중의 한 가지는 다음과 같다. 강철이 아닌 콘크리트로 된, 바닥이 편편한 바지선이나 케이션을 건조하여 하위치의 험버 강 그리고 와시 강, 메드웨이 강, 템스 강에 준비해둔다. 그것들은 일반 계획에 따라 물에 잠기는 깊이에 맞게 구조를 설계한다. 물을 비워 인공섬을 만들 장소로 끌고 갈 수 있다. 부표로 표시된 곳에 도착하면 바닥의 밸브를 열어 물을 채워 가라앉힌다. 그 다음에는 적당한 때에 흡입 준설기를 사용하여 서서히 모래를 채운다. 구조물의 크기는 15미터 × 12미터 × 6미터부터 36미터 × 24미터 × 12미터까지로 한다. 완성되면 바다 한가운데에 생긴 환초처럼 기뢰도 날씨도 걱정할 필요가 없는 항구가 되어 구축함이나 잠수함의 정박지와 비행기의 착륙장으로 사용할 수 있다.

이 계획이 만약 실현 가능하다면 더욱 다듬어 완성시킬 수 있으며, 여러 다양한 장소에 적용할 수 있을 것이다. 콘크리트 배는 완전한 중포탑을 적재하도록 제작할 수도 있는데, 원하는 지점에서 외곽의 공간에 물을 채워 바닥에 가라앉히면 솔렌트 요새처럼 사용할 수 있다. 저장고, 기름 탱크, 때에 따라서는 거실을 만들 수도 있다. 전문적인 검토 없이는 여기서 인공섬과 구축함 기지의 건설, 부분적 구조물의 이동, 조립과 설치의 가능성을 예시하는 정도를 넘어서서 더 이상의 것을 말하는 일은 불가능하다.

그러한 계획은, 기술적으로 합당하다면, 부대를 동원하여 요새화한 섬을 공격하는 데에 따르는 모든 위험을 피할 수 있게 된다. 그런 방식의 콘크리트 배를 건조한다면 그 사실이 독일에 알려질 것이고, 독일은 강 하구를 봉쇄하려는 수단으로 이해할지 모른다. 그러한 경우도 전혀 배제할 수 없으므로, 그것을 기습의 도구로 사용할 수 있다. 어쨌든 섬이든 방파제든 실제로 작업에 착수하기 전에는 적이 그 계획을 사전에 간파하지는 못할 것이다.

그 문서는 거의 4반세기 동안 대영제국 국방위원회의 서고 속에 잠자고 있었다. 나는 그 내용을 애당초 『세계의 위기(*The World Crisis*)』의 한 챕터로 삼으려고 했으나 지면 관계와 그것이 실행되지 않았다는 이유로 그 책에 포함시키지 않았다. 그런데 그렇게 한 것이 오히려 결과적으로 다행이었다. 그 아이디어는 이번 전쟁에서 더 중요한 가치를 지니게 되었고, 한편 독일은 틀림없이 전쟁에 관한 나의 저술을 면밀하게 검토했을 것이기 때문이다. 그 옛 문서의 기조를 이루고 있는 착상은 내 마음속에 깊이 새겨져 있다가, 꽤 오랜 시간이 흐른 뒤 새로운 위기 상황을 맞아 행동의 기초가 되어, 마침내 1943년의 탱크 상륙용 대선단과 1944년의 "오디(Mullberry)" 항구 작전에서 그 의미를 뚜렷이 드러냈다.

그 이후로 상륙용 주정의 여러 형태를 개발하는 데에 힘을 집중할 필요가 있었기 때문에, 해군부에 그 부문을 다루는 특별 부서를 두었다. 1940년 10월까지 최초의 탱크 상륙용 주정(L.C.T. : Landing Craft Tank)을 완성하기 위한 노력이 진행되었다. 설계의 개선이 뒤따랐고, 해로를 통해 중동까지 보다 편리하게 운송할 수 있게 하기 위하여 단위 부분으로 제작했으며, 1941년 여름에는 중동에 도착하기 시작했다. 그 가치는 충분히 입증되었고, 경험이 쌓이면서 뒤에 건조된 그 특이한 배의 성능은 꾸준히 향상되었다. 다행히 L.C.T.의 건조는 조선업에 종사하지 않는 건축 엔지니어링 회사들에 위탁했기 때문에 조선소의 노동력이나 시설을 번거롭게 만들지는 않았다. 따라서 우리가 고심한 대규모의 계획은 실현이 가능하게 되었지만, 주정의 크기는 어느 정도 제한을 받지 않을 수 없었다.

L.C.T.는 침공 작전에서 해협을 횡단하거나 지중해에서 그보다 조금 더 확대된 작전에는 적합했지만, 넓은 바다에서 오랜 시간 동안 항해를 할 수는 없었다. 대양을 항해하여 탱크나 다른 차량을 운반하고 L.C.T.처럼 해안에 상륙시킬 수 있는 보다 크고, 긴 항해에 견딜 수 있는 배가 필요했다. 나는 그러한 배를 설계하도록 명령했는데, 그것의 이름은 "탱크 상륙용 함정"(L.S.T. : Landing Ship Tank)이었다. 일정한 절차를 거쳐 그 일은 미국

에 맡기게 되었고, 세부적인 면은 공동으로 완성했다. 미국에서 대량 생산이 이루어져 훗날 우리의 모든 작전에서 두각을 나타내었는데, 무거운 차량의 해안 상륙이라는 난제를 해결하는 데에 아마도 최대의 공헌을 했을 것이다. 결과적으로 모두 1,000척 이상이 건조되었다.

1940년 말경에 이르러 우리는 수륙양면 작전의 구체적 실현에 대한 안정적인 개념을 확립하게 되었다. 특수 함정과 각종 장비의 생산은 한층 힘을 얻었으며, 그러한 새로운 수단을 다룰 부대는 합동작전사령부(Combined Operations Command) 산하에 조직하여 훈련을 받도록 했다. 그러한 목적을 위한 훈련소는 영국 본토와 중동에 각각 설치했다. 우리는 그 모든 구상과 구체화 작업이 형식을 갖추어 실제화하게 되자 우방 미국에 알려주었다. 전쟁의 몇 년 동안 꾸준히 집적된 그 결과는 마침내 기회가 왔을 때 우리의 최대의 계획과 실행에서 불가결의 역할을 수행하게 되었다. 1940년과 1941년에는 독일 잠수함과의 싸움에 매달려 그 분야의 노력은 제한적이었다. 1940년 말까지에는 상륙용 주정을 만드는 데에 7,000명 이상을 동원할 수 없었고, 그 다음해에도 그 숫자를 크게 상회할 수 없었다. 그러나 1944년에는 7만이 넘는 인원이 그 거대한 임무에 종사했다. 미국에서는 그보다 더 많은 수가 그 일을 했다.

1944년 노르망디에서 펼쳐진 것과 같은 대규모의 적전 상륙 작전에 대해서 내가 반감을 가지고 있었다는 설이 유포된 이후 지금까지 증폭되어 왔는데, 여기에서 나는 애당초 탱크의 해안 상륙을 위해서 방대하게 준비하고 함대를 만들어야 한다는 점을 강조하고 또 거기에 권한을 동원한 사람이 바로 나였다는 사실을 분명히 밝혀두고자 한다. 그러한 상륙용 수단과 함대 없이는 당시의 중요한 작전 수행이 불가능했을 것이라는 것을 오늘날 부인하는 사람은 아무도 없을 것이다.

제8장
프랑스의 고뇌

미래의 세대들은 우리가 단독으로 계속 싸워야 하느냐라는 지상의 과제가 전쟁내각에서 한번도 의제로 다루어진 적이 없다는 사실을 이상하게 생각할지 모르겠다. 각 정당을 대표하는 사람들은 모두 그것을 기정사실로 너무나 당연하게 생각하고 있었고, 따라서 그러한 비현실적인 탁상공론에 시간을 허비할 겨를이 없을 정도로 바빴다. 우리는 자신감에 충만하여 새로운 사태를 바라보는 관점에서도 서로 일치했다.

1940년 6월 13일, 나는 프랑스를 마지막으로 방문했다. 프랑스 정부는 투르로 물러가 있었으며, 긴장은 점점 더 고조되었다. 에드워드 핼리팩스 경과 헤이스팅스 이즈메이 장군이 동행했고, 맥스 비버브룩도 자진해서 따라나섰다. 일이 어려울 때에도 비버브룩은 항상 활력이 넘쳤다. 그때는 구름 한 점 없는 좋은 날씨였으므로 우리는 공군의 스핏파이어 편대에 둘러싸여 비행했지만, 종전보다 더 남쪽으로 멀리 돌아가는 항로를 잡았다. 투르 상공에 도착했더니 공항은 간밤에 심한 폭격을 받은 흔적이 역력했다. 곳곳에 구덩이가 패어 있었으나, 호위기를 포함한 우리는 모두 순조롭게 착륙했다. 우리는 사태가 점점 악화되고 있다는 사실을 즉각 느낄 수 있었다. 아무도 마중을 나온 사람이 없었는데, 어쩌면 우리가 방문하리라고 예상조차 하지 못한 것 같았다. 공항 사령관으로부터 군용차를 빌려 타고 프랑스 정부가 최고사령부로 삼고 있다는 도청으로 갔다. 그곳에는 중요한 인물이라고는 한 사람도 없었다. 그런데 레노가 시골에서 자동차로 달려오고 있다는 보고를 받았다.

시간이 이미 두 시가 가까웠으므로, 나는 점심 식사를 하자고 했다. 여기 저기 알아본 뒤 우리는 피란민들의 차량으로 혼잡스러운 거리를 통과했는데, 차량들 지붕은 온통 짐으로 가득했다. 우리는 카페를 발견하고 들어갔으나, 영업을 하지 않았다. 그러나 사정을 설명하니 먹을 것이 나왔다. 식사 도중 그 무렵 영향력이 이미 커져 있었던 보두앵이 찾아왔다. 그는 곧장 부드럽고 매끄러운 태도로 프랑스의 저항은 기대할 수 없다는 설명을 시작했다. 만약 미국이 독일을 상대로 선전포고라도 한다면, 프랑스도 계속 싸울 가능성이 있을지 모르겠다고 말했다. 그러고는 내 생각을 물었다. 나는 미국이 참전하기를 희망하고 있으며 우리는 어떠한 일이 있어도 계속 싸운다는 말만 하고, 그 문제에 관하여 더 토론을 벌이지 않았다. 그런데 그뒤에 그는 미국이 참전하지 않을 경우 프랑스는 항복할 수밖에 없다는 데에 내가 동의했다는 말을 퍼뜨리고 다녔다고 한다.

우리가 도청 건물로 돌아가자, 내무장관 망델이 기다리고 있었다. 그는 한때 클레망소의 충직한 비서였으며 그 이후에 정치적 바통을 이어받은 인물이었는데, 아주 활력이 넘쳐 보였다. 그는 힘과 투지의 화신이었다. 점심은 아주 맛있어 보이는 닭고기 요리였지만, 그는 손도 대지 않고 있었다. 그는 한 줄기 빛나는 햇살 같았다. 양손에 전화기를 한 대씩 들고 끊임없이 명령하고 또 결정을 내렸다. 그의 생각은 단순했다. 아프리카에 가능한 한 최대한의 병력을 보낼 수 있도록 하기 위해서, 프랑스 본국에서 끝까지 싸워야 한다는 것이었다. 내가 그 용감한 프랑스인을 본 것은 그때가 마지막이었다. 훗날 부활한 프랑스 공화국이 망델을 암살한 하수인을 총살에 처한 것은 옳은 일이었다. 프랑스와 연합국 국민들은 그를 추모하고 자랑스럽게 생각했다.

얼마 지나지 않아 레노가 도착했다. 한눈에 의기소침해 보였다. 프랑스군은 완전히 탈진한 상태라는 보고를 베강 장군으로부터 받은 뒤였다. 전선은 여러 곳에서 돌파당한 상태였고, 모든 도로는 피란민으로 넘쳐났으며, 대부분의 부대는 혼란에 빠져 있었다. 바로 그 최고 군통수권자는 강화가 이루어질 때까지라도 질서를 유지할 수 있는 병력이 남아 있을 때, 휴전을 요청하는 것이 필요하다고 느끼고 있었다. 그것이 군대의 권고 사항이었다. 레노는 바로 그날 루스벨트에게 서한을 보내, 마지막 순간이 다가오고 있으며 연합국의 대의의 운명은 미국의 손에 달려 있다고 말하려고 했다. 휴전과 강화의 대안이 등장했다.

레노는 계속 말을 이어갔는데, 전날 내각으로부터 최악의 사태가 닥칠 경우 영국의 태도는 어떨지 알아보라는 요청을 받았다고 했다. 연합국은 어느 국가도 단독으로 강화하지 않는다는 엄숙한 선서를 한 것을 그 자신이 잘 알고 있었다. 그러나 베강 장군과 다른 몇몇은 프랑스는 이미 공동의 대의를 위해서 모든 것을 희생했다는 점을 지적했다. 프랑스에 남아 있는 것은 아무것도 없지만, 프랑스는 공동의 적을 크게 약화시키는 데 성공했다는 것이었다. 프랑스가 전쟁을 계속 수행하는 것은 물리적으로 불가능하다는 사실을 영국이 인정하지 못하고, 프랑스가 계속 싸워 결국 피정복자들을 굴종시키는 기술을 가진 무도한 전문가들의 손에 국민들을 맡겨 타락과 죄악의 길로 빠지게 만든다면, 그러한 상황에서 큰 타격이 아닐 수 없다고 했다. 따라서 그 시점에서 레노가 제기할 수밖에 없는 문제는 이것밖에 없었다. 영국은 프랑스가 직면하고 있는 난국을 절감할 수 있는가?

제기된 문제가 너무 심각한 것이어서 나는 답변하기 전에 동료들에게 잠깐 자리에서 물러나 의논을 해보자고 했다. 핼리팩스 경과 비버브룩 그리고 나머지 우리 일행은 모두 비가 오다가 그친 뒤 햇살이 떨어지는 정원에서 30분 남짓 이야기를 했다. 다시 자리로 돌아가서 나는 영국의 입장을 거듭 밝혔다. 어떤 일이 있더라도, 우리는 프랑스의 단독 강화에 동의할 수는 없다는 것이었다. 우리의 목표는 여전히 히틀러를 완전히 굴복시키는 것이며, 우리는 계속 그것이 가능하다고 믿고 있었다. 그러므로 프랑스를 연합국으로서의 의무에서 벗어나게 할 수 없었다. 어떤 일이 일어나더라도, 우리는 프랑스를 비난할 생각은 없었다. 그러나 프랑스를 연합국 서약의 의무에서 벗어나도록 하는 데에 동의하는 일은 전혀 다른 문제였다. 나는 프랑스가 다시 루스벨트 대통령에게 마지막 호소문을 보내라고 독촉하면서, 우리는 런던에서 돕겠다고 했다. 레노는 나의 제안에 동의했다. 그리고 미국의 결정이 있을 때까지 프랑스는 버티겠다고 약속했다.

회담이 끝나자 레노는 우리를 옆방으로 안내했다. 거기에는 양원의 의장인 에리오와 잔느네가 앉아 있었다. 두 애국자는 죽음에 이르기까지 싸우겠노라는 각오를 격정적으로 토로했다. 다 함께 사람들이 북적거리는 복도를 내려가 정원으로 가는 도중에, 드골 장군이 문 입구에서 무심하게 무표정하게 서 있는 모습이 보였다. 나는 낮은 목소리로, 그리고 프랑스어로 혼자 말했다. "운명의 인물." 그는 의연하게 서 있었다. 정원에는 너무나 비참한 표정의 프랑스의 지도자급 인물이 100명은 넘게 있었다. 누가 클레망소의 아들을 내 앞으로 데려왔다. 나는 그의 손을 꽉 쥐었다.

어느새 스핏파이어 편대는 공중에 떠 있었다. 쾌속 무사의 귀로에서 나는 아주 편하게 잠을 잤다. 그것은 현명한 판단이었다. 집의 침실로 가기 전에 해야 할 일이 너무 많았기 때문이다.

★ ★ ★ ★ ★

밤 10시 15분, 나는 내각에 새로운 상황을 보고했다. 나의 설명은 동행했던 두 동료가 그 진실성을 담보했다. 우리가 앉아 있는 동안 주영 미국 대사 케네디[존 에프 케네디 대통령의 아버지/역주]가 6월 10일자로 레노가 루스벨트 대통령에게 보낸 호소에 대한 답변을 가지고 왔다. "귀하의 전언은 나의 마음을 송두리째 흔들어놓았습니다." 전문은 그렇게 시작했다. "이미 귀하와 처칠 씨에게 말씀드린 바와 같이, 미국 정부는 연합국 정부들이 시급히 요청하는 물질적 지원을 위해서 그 권한 내에서 할 수 있는 모든 것을 다하고 있으며, 그밖의 필요한 다른 것도 지원하기 위하여 노력을 배가하고 있습니다. 그것은 연합국들이 싸워서 지키려는 이상에 대한 우리의 신념과 지지에서 비롯하는 것입니다."

그리고 이렇게 계속되었다.

"프랑스와 영국의 위대한 저항은 미국 국민들에게 깊은 인상을 주었습니다.

나는 개인적으로 특히, 프랑스가 조금씩 밀려나 북아프리카나 대서양으로까지 퇴각하는 일이 일어나더라도, 민주주의를 위하여 계속 싸우겠다고 선언한 데에 감동을 받았습니다. 프랑스와 영국 함대가 대서양을 비롯한 다른 바다를 계속 장악하는 것은 아주 중요합니다. 그리고 모든 군대를 유지하기 위해서는 외부 세계로부터 들여오는 물자가 반드시 필요하다는 사실을 잊어서도 안 됩니다.

나는 며칠 전 처칠 수상이 대영제국은 저항을 계속할 것이라고 말한 데 대하여 마음속 깊이 고무되었습니다. 그리고 그 결단이 전 세계에 걸쳐 있는 위대한 프랑스 제국에도 동일하게 적용되리라고 생각합니다. 다를랑 제독이 잘 알고 있는 바와 같이, 세계 문제에서 해군력의 역할은 여전히 역사적 교훈을 남겨줍니다."

우리는 모두 미국 대통령이 아주 많은 이야기를 했다고 생각했다. 루스벨트는 레노에게 6월 10일자 서신을 그 취지와 함께 공표하도록 허락하고, 그에게 다시 위와 같은 강력한 의지를 표명한 회신을 보낸 것이었다. 따라서 프랑스가 그 이후에 닥칠 전쟁의 고통을 견디기를 결정한다면, 미국은 참전하지 않을 수 없을 터였다. 어쨌든 그 회신은 참전을 의미하는 두 가지

요점을 포함하고 있었다. 첫째는 모든 적극적인 방식을 통한 물질적 원조의 약속이었고, 둘째는 프랑스 정부가 본토에서 쫓겨나는 한이 있더라도 계속 싸워야 한다는 독려였다. 나는 즉시 루스벨트 대통령에게 감사하다는 인사를 보내는 동시에 대통령의 회신 내용을 가장 정중한 표현으로 레노에게 전했다. 회신의 요지를 너무 지나치게 강조한 것일 수도 있지만, 우리가 가진 것이나 가질 수 있는 모든 것을 최대한 이용할 필요가 있었다.

다음날 대통령으로부터 전문이 왔는데, 레노에게 보낸 서한의 내용을 공표하는 데에 찬성할 수 없다는 것이었다. 케네디 대사의 설명에 따르면, 대통령 자신은 동의했지만, 국무부가 대통령의 의견에 전폭적으로 공감하면서도 중대한 위험을 간파했기 때문이었다. 대통령은 영국과 프랑스 정부에게 양국 군대의 용기에 대한 찬사를 보냈다. 가능한 모든 물자를 지원하겠다는 약속을 재확인했다. 그러나 그는 자신의 서한이 결코 미군의 참전 또는 불참전을 의미하는 것은 아니라고 했다. 미국 헌법상 그러한 성질의 결정 권한은 의회에만 있을 뿐이라는 설명이었다. 그는 특히 프랑스 함대의 문제를 염두에 두고 있었다. 그의 요구에 따라 미국 의회는 프랑스 피란민들에게 음식물과 의류를 공급하기 위하여 5,000만 달러를 지출하기로 의결했다고 했다.

그 전문의 내용은 실망스러운 것이었다.

테이블에 둘러앉은 우리는 모두 대통령이 헌법이 규정한 권한을 넘어섰다는 공격을 받을 위험을 잘 이해하고 있었다. 그리고 그 결과로 다가오는 다음 선거에서 패배할 수도 있으며, 거기에 우리의 운명 또는 그 이상의 것이 달려 있다는 사실도 잘 알고 있었다. 현재 끔찍한 위험에 직면하고 있는 세계의 자유를 위해서라면, 그는 공직은 물론 목숨까지도 내던질 인물이라는 것이 분명했다. 그러나 그렇게 한다고 해서 무엇이 남겠는가? 대서양을 사이에 두고 있었지만, 나는 그의 고통을 느낄 수 있었다. 백악관의 고뇌는 보르도나 런던의 경우와 다른 성격의 것이었다. 그러나 인간적 압박감은 다르지 않았다.

나는 회신을 보내면서 유럽이 쓰러지고 영국이 실패할 경우 미국이 당면할 위험에 관하여 다른 사람들을 설득할 수 있도록 루스벨트에게 그 논거를 몇 가지 알려주었다. 그것은 단순한 감상의 문제가 아니라 생사의 문제였다. "이미 말씀드린 바와 같이, 영국 함대의 운명은 미국의 장래에 결정적인 영향을 미칠 것입니다." 나는 루스벨트에게 전문을 보내면서 이렇게 말했다. "왜냐하면 영국 함대가 일본, 프랑스, 이탈리아 함대와 함께 독일 군수 공업의 거대한 자원에 포함될 경우 압도적인 해군력이 히틀러의 손에 들어가기 때문입니다. 히틀러는 그 힘을 자비로운 태도로 절제하여 사용할 수도 있습니다. 그런 반면, 또 전혀 그렇지 않을 수도 있습니다. 해군력의 그러한 대변동은 아주 급속히 일어날 수 있으며, 미국이 거기에 적절히 대응할 시간적 여유가 없을 것입니다. 만약 우리가 무너진다면, 신세계보다 인구가 훨씬 더 많고 훨씬 더 강력하고 훨씬 더 잘 무장된 유럽 합중국이 나치 정권 아래서 탄생하게 될지 모릅니다.……"

★ ★ ★ ★ ★

그동안 프랑스 전선의 상황은 더 악화되었다. 독일군은 파리 북서쪽 작전 — 바로 거기서 우리는 제51사단을 잃었다 — 을 통해서 센 강과 우아즈 강 바로 하류 지역까지 진출했다. 흩어져 있던 프랑스 제10군과 제7군의 잔류병들이 황급히 모여 강의 남쪽 제방에 방어벽을 구축했다. 뿔뿔이 흩어졌던 병사들이 이른바 파리군(Armée de Paris)이라고 불리던 수도 방위군의 틈을 메우기 위하여 배치되었다.

엔 강을 따라 동부 멀리까지 진을 치고 있던 제6군, 제4군, 제2군의 사정은 조금 나은 편이었다. 그들은 스스로 진지를 구축하고 증원군을 받아들이는 데에 3주일이 걸렸다. 됭케르크 작전과 루앙 진격전 동안 그 부대들은 비교적 조용히 지냈지만, 160킬로미터의 전선을 책임지기에는 전력이 부족했다. 바로 그 3주일 동안 적군은 최후의 일격을 가할 목적으로 병력을 집중시키고 있었다. 일격은 6월 9일에 휘둘러졌다. 당시 프랑스군은 대단한 결의로 싸울 때였는데, 그러한 끈질긴 저항에도 불구하고 적군은 강의 남쪽 수아송에서부터 르텔까지 교두보를 구축했으며, 이틀 뒤에는 범위를 더 넓혀 마른 강에까지 이르렀다. 해안선 진격 작전에서 결정적 역할을 했던 독일 기갑사단들이 그 새로운 전투에 뛰어들었다. 그중 8개 사단이 두 차례에 걸쳐 공격하자 프랑스군은 패퇴하여 아수라장이 되고 말았다. 많은 병력이 희생되고 혼란에 빠진 프랑스군은 압도적으로 수가 많은 데다 장비를 잘 갖추고 기술이 뛰어난 막강 독일군에 맞서 버틸 수가 없었다. 6월 16일, 나흘 만에 적군은 오를레앙과 루아르까지 밀고 들어갔다. 그 사이 동쪽에서는 디종과 베장송을 돌파하여 스위스 국경에까지 이르렀다.

파리 서쪽에서는 2개 사단 규모로 축소된 제10군의 잔류병이 센 강에서 남서 방향 알랑송으로 후퇴했다. 파리는 14일에 함락되었다. 수도를 방위하던 제7군과 파리군은 뿔뿔이 흩어졌다. 커다란 틈은 더 벌어져 서쪽의 취약한 프랑스군과 영국군 병력은 한때 위용이 당당하던 그 프랑스 육군의 나머지 잔류병들과 분리되어버렸다.

프랑스의 방패라고 했던 마지노 선과 그 수비군들은 모두 어떻게 되었는가? 6월 14일까지는 적군의 직접 공격을 받지 않았다. 그리고 이미 야전 부대는 뒤에 수비대만 남겨두고 빠른 속도로 퇴각하는 중앙군에 합류하기 위하여 출발했다. 그러나 이미 때는 늦었다. 바로 그날 자르브뤼켄 전방과 콜마르의 라인 강변 건너편 마지노 선이 뚫렸다. 퇴각하던 프랑스군은 전투 중에 모두 걸려들어 탈출이 불가능했다. 이틀 뒤 독일군이 베장송을 돌파하면서 퇴로가 완전히 막혀버렸다. 그로써 40만 명이 넘는 병력이 탈출의 희망을 잃고 포위되었다. 꽤 많은 수비군은 필사적으로 맞섰다. 그들은 강화가 이루어지고 전령이 도착할 때까지도 항복을 거부했다. 마지막까지 버티던 요새가 명령에 복종한 것은 6월 30일이었는데, 수비군 지휘관은 그때까지도 모든 요새가 조금도 이상이 없다고 항변했다.

그리하여 그 엄청난 혼란을 겪은 전투는 전 프랑스 전선에 걸쳐 종말에 다가서고 있었다. 오직 영국군이 감당할 수 있었던 미미한 역할에 대해서만 이야기할 것이 남아 있을 뿐이었다.

★ ★ ★ ★ ★

브룩 장군은 됭케르크로 퇴각하는 과정에서, 특히 벨기에의 항복으로 생긴 전선의 틈에서 치러진 전투에서 수훈을 세웠다. 따라서 우리는 그에게 프랑스에 남아 있는 영국군과 고트 경이 사령관이 되어 출동하는 데에 필요한 병력 수가 채워질 때까지 증원군의 지휘를 맡겼다. 브룩은 프랑스에 도착했고, 14일에 베강과 조르주를 만났다. 베강은 프랑스군은 더 이상 조직적인 저항이나 다른 부대와 합동 작전을 할 수 있는 능력을 상실했다고 밝혔다. 프랑스군은 네 토막이 난 상태로 흩어져 있었는데, 제10군의 위치는 가장 서쪽이었다. 베강은 또 브르타뉴 반도에 교두보를 설치하여 프랑스와 영국 양군이 함께 렌의 남북을 관통하는 전선을 방어하는 데에 연합국 정부 배치해줄 것을 요청했다. 브룩은 그 전선에 방어선을 구축하려면 길이가 150킬로미터에 최소한 15개 사단의 배치가 필요하다는 점을 지적했다. 그러자 베강은 그러한 지적을 명령으로 받아들이겠다고 말했다.

6월 11일 브리아르에서 레노와 내가 브르타뉴 반도 끝 부분을 가로질러 일종의 "토레스 베드라스 선[Torres Vedras Line : 리스본 시 부근의 요새 지역. 1810년 웰링턴 장군이 나폴레옹 군대를 저지한 곳/역주]"을 만들자는 데에 합의한 것은 사실이다. 그러나 모든 것은 한꺼번에 허물어져버렸고, 그 계획은 중요성 여부를 떠나 실행 단계에 접근해보지도 못했다. 구상 자체는 좋았지만, 그것을 구체화시킬 수 있는 요인들이 전혀 없었다. 프랑스

속임수로 오후에 많은 약속을 잡았다. 그리고 그의 친구인 스피어스를 전송하기 위하여 스피어스와 함께 승용차를 타고 비행장으로 갔다. 그들은 서로 악수하고 작별 인사를 나누었다. 비행기가 막 움직이기 시작할 무렵 드골은 갑자기 비행기로 뛰어들어가서 문을 꽝하고 닫아버렸다. 프랑스 경찰과 관리들이 멍하니 쳐다보고 있는 사이에 비행기는 창공으로 솟아올랐다. 드골은 그 작은 비행기에 프랑스의 명예를 함께 싣고 떠난 것이었다.

제9장
오랑의 다를랑 제독과 프랑스 함대

프랑스가 무너지고 난 뒤 우리나 적군의 마음속에 떠오른 의문이 있었다. "영국도 항복할 것인가?" 현실의 사태에 직면하여 공식 성명이 유효한 가치를 지니는 한, 나는 영국 정부의 이름으로 단독으로라도 싸울 것이라고 거듭 천명했다. 됭케르크 철수 작전이 끝난 뒤 6월 4일의 연설에서 나는 이러한 표현을 썼다. "그럴 수밖에 없다면 몇 년 동안이라도, **그럴 수밖에 없다면 단독으로라도.**" 그것은 아무 생각 없이 한 말이 아니었다. 다음날 런던 주재 프랑스 대사는 본국으로부터 그 말의 진의가 무엇인지 확인하라는 훈령을 받았다. 나는 프랑스 대사에게 "정확히 말 그대로"라고 대답했다. 보르도 정부가 와해된 다음날인 6월 18일, 나는 하원에서 연설하면서 그 말을 상기시켰다. 그때 나는 "전쟁을 계속 수행할 부동의 결의를 다지는 견고한 실질적 근거에 대하여 다소의 설명"을 했다. 그리고 우리 3군의 수뇌부는 궁극적으로 우리가 승리할 수 있다는 논리적이고 합당한 희망을 가져도 좋다고 확신하고 있다고 나는 의회에 확언할 수 있었다. 4개 자치령의 수상들로부터도 전쟁을 포기하지 않기로 한 결정을 적극 지지하고 본국과 운명을 같이하겠다는 서한을 받은 사실도 말했다. "이러한 두려운 대차대조표를 직시하고 미몽에서 깨어나 위험을 숙고한다면, 우리는 혼란과 공포에 빠져서는 안 되며 모든 것을 경계하고 최대한의 노력을 기울여야 할 분명한 이유를 발견하게 될 것입니다." 그리고 이렇게 덧붙였다. "지난 대전의 초반 4년 동안 연합국이 경험한 것은 오직 재난과 실망뿐이었습니다.⋯⋯우리는 '어떻게 이길 수 있을까?'라고 거듭 자문했지만, 대답할 수 있는 사람은 아무도 없었습니다. 그런데 마지막에 이르러, 아주 급작스럽게, 조금도 예상하지 못했음에도 불구하고, 그 두려웠던 우리의 적은 눈앞에서 무너지고 말았습니다. 우리는 승리를 매우 즐겼고, 그리고 어리석게도 승리를 내던져버리고 말았습니다."

나는 이렇게 끝냈다.

"베강 장군이 말했던 프랑스 전투는 끝이 났습니다. 이제 영국 전투가 막 시작하려 하고 있습니다. 그 전투에 기독교 문명의 존망이 달려 있습니다. 우리 영국의 운명도, 그리고 우리의 제도와 제국의 영속도 그 전투에 달려 있습니다. 포악한 적군은 곧 전력을 다해 우리에게 달려들 것입니다. 이 섬에서 우리를 격파하지 못하면 전쟁에 패배한다는 사실을 히틀러는 알고 있습니다. 우리가 그에게 맞서 이길 수 있다면, 유럽은 해방될 것이며 전 세계에 생명력이 넓게 확산되고 햇빛 찬연한 저 높은 곳에까지 이르게 될 것입니다. 그러나 만약 우리가 실패하게 된다면, 미국을 포함한 전 세계는, 지금까지 우리가 너무나 잘 알고 있고 또 소중하게 여겨왔던 모든 것을 포함한 이 세계는 새로운 암흑시대의 심연으로 가라앉고 말 것입니다. 과학의 악용으로 더 사악하고 어쩌면 더 길게 지속될지 모르는 그러한 암흑시대로 말입니다. 그러므로 우리는 우리의 의무를 다하기 위하여 함께 일어나야 합니다. 그리하여 우리 대영제국과 그 연방이 천 년 뒤에도, 그때 사람들이 바로 오늘을 두고 '그때야말로 제국의 가장 좋은 시대였다'고 말할 수 있도록 합시다."

가끔 인용되었던 그 연설은 승리한 때에는 실증되었지만, 당시로서는 한낱 말에 지나지 않았다. 이 지구상에서 분연히 일어설 때의 영국 국민의 기질을 이해하지 못하는 외국인들은 강화 협상을 위한 적당한 서곡으로 내세운 가장된 태도로 생각했을 것이다. 히틀러가 서유럽의 전쟁을 끝낼 필요를 느끼고 있다는 사실은 명백했다. 그는 가장 유혹적인 조건을 제시할 수 있는 입장에 있었다. 나처럼 히틀러의 움직임을 연구한 사람들에게는 그가 영국 본토와 대영제국 그리고 영국 함대에 손을 대지 않은 채, 리벤트로프가 1937년 나에게 제안했을 뿐만 아니라 히틀러 자신의 진정한 욕심이기도 한 동방에서의 자유 행동을 보장받기 위해서 강화를 하려는 생각을 가졌던 것이 불가능한 것 같지는 않았다. 그때까지 우리는 히틀러에게 큰 피해를 주지 못했다. 그가 프랑스에서 승리함으로써 우리는 실로 패배하게 되었던 것이다. 해상 침공의 여러 문제와 영국의 공군력에 대해서 무지하면서, 독일의 힘과 위협에 압도된 여러 나라의 약삭빠른 타산가들이 어떻게 우리 말을 믿을 수 있었겠는가? 민주주의든 전제주의든 그 어떤 형태의 정부도 그리고 그 어떤 국민도, 버려진 듯이 홀로 고립된 상태에서 침략의 화를 자초하고는 온갖 그럴듯한 구실을 늘어놓을 수 있는 강화의 좋은 기회를 걷어차버리는 일은 쉬운 일이 아닐 것이다. 말은 아무것도 보장하지 못한다. 다른 정부가 들어서서 말할지는 모른다. "전쟁광들은 실컷 싸우고 실패했다." 미국은 멀리서 관망하고 있었다. 소련에 대하여 의무를 지고 있는 국가는 없었다. 영국은 왜 일본, 미국, 스웨덴 그리고 스페인처럼 방관자가 되지 못했는가? 관심, 즉 흥미조차 버린 채, 왜 나치와 공산주의의 두 제국의 상호 파괴적인 싸움을 지켜볼 수 없었는가? 미래의 세대들은 내가 여기에서 요약한 내용들이 내각에 의제로 상정될 만한 가치가 있다고 생각한 적도 없을 뿐만 아니라, 우리의 비공개 회의에서도 다루어진 적이 없다는 사실을 믿기 어려워할 것이다. 의혹은 오직 행동에 의해서만이 제거될 수 있다. 그러한 행동은 곧 시작될 터였다.

★ ★ ★ ★ ★

보르도의 종말이 가까워지자 다를랑 제독은 무척 중요한 존재가 되었다.

나는 그를 몇 번 만난 적이 없었는데, 한두 번 만난 것도 그나마 형식적인 것이었다. 나는 프랑스 해군을 재창설한 그의 업적을 높이 평가하고 있었다. 그가 10년 동안 통어했던 프랑스 함대는 프랑스 혁명 이래 그 어느 때보다 최고의 실력을 갖추고 있었다. 1939년 12월에 그가 영국을 방문했을 때, 우리는 그를 위해서 해군부에서 만찬을 베풀었다. 그는 건배하면서, 그의 증조부가 트라팔가르 해전에서 전사한 사실을 상기시켰다. 따라서 나는 그를 영국을 싫어하는 그런 선량한 프랑스인 중의 한 사람으로 생각했다. 1월에 열렸던 영−불 해군회담에서도 문관 출신의 정치가인 해군부 장관에게 대하여 그가 얼마나 자신의 전문가적인 지위를 보여주려고 애썼는지 모른다. 그러한 생각이 그에게 늘 따라다녔기 때문에 그의 행동의 한 부분으로 드러난 것이라고 나는 믿었다.

그밖에 다를랑은 내가 말한 회의에 거의 대부분 참석했는데, 프랑스의 저항이 막바지에 다다를 무렵이 되자 어떠한 일이 일어나더라도 프랑스 함대가 독일군의 수중에 들어가는 일은 결코 없을 것이라고 거듭 강조했다. 그런데 보르도에서 그 야심적이고 이기적이면서 또 유능한 제독은 운명적인 순간을 맞게 되었다. 프랑스 함대에서 그의 권위는 실제로 절대적이었다. 그가 함대에게 영국으로, 미국으로 혹은 프랑스 식민지의 항구로 가야 한다는 명령만 내리면, 그 명령은 엄수될 수 있었으며, 그 순간 이미 출동하는 함대도 있었을 것이었다. 레노 내각이 무너진 뒤인 6월 17일 아침, 다를랑은 그 명령을 발동할 결심을 조르주 장군에게 알렸다. 다음날 오후 조르주는 다를랑을 만나 무슨 일이 일어났느냐고 물었다. 그는 마음이 바뀌었다고 대답했다. 왜냐는 물음에 대한 답변은 간단했다. "나는 이제 해군장관이오." 그는 해군장관이 되기 위해서 마음을 바꾼 것이 아니라, 해군장관이 되었기 때문에 다른 관점을 가지게 된 것이라는 의미였다.

사리사욕을 위한 인간의 계산법이란 얼마나 허망한 것인가! 그 좋은 예로서 이보다 더 적절한 것은 없을 것이다. 독일의 지배에서 벗어나 모든 프랑스의 국익을 위한 주인공이 되고자 했다면, 다를랑은 자신의 휘하에 있는 어느 함선에든 몸을 싣고 프랑스 밖의 어느 항구로라도 항행을 했어야 했다. 그러나 그는 드골처럼 오직 하나 불굴의 기백으로 몇몇 동지와 함께 우리에게 오지 않았다. 모든 장병이 헌신한 세계 제4위의 해군을 그는 독일 군의 세력이 미치지 않는 곳에 두어야 했다. 그랬더라면 다를랑은 강력한 힘을 가진 프랑스 항전의 수장이 되었을 것이다. 프랑스 함대의 유지를 위하여 영국과 미국의 도크와 해군 병기창을 마음대로 사용할 수 있었을 것이다. 미국에 보관 중이던 프랑스의 금은 일단 승인되기만 하면 충분한 재원이 될 수 있었다. 모든 프랑스 제국은 그를 중심으로 결속했을 것이다. 아무도 그가 프랑스의 해방자가 되는 것을 막지 못했을 것이다. 그런데 그토록 자신이 열망하던 명예와 권력을 이미 그는 얻게 되었던 것이었다. 그러나 그는 그로부터 2년 동안 번민 속에서 면목 없는 직무를 수행하다가 비참한 죽음을 맞았으며, 불명예스러운 무덤에 묻혀 그가 그렇게 열심히 봉사한 프랑스 해군과 국민들로부터 오랫동안 증오의 대상이 되었다.

여기서 마지막으로 기록해두지 않으면 안 될 것이 있다. 다를랑이 암살당하기 꼭 3주일 전인 1942년 12월 4일, 나에게 보낸 편지에서 그는 자신의 약속을 지켰다고 강력하게 주장했다. 그 편지에는 그의 변명이 담겨 있으므로, 나는 그 전문을 다른 곳에 기록해두었다.* 전쟁 중에 프랑스 함선에 독일군이 승선했다든가 영국 해군을 공격하는 데에 프랑스 함선이 이용되었다든가 하는 일은 없었다는 점에 대해서는 이론의 여지가 없다. 그것은 전적으로 다를랑 제독이 취한 조치 때문이 아니었다. 그러나 그는 영국을 싫어한 만큼이나 미워했던 독일군에게 나포되기 전에 어떠한 일이 있더라도 자폭해버려야 한다는 확고한 생각을 그의 해군 장병들에게 심어주었던

---

* 「빛나는 시절(*Their Finest Hour*)」, 제6장.

것이 분명했다.

그러나 1940년 6월, 수평선 위에 아른거리는 예측할 수 없는 일본의 위협에 대응하여 프랑스 함대가 독일과 이탈리아 함대에 가세한 사건은 영국에 치명적 위험을 초래했을 뿐만 아니라 미국의 안전에 심각한 악영향을 미쳤다. 앞에서 말한 휴전협정 조약 제8조에 의하면 프랑스 함대는 프랑스 식민지의 이익을 지키기 위하여 그대로 둔 함선을 제외하고 모두 "지정된 항구에 집결시켜 독일과 이탈리아의 권한으로 해산하고 무장해제하도록 한다"고 규정되어 있었다. 그러므로 프랑스 함선은 완전무장한 채로 그런 통제하에 들어갈 것이 명백했다. 독일 정부가 그 조항에 전쟁 기간 중 자기들을 위한 목적으로 그 함선을 사용하려는 의도는 포함되어 있지 않다는 엄숙한 선언을 한 것도 사실이다. 그러나 히틀러의 뻔뻔스러운 기록과 당시의 여러 사실들로 미루어 제정신을 가진 사람이라면 누가 그 말을 믿을 수 있었겠는가? 더군다나 그 조항은 "해안의 감시와 기뢰 제거를 위하여 필요한 함선"을 고려하지 않았다. 그것에 관한 해석은 오직 독일에 달려 있었다. 마지막으로, 불이행을 구실로 휴전협정은 언제든지 파기할 수도 있었다. 실제로 우리를 위한 그 어떤 보장도 전혀 없었다. 어떤 대가를 지불하더라도, 어떠한 위험을 감수하더라도, 우리로서는 프랑스 해군이 적의 손에 들어가서 우리 자신이나 다른 사람들을 파괴하는 일이 발생하지 않도록 해야 했다.

★ ★ ★ ★ ★

전쟁내각은 결코 머뭇거리지 않았다. 일주일 전만 하더라도 진심으로 프랑스를 걱정하고 공동의 국적을 고려하기까지 한 각료들이 필요한 모든 조치를 취해야 한다고 결의했다. 그것은 아주 유쾌하지 못한 결정이었으며, 그때까지 내가 관여한 일 중에서 가장 기괴하고 고통스러운 것이었다. 그것은 1807년 코펜하겐에서 영국 해군이 덴마크 함대를 장악한 사건을 떠올리게 했다. 프랑스는 바로 어제까지 우리의 연합국이었으며, 그 나라의 불행에 우리 모두가 마음속 깊이 걱정하고 있었다. 그러나 다른 한편으로 국가의 운명과 대의명분이 위험에 처했다. 그것은 마치 고대 그리스의 비극과 같았다. 그러나 영국의 운명과 그 운명에 의존하고 있는 모든 것을 위해서는 행동 외에 더 이상 필요한 것은 없었다. 나는 1793년의 당통을 생각했다. "왕들이 연합하여 우리를 위협하고 있다. 싸움의 표시로 왕의 목을 놈들의 발밑에 던지는 수밖에 없다." 모든 사태는 그런 생각의 과정을 거쳤다.

프랑스 함대의 배치는 이러했다. 전함 2척, 경순양함 4척, 초대형 쉬르쿠프 호를 포함한 잠수함 몇 척, 구축함 8척, 비록 소형이지만 아주 중요한 소해정(掃海艇)과 대잠수함 함정 약 200척은 대부분 포츠머스와 플리머스에 있었다. 즉 모두 우리 해군력의 권역 내에 있었다. 알렉산드리아에는 프랑스 전함 1척, 8인치 포 탑재 순양함 3척을 포함한 프랑스 순양함 4척, 그리고 수많은 소함정들이 있었다. 그 함대는 모두 강력한 영국 전투 함대가 감시했다. 지중해의 다른 한쪽 끝 부분의 오랑과 그 인근의 군항 메르엘케비르에는 프랑스 함대에서 가장 성능이 뛰어난 2척의 군함 됭케르크와 스트라스부르가 있었는데, 독일의 샤른호르스트나 그나이제나우보다 우수한 신식 전투순양함이었다. 그 2척의 군함은 처음부터 독일의 두 군함을 압도할 목적으로 건조한 것이었다. 그러한 전함이 독일의 수중에 들어가 우리의 무역항로에 배치된다면 아주 불편했을 것이다. 그 2척의 군함 곁에는 2척의 프랑스 전함, 여러 척의 경순양함, 꽤 많은 구축함과 잠수함 그리고 다른 함정들이 있었다. 알제에는 8인치 포 탑재 4척을 포함한 순양함 8척, 마르타니크에는 항공모함 1척과 경순양함 2척이 배치되어 있었다. 생나제르에서 도착한 지 얼마 되지 않는 장바르 호는 카사블랑카에 정박해 있었는데, 아직 포는 장착되지 않았다. 장바르는 세계 해군력을 평가하는 데에 핵심적인 전함이었다. 장바르는 미완성이었으며, 카사블랑카에서 완성할 수는 없었다. 우리는 장바르를 다른 곳으로 보낼 필요는 없었다. 그보다 완성도가 훨씬 높은 리슐리외가 다카르에 도착했다. 리슐리외는 빨리 달릴 수 있었으며, 15인치 포를 발사할 수도 있었다. 그 외에도 중요도가 조금 낮은 수많은 프랑스 함정이 여러 항구에 정박해 있었다. 마지막으로, 툴롱에는 다수의 군함이 우리의 지배 범위를 벗어나 있었다. "캐터펄트 (Catapult)" 작전은 닥치는 대로 모든 프랑스 함대를 나포, 장악 또는 효과적으로 무력화시키거나 파괴하는 것을 목적으로 했다.

7월 3일 이른 아침, 포츠머스와 플리머스의 모든 프랑스 함정은 영국군의 지배 아래 들어오게 되었다. 행동은 갑자기, 필요에 따라 기습적으로 이루어졌다. 압도적인 힘을 이용하여 작전을 수행할 수 있었는데, 그것으로 미루어 독일군이 장악하고 있던 항구에서 프랑스 함대를 접수하려고만 했더라면 얼마나 쉽게 할 수 있었겠는가 짐작할 수 있었다. 영국에서는 쉬르쿠프 호를 제외하고는 접수가 아주 우호적으로 이루어져 수병들은 자발적으로 상륙했다. 쉬르쿠프 함상에서는 유능한 영국 장교 2명과 일등 수병 1명이 살해되었으며,* 수병 1명이 부상을 당했다. 프랑스 수병도 1명이 사망했지만, 수백 명의 수병은 자진하여 우리 쪽으로 합류했다. 쉬르쿠프는 그이후 혁혁한 전공을 세우고, 1942년 2월 19일 용감한 프랑스 승무원들과 함께 최후를 맞이했다.

서부 지중해에서는 독한 결단을 내려야 했다. 거기 지브롤터에는 전투순양함 후드, 전함 밸런트와 레절루션, 항공모함 아크로열 그리고 두 척의 순양함과 11척의 구축함으로 구성된 "H부대"를 거느린 서머빌 중장이 있었는데, 그는 7월 1일 오전 2시 25분 해군부로부터 명령을 수령했다.

7월 3일, "캐터펄트"를 위한 준비.

---

* 영국 해군 중령 D. V. 스프래그, 영국 해군 대위 P. M. K. 그리피스, 그리고 영국 해군 일등병 A. 웹.

서머빌의 부하 중에는 용감하고 뛰어난 홀랜드라는 대령이 있었는데, 그는 직전까지 파리 주재 해군 무관으로 근무한 친프랑스파로서 꽤 영향력을 행사했다. 7월 1일 이른 오후에 서머빌 중장은 다음과 같은 전문을 보냈다.

홀랜드 그리고 다른 몇몇 사람들과 논의한 결과 "H부대" 중장은 어떠한 일이 있더라도 무력의 사용은 피해야 한다는 그들의 소신에 깊은 인상을 받았다. 홀랜드의 의견은 우리가 먼저 공격적 행동을 취하게 되면, 전 세계의 프랑스 인들이 우리에게 거리감을 가지게 된다는 것이다.

해군부는 오후 6시 20분에 회신을 보냈다.

만약 프랑스 측이 귀관이 제시하는 조건 중 어느 것도 받아들이지 않는다면, 분쇄할 수밖에 없다는 것이 정부의 확고한 의사이다.

잠시 후 심야에(7월 2일, 오전 1시 8분에), 서머빌 제독은 프랑스 해군 사령관에게 제시할 신중하게 고려된 통고문을 해군부로부터 전달받았다. 그 내용의 중요한 부분은 다음과 같다.

(a) 우리와 함께 항해하면서 독일과 이탈리아에 맞서 승리할 때까지 계속 싸운다.
(b) 승무원의 수를 감축하고, 우리의 지시에 따라 영국 항구로 항해한다. 감축된 인원은 가장 빠른 시일 내에 본국으로 송환한다.
두 가지 중 어느 하나라도 귀하가 선택한다면, 전쟁 종결과 동시에 프랑스 함선은 반드시 돌려줄 뿐만 아니라, 그 사이에 발생한 손상에 대해서는 보상할 것이다.

(c) 그렇지 않고 휴전협정을 위반하는 한, 독일이나 이탈리아를 상대로 싸우는 데 전함을 사용할 수 없다고 주장한다면, 그때는 승무원을 감축한 상태에서 모든 군함을 이끌고 항해하여 서인도제도의 어떤 프랑스령 항구—예를 들면, 마르티니크—로 간 뒤, 우리가 수긍할 수 있을 수준으로 무장을 해제하든지 아니면 미국에 위탁하여 전쟁 종결 때까지 안전하게 보관하도록 할 수 있을 것이다. 그러한 경우 승무원들은 송환된다.

만약 귀하가 이 정당한 제안을 거부한다면, 본관은 깊이 유감으로 생각하고 6시간 이내에 모든 군함을 자침(自沈)시킬 것을 요구할 수밖에 없다.

마지막으로 자침조차 행하지 않는다면, 본관은 영국 정부로부터 귀하의 함대가 독일군이나 이탈리아군의 수중에 넘어가지 않도록 하기 위하여 필요한 모든 무력적 조치를 사용하라는 명령을 받았다.

서머빌 제독은 새벽에 출항하여 9시 30분경 오랑 앞바다에 도착했다. 구축함에 탄 홀랜드 대령에게 프랑스 제독 장술을 만나고 오게 했다. 면담을 거절당하자, 홀랜드 대령은 전령을 시켜 앞에서 요약하여 인용한 내용의 문서를 전달했다. 장술은 서면으로 회신을 보내왔는데, 어떠한 경우에도 프랑스 군함이 그대로 독일군이나 이탈리아군의 수중에 들어가도록 하지는 않을 것이며, 무력에는 무력으로 대응할 것이라고 했다.

하루 종일 협상은 계속되었다. 오후 4시 15분, 마침내 홀랜드 대령은 뎅케르크 호에 승선해도 좋다는 허락을 받았다. 그러나 프랑스 제독과의 면담은 냉랭했다. 그 사이에 장술 제독은 프랑스 해군부에 두 통의 전문을 보냈으며, 오후 3시에 프랑스 각의가 소집되어 영국이 제시한 조건을 검토했다. 그 회의에는 베강 장군도 참석했는데, 그때 일은 그의 전기 작가가 기록해 놓고 있다. 그에 따르면 세 번째 조건, 즉 프랑스 함대를 서인도제도로 보내는 제안은 전혀 언급되지 않았다. 베강은 이렇게 말한다. "……다를랑 제독이 의도적이었는지 아니었는지, 또는 그것을 알고 있었는지 그렇지 않았는지 나는 알지 못했다. 그가 그때 구체적인 사실에 대하여 실제로 우리에게 알려준 것이라고는 아무것도 없었다. 지금 와서 보면 영국이 최후통첩으로 제시한 조건은 우리가 믿고 따르는 데에는 그렇게 생경한 것이 아니었다. 그리고 더 쉽게 받아들일 수 있는 대안으로 함대가 서인도양으로 떠날 것을 세 번째로 제안했다.[*] 만약 그 제안이 누락되어 있었다면, 그 누락에 대한 설명이 지금까지 보이지 않는다.[**]

영국 제독과 주요 장교들의 번민은 그때까지의 상황으로 미루어 너무나 분명하게 드러났다. 바로 조금 전까지 전우였던 그들을 향해 포문을 열게 할 수 있는 것은 오직 단도직입적인 명령뿐이었다. 해군부 내에서도 뚜렷한 감정의 움직임이 있었다. 그러나 전쟁내각의 결정은 흔들리지 않았다. 나는 오후 내내 내각의 집무실에 앉아 주요한 각료, 해군장관, 해군참모총장과 빈번한 접촉을 가졌다. 최후의 사인은 오후 6시 26분에 내려졌다.

프랑스 함대는 우리가 제시한 조건에 따르든가, 아니면 자침하든가, 아니면 귀관이 침몰시키든가 해야 한다.

그러나 행동은 이미 시작되고 있었다. 오후 5시 54분, 서머빌 제독은 육지의 포대로부터 보호를 받고 있던 그 강력한 프랑스 함대를 향하여 포문을 열었다. 오후 6시, 그는 격렬하게 교전 중이라는 보고를 했다. 포격은 10분여 동안 계속되었다. 전함 브르타뉴는 폭발했고, 됭케르크는 좌초했다. 전함 프로방스는 해안에 밀려 올라갔다. 스트라스부르는 아크로열에서 발진한 뇌격기(雷擊機)의 공격을 받고도 탈출하여 툴롱에 다다랐는데, 거기에

---

[*] 『베강 장군의 역할』, 자크 베강.
[**] 1950년에 쓴 것이다.

실제로는 히틀러의 목소리가 라디오에서 들려오는 순간부터 정부의 어떤 독려도 없었지만, 영국 신문과 BBC는 독일과의 어떠한 타협도 거부한다는 의사 표시를 이미 해놓고 있었다.

치아노의 일기에는 이렇게 기록되어 있다. "19일 저녁 늦게 히틀러의 연설에 대한 영국의 냉담한 첫 번째 반응이 전해지자 독일인들 사이에서는 걷잡을 수 없는 실망감이 번졌다." 히틀러는 영국과 타협을 하고 싶어했다. 영국과 치러야 하는 전쟁이 얼마나 어렵고 처참할 것인지 알았던 것이다. 뿐만 아니라 모두가 유혈 사태를 싫어한다는 사실도 잘 알고 있었다. 반면 무솔리니는 "히틀러의 교묘한 언변 속에서 영국이 협상의 구실을 찾아내지나 않을까 두려워했다." 치아노는 이렇게 강조했다. "그 어느 때보다 전쟁을 열망하고 있는 무솔리니는 그렇게 된다면 크게 실망하지 않을 수 없을 것이다."* 그러나 무솔리니는 초조해할 필요가 없었다. 그가 원하던 전쟁은 결코 거부되지 않았던 것이다.

★ ★ ★ ★ ★

6월 말, 3군 참모총장들은 이즈메이 장군을 통해 내각 회의에서 내가 동해안과 남해안의 침공 우려 지역을 순시해야 한다는 제의를 했다. 따라서 나는 일주일에 하루나 이틀을 꼬박 그 흔쾌한 의무를 이행하는 데 바쳤으며, 필요한 경우 기차 안에서 잠을 자기도 했다. 그리고 움직이는 도중에도 일상 업무에 필요한 것을 모두 갖추고 대비했으며, 화이트홀[Whitehall : 런던 중앙 관청들이 있는 거리/역주]과는 항상 연락이 가능한 상태를 유지했다. 그렇게 하여 타인 강[잉글랜드 북부의 강/역주]이나 험버 강[잉글랜드 동부의 트랜트 강과 우즈 강이 합류하여 이루는 강/역주] 같은 적군이 상륙할 수 있는 지역을 시찰했다. 캐나다 사단은 켄트에서 나를 위한 훈련 시범을 보이기도 했다. 하위치와 도버의 대륙 방어 시설도 점검했다. 순시 초반

---

* 『치아노의 일기』, 227-228면.

에 제3사단을 방문했는데, 지휘관이었던 몽고메리 장군을 처음 만나게 되었다. 그때는 내 아내도 함께 있었다. 제3사단은 브라이턴 부근에 주둔하고 있었다. 최우선적으로 재무장된 그 부대가 막 프랑스로 건너가려던 순간 프랑스의 항전이 끝났던 것이다. 몽고메리 장군의 사령부는 스테이닝 인근에 있었는데, 장군은 거기서 소규모의 훈련 시범을 보여주었다. 주요 내용은 브렌 경기관총의 측면 이동이었는데, 그때 동원할 수 있는 수량은 겨우 7, 8정에 불과했다. 훈련을 본 뒤에 우리는 함께 차를 타고 해안을 따라 쇼어햄과 호브를 지나 브라이턴 방어선까지 갔다. 브라이턴은 내게 친숙한 곳으로, 나의 어린 시절 추억이 많이 남아 있는 곳이었다. 부두 끝 부분의 반대편에 있는 로열 앨비언 호텔에서 식사를 했다. 대규모의 소개(疏開)가 이루어지고 난 뒤여서 호텔은 텅 비어 있었다. 그러나 해변이나 산책로에는 여전히 꽤 많은 사람들이 휴식을 즐기고 있었다. 근위보병연대의 소대원들이 부두의 한 초소에 모래주머니를 쌓아 기관총 사격대를 만드는 광경이 내가 어릴 적에 즐겼던 작은 벌레들의 곡예를 보는 것 같아 재미있었다. 아주 화창한 날이었다. 몽고메리 장군과 많은 이야기를 나누며 나로서는 나들이 기분을 한껏 즐겼다.

7월 중순, 육군부 장관은 본토방위군 총사령관 아이언사이드 장군을 브룩 장군으로 교체해야 한다고 건의했다. 적군의 침공 가능 지역을 계속 순시하던 중 7월 19일에 남부 사령부를 방문했다. 일종의 전술 훈련 시범을 보였는데, 탱크가 12대나 참여했다. 그날 오후 내내 그 방어선을 지휘하고 있던 브룩 장군과 함께 차를 타고 다녔다. 그는 대단한 무훈의 소유자였다. 됭케르크로 퇴각하는 작전이 진행되는 동안 그는 예페르 부근에서 결정적인 측면 전투를 수행했을 뿐만 아니라, 6월 처음 3주일 동안 프랑스로 파견한 새 부대의 지휘를 맡았을 때 상상을 초월하는 어려움과 혼란 속에서도 놀랄 만한 과단성과 기민성을 발휘하여 임무를 완수했다. 나는 나의 초기

군복무 시절의 친구였던 그의 용감한 두 형제를 통하여 이미 앨런 브룩과 인연을 맺고 있었던 것이다.

그러한 관계와 옛 추억 때문에 인선이라는 중대한 문제에 관하여 내 의사를 결정한 것은 아니지만, 그러한 인간적 토대 위에서 전쟁 기간 내내 그와의 관계를 끊임없이 유지하고 성숙시켜왔다. 1940년 7월의 그날 오후, 나는 네 시간 동안 그와 함께 자동차 속에서 본토 방위의 방법에 대해서 이야기를 나누면서 의견의 일치를 보았던 것 같다. 다른 사람들의 의견을 충분히 들은 뒤에, 나는 육군부 장관의 제안을 받아들여 아이언사이드 장군에 이어 브룩을 본토방위군 총사령관으로 임명하는 데 동의했다. 아이언사이드는 한결같았던 그의 군인다운 품위를 잃지 않는 태도로 물러났다.

침공의 위협을 받고 있던 1년 반 동안 브룩은 본토방위군을 조직하고 지휘했다. 그리고 우리는 그가 육군참모총장이 되고 난 이후 우리가 승리를 거둘 때까지 3년 6개월 동안 줄곧 함께 지냈다. 1942년 8월 이집트와 중동의 최고지휘관을 교체해야 했던 결정적 순간에 도움이 되었던 그의 조언 그리고 1944년 영국해협 횡단 작전 "대군주(Overlord)"를 지휘할 때 그로부터 받았던 엄청난 실망감에 대해서는 곧 이야기하게 될 것이다. 그는 전쟁 기간 거의 대부분에 해당하는 오랜 기간 3군참모총장위원회 의장과 육군참모총장으로 재직하면서 영국뿐만 아니라 연합국의 대의를 위하여 최고의 봉사를 할 수 있었다. 이 책에서 나는 그와의 사이에서 일어난 견해의 차이는 물론, 압도적으로 많았던 의견의 일치에 대해서 기록하여 내가 소중하게 여기는 우정을 증명할 것이다.

★ ★ ★ ★ ★

바로 그 7월 중에 상당한 양의 미국 무기가 안전하게 대서양을 건너왔다. 소중하기 이를 데 없는 무기를 실은 선단이 우리 해안에 접근했을 때 그 짐을 받기 위한 특별 열차가 각 항구마다 대기하고 있었다. 모든 지역, 모든 도시와 마을의 본토방위군들은 그 무기를 배분받기 위해서 밤을 새웠다. 그 무기를 사용할 수 있도록 남녀 노동자들이 밤낮을 가리지 않고 노력했다. 7월말에는 공수부대에 관한 한 영국은 무장 국가가 되었다. 우리는 "벌집"이 되었다. 어쨌든 우리가 전투에 내몰리더라도(그렇게 되지 않으리라고 예상했지만), 다수의 남성과 소수의 여성들은 무기를 지닐 수 있었다. 본토방위군을 위한. 300식 소총 50만 정이 일차로 도착함으로써(한 정당 대략 50개의 탄창이 배분될 수 있었으나 10개씩만 지급했고, 그 총에 맞는 탄환을 제조할 수 있는 공장은 가동되지 않았다), 급속하게 조직을 확대하던 정규군에 30만 정의 303식 영국형 소총을 넘겨줄 수 있었다.

얼마 뒤 일부 고지식한 전문가들이 1문당 1,000발의 탄환이 딸린 "75밀리 포"에 대해서 빈정거리기 시작했다. 포차의 앞바퀴가 없고 탄약을 조달할 응급수단이 마련되어 있지 않았다는 것이다. 제각기 다른 구경도 조작을 복잡하게 만들었다. 그러나 나는 그러한 주장에 귀를 기울이지 않았다. 1940년과 1941년 동안 900문의 "75밀리 포"가 우리 본토 방위를 위한 전력 증강에 큰 보탬이 되었다. 이동을 위해서 두꺼운 널빤지 위에 세워 트럭에 싣는 방법이 고안되었고, 병사들을 훈련했다. 생존을 위한 싸움에서는 어떤 대포라도 없는 것보다 나았다. 프랑스의 "75밀리 포"는 영국의 25파운드 포나 독일의 야전 유탄포에 비하면 구식이었지만, 그것은 여전히 놀라운 무기였다.

아무런 불행한 사태도 없이 7월과 8월을 보내면서, 우리는 더 장기간 어려운 싸움을 수행할 수 있다는 확신을 가지게 되었다. 날이 갈수록 힘이 생기는 기분을 느낄 수 있었다. 전 국민이 능력의 마지막 한계까지 일했으며, 노고의 땀을 쏟거나 철야를 하고 난 뒤 잠자리에 들면서 우리는 시간을 벌어야 하며 반드시 승리한다는 생각이 더욱 강해짐으로써 정신적 보상을 받았다. 모든 해안은 온갖 종류의 방어 시설로 가득 찼다. 전국은 방위 지역으로 편성되었다. 공장은 무기를 만들어 쏟아내기 시작했다. 8월 말경에는 무려 250대가 넘는 새 탱크를 보유하게 되었다! 미국의 "신념의 행동"이 결실을 보게 된 것이었다. 이미 숙련된 전체 영국군과 지역 부대의 전우들은 아침부터 밤까지 훈련과 연습을 거듭하며 적군을 기다리고 있었다. 본토 방위군은 100만 명을 돌파했다. 소총이 부족하자 의욕에 넘친 기세로 엽총, 산탄총, 개인용 권총을, 그리고 화기가 없을 때에는 창이나 곤봉을 들었다. 소수의 스파이들이 수사 끝에 검거되었지만, 제5열은 존재하지 않았다. 극소수에 지나지 않았던 공산주의자도 사라졌다. 모든 사람들은 자신이 할 수 있는 모든 것을 다했다.

9월에 로마를 방문한 리벤트로프는 치아노에게 이렇게 말했다. "영국에는 영토 방위라는 게 없어요. 완전히 쳐부수는 데 독일군 1개 사단이면 충분합니다." 그것은 그의 무지를 드러내는 것에 지나지 않았다. 그러나 만약 강력한 독일군 20만 병력이 영국에 상륙했다면, 어떠한 일이 벌어졌을 것인가 가끔 상상해보았다. 어김없이 대규모의 살육이 양쪽 진영에 대해서 일어났을 것이다. 그 참혹함은 극에 달했을 것이다. 적군은 공포 전술을 사용했겠지만, 우리는 마지막까지 항전할 각오가 되어 있었다. 나는 이런 구호를 외칠 작정이었다. "당신에게는 항상 함께하는 친구가 있다." 그러한 공포의 국면이 종국에는 미국의 상황을 일변시킬 것이라고 계산했다. 그러나 그런 걱정은 실제로 현실이 되지는 않았다. 북해와 영국해협의 잿빛 해상 먼 곳에는 충실하고 열성적인 소함대들이 밤을 세워 오가며 경계하고 있었다. 전투기 조종사들은 하늘 높이 날거나, 조용히 명령을 기다리며 탁월한 성능의 기체 곁에서 대기했다. 살아서 얻는 보람이 있다면, 죽어서 얻는 보람도 있다는 그러한 시간이었다.

★ ★ ★ ★ ★

제대로 이해한다면, 해군력이라는 것은 실로 대단한 존재이다. 적의 뛰어난 크고 작은 함대가 버티고 있는 바다를 뚫고 군대를 수송한다는 것은 거의 불가능한 일이다. 증기의 이용은 영국을 지키는 해군력을 현저하게 강화시켰다. 나폴레옹 시대에는 불로뉴에서 출발한 프랑스군 평저선들의 영국 해협의 도하를 돕는 바람은 동시에 우리 수비 함대를 뒤로 밀어붙였다. 그러나 그 이후에 일어난 모든 변화는 침략군이 이동하는 도중에 그들을 격퇴할 수 있는 힘을 부여하여 우수한 영국 해군을 더욱 강하게 만들었다. 근대식 장비가 군대에 미친 복잡성 때문에 적군의 항해는 더 번거롭고 위험했으며, 상륙하더라도 보급의 어려움으로 인하여 지탱할 수가 없었다. 지난 세계대전에서 영국 섬의 운명이 위기에 처했을 때, 우리는 우세한 해군력이 있었을 뿐만 아니라 만족스러운 수준이었다는 사실을 이미 입증했다. 적군은 정식 해전에서 우리를 이길 수가 없었다. 우리의 순양함을 당해낼 수가 없었다. 우리의 소함대와 주정은 적군의 10배를 웃돌았다. 그러한 상황의 반대쪽에는 예측할 수 없는 날씨, 특히 안개가 주는 기회가 있었다. 그러나 상황이 역전되고 한두 지점에서 상륙에 성공했다고 하더라도, 적군의 통신선의 유지와 상륙군에 대한 보급의 문제는 해결될 수가 없었다. 그것이 지난 제1차 세계대전 때의 상황이었다.

그러나 이제는 하늘이 있었다. 그 영역에서의 기술 진보가 침공 문제에 어떠한 영향을 미치게 되었는가? 만약 적군이 우세한 공군력으로 도버 해협의 양쪽에서 그 좁은 해역을 완전히 제압하게 된다면, 우리의 소함대의 손실이 심각하여 결국에는 치명적인 국면에 이를 것이 명백했다. 아주 특별한 경우를 제외하고는 독일군 폭격기가 장악하고 있는 해역에 주력 전함이나 대형 순양함을 보내려는 사람은 없을 것이다. 실제로 우리는 포스 남쪽이나 플리머스 동쪽에 주력함을 배치하지 않았다. 그러나 하위치, 노어, 도버, 포츠머스 그리고 포틀랜드에서는 안정적으로 증가된 소함정들이 끊임없는 경계를 펼치고 있었다. 9월에는 소함정의 수가 800척을 넘어서게 되어, 적군은 공군력을 이용한 공격으로만, 그것도 부분적으로만 격침시킬 수 있는 수준이 되었다.

그런데 제공권은 누가 쥐고 있었는가? 프랑스 전투에서는 우리는 독일 공군과 1 대 2 또는 1 대 3의 불균형 상태에서 싸웠으며, 그 정도 비율로 서로 피해를 당했다. 됭케르크 상공에서는 우리 육군의 탈출로를 확보하기 위해서 계속 감시할 필요가 있었기 때문에 1 대 4 내지 1 대 5의 비율로 싸워 성공했다. 공군 사령관 다우딩 원수의 판단에 따르면 우리 영국의 해역이나 노출된 연안 그리고 내륙의 상공에서는 1 대 7 내지 8의 유리한 싸움을 할 수 있다는 것이었다. 적정을 비교적 소상하게 알고 있던 우리의 정보에 의하면 당시 독일의 공군력은, 아주 특별히 결집하는 경우가 아닌 경우에는 전체적으로는 대략 우리와 3 대 1의 비율로 우세했다. 그 비율은 용맹하고 숙련된 독일군을 적으로 맞서 싸울 경우 심각한 불균형을 초래했지만, 우리 영국의 하늘과 땅 그리고 바다 위에서라면 독일 공군을 격퇴할 수 있다는 것이 내가 내린 결론이었다. 그리고 만약 그렇다면, 우리 해군은 계속 근해와 대양을 장악하여 영국을 향해 몰려드는 모든 적을 섬멸할 수 있었을 것이다.

물론 거기에는 눈에 보이지 않는 제3의 요소가 도사리고 있을지 몰랐다. 그 유명한 철저함과 선견지명의 독일군은 항구나 선착장이 전혀 필요 없이 해안의 어느 곳에나 탱크, 대포, 자동차를 상륙시키고, 상륙 부대에 보급을 할 수 있는 특수한 상륙용 함대를 비밀리에 보유하고 있는 것은 아닐까? 앞에서 밝힌 바와 같이 이미 오래 전인 1917년부터 내 마음속에는 그러한 생각이 있었으며, 결국 나의 지시에 따라 당시 실제로 연구가 진행 중이기도 했다. 그러나 그러한 종류의 장비를 독일군이 보유하고 있다고 믿을 만한 합리적 근거는 전혀 없었다. 그렇지만 항상 최악의 상황을 배제하지 않는 것이 최선의 방책이다. 노르망디 상륙 작전에 필적하는 규모의 장비를 갖추는 데에 우리는 4년 동안의 집중적인 노력과 실험 그리고 미국의 막대한 물자 원조가 필요했다. 당시 독일군으로서는 그보다 훨씬 더 적은 장비만으로도 충분했을 터이다. 그러나 그들은 몇 척의 페리만 가지고 있었을 뿐이다.

그렇다면 1940년 여름부터 가을에 걸친 독일의 영국 침공은 국지적 제해권과 제공권 그리고 방대한 규모의 특수한 함대와 상륙용 주정이 있어야 했다. 그러나 제해권을 쥐고 있는 것은 우리였다. 하늘을 제압하여 제공권을 가진 것도 우리였다. 그리고 종국적으로 우리는 독일이 상륙용 특수 주정을 만들지도 계획하지도 않았다고 믿게 되었는데, 그것은 사실이었다. 그것이 1940년 독일 침공에 관한 내 생각의 토대였다. 7월이 되자, 정부 내에서는 물론 일반인들 사이에서도 독일군 침공 문제에 대한 논의와 우려가 점점 확산되었다. 끊임없는 정찰과 항공 촬영을 마음대로 할 수 있다는 유리한 지위를 충분히 활용했음에도 불구하고, 발트 해나 라인 강 또는 스헬데 강의 항구 어디에서도 수송선의 집결 조짐은 보이지 않았다. 따라서 우리는 선박이든 자동 바지 선이든 좁은 해로를 통과하여 영국해협으로 움직일 수 있으리라고는 생각하지 않았다. 그렇지만 침공에 대한 대비는 우리 모두에게 가장 중대한 일이었기 때문에, 전쟁내각과 본토방위군 사령부는 모든 노력을 경주했다.

나중에 설명하겠지만, 독일군의 계획은 중형급(4,000톤 내지 5,000톤) 선박과 소형 주정을 이용하여 영국 해협을 건너는 것이었다. 오늘날 알게 되었지만, 당시 독일군은 발트 해나 북해의 항구로부터 대규모 수송선단을 움직이려는 희망도 의도도 없었다. 비스케이 만의 여러 항구에서 발진하여 침공을 감행한다는 계획은 더욱 생각할 수도 없었다. 그것은 목표 지점을 남쪽 해안으로 결정한 그들의 판단이 옳았고 우리가 틀렸다는 의미가 아니었다. 만약 적에게 그러한 수단이 갖추어져 있어 동부 해안으로 침공할 수 있었다면, 그것은 한층 더 가공스러운 사태였을 터이다. 필요한 선박들이 도버 해협을 지나 남쪽으로 향하고 프랑스 해협의 여러 항구에 집결하지 않고서는 남부 해안으로의 침공은 불가능했다. 7월 중에는, 그러한 움직임이 전혀 없었다.

그럼에도 불구하고 우리는 온갖 형태의 침입에 대비해야 했으며, 동시에 우리 기동부대의 분산을 피하고 예비부대를 보강해야 했다. 그 까다롭고 어려운 과제는 매주일 수집하는 정보와 사건들의 관계를 분석하여 해결할 수 있었다. 영국의 해안선은 굴곡이 심하여 아일랜드를 제외하고도 3,200킬로미터가 넘었다. 일부 또는 여러 부분이 동시에 혹은 계속적으로 적의 공격에 노출될 수 있는 그렇게 광대한 지역을 방어하는 유일한 방법은 가능한 적의 공격을 지연시킬 수 있는 감시선과 저지선을 해안이나 그 주변에 설치하고, 공격을 당한 지점은 그곳이 어디이더라도 최단 시간에 달려가 강력한 반격을 가할 수 있는 고도로 훈련된 기동부대로 편성된 후위군을 충분히 확보하여 배치하는 것이다. 전쟁의 마지막 국면에 접어들어 완전히 포위된 상태에서 그와 유사한 문제에 직면한 히틀러가 뒤에서 보게 되듯이 심각한 실수를 저지르게 된다. 히틀러는 거미줄 같은 연락망을 쳐놓았는데, 그러나 그 거미를 잊고 말았다. 불합리한 프랑스군의 배치로 인하여 당해야 했던 그 치명적 응징의 사례가 기억 속에 생생했으므로, 우리는 "기동부대 집단"을 잊을 수가 없었다. 그리고 나는 증가하고 있는 우리의 자원이 허용하는 최대한도까지 쉬지 않고 그러한 방책을 일깨워주려고 시도했다.

나의 견해는 대체로 해군부와 일치했다. 그러므로 7월 12일 파운드 제독은 그러한 방침에 따라 그와 그의 참모본부가 용의주도하게 기초한 보고서를 나에게 보냈다. 보고서는 당연하고 적절하게 우리가 마주하지 않을 수 없었던 위험을 역설하고 있었다. 그런데 파운드 제독은 종합하여 결론을 내렸다. "십만 명 상당의 병력이 우리 해군의 방해를 받지 않고 해안에 도달하는 것은 가능하다.……그러나 독일 공군이 우리 공군과 해군을 제압하지 않는 한 보급선의 유지는 실제로 불가능하다.……만약 적군이 그러한 작전을 감행한다면, 그것은 가는 곳마다 현지 보급을 조달하면서 런던으로 급진격하여 영국 정부의 항복을 받는다는 희망에 기초한 것일 뿐이다." 나는 그 추정이 만족스러웠다.

그런데 8월이 되자 상황은 결정적으로 변하기 시작했다. 우리의 탁월한 능력에 의해서 입수한 첩보에 의하면, 히틀러가 단호하게 "바다사자(Sea Lion)" 작전의 명령을 내렸으며 맹렬히 준비작업에 들어간 것이 확실했다. 바로 그가 그러한 시도를 하려고 하는 것은 명확해 보였다. 게다가 그들의 공격 목표 지점은 우리 3군 참모총장들과 해군부 그리고 내가 완전히 일치하여 중점을 두고 있던 동해안 지역과는 전혀 다른 해안 지역이거나 동해안에서도 그 외의 다른 지역이었다. 수많은 자동 바지 선과 모터보트가 밤을 이용하여 도버 해협을 통해서 프랑스 해안을 따라 잠행하여 칼레에서 브레스트 사이의 프랑스 해협의 모든 항구에 서서히 집결했다. 우리는 매일 항공사진으로 그러한 움직임을 정확히 파악할 수 있었다. 프랑스 연안에 접근하여 지뢰 밭을 다시 부설하는 일은 가능한 상황이 아니었다. 우리는 즉시 소함정을 동원하여 항해 중인 적선을 공격하기 시작했고, 폭격기 사령부는 곧 영국 침공에 사용하려는 새로운 일련의 항구들에 폭격을 집중했다. 동시에 그 적개적인 해안 일대의 독일 침공군의 집결, 철도를 통한 이동 그리고 파 드 칼레와 노르망디의 대군 집중에 관한 다량의 정보가 들어왔다. 프랑스 해협 연안 전체에는 강력한 장거리포가 수없이 배치되어 있었다.

새로운 위협에 대응하여 우리는 체중을 한 쪽 다리에서 다른 쪽 다리로 옮기기 시작하여, 증가하는 기동 예비군이 남부 전선으로 이동하는 데에 필요한 모든 시설을 개선했다. 우리 병력은 수, 효율성, 기동성 그리고 장비의 모든 면에서 개선되고 있었다. 9월 후반에는 남부 해안 전선에서 우수한

16개 사단을 동원하여 작전에 들어갈 수 있었는데, 그중 3개 사단은 기갑사단 또는 그와 맞먹는 여단이었다. 16개 사단은 모두 지역 연안 방위에 가세하면서 어떠한 침략적 상륙에 대해서도 아주 빠르게 대처할 수 있었다. 그것은 우리에게 일격 또는 연쇄적 일격을 가할 수 있는 힘을 주었는데, 브룩 장군은 필요한 경우 그 힘을 발휘할 준비가 되어 있었다. 그 역할에 그보다 더 나은 적임자는 없었다.

★ ★ ★ ★ ★

그 사이에 우리는 네덜란드와 벨기에 연안 앞바다의 수많은 섬(제1차 세계대전 당시 "모래톱 수수께끼(Riddle of the Sands)"로 불렸던 곳)이 박혀 있는 칼레에서부터 테르스헬링과 헬리골란드에 이르는 지역의 만이나 하구에 소형 또는 중형의 함정을 거느린 적군이 숨어 있을 것이라는 확신은 없었다. 하위치에서 시작하여 오른쪽으로 돌아 내려와 포츠머스, 포틀랜드 또는 플리머스까지 거쳐 켄트 곶을 노리는 공격이 임박한 듯이 보였다. 다른 공격과 때를 맞추어 대형 선박으로 발트 해에서부터 스카게라크 해협을 거쳐 제3의 공세가 있지 않을까 하는 데 대해서는 조금도 낌새가 느껴지지 않았다. 그러나 그렇게 하지 않고서는 독일군의 침공은 성공할 수가 없었다. 달리 상륙군에 중화기를 공급하거나 상륙 지점에 보급 기지를 설치할 방법이 없었기 때문이다.

우리는 초긴장 상태에서 경계망을 펼쳤다. 우리로서는 당연히 워시의 북쪽, 그러니까 크로마티의 바로 오른쪽에 대군을 집결시켜놓아야 했다. 그리고 남쪽에서 급습이 있을 경우에 거기서 병력을 차출하는 조치를 완결시키도록 했다. 섬의 수없이 얽힌 철도망과 본토 상공의 지속적인 제공권 장악에 의해서 필요한 경우, 적의 전체 전력이 완전히 노출된 이후 4, 5, 6일째 되는 날 우리의 다른 4, 5개 사단을 남쪽으로 이동시키면 증원이 가능할 터였다.

달의 변화와 조수에 대한 신중한 연구가 이루어졌다. 우리는 적군이 밤중에 바다를 건너 새벽녘에 상륙할 것이라고 생각했는데, 독일군 최고사령부역시 그렇게 계획하고 있었다는 사실을 지금 와서 확인할 수 있게 되었다. 그들은 대열을 유지하고 정확히 상륙하기 위하여 반달 정도의 어스름한 달밤을 원했을 것이다. 모든 것을 세밀하게 따진 결과, 해군부는 적에게 가장유리한 조건이 갖추어지는 시기를 9월 15일에서 30일 사이라고 판단했다. 그 부분 역시 적의 생각과 일치했다는 것이 오늘날 판명되었다. 우리는 도버 곶의 어느 해안 또는 도버에서 포츠머스, 더 나아가서 포틀랜드에 이르는 어떤 지역에서든 상륙하는 존재는 어떤 것이든 격퇴할 수 있다는 것을조금도 의심하지 않았다. 우리 상층부의 생각은 세밀한 부분까지 일치되어있었기 때문에, 점점 더 선명하게 드러나는 장면을 기대하지 않을 수 없는심경이 되었다. 어쩌면 막강한 독일군을 상대로 전 세계가 들썩일 정도의일격을 가할 수 있는 기회가 왔다고 느꼈다. 우리에게 흐르듯 전해져오는당시의 분위기와 히틀러의 의도에 대한 명백한 정황 때문에 마음속으로 흥분하지 않을 수 없었다. 순전히 기술적인 견지에서 히틀러의 원정이 완전한패배와 궤멸로 끝남으로써 나타날 영향을 고려하여, 어떤 사람들은 히틀러가 침공하기를 원하고 있기도 했다.

7월과 8월에 우리는 영국 상공의 제공권을 장악하고 있었고, 특히 런던주변 동남부에서 강력하고 우세한 군사력을 유지하고 있다고 자신했다. 방대하고 복잡하게 얽힌 요새 체제, 방어 진지, 대전차 장애물, 목재 요새, 토치카 등은 그물코처럼 전 지역을 뒤덮고 있었다. 해안선을 따라 방어 시설과 포대가 촘촘히 깔렸다. 대서양에서 호위선을 감축함으로써 당할 수있는 큰 손실을 감수함과 동시에 새로 제작한 함선이 임무 수행에 나섬으로써 소함대는 수적으로나 질적으로나 실질적으로 향상되었다. 전함 리벤지, 낡은 표적함 겸 위장 전함 센추리언 그리고 순양함 한 척을 플리머스로 옮

대응할 수 있는 선박을 약 120만 톤 보유하고 있었다. 그러나 침공 병력을 태우기 위해서는 그보다 50퍼센트 정도가 더 필요했고, 따라서 상당한 경제적 혼란이 있었을 것이다. 9월 초에 해군참모본부는 선박 징발에 대한 결과를 다음과 같이 보고했다.

수송선 168척(총 70만 톤)
바지 선 1,910척
예인선과 트롤선 419척
모터보트 1,600척

모든 선박에 승무원을 배치한 다음 바다와 운하를 이용하여 집결 항구로 이동시켜야 했다. 9월 1일, 영국 공군은 침공을 위한 대선단이 남쪽으로 움직이는 것이 포착되었다는 보고를 하고 안트베르펜에서 아브르에 이르는 전체 전선에 걸쳐 격렬한 공습을 가했다. 독일 해군참모본부는 기록했다. "적군의 해안 앞바다에서의 부단한 공격적 방어, '바다사자' 작전 승선항에 대한 집중적 포격, 해안선에서의 펼치는 정찰 활동으로 미루어보아, 적군은 우리의 상륙이 임박한 것을 알고 기다리고 있는 것 같다."

그리고 또 이렇게 기록했다. "그런데 영국 폭격기와 영국 공군의 기뢰 부설 부대는……여전히 완벽한 작전 수행 능력을 보유하고 있고, 영국군의 활동은 현재까지는 독일의 수송에 결정적 방해가 되고 있지는 않지만, 분명히 성공적이라는 사실을 인정하지 않을 수 없다."

시간이 지체되고 손실이 발생했음에도 불구하고, 독일 해군은 부과된 임무의 첫 번째 부분을 완수했다. 사고와 손실에 대비하여 마련해두었던 10퍼센트의 여유분은 전부 소진되었다. 그러나 살아남은 전력은 제1차 작전을 위해서 계획되었던 최소한의 필요에 모자라지 않았다.

독일 해군과 육군은 그들의 부담을 모두 공군에 떠넘겼다. 압도적으로 우세한 영국의 소함대와 소주정 부대에 맞서기 위하여 공군의 엄호하에서 부설하여 유지하는 기뢰 밭을 보호 난간으로 삼는 도하 계획의 전체적 성패는 독일 공군이 영국 공군을 격퇴하고 영국 해협과 영국 동남부 일대를 완전히 장악하는 데에 달려 있었다. 도하는 물론 상륙 지점의 제공권 장악까지 필요했다. 해군과 육군은 책임을 괴링 원수에게 넘겼다.

괴링은 그 책임을 떠안기를 전혀 주저하지 않았다. 그는 독일 공군이 양적 우세를 이용하여 몇 주일 동안 전투를 하면 영국 공군의 방어를 물리치고 켄트와 서식스의 비행장들을 파괴하여 해협을 완벽하게 지배할 수 있다고 믿었기 때문이다. 그밖에도 괴링은 영국에 대한, 특히 런던에 대한 폭격이 시작되면 퇴행적이고 평화 애호적인 영국인들은 평화를 갈구하는 상황이 될 것이며, 영국 공격의 위협이 점차적으로 가중될수록 그러한 현상은 심화될 것이라고 확신했다. 독일 해군부는 전혀 그렇게 확신하지 않았을 뿐만 아니라, 실제로 깊은 의문을 품고 있었다. 그들은 "바다사자" 작전은 최후의 수단으로 사용되어야 한다고 생각했다. 그리하여 7월에 해군부에서는 **무차별 공습과 무제한의 유보트** 전을 전개하여 "적으로 하여금 총통이 제시하는 조건으로 강화를 요청하도록" 하는 데에 이르지 못하게 되면, "바다사자" 작전을 1941년 봄까지 연기하자는 건의를 했다. 그러나 카이텔 원수와 요들 장군은 공군 최고사령관의 자신만만한 태도를 보고 기뻐했다.

그때는 나치 독일의 전성기였다. 히틀러는 프랑스를 압박하여 굴욕적인 휴전 협정을 강요하면서 춤을 추었다. 독일군은 의기양양하게 개선문을 지나 샹젤리제로 행진했다. 그들이 할 수 없는 일이란 어떤 것인가? 승리를 장악한 이상 마지막 일격을 가할 때까지 무엇을 주저하겠는가? 그렇게 "바다사자" 작전에 참여한 3군은 제각각 유리한 측면에서는 열심히 나서고,

좋지 않은 것은 서로 떠넘겼다.

시간이 흐를수록 의구심과 지체 현상이 나타나고 심화되었다. 7월 16일에 발령한 히틀러의 명령은 8월 중순까지 모든 준비를 완료하라는 것이었다. 그것은 불가능하다는 사실을 독일 3군은 모두 알고 있었다. 7월 말, 히틀러는 가장 빠른 디데이를 9월 15일로 승인하고, 계획하고 있던 공습 강화의 결과가 나타날 때까지 행동 개시 명령을 보류하기로 했다.

8월 30일, 독일 해군참모본부는 침공 선단의 준비에 대한 영국군의 방해로 9월 15일까지 준비 완료가 어렵다고 보고했다. 해군참모본부의 요청으로 디데이는 10일 전의 예고를 조건으로 9월 21일로 연기되었다. 그것은 예비 명령을 9월 11일에는 발령해야 한다는 것을 의미했다. 9월 10일에 해군참모본부는 언제나 말썽의 소지가 많은 일기로 인한 어려움과 영국군의 폭격에 대하여 다시 보고했다. 그리고 필요한 해군의 준비는 21일까지 완료할 수 있지만, 작전의 전제조건이 되어 있는 해협의 확실한 제공권은 아직 확보하지 못했다고 지적했다. 11일이 되자 히틀러는 예비명령을 사흘 연기했고, 따라서 가장 빠른 디데이는 24일로 재조정되었다. 14일에 히틀러는 다시 연기했다. 17일에는 무기한으로 연기하고 말았다. 그 이유는 우리와 마찬가지로 독일군들이 보기에도 타당한 것이다.

9월 7일에 우리에게 들어온 정보에 의하면, 오스텐데와 아브르 사이의 각 항구로 들어가는 바지 선과 소형 선박이 서쪽과 남쪽 방향으로 움직이고 있는데, 집결 항구가 모두 영국 공군의 격렬한 공습을 받고 있기 때문에 실제로 상륙 작전을 실행하기 직전까지는 선박을 옮겨놓기가 어렵다는 것이었다. 암스테르담과 브레스트 사이에 배치된 독일 공군의 공격력은 노르웨이에서 160기의 폭격기를 이동시킴으로써 크게 강화되었다. 파 드 칼레의 전방 비행장에는 단거리 급강하 폭격기가 보였다. 며칠 전 보트를 저어 동남 해안에 상륙했다가 체포된 네 명의 독일인은 스파이임을 자백했는데,

그들은 2주일 동안 입스위치, 런던, 리딩, 옥스퍼드 지역의 영국군 예비부대의 움직임을 관찰하여 보고할 계획이었다고 진술했다. 동남 해안으로 침공하기에는 달빛이나 조류의 조건이 9월 8일부터 10일 사이가 좋았다. 따라서 3군 참모총장들은 적의 침공 가능성이 임박했으며, 방위군을 즉시 행동할 수 있도록 대기시켜야 한다는 결론을 내렸다.

그런데 당시 본토방위군 최고사령부에는 8시간 전의 준비 태세 예고는 "즉시 전투 준비 명령"에 이르기까지 몇 단계를 거치게 되어 있어, 즉각적인 전투 준비 명령 하달 체계가 없었다. "침공이 임박했다"를 의미하는 암호명 "크롬웰"이 9월 7일 오후 8시 본토방위군에서 발동되어 전방 해안 사단의 전투를 지휘하는 동부 및 남부 사령부로 전달되었다. 그리고 런던 지구의 모든 부대와 최고사령부에 배속된 예비군 제4군단과 제7군단에도 보냈다. 뿐만 아니라 다시 정보 형태로 영국 내의 모든 사령부에 하달되었다. 그러자 어떤 지역에서는 본토방위군 부대장들이 자신의 판단으로 교회 종을 울려 대원들을 소집하기도 했다. 나도 3군 참모총장들도 결정적인 암호 "크롬웰"이 사용된 줄 모르고 있었다. 다음날 아침, 적의 침공이 임박했다는 의미를 포함하지 않으면서도 경계의 수준을 높이는 중간 단계를 연구하라는 지시를 내렸다. 상상할 수 있는 바와 같이, 그 사건은 큰 화제가 되어 떠들썩했다. 그러나 신문이나 의회에서는 언급조차 하지 않았다. 그것은 모든 관계자에게 유익한 자극제가 되었으며 동시에 좋은 연습이 되었다.

★ ★ ★ ★ ★

독일의 침공 준비가 꾸준히 진행되어 그 정점에 이를 때까지의 과정을 추적해왔기 때문에, 우리는 어떻게 그들의 승리감에 도취된 초반 분위기가 점점 의구심으로 바뀌어가다가 마침내 결과에 대한 확신을 완전히 상실하는 데에 이르렀는가를 알게 되었다. 결정적인 7월과 8월에, 해군 최고사령관 레더는 대규모의 수륙 양면 전투에 따르는 심각한 어려움을 육군과 공군 동료들에게 납득시키려고 엄청나게 노력했다. 그는 필요한 준비를 하기에는 해군에 약점이 있고 시간이 부족하다는 사실을 잘 알고 있었기 때문에, 광범위한 지역에 걸쳐 대군을 동시에 상륙시키려는 할더의 대담한 계획을 억제할 방법을 강구하고 있었다. 그런 한편 솟구치는 야심을 억누를 수 없었던 괴링은 공군의 힘만으로 화려한 승리를 쟁취하려고 결심했고, 따라서 침공 지역에서 대항하는 적의 해군과 공군을 조직적으로 진압하기 위한 합동 작전에서 겸허한 역할을 맡는 일을 하려고 하지 않았다.

기록에 의하면, 독일군 최고사령부가 공동의 목적을 위해서 그리고 3군 상호간에 서로의 능력과 한계에 대한 올바른 이해를 바탕으로 협력하는 팀이 되지 못하고 있다는 사실은 명백했다. 각자가 밤하늘의 가장 빛나는 별이 되기를 원할 뿐이었다. 갈등은 처음부터 분명하게 드러났으며, 할더는 레더에게 책임을 미루었고 자신의 계획을 실행 가능한 상태로 만들기 위한 노력을 거의 하지 않았다. 총통의 개입이 필요했지만, 3군 사이의 관계를 개선시키기 위한 어떤 조치도 없었던 것 같았다. 독일에서 육군의 권위는 대단한 것이었으며, 육군 지도자들은 해군 동료들을 얕보는 경향이 있었다. 따라서 중요한 작전에서 독일 육군이 자신의 운명을 해군에 맡기고 싶지 않다는 결론을 내리는 일은 어쩔 도리가 없었다. 전후 그 문제에 관하여 질문을 받았을 때, 요들 장군은 퉁명스럽게 대답했다. "우리의 작전 계획은 율리우스 카이사르의 계획과 완전히 동일한 것이었습니다." 바다의 온갖 위험에 노출되어 있을 뿐만 아니라 방어 시설이 구축된 해안에 대군을 상륙시켜 전개시키는 데에 내포된 문제에 대하여 아무런 인식 없이 독일 군인의 지도급 인사가 내뱉은 말이었다.

영국에서는, 우리의 결점이 어떤 것이든 바다와 관련된 일에 대해서는 철저히 이해하고 있었다. 그것은 수세기 동안 우리 핏속에 흐르고 있는 기질이었으며, 그러한 전통은 바닷일에 관련된 사람뿐만이 아니라 전체 국민을 약동시켰다. 침략의 위협을 침착하게 관망할 수 있었던 것도 바로 그러한 힘이었다. 국방부 장관 아래 3군 참모총장들이 협력하여 작전을 이끌어가는 체제는 과거에는 찾아볼 수 없었던 상호 이해와 적극적인 합동 작전의 표준을 만들었다. 훗날 우리에게 바다에서부터 대상륙 작전을 수행해야 할 기회가 왔을 때, 그러한 방대하고 위험한 작전에 필요한 기술적 문제의 완전한 이해를 바탕으로 한 견실한 준비에 의해서 과업을 완수할 수 있었다. 독일군이 1940년에 현대식 수륙 양면 전투에 필요한 모든 장비를 갖추었을 뿐만 아니라 수륙 양면 전투에 능숙한 병력을 보유하고 있었더라도, 우리의 해군과 공군을 맞서기에는 절망적이었을 것이다. 그런데 실제로는, 독일군은 장비도 없었고 훈련도 되어 있지 않았다.

　독일군 최고사령부와 그들의 총통은 그 모험을 생각하면 할수록 점점 더 달갑지 않게 생각했다. 물론 서로 상대방의 분위기나 전력에 대해서 잘 알 수는 없었다. 그러나 7월 중순부터 9월 중순까지 그 문제에 대한 독일 해군부와 영국 해군부, 독일군 최고사령부와 영국 3군 참모총장들 그리고 그들의 총통과 지금 이 책을 쓰고 있는 나 사이의 견해의 일치는 시간이 갈수록 분명해지고 있었다. 만약 다른 문제에 관해서도 그렇게 의견이 일치될 수 있었다면, 전쟁을 치를 필요가 없었을 터이다. 모두가 모든 것은 공중전에 달려 있다고 생각했던 것이다. 문제는 그것이 어떻게 귀결될 것인가였다. 그리고 독일은 영국 국민이 당시로서는 그 효과가 아주 과장되었던 독일 공군의 폭격에 저항할 것인지, 아니면 기진맥진하여 영국 정부에 대해서 항복을 요구하게 될 것인지 궁금해하고 있었다. 그러나 독일 공군 원수 괴링은 큰 희망을 품고 있었다. 그런데 우리는 아무런 두려움도 느끼지 않았다.

제12장
영국 전투

우리의 운명은 이제 공중전의 승리에 달려 있었다. 독일군 지도자들은 그들의 모든 영국 침공 계획의 성패가 영국해협과 남부 해안에 선정한 상륙 지점 상공의 제공권 장악에 좌우된다는 사실을 인정했다. 승선 항구의 준비, 수송선의 집결, 통로의 기뢰 제거와 새로운 기뢰 밭 부설 등의 행위는 영국 공군의 공습을 막지 못하는 한 불가능했다. 실제로 바다를 건너 상륙하기 위해서는 수송 수단과 해안 상공의 완전한 제압이 절대적 조건이었다. 따라서 런던과 바다 사이의 비행장 시스템과 영국 공군을 파괴하는 것이 선결 문제였다. 이제 와서 알게 된 사실이지만, 히틀러는 7월 31일 레더 제독에게 이렇게 말했다. "8일 동안 공격을 집중해도 우리 독일 공군이 적의 공군, 항구 그리고 해군을 상당히 파괴하지 못한다면, 작전은 1941년 5월까지 연기하지 않을 수 없다." 이제 시작되려는 전투가 바로 그것이었다.

나는 목전에 다가오고 있는 힘겨루기에 앞서 조금도 정신적으로 위축되지 않았다. 6월 4일, 의회에서 나는 이렇게 말했다. "위대한 프랑스 육군은 당분간 수천 대의 장갑차의 돌격에 밀려 혼란 상태에 빠져 있습니다. 수천 명의 공군 병력의 기량과 노력으로 문명 그 자체의 운명을 보호할 수 있지 않을까요?" 그리고 6월 9일에는 스뫼츠에게 말했다. "내가 생각할 수 있는 유일한 돌파구는 이것이오. 히틀러는 이 땅을 침공할 것이고, 그러면 그의 하늘의 무기를 파괴해버릴 것이오." 그 기회가 온 것이다.

영국 전투를 형성하는 영국과 독일 사이의 공중전에 대해서는 훌륭한 기록들이 있다. 지금 우리는 독일군 최고사령부의 견해와 다양한 국면에서 보인 그들 내부의 반응에 대해서도 알 수 있다. 몇몇 주요 전투에서 독일이 입은 손실은 당시 우리가 생각했던 것보다 상당히 적었던 것 같았으며, 거기에 관한 쌍방의 보고는 꽤 과장되었던 것 같았다. 그러나 영국의 운명과 세계의 자유가 걸려 있었던 그 유명한 격돌의 양상과 윤곽에 대해서는 논의되지 않고 있다.

독일 공군력은 프랑스 전투에서 극한까지 동원되었기 때문에, 노르웨이 작전 직후에 독일 해군이 그러했던 것처럼 수주일 또는 수개월의 회복 기간이 필요했다. 그러한 휴지기는 우리에게도 아주 유용했다. 왜냐하면 우리 전투기 부대도 3개 중대를 제외하고 전부 유럽 대륙 작전에 출동했기 때문이다. 히틀러로서는 프랑스가 함락된 뒤 영국이 평화 제의를 받아들이지 않으리라고는 생각하지 못했다. 페탱 원수, 베강 그리고 다른 수많은 프랑스 장군과 정치인처럼 히틀러는 육지와 분리된 섬나라가 지닌 여러 가지 장점을 이해하지 못했다. 그리고 역시 프랑스인들과 마찬가지로 우리 영국인의 의지력을 오판하고 있었다. 우리는 뮌헨 사건 이래로 먼 길을 돌아오면서 많은 것을 배울 수 있었다. 6월 한 달 동안 히틀러는 점차적으로 드러난 새로운 상황에 본격적으로 집중했으며, 그러는 동안 독일 공군은 힘을 회복하여 다음 과업을 위해서 재편되었다. 그것이 무엇인지는 의심의 여지가 없었다. 히틀러는 영국을 공격하여 정복하든가, 아니면 예측할 수 없는 위험과 복잡한 사태가 따르는 장기전에 직면하지 않으면 안 되었다. 그러나 만약 공중전에서 영국을 이긴다면 영국의 저항은 끝날 것이며, 그럴 경우 영국 침공은 얼마든지 행할 수 있지만 이미 패배한 국가를 점령하는 것 외에는 아무 필요가 없는 침공이 될 가능성은 언제나 존재했다.

6월과 7월 초순에 독일 공군은 전력을 회복하여 부대를 재편성한 뒤, 프랑스와 벨기에의 모든 비행장을 기지로 하여 공격에 나섰다. 그리고 정찰과 시험 출격으로 반격의 형태와 규모를 예측하려고 노력했다. 최초의 맹공이 시작된 것은 7월 10일이었는데, 보통 그날을 "바다사자" 작전의 전투 개시일로 생각하게 되었다. 그 외에 큰 의미가 있는 날이 이틀 더 있었는데, 8월 15일과 9월 15일이 그날이다. 독일의 공격에는 날짜가 계속되면서 조금씩 겹치는 세 개의 국면이 있었다. 첫 번째 국면은 7월 10일에서 8월 18일까지로, 해협의 영국 수송선단과 도버에서 플리머스에 이르는 남쪽 연안의 여러 항구를 괴롭히는 공격이었다. 적은 우리 공군력을 시험해보며 전투에 끌어들여 전력을 소모시키고, 장차 침공 작전의 목표로 삼고 있던 해안 도시들에 타격을 가하려고 했다. 두 번째 국면은 8월 24일에서 9월 27일까지로, 영국 공군과 그에 부수하는 시설을 제거함으로써 런던으로 가는 길을 열려는 계획이었다. 그에 따라 런던에 격렬하고 계속적인 폭격을 퍼부었다. 그리고 위협의 대상이 된 해안 지역과 런던의 연락을 두절시키려고 했다. 괴링의 심산은 세계 최대의 도시를 혼란과 마비 상태에 빠뜨려 겁에 질린 정부와 국민을 독일의 의지에 굴복시키는 멋진 결과를 기대하는 것이었다. 독일 해군과 육군의 참모본부는 괴링의 판단이 맞아떨어지기를 간절히 소망했다. 그러나 상황의 진전에 따라 영국 공군은 제거되지 않았고, 그 사이에 런던을 파괴해야 한다는 목적 때문에 정작 그들의 긴요한 "바다사자" 작전의 수행이 소홀해지고 있다는 사실을 알게 되었다. 그리하여 모두가 실망하게 되고, 필수적 조건인 제공권 확보를 하지 못함으로써 침공이 무기한 연기되자, 국면은 세 번째 단계로 넘어가게 되었다. 당당한 승리의 희망은 사라지고 영국 공군이 밉살스럽게도 활발히 살아남게 되자, 10월에 이르러 괴링은 런던과 공업 중심지에 대한 무차별 폭격을 감행했다.

★ ★ ★ ★ ★

　전투기의 성능은 거의 차이가 없었다. 독일 전투기는 속도에서 우위에 있었고, 상승력도 더 나았다. 반면 우리 전투기는 기동력이 뛰어났고, 무장이 더 잘 되어 있었다. 무엇보다 자신들의 수적 우세를 잘 인식하고 있던 독일군 조종사들은 폴란드, 노르웨이, 네덜란드와 벨기에, 프랑스에서 거둔 승리로 자부심에 차 있었다. 우리 조종사들은 스스로 자신의 개인적 기량에 자신감이 있었고, 최악의 역경을 맞았을 때 영국 국민이 가장 높이 발휘할 수 있는 결단력을 가지고 있었다. 독일군은 중요한 전략적 이점을 적절히 이용했다. 독일군 병력은 대단히 넓은 지역에 걸쳐 산재해 있는 수많은 기지에 배치되었는데, 실제 공격 목표 지점을 숨기기 위한 견제와 기만 전술 하에서 대병력이 집중적으로 우리를 공격할 수 있었다. 8월까지 독일 공군은 폭격기 1,015기, 급강하 폭격기 346기, 전투기 933기, 중(重)전투기 375기 등 모두 2,669기의 작전 비행기를 집결시켰다. 총통 명령 제17호는 8월 5일 영국에 대한 공중전의 강화를 승인했다. 괴링은 "바다사자" 작전을 결코 중요하게 생각하지 않았다. 그는 "절대적" 공중전에 마음이 쏠려 있었다. 그가 맡았던 사전 작업을 제대로 수행하지 않자 독일 해군참모본부는 당혹해했다. 영국 공군과 비행기 공업 시설의 파괴는 해군에게는 결국 한낱 수단에 지나지 않았다. 그 임무를 완수하고 나면 그 다음에는 영국 군함과 선박으로 폭격의 목표를 바꾸어야 했다. 그런데 괴링은 해군의 목표에 우선권을 부여하지 않았고, 해군은 그러한 괴링의 태도를 유감스러워했다. 그리고 일정이 지연되자 피로감을 느꼈다. 8월 6일, 독일 해군은 최고사령부에 지속적인 영국 공군의 위협으로 인하여 해협 일대에 기뢰 밭 부설 작업을 준비할 수 없다고 보고했다.

7월과 8월 초순에 걸쳐 독일 공군은 켄트 곶과 해협 연안을 목표로 맹공했다. 괴링과 그의 경험 많은 참모들은 그 남부 전투에 영국 전투기 중대의 대부분이 몰려들 것으로 판단했다. 따라서 워시 강 북쪽의 공업도시들에 대한 주간 폭격을 결정했다. 그러나 제1급 전투기 ME109가 날아가기에는 너무 먼 거리였다. ME110의 엄호만으로 폭격기 편대는 위험을 감수해야 했는데, ME110은 호송 능력은 있었으나 결정적으로 필요한 전투 기능을 갖추지는 못했다. 그러나 그것이 그들에게는 선택할 수 있는 가장 적절한 조치였으며, 그렇게 했다.

8월 15일, 100기의 폭격기가 40기의 ME110의 호위를 받으며 타인사이드를 향해서 출격했다. 그와 동시에 우리 전투기가 집결해 있다고 판단한 남부에 우리 공군력을 묶어두기 위하여 800기 이상의 비행기가 몰려들었다. 그러나 다우딩이 조치해놓은 전투기 부대의 배치는 놀라운 위력을 발휘했다. 위험은 예견된 것이었다. 허리케인 또는 스핏파이어 7개 중대는 남부의 집중 전투에서 철수했는데, 휴식을 취하는 의미도 있었지만 동시에 북쪽에 대비하기 위한 조치였다. 그들은 혹독한 경험을 했음에도 불구하고, 전장을 떠나는 것을 깊이 유감스러워했다. 조종사들은 조금도 지치지 않았노라고 정중한 태도를 보였다. 그러한 그들에게 활력을 불어넣을 예상하지 못한 일이 생겼다. 그 전투기 중대들은 침입자들이 연안 지역을 건너오는 즉시 공격을 감행할 수 있었다. 독일 비행기 30기가 격추되었는데, 대부분은 중폭격기였다(하인켈 111이었고, 4명의 정예병이 한 조를 이루었다). 반면 영국군은 조종사 2명이 부상을 당했을 뿐이었다. 전투기 부대의 지휘와 관련하여 공군 원수 다우딩의 예견은 감탄할 만한 것이었다. 그러나 더욱 놀라운 점은 그 긴 몇 주일에 걸쳐 남쪽에서 사투를 벌이는 동안 북쪽에 전투기 부대를 대기시킨 그의 무서울 정도의 자제력과 예측력이었다. 거기서 그가 보여준 지휘력은 천재적 전술의 전형으로 꼽을 수밖에 없다. 그후 위시 강 이북은 주간에는 모든 것이 안전했다.

그 기간 중에 최대의 공중전이 8월 15일에 펼쳐졌다. 800킬로미터 전선에서 다섯 차례의 격돌이 있었다. 실로 결정적인 날이었다. 남쪽에서는 우리 전투기 부대 22개 중대가 전투에 참가했는데, 대부분 두 차례, 때로는 세 차례씩 출격하기도 했다. 독일군의 전투기 손실은 북쪽까지 합산하면 76기였고, 우리는 34기였다. 그 결과는 독일 공군에는 분명히 큰 타격이었다.

독일 공군 수뇌부는 앞날의 좋지 않은 조짐을 보여주는 그 패배를 분석하고는 암담한 느낌을 가졌을 것이다. 그러나 독일 공군은 여전히 수많은 선박이 기항하는 일련의 거대한 항만 시설이었지만, 포격에 그다지 정확성이 필요하지 않을 정도로 세계에서 가장 큰 도시인 런던 항을 공격 목표로 삼았다.

* * * * *

치열한 전투와 끊임없는 불안 속에서 몇 주일을 보내는 동안 비버브룩은 빼어난 활약을 보였다. 어떠한 일이 있더라도 전투기 중대에는 믿을 만한 비행기가 계속 공급되어야 했다. 질서정연하고 평온한 시기에나 가능한 관료주의적 형식이나 장황한 설명으로 시간을 허비할 여유가 없었다. 비버브룩의 뛰어난 자질은 바로 그 시점의 요구에 적합한 것이었다. 그의 타고난 낙천적인 기질과 열정은 활력소가 되었다. 나는 때때로 그러한 그에게 의지할 수 있어 기분이 좋았다. 그는 기대에 어긋나지 않았다. 때는 그의 시절이었다. 그의 개인적인 추진력과 재능은 대단한 설득력과 전략으로 나타나 수많은 장애물을 헤치고 나아갈 수 있는 원천이 되었다. 모든 것은 보급선을 통하여 전장으로 갔다. 전투기의 관리와 보수는 고도의 수준으로 이루어졌다. 나는 그의 진가를 잘 알고 있었기 때문에, 8월 2일자로 국왕의 재가를 얻어 그를 전쟁내각에 참여하도록 했다. 또한 당시 그의 장남 맥스 에이트켄은 전투기 조종사로서 적어도 여섯 기의 적기를 격추시키는 수훈을 세웠다.

당시 나와 밀접한 관계를 유지하고 있던 또다른 각료 한 사람은 노동-병역부 장관 어니스트 베빈이었는데, 그는 국가의 전체 인력 관리를 맡아 활기를 불어넣고 있었다. 군수품 공장의 모든 노동자는 흔쾌히 그의 지시에 따랐다. 9월이 되어 그는 전쟁내각에도 참여했다. 노동조합원들은 그동안

나지 않고 공장을 가동했는데, 그들은 마치 가동 중인 포대 같았다. 공급부
장관 허버트 모리슨은 그 넓은 자신의 관할 안에 있는 사람들을 격려했다.
"전력을 다하자"고 그가 격려하면, 모두 전력을 다했다. 공중전에서는 파일
장군이 지휘하는 대공포 부대의 고도의 솜씨가 원군이 되었다. 그들의 공헌
은 뒤에 나타났다. 헌신적이며 지칠 줄 모르는 대공 감시 부대는 줄곧 자기
자리를 지켰다. 그리고 대공 감시 부대 없이는 만사가 수포로 돌아가고 말
았을 전투기 연대 사령부의 정밀한 조직은 수개월 동안 계속된 긴장 상태를
견뎌내었다. 모두가 제 역할을 다했다.

마지막에 가서 보여준 우리 전투기 조종사들의 정력과 용기는 누구도 꺾
을 수 없는 최고의 수준이었다. 그리하여 영국을 지켰다. 내가 하원에서 이
렇게 말한 것은 너무나 당연한 일이었다. "인류의 싸움터에서 이렇게 많은
사람이 이렇게 소수의 사람에게 이렇게 큰 은혜를 입은 예는 일찍이 찾아볼
수 없습니다."

제13장
"런던은 견딜 수 있다"

    독일의 영국 공습은 분분한 의견과 상충하는 목적 그리고 결코 완전하게 성취된 적이 없는 계획들의 이야기이다. 그 수개월 동안 적은 영국을 심각하게 괴롭혔던 공격 방식을 서너 차례나 포기하고 다른 방향으로 전환했다. 그러나 그 각각의 국면은 서로 조금씩 겹치며, 날짜로 엄밀히 구분되지는 않았다. 한 국면은 그 다음 국면에 걸쳐 있었다. 초기 작전에서는 영국해협과 남부 해안 상공에서 영국 공군과 맞붙으려고 했다. 남부의 여러 지방, 그중에서도 주로 켄트와 서식스 상공의 전투로 이어졌는데, 적군의 목표는 우리 공군의 조직을 무너뜨리는 것이었다. 그런 다음 런던 부근과 런던의 상공으로 무대를 옮겼고, 따라서 런던이 최고의 목표물이 되었다. 그리고 최후에는 런던 공략에 실패하자 지방의 여러 도시 그리고 머지와 클라이드 두 강변의 우리의 유일한 대서양 생명선에 대한 새로운 분산 공격으로 변경했다.

    8월 마지막 주일과 9월 첫 주일에 걸쳐 적군이 남부 해안의 비행장을 공격하면서 우리를 얼마나 괴롭혔는지는 이미 확인한 바와 같다. 그러나 9월 7일 괴링이 공개적으로 공중전의 지휘권을 장악하면서, 주간에서 야간으로 그리고 켄트와 서식스의 전투기 기지에서 광역 런던 지역으로 공격 방식과 목표를 바꾸었다. 낮에는 소규모의 공격이 자주 있었을 뿐만 아니라 실제로는 상시로 있었다고 할 수 있었는데, 한 차례는 대규모 주간 공격이 있기도 했다. 그러나 대체로 독일군의 전체적인 공격의 성격이 변경되었다. 런던에 대한 야간 폭격은 57일 동안 계속되었다. 그것은 세계 최대의 도시가 당한 최고의 시련이었으며, 그 결과는 아무도 예측할 수가 없었다. 그렇게 광대한 지역의 집들이 폭격당하고 또 그렇게 많은 가족들이 폭격으로 인한 곤란과 공포에 직면하게 된 사태는 일찍이 찾아볼 수 없는 일이었다.

8월 말이 되면서 나타났던 런던에 대한 간헐적인 공습에 대응하여 우리도 즉각 베를린을 보복 공격했다. 그러나 거리가 멀었기 때문에, 부근의 프랑스나 벨기에 기지에서 시작하는 런던에 대한 공습에 비하면 소규모일 수밖에 없었다. 전쟁내각의 분위기는 반격을 가하고 싶고, 적을 누르고 싶고, 적을 없애버리고 싶은 염원으로 가득 차 있었다. 나는 당연하다고 생각했다. 히틀러로 하여금 영국의 분노와 의지력을 직접 깨닫게 하는 것보다 더 강한 인상과 불안감을 심어줄 수 있는 것은 없다고 믿었다. 히틀러 자신은 마음속으로는 영국 찬미자 중의 하나였다. 물론 그는 베를린에 대한 우리의 보복을 충분히 이용하여 이미 수립해놓았던 런던과 다른 영국 도시들을 혼돈과 폐허 속으로 몰아넣겠다는 계획을 공식적으로 밝혔다. 히틀러는 9월 4일에 선언했다. "영국이 우리 도시를 공격한다면, 우리는 간단히 영국 도시들을 없애주겠다." 그리고 그는 전력을 다했다.

9월 7일부터 11월 3일까지 사이에 매일 밤 평균 200기의 독일군 폭격기가 런던을 공습했다. 그 이전 3주일 동안 지방 도시에 대한 다양한 예비 공습의 결과로 우리의 대공포가 상당히 분산되었기 때문에, 런던이 처음으로 주공격 목표가 되었을 때 그곳에는 단지 92문의 포가 남아 있을 뿐이었다. 제11전투기 연대의 야간 전투기들이 활약했기 때문에 대공포로 방어하지 않고 내버려두는 편이 낫다고 생각했다. 그것은 블레넘 형과 디파이언트 형의 전투기 6개 중대였다. 야간 전투는 아직 미숙한 단계였기 때문에 적에게 주는 타격은 아주 미미했다. 따라서 우리의 포대는 사흘 밤 동안 계속 침묵만 지키고 있었다. 그 당시 적군의 기술도 놀랄 만큼 불완전했다. 그래도 우리 야간 전투기의 약점과 적의 미해결 문제를 감안하여 대공포 사수들은 임의 조준으로 보이지 않는 표적을 향해 마음대로 쏘아도 상관이 없었다. 방공 포병부대 지휘를 맡은 파일 장군은 48시간 만에 지방 도시들의 포를 모두 집결시켜 수도의 포를 두 배로 늘렸다. 우리의 비행기는 그 상공은 피하도록 하여 포병부대가 마음대로 발포할 수 있도록 했다.

적군은 아무 저항도 받지 않은 채 사흘 밤 동안 공습했고, 런던 시민들은 집 안이나 불충분한 대피소에 머물렀다. 그러다가 갑자기 9월 10일이 되자, 서치라이트가 켜지면서 모든 포가 불을 뿜었다. 그 요란한 포격은 적에게는 그리 대단한 타격을 입히지는 못했지만, 시민들을 크게 안도시켰다. 우리도 반격하고 있다는 기분에 저마다 힘을 얻을 수 있었다. 그때부터 포대는 일정하게 포격을 계속했으며, 실전을 통한 연습과 궁리와 다급한 필요에 따라 사격 기술이 점차 향상되었다. 독일 공군기의 희생도 숫적으로 조금씩 늘어났다. 가끔 포격이 멈추고 역시 공격 기술이 나아지고 있던 우리의 야간 전투기가 등장하기도 했다. 야간 공습이 있으면 반드시 다음날 낮 소편대 또는 단독의 적기 공격이 이어졌기 때문에 간헐적인 사이렌 소리는 24시간 내내 울리는 날이 적지 않았다. 그 기묘한 존재양식에 700만의 런던 시민들은 점점 더 익숙해져갔다.

★ ★ ★ ★ ★

참으로 흥미로운 경험담을 늘어놓을 수 있는 사람이 수천 명은 되겠지만, 이쯤에서 이 힘든 이야기의 무게를 좀 덜어줄 수 있기를 기대하며 "대공습(Blitz)"에 관한 나의 기록들을 몇 개 남기고 넘어갈까 한다.

폭격이 처음 시작되었을 때에는 그 현상을 우습게 여기는 것이 보통사람들의 마음이었다. 웨스트엔드에서는 모든 사람들이 평소와 같이 일하고 놀고 식사하고 잠자리에 들었다. 극장은 만원이었고, 등화관제로 캄캄한 밤거리는 태평스러운 인파로 붐볐다. 그 모든 현상은 어쩌면 5월에 처음으로 호된 공습을 당했을 때 파리의 패배주의자들이 보인 호들갑스러운 아우성에 대한 건전한 반작용의 결과였을 것이다. 나는 맹렬하고 계속적인 공습이 이루어지고 있는 가운데 몇 사람이 모여 식사를 했던 일을 기억하고 있다. 그린파크에 위치한 스토너웨이 하우스에 앉아 있었는데, 커다란 창문은 대공포의 화염으로 반짝였으며 가끔 폭탄의 불빛으로 환해지기도 했다. 쓸데없이 모험을 하고 있다는 생각이 들었다. 식사를 끝낸 뒤 우리는 템스 강변이 내려다보이는 제국화학공장 빌딩으로 갔다. 높은 석조 발코니에서 바라보는 강의 전경은 웅장했다. 강안의 남쪽에는 적어도 10여 군데 이상 불길이 솟고 있었다. 그리고 우리가 서서 보고 있는 동안에도 여러 차례 큰 폭탄이 떨어졌는데, 한 번은 곁의 친구들이 튼튼한 돌기둥 뒤로 나를 끌어당길 정도였다. 그 일로 인하여 나는 우리가 누리는 일상에서 수많은 제한을 감수하지 않으면 안 된다는 생각을 확고하게 하게 되었다.

화이트홀 주변의 정부 청사 건물들도 여러 차례 폭격을 당했다. 다우닝가의 건물은 모두 250년 이상이 된 것이었는데, 거리 이름으로 남아 있는, 폭리를 일삼았던 건축업자가 지어 낡고 약했다. 뮌헨 사건 때 놀라서 10번 개[수상 관저가 있는 거리/역주]와 11번 개[재무부 청사가 있는 거리/역주]의 사람들을 위해서 대피소를 만들고 지상층의 방에는 모두 목재로 이중 천장을 설치하고 튼튼한 통나무 기둥으로 받쳤다. 그렇게 하면 건물이 부서지거나 흔들리더라도 붕괴되는 것을 막을 수 있으리라고 생각했다. 그러나 대피소는 물론 보강 공사를 한 방도 직격탄에는 아무 소용이 없었다. 9월의 두 주일 동안 나의 임시 관저를 스토리게이트 부근의 세인트 제임스 공원이 내려다보이는 보다 현대적이고 견고한 정부 건물로 옮길 준비를 했다. 우리는 그곳을 "별관(Annexe)"이라고 불렀다. 그 별관에서 나는 아내와 함께 전쟁이 끝날 때까지 편안하게 지냈다. 단단한 석조 빌딩은 안전했다. 따라서 우리는 아주 가끔 지하의 방공호로 내려가는 일이 있었을 뿐이다. 아내가 거실 벽에 우리의 사진 몇 장을 걸었다. 나는 그렇게 하지 않는 편이 더 낫다고 생각했다. 그런데 아내의 얼굴이 다른 사람들에게 널리 알려지게 되면서 그렇게 한 것이 옳았다는 사실이 증명되었다. 맑은 날 밤 돔 옆의 건물 지붕에서 내려다보는 런던의 모습은 장관이었다. 나를 위해서 그곳에 파편을 막을 수 있는 간단한 덮개를 씌워 작은 공간을 마련해주었다. 한 사람 정도 들어가 달빛 아래서 야간 전투를 관찰할 수 있었다. 그 공간의 아래에는 전투 상황실과 어느 정도의 폭탄을 견딜 수 있는 침실이 있었다. 당시의 폭탄은 전쟁의 후반부보다 작은 것이었다. 새 주거용 방이 준비될 때까지 기다리는 동안 다우닝 가에서 보낸 일상은 흥미로웠다. 전선의 대대 본부에서도 그만한 경험을 하기 어려웠을 것이다.

어느 날(10월 17일) 밤의 일이 지금도 내 마음속에 뚜렷이 남아 있다. 다우닝 가 10번지의 가든 룸에서 식사를 하고 있는데, 여느 때와 같이 야간 공습이 시작되었다. 그 자리에는 아치볼트 싱클레어, 올리버 리틀턴 그리고 무어-브라바존이 함께 있었다. 강철로 만든 셔터가 닫혔다. 그다지 먼 곳이 아닌 주변에서 몇 차례 큰 폭발 소리가 들리더니, 곧이어 100미터도 채 떨어져 있지 않은 근위기병연대 연병장에 포탄이 한 발 날아와 엄청난 굉음을 울렸다. 그 순간 나는 갑자기 어떤 생각에 미쳤다. 다우닝 가 10번지의 부엌은 천장이 높고 공간이 넓어서 거의 세로 길이만 8미터나 되는 대형 판유리를 통해 밖을 볼 수 있었다. 집사장과 가정부는 너무나 태연하게 계속 일만 했다. 그러나 나는 요리사 랜드메어 부인과 보조 요리사들이 눈썹 하나 까딱하지 않고 일에 열중하고 있는 앞쪽의 그 큰 유리창이 마음에 걸렸다. 나는 갑자기 일어나 주방으로 가서 집사장에게 음식을 모두 식당의 보온기에 옮겨놓고 요리사를 비롯한 일하는 사람들을 모두 변변치는 않지만 대피소라고 할 수 있는 다른 방으로 피하도록 지시했다. 다시 식탁 앞에 앉았는데, 채 3분도 지나지 않아 요란한 소리와 함께 격렬한 충격이 느껴져 바로 가까운 곳에 포탄이 떨어졌다는 사실을 알 수 있었다. 경호원이 달려와 상당한 피해를 입었다고 보고했다. 주방과 식품 저장실 그리고 재무부 사무실들이 박살날 정도로 부서졌다.

우리는 주방으로 가서 그 광경을 보았다. 완전히 폐허 그 자체였다. 폭탄이 50미터 거리의 재무부 건물에 떨어졌고, 반짝이는 손냄비나 도자기 그릇 등이 있었던 크고 멋진 부엌을 강타하여 검은 잔해와 부서진 벽돌이 산더미처럼 쌓여 있었다. 대형 판유리로 된 창은 산산조각이 나서 방바닥에 흩어져 있었는데, 아마 누구든 거기에 있었다면 토막이 났을 것이다. 그런데 다행히도 어떻게 아슬아슬한 순간에 그런 영감이 내게 떠올랐던 것이다. 안마당 건너편의 재무부 건물은 직격탄을 맞고 완전히 파괴되었으며, 야근하던 본토방위군 담당 관리 4명이 사망했다. 그러나 몇 톤이나 되는 벽돌 더미 밑에 깔려버렸기 때문에, 그들의 신원은 정확히 알 수 없었다.

공습은 곧 끝나지 않고 더 심해질 것 같았기 때문에, 우리는 철모를 쓰고 상황을 확인하기 위하여 별관 건물의 옥상으로 갔다. 그 전에 나는 랜드메어 부인과 함께 일하고 있던 사람들을 대피소에서 데리고 나와 주방을 보여주고 싶었다. 참상을 본 그들은 깜짝 놀랐다. 그러나 그 이유는 엉망이 된 주방 때문이었다!

아치볼트 싱클레어와 나는 별관 건물의 돔형 지붕으로 올라갔다. 맑은 밤하늘 아래 런던의 시가지가 멀리까지 시야에 들어왔다. 펠멜 거리 대부분이 불타고 있는 것 같았다. 펠멜에서만 적어도 다섯 군데가 화염에 휩싸여 있었으며, 세인트제임스와 피카딜리에도 불꽃이 일고 있었다. 건너편 강 뒤쪽 멀리로도 여러 곳에 큰 화재가 발생했다. 그러나 펠멜의 불꽃이 가장 선명했다. 이윽고 적의 공격이 점점 수그러들었고, 곧이어 "공습 경보 해제"의 사이렌이 울렸다. 남은 것은 타오르는 불길뿐이었다. 우리는 별관 1층에 새로 마련한 나의 주거로 내려갔다. 칼턴 클럽[영국 보수당 정치인들의 조직 중에서 가장 역사가 깊고 중요한 클럽/역주]에서 먹고 자고 하던 보수당 수석 원내총무 데이비드 마게슨 대위가 와 있었다. 클럽이 폭파되어 부서졌다고 알려주었다. 우리는 불길의 상태로 미루어보아 폭탄에 명중되었을 것이라고 생각했다. 그는 250명가량의 당원 그리고 사무직원들과 함께 당사에 있었다고 했다. 그러다가 대형 폭탄을 맞고 말았다. 건물 전면 전부와 펠멜 가 쪽의 거대한 석조 벽이 무너져 정문 부근에 세워둔 그의 차가 완전히 형체를 알아볼 수 없을 정도로 짓이겨져버렸다. 흡연실에는 당원들이 모여 방을 가득 메우고 있었는데, 천장 전체가 내려앉았다. 나는 이튿날 그 황폐한 현장을 보았는데, 그들 대부분이 죽지 않고 살아남은 사실이 믿기 어려울 지경이었다. 기적과도 같이 그들은 먼지와 연기와 벽돌 잔해를 뚫고 기어나왔는데, 다수가 부상을 입긴 했지만 한 명도 목숨을 잃지는 않았다. 얼마 뒤 그 사실이 내각에 알려지자, 노동당 출신의 각료 한 사람이 이런 농담을 했다. "악마도 자기 식구는 봐주는군." 퀸틴 호그는 트로이의 폐허 속에서 아이네이아스가 아버지 안키세스를 구출했듯이 무너진 건물에서 대법관을 역임한 그의 아버지를 어깨에 메고 나왔다. 잠 잘 곳이 없어진 마게슨을 위해서 별관 지하실에 침대와 모포를 마련해주었다. 모두에게 소름이 끼치는 저녁이었다. 건물들이 입은 피해를 감안하면, 사망자가 500명, 부상자가 2,000명을 넘지 않았다는 사실이 놀라울 따름이었다.

다른 기회에, 나는 램스게이트를 방문했다. 적의 공습이 있어 그곳의 커다란 터널로 안내되었다. 그 속에는 꽤 많은 사람들이 상주하고 있었다. 15분쯤 지나서 밖으로 나왔을 때, 여전히 포연이 자욱했다. 작은 호텔 하나가 폭탄에 맞았다. 다친 사람은 아무도 없었으나, 식기와 각종 용품들이 어지럽게 널려 있었고 가구는 부서져 있었다. 주인과 그의 아내, 요리사 그리고 여자 종업원 모두가 울고 있었다. 이제 그들이 살 곳은 어디인가? 그들은 어디서 일할 것인가? 이런 경우야말로 권한이 발동되어야 할 것이다. 그 순간 나는 결심했다. 돌아오는 기차 안에서 재무부 장관 킹슬리 우드에게 보내는 편지를 받아 적게 했다. 적군의 공격으로 인하여 입은 모든 피해는 국가가 책임을 지고, 즉시 완전한 보상을 하라고 지시했다. 그렇게 되면, 가정이나 직장에서 피해를 입은 사람이 모든 부담을 혼자 도맡아지는 것이 아니라, 국민 모두가 공평하게 분담하게 될 것이었다. 킹슬리 우드는 그러한 보상 의무의 명확하지 않은 성격 때문에 꽤 우려하는 듯했다. 그러나 나는 강하게 밀어붙였다. 2주일 만에 보험 제도가 기획되었는데, 그 제도는 이후에 전쟁 수행을 비롯한 우리의 과업 수행에 중추적인 역할을 했다. 재무부는 그 보험제도와 관련하여 다양한 정서적 경험을 하게 되었다. 처음에는 재무부가 곧 파산할 것이라고 생각했다. 그러나 1941년 5월 이후 3년이 넘는 기간 동안 공습이 멈추자 재무부는 큰돈을 벌기 시작했고, 따라서 그 계획은 선견지명이 있고 정치력이 뛰어난 판단의 결과로 생각하게 되었다. 그러나 전쟁의 후반부에 접어들어 독일군의 "폭명탄[爆鳴彈(doodle-bugs) : 독일군이 사용한 일종의 유도 폭탄/역주]"과 로켓 폭탄이 나오기 시작하자 심각한 적자를 보게 되었는데, 8억9,000만 파운드가 금방 지불되어야 했다. 나로서는 그것은 바람직한 현상이었다.

★ ★ ★ ★ ★

전쟁이 새로운 국면으로 접어들면서 모든 공장뿐만 아니라 밤낮으로 빈번하게 폭격에 시달리던 런던의 정부 각 부처를 최대의 능률을 올릴 수 있는 상태로 만드는 일이 시급했다. 처음에는 경보 사이렌이 울릴 때마다 즉시 20개 부처의 직원들 전원이 집합하여 얼마나 안전할지는 모르지만 지하층으로 내려갔다. 그것은 그만큼의 가치가 있었다. 대피의 신속함과 철저함은 한때 자랑거리가 되기도 했다. 그런데 대부분의 경우 대여섯 기의 적기가 접근했을 뿐이고, 어떤 때에는 겨우 한 기가 나타나기도 했다. 그리고 적기가 아예 우리의 상공에 도달하지 않는 경우도 자주 있었다. 적은 미미한 공습 한 번으로 런던의 정부와 행정기구 전체를 한 시간 이상 마비 상태로 만들 수 있었다.

따라서 나는 "비상" 단계와 구분하여 경고 사이렌으로 표시하는 "경계" 단계를 제안했다. 짐 크로[Jim Crow : 흑인에 대한 멸칭/역주]라고도 불렸던 옥상의 대공 감시병이 "위험 박두"의 상황, 즉 적기가 실제로 머리 위에 떠 있거나 아주 근접했을 때에만 "비상" 단계를 발령하자는 것이었다. 그에 따른 계획이 수립되었다. 의회도 그 위험한 기간 동안 운영에 관한 지침이 필요했다. 의원들은 본보기를 보이는 것이 자신들의 의무라고 느꼈다. 그러한 태도는 옳았다. 그러나 너무 지나쳐도 곤란했다. 나는 하원이 정상적으로 업무를 수행하되, 시기의 특수한 상황에 적응할 수 있도록 잘 이해시켜야 했다. 필요에 따라 비공개회의를 할 경우 적절하고 충분한 대비책을 강구해야 한다는 사실을 명심하도록 했다. 회의의 소집 일자와 시간을 알려지게 해서는 안 되며, 짐 크로가 의장에게 "위험 박두"를 통보하면 토론을 중지해야 한다는 데에 하원은 동의했다. 그러면 모두 규칙에 따라 줄지어 사람들로 붐비는, 그다지 안전도가 높지도 않은 대피소로 내려가야 했다. 의원들은 전쟁의 모든 기간 동안 회의를 열고 자신들의 의무를 수행함으로써 영국 의회의 명예를 드높였다. 하원은 명예나 의무에 관한 문제에 너무나 민감한 나머지 상황 판단을 잘못하기가 쉬웠다. 그들은 회의장이 폭격을 받으면 다른 방으로 옮기는 식이었다. 그러면 나는 최선을 다하여 그들이 자발적으로 현명한 충고에 따르도록 설득했다. 한마디로, 그들은 모두 이성과 위엄에 따라서 행동했다. 몇 달 뒤 회의장이 전파되는 일이 발생했을 때, 낮이 아니라 밤이었으며, 사람들이 꽉 차 있지 않고 텅 비어 있었던 것은 천만다행이었다. 우리가 주간의 제공권을 장악함으로써 개인 생활의 편의성에는 상당한 여유가 생겼다. 그러나 처음 몇 개월 동안 나는 의원들의 안전 문제에 대한 걱정에서 벗어나지 못했다. 요컨대 보통선거에 의하여 공정하게 선출되어 자유로운 주권을 위임받은 의회는 정부를 뒤엎을 수도 있지만 오히려 가장 어려운 시기에 자기 정부를 지지하게 된 것을 자랑스럽게 여겼는데, 그러한 의회의 존재야말로 적과 싸워야 하는 이유 중의 하나였다. 우리의 의회 제도는 승리했던 것이다.

어떤 독재자도 영국 전쟁내각만큼 국가 전체에 걸쳐 효과적인 권력을 행사하지 못했을 것이다. 우리는 우리가 원하는 바를 표시하면 국민의 대표자를 통해 지지를 받았으며, 모든 사람들이 흔쾌히 따랐다. 그럼에도 비판의 권리는 조금도 침해당하는 일이 없었다. 비판자들도 거의 언제나 국가의 이익을 존중했다. 어쩌다가 그들이 도전해오면, 의회는 압도적 다수의 힘으로 부결시켜버렸다. 물론 그 경우 전체주의자들이 사용하는 방법과 달리 최소한의 강압이나 간섭도 없이 또는 경찰이나 비밀 정보기관을 동원하지 않고 해결했다. 의회민주주의 — 우리 영국인의 공적 생활이 달리 무엇이라고 불리든 — 가 모든 시련을 견디고 극복하여 살아남을 수 있다는 것은 자랑스러운 생각이었다. 전멸의 위협에 직면하여도 우리 의원들은 두려워하는 법이 없었다. 그리고 다행스럽게도 그 위협이 현실이 되지는 않았다.

★ ★ ★ ★ ★

9월 중순이 되자, 독일군은 파괴적인 새 공격 방식을 사용했다. 엄청난 수의 시한폭탄을 광범위한 지역에 대량으로 투하함으로써 우리로서는 골칫거리를 안게 되었다. 사방으로 길게 뻗은 철도망, 중요한 교차로, 주요 공장으로 통하는 입구, 비행장, 주요 간선도로 등은 수십 차례 차단되어 필요할 때 사용할 수가 없었다. 투하된 폭탄은 모두 파내어 폭파시키든지 해체하여 피해를 입지 않도록 조치해야 했다. 그것은 극도로 위험한 작업이었는데, 초반에 특히 그랬다. 목숨을 걸어야 하는 일련의 경험에 의해서만이 모든 수단과 방법을 익힐 수 있었다. 앞에서 이미 자석 기뢰 제거작업에 관한 광경을 말한 바가 있지만, 이러한 헌신적인 행동은 그 숭고함에도 불구하고 일상의 다반사가 되어버렸다. 나는 시한폭탄의 신관에 관심을 가지고 있었는데, 그것이 처음으로 내게 깊은 인상을 준 것은 1918년이었다. 독일로 진격하려던 우리의 계획을 저지하기 위하여 독일군이 철도에 시한폭탄을 대량으로 설치했을 때였다. 나는 이미 노르웨이는 물론 킬 운하와 라인 강에도 시한폭탄을 사용할 것을 강력하게 주장한 바가 있었다. 그것은 오랜 시간 동안 불안한 상태를 조성하기 때문에 전쟁의 도구로서는 아주 효과적이었다. 따라서 이제 우리가 시험해볼 차례가 된 것이었다. 시한폭탄을 다루기 위한 조직을 따로 구성했다. 모든 도시와 마을 그리고 지역에 특별부대를 편성했다. 목숨이 달린 그 작업에 자원자가 쇄도했다. 팀에 따라서 운명이 엇갈렸다. 어떤 사람들은 그 시련의 국면을 견디고 살아남았다. 그런가 하면 20회, 30회, 심지어 40회에 걸쳐 위험을 피해간 뒤에 쓰러진 사람도 있었다. 순시를 위해서 내가 가는 곳마다 불발탄 처리반이 있었다. 아무리 용감하고 충성심이 높다고 하더라도, 그들은 왠지 보통사람들과는 다른 얼굴을 하고 있는 것처럼 느껴졌다. 초췌하고 수척한 푸른 빛 안면에 눈매가 이글거렸으며 입술은 보기 드물게 굳게 다물고 있었는데, 그들의 태도는 빈틈이 없었다. 우리는 어려웠던 시절의 일을 쓸 때 "매서움(grim)"이라는 단어를 남용하는 경향이 있는데, 그 말은 불발탄 처리반을 위해서 남겨두어야 할 것이다.

그 수많은 불발탄 처리반 중에서 전체를 상징할 수 있는 한 분대를 나는 기억하고 있다. 그 분대는 서퍽 백작과 그의 여비서 그리고 그와 나이가 비슷한 운전사 세 사람으로 이루어져 있었다. 그들은 자신들을 "신성한 삼위일체"라고 불렀다. 그들이 보여준 용감한 행동, 그럼에도 불구하고 계속 살아서 그 일을 하고 있다는 사실은 그들을 아는 사람들 사이에서는 화제가 되었다. 그들은 품위 있게 미소를 잃지 않으며 34개의 불발탄을 처리했다.

국왕은 여전히 버킹검 궁전에 머물고 있었다. 적당한 대피소를 지하에 건설 중이었는데, 완성까지는 시간이 꽤 필요했다. 게다가 한창 공습이 진행 중일 때 국왕이 윈저 궁전에서 올 때가 종종 있었다. 한번은 국왕 부처가 가까스로 위기를 모면하기도 했다. 국왕은 버킹검 궁전 마당에 사격장을 만들게 했는데, 거기서 왕과 왕실의 다른 가족 그리고 시종무관들이 모여 열심히 권총과 경기관총으로 사격 연습을 했다. 얼마 뒤 나는 미국에서 내게 보내온 총 중에서 사정거리가 짧은 카빈 한 정을 국왕께 드렸다. 그것은 아주 성능이 좋은 무기였다.

그 무렵 조지 6세는 내가 취임한 이후 두 달 동안 공식적으로 매주일 한 번씩 오후 5시에 나를 인견하던 관행을 변경했다. 매주일 화요일 점심 식사를 함께하는 것으로 조정되었다. 그러한 형식은 국사를 논의하기 아주 좋았다. 가끔 왕비도 합석했다. 종종 우리는 음식이 담긴 접시와 사용하던 잔을 직접 손에 들고 공사가 진행 중이던 지하 대피소로 내려가 식사를 마쳐야 하는 경우도 있었다. 그 주간 점심 행사는 정규적인 관례로 정착되었다. 몇 개월이 지난 뒤에는 국왕은 모든 시종을 물러가게 하고 우리는 각자 스스로 음식을 날라오거나 서로 가져다주면서 식사를 했다. 그렇게 4년 반 동안 지내면서, 나는 국왕이 남다른 근면성으로 그에게 제출되는 전문과 공식 서류를 하나도 빠뜨리지 않고 모두 읽는다는 사실을 알게 되었다. 영국의 입헌제도에서는 국왕은 각 부의 장관이 담당하는 모든 일에 대해서 알 권리가 있으며, 동시에 정부에 조언할 수 있는 무한의 권리가 있다. 나는 모든 사항을 국왕이 확인할 수 있도록 세심하게 배려했다. 그런데 매주일 식사 회동 시간에 내가 미처 정리하지 않은 사항에 대해서 국왕이 이미 어떻게 처리해야 할지 잘 알고 있음을 보여주는 경우가 자주 있었다. 그 운명적인 몇 년 동안 그렇게 훌륭한 국왕과 왕비가 존재했다는 사실은 영국에 큰 힘이 되었다. 입헌군주제의 신봉자인 나는 국왕의 첫 번째 신하인 수상으로서 그가 나를 대해준 그 친근감을 더없는 영예로 생각하며, 그러한 일은 앤 여왕과 그 밑에서 권력을 장악했던 말버러 공작[처칠의 9대 선조/역주]의 시대 이래로 유례를 찾아볼 수 없을 것이다.

★ ★ ★ ★ ★

그리하여 한 해는 끝이 났다. 이야기의 연속성을 유지하기 위하여 나는 전쟁의 일반적인 경과를 먼저 이야기하게 되었다. 여기서 독자들은 내가 기술한 온갖 소동과 일화가 우리의 전쟁을 수행하기 위한 노력과 우리가 추진해온 정책과 외교의 냉철한 과정에 수반한 반주에 불과했다는 사실을 깨달을 수 있을 것이다. 실제로 상층부에서 보기에는, 그러한 모든 상처와 손실이 치명적인 것이 아니라 명석한 통찰력, 충직한 동료애 그리고 현명한 행동의 동기가 되는 적극적인 자극제 역할을 했다는 사실을 밝혀두고 싶다. 그러나 예를 들어 적의 공격이 열 배나 스무 배 정도 더 강한 것이었다고 하더라도, 아니 단지 두 배나 세 배 정도만 더 강한 것이었다고 하더라도, 우리의 대응이 지금까지 내가 기술한 것처럼 정상적으로 이루어졌으리라고 생각하는 것은 어리석은 일이다.

제14장

무기 대여

　무력의 요란한 굉음과 상호 충돌과는 관계없이 세계의 운명을 결정할 또 다른 사건이 곧장 우리 눈앞에 나타났다. 11월 5일, 미국 대통령 선거가 있었다. 4년마다 행해지는 그 정치 싸움을 이끌어가는 불굴의 의지와 열정 그리고 당시 미국 국내의 현안에 대하여 양대 정당 사이에 벌어진 치열한 의견 대립에도 불구하고, 최고의 대의명분은 공화당이건 민주당이건 책임 있는 지도자들에 의해서 존중되었다. 11월 2일, 클리블랜드 유세에서 루스벨트는 이렇게 말했다. "아직도 대서양과 태평양 너머에서 침략에 대항하여 싸우고 있는 국민들에게 가능한 한 모든 물질적 지원을 하는 것이 우리의 정책입니다." 그의 경쟁자였던 웬델 윌키 역시 같은 날 메디슨 스퀘어 가든에서 이렇게 밝혔다. "공화당원이든 민주당원이든 또는 그 누구든, 우리 모두가 용감한 영국 국민들을 도와야 한다고 믿습니다. 우리의 공장에서 생산한 물자들이 영국에 전달되도록 해야만 합니다."

　그러한 드넓은 애국심은 미국의 안전과 우리의 생명의 보호막이었다. 나는 깊은 관심을 가지고 결과를 기다렸다. 새로운 인물이 권력을 잡게 된다면 그가 누구든지 프랭클린 루스벨트만큼 지식과 경험을 가졌을 리도 없고, 또한 쉽사리 그 정도 수준에 이르지 못할 것이었다. 어느 누구도 그의 탁월한 재능과 인품에 미칠 수는 없었다. 내가 마음속 깊이 조심스럽게 다져온 그와의 관계는 어느새 나의 모든 생각에서 가장 중요한 요소로 작용하기에

이를 정도의 신뢰와 우정을 형성했다. 그렇게 서서히 쌓아올린 친교에 종지부를 찍거나, 둘 사이에서 나누었던 온갖 논의의 연속성을 깨뜨리거나, 다른 심성과 개성을 지닌 새로운 인물을 만나 모든 것을 다시 시작한다는 일은 생각만 해도 내키지 않았다. 나는 됭케르크 작전 이래로 그런 정신적 긴장감을 느껴본 적이 없었다. 따라서 루스벨트 대통령이 재선에 성공했다는 소식을 듣고 뭐라고 표현할 수 없을 정도로 안도했다.

★ ★ ★ ★ ★

그때까지 우리가 미국에 군수품을 요청할 경우, 의논은 모두 함께 했지만 주문은 육해공군에 별도로 했다. 다양한 것이 너무나 많았기 때문에 겹치는 부분이 있었고, 따라서 우리의 전체적인 선의에도 불구하고 말단에서 마찰이 일어나고는 했다. 스테티니어스[당시의 무기대여부 장관, 국무장관 등을 역임/역주]는 그의 책에서 이렇게 썼다.* "국방을 위한 모든 물자 조달 정책은 정부의 단일하고 통일된 통로에 의해서 추진되어야만 향후에 전개될 방대한 일을 처리할 수 있다." 그 말의 의미는 미국에서 하는 모든 무기의 주문은 미국 정부가 해야 한다는 것이었다. 재선한 지 사흘 뒤 루스벨트 대통령은 미국 무기 생산의 분배에 관한 "대략적인 계획"을 발표했다. 무기가 제조되면 대략 50 대 50의 비율로 미국과 영국 및 캐나다에 나눈다는 것이었다. 같은 날 미국 합동 군수물자 우선순위 및 할당 위원회(Joint Material Priorities and Allocation Board)는 이미 예약한 1만1,000기 외에 1만2,000기의 비행기를 추가로 주문하겠다는 우리의 요청을 승인했다. 그러나 그 대금은 어떻게 지불할 것인가?

11월 중순경, 워싱턴에서 임무를 마치고 복귀한 로디언 경이 디츨리에서 이틀 동안 나와 함께 지냈다. 그는 나에게 매주일 주말을 체커스에서 보내는 습관을 버리라고 충고했다. 특히 달빛이 밝은 날 밤에는 적군이 나에게

---

* 스테티니어스, 『무기 대여』, 62면

별도의 관심을 가지고 살필지 모르니 주의해야 한다는 것이었다. 옥스퍼드 부근에 크고 훌륭한 저택을 가지고 있던 로널드 트리 부부는 나와 참모들을 여러 차례 초대한 적이 있었다. 디츨리는 블레넘에서 불과 7-8킬로미터 정도밖에 떨어져 있지 않았다. 나는 그렇게 쾌적한 장소에서 로시언 대사를 맞이한 것이다. 그는 전체적인 면에서부터 세부적인 데에 이르기까지 미국의 태도 전반에 정통한 인물이었다. 그는 워싱턴에서 호감과 신의를 얻었다. 특히 따뜻한 개인적 우정을 바탕으로 루스벨트 대통령과 밀접한 접촉을 가졌다. 그는 온통 달러 문제에 골몰하고 있었는데, 그것은 참으로 중요한 현안이었다.

영국은 약 45억 달러로 환산할 수 있는 금과 대미 투자 자금을 가지고 전쟁을 시작했다. 그 전쟁 자금을 증대시킬 수 있는 방법은 주로 남아프리카 공화국을 통한 대영제국의 새로운 금 생산과 위스키, 고급 모직물, 도자기 등과 같은 사치품의 대미 수출을 열심히 늘이는 것이었다. 그러한 수단을 통하여 전쟁의 초기 16개월 동안 20억 달러를 추가로 확보할 수 있었다. "황혼의 전쟁" 기간 동안, 우리는 미국에 무기를 주문하려는 강렬한 열망과 달러 보유고 감소에 따르는 애타는 두려움 사이에서 고통스러워했다. 체임벌린 정부의 재무부 장관 존 사이먼 경은 언제나 한탄스러운 달러 보유 상황을 거론하며, 달러 확보의 필요성을 강조했다. 우리가 대미 구매를 엄격히 제한해야 한다는 데에는 대체로 수긍하고 있었다. 언젠가 영국 구매위원회 위원장이었으며 탁월한 능력의 소유자였던 퍼비스가 스테티니어스에게 한 말처럼, 우리는 "마치 완전히 고립된 섬에서 부족한 식량에 의존하여 최대한 연명해야 하는 듯이"* 행동했다.

그것은 우리의 자금을 늘리기 위해서는 정교한 절차가 필요하다는 것을 의미했다. 평상시에 우리는 마음대로 수입하고 원하는 방식으로 지불했다.

---

* 스테티니어스, 앞의 책, 60면.

그런데 전쟁이 발발하자 공익성을 외면하는 자들이 안전하다고 생각되는 나라로 돈을 보내는 행태를 막고 쓸데없는 수입과 각종 지출을 축소하는 방법으로, 금이나 달러 그밖의 개인 자산을 동원할 기구를 설치하지 않을 수 없게 되었다. 우리가 파운드화를 낭비하지 않는다는 것을 보여주어야 다른 국가들로 하여금 계속 파운드화를 받아들이게 할 수 있었다. 파운드화 사용권 국가들은 우리에게 협력하여 우리와 같은 외환 조절 정책을 채택했고, 기꺼이 파운드화로 거래했다. 그밖의 국가들과는 특별한 협정을 맺어, 우리가 지불하는 파운드화로 그들이 파운드화 지역 어느 곳에서든지 자유롭게 사용할 수 있게 했다. 그리고 그 국가들은 즉시 사용하지 않아도 될 파운드화를 보유하고 공식 환율에 따라 계속 거래할 것을 약속했다. 그러한 협정은 애초에 아르헨티나와 스웨덴을 상대로 체결되었는데, 나중에 유럽과 남미의 여러 국가로 확대되었다. 모든 협정은 1940년 봄 이후에 완결되었으나, 그토록 어려운 환경 속에서 성취하고 유지한 제도였기 때문에 아주 만족스러웠을 뿐만 아니라 파운드화의 신용도를 확인하는 계기가 되었다. 그와 같은 방식으로 우리는 세계 대부분의 국가와 파운드로 거래를 계속할 수 있었고, 따라서 귀중한 금과 달러는 결정적으로 필요한 대미 구매를 위해서 보유할 수 있었다.

1940년 5월에 이르러 전쟁이 무서운 현실로 폭발했을 때, 영미 관계의 새로운 시대가 열리기 시작했다는 사실을 인식하게 되었다. 내가 새 정부를 구성하고 킹슬리 우드 경이 재무부 장관이 된 이래로 우리는 아주 단순한 방침에 따라 주문할 수 있는 것이라면 무엇이든지 주문하고, 그 이후의 재정적 문제는 운명의 손길에 맡기기로 했다. 쉴 새 없는 폭격과 침공의 위협 앞에서 생존을 위해서 싸우다가 얼마 지나지 않아 고립무원의 상태가 된 우리로서는, 달러가 고갈될 경우 어떻게 할 것인가를 걱정하는 일은 잘못된 절약이었으며 오도된 분별력이었다고 할 수밖에 없었다. 우리는 미국에서 거대한 여론의 변화가 일어나고 있다는 사실, 워싱턴뿐만 아니라 미국 전역에 걸쳐 그들의 운명이 영국의 운명과 직결되어 있다는 확신이 깊어지고 있다는 사실을 알 수 있었다. 게다가 영국에 대한 진지한 동정심과 찬사의 물결이 전체 미국 국민 사이에서 흘렀다. 우리의 용기를 북돋우고 어떻게든 뚫고 나아갈 길을 찾을 수 있을 것이라는 지극히 우호적인 신호가 워싱턴에서 직접 그리고 캐나다를 통해서 왔다. 미국의 재무부 장관 모겐소는 연합국의 대의를 끊임없이 지지했다. 6월에는 프랑스의 계약을 모두 인수했기 때문에 우리의 외환 소비율은 거의 두 배에 달했다. 그밖에 우리는 여러 방면으로 비행기, 탱크, 상선 등을 새로 주문했고, 미국과 캐나다에 큰 공장을 신축하는 일을 촉진시켰다.

★ ★ ★ ★ ★

11월까지 수령한 물품에 대해서는 대금을 전액 지불했다. 우리는 파운드로 환산하여 징발한 영국 내 개인 소유의 미국 주식 3억3,500만 달러어치를 매각했다. 그리고 45억 달러 이상을 현금으로 지불했다. 우리에게 남은 돈은 겨우 20억 달러였는데, 그것도 대부분 증권이었으며 시장에서 거래가 힘든 종류였다. 그런 방식으로 계속 유지해 나갈 수 없다는 사실은 명백했다. 국내의 금과 해외 자산을 모두 동원하더라도 이미 우리가 주문한 물품 대금의 절반 정도도 지불할 수 없는 상황이었다. 전쟁이 장기화할 경우에는 그보다 열 배의 비용이 더 필요할 터였다. 게다가 일상을 유지하기 위한 지출 역시 반드시 필요한 항목이었다.

로디언 대사는 루스벨트 대통령과 그의 고문들이 영국을 돕기 위한 최선의 방법을 모색 중이라고 확신했다. 이제 선거도 끝났으므로, 행동을 개시할 때가 된 것이었다. 워싱턴에서는 양국의 재무부를 대표한 프레더릭 필립스 경과 모겐소 사이에서 부단한 논의가 진행되었다. 로디언 대사는 나에게 영국의 상황을 상세하게 글로 써서 대통령에게 보낼 것을 적극 권유했다.

따라서 나는 바로 그 주일 일요일에 디슬리에서 로디언과 협의한 뒤에 대통령 앞으로 보낼 나의 친서의 초안을 잡았다. 그 서한의 내용은 3군 참모본부들과 재무부에서 검토에 재검토를 거듭한 뒤에 전쟁내각에서 승인을 받아야 했기 때문에, 로디언이 워싱턴으로 복귀하기 전까지 완성하지 못했다. 마무리된 편지는 12월 8일자였고, 즉시 루스벨트에게 보내졌다. 내가 쓴 가장 중요한 편지 중의 하나였던 그것은 위대한 우리의 친구가 카리브 해의 따스한 햇살을 받으며 미국 군함 투스칼루사에 있을 때 전달되었다. 당시 그는 최측근 몇 사람만을 동반했다. 그때만 해도 나는 알지 못하는 인물이었던 해리 홉킨스가 훗날 내게 말한 바에 의하면, 루스벨트는 갑판 위의 의자에 홀로 앉아 그 편지를 읽고 또 읽었는데 이틀 동안 아무런 결정을 하지 못한 것 같았다고 했다. 그는 깊은 고민에 빠졌으며, 침묵 속에서 생각을 거듭했던 것이다.

그 사색의 결과는 놀라운 결정이었다. 대통령은 일찍이 자기가 무엇을 하고자 할 때 의문을 가져본 적이 없었다. 그에게는 국가를 어떻게 이끌어가며 의회를 어떻게 설득하여 자신이 결정한 길을 따르게 하느냐만이 문제였다. 스테티니어스의 말에 따르면, 대통령은 이미 지난 여름에 열린 해운 자산에 관한 국방자문위원회 회의석상에서 이러한 제안을 했다는 것이다. "영국이 자기 자본을 가져와 미국에서 선박을 건조할 필요나, 그러한 영국을 위해서 우리가 자금을 빌려줄 필요는 없습니다. 완성된 선박을 우리가 인수한 다음 비상 기간 중에 영국에 대여하면 되지 않습니까?" 1892년의 한 법률에 따라 육군부 장관이 밝힌 내용은 "공공의 이익이 된다고 판단할 때" 공적 사용에 당장 필요로 하지 않는 육군의 재산을 5년이 초과하지 않는 기간 동안 대여할 수 있다는 것이었다. 그 법률에 근거하여 여러 종류의 육군 재산을 대여한 선례에 관한 기록이 여기저기에 남아 있었다.

그와 같이 "임대(lease)"라는 어휘와 영국의 필요에 그 임대 원칙을 적용한다는 생각이 조만간 변제 불능의 상태에 빠질 가능성이 높은 무한정의 차관 정책의 대안으로 루스벨트 대통령의 머릿속에 떠올랐던 것이다. 그것이 급기야 결정적인 실행의 단계로 표면화되었고, 그 영광스러운 무기 대여의 구상이 발표되기에 이르렀다.

12월 16일 카리브 해에서 돌아온 대통령은 바로 그 다음날 기자회견에서 그의 계획의 서두를 뗐다. 그는 아주 단순한 예를 들었다. "우리 옆집에 불이 났다고 합시다. 그리고 나에게 120미터나 150미터쯤 되는 정원용 호스가 있다고 합시다. 만약 옆집 사람이 내 정원용 호스를 가져다 자기 집 수도꼭지에 연결할 수 있다면, 나는 옆집의 불 끄는 일을 도울 수 있게 됩니다. 그러한 경우 어떻게 해야 할까요? 호스를 주기 전에 나는 결코 '여보세요, 이 호스는 15달러짜리입니다. 그러니 15달러를 주셔야 합니다'라는 식으로 말하지는 않을 것입니다. 결코 하지 않습니다! 그럼 어떻게 할까요? 나는 15달러를 바라지 않습니다. 진화하고 난 뒤에 정원용 호스를 되돌려받으면 됩니다." 그리고 다시 이렇게 말했다. "절대 다수의 미국 국민은 미국을 위한 최선의 즉각적인 방위는 바로 영국의 방위가 성공하는 것이라는 사실을 조금도 의심하지 않습니다. 그렇기 때문에 전 세계 민주주의의 생존에 관한 중요하고도 현실적인 이해관계는 차치하고, 미국의 방위라는 아주 이기적인 관점에서 보더라도 대영제국이 자기 방위를 다하는 일에 우리가 할 수 있는 모든 도움을 제공하는 것은 동등하게 중요한 가치를 지닙니다." 그는 마지막으로 이렇게 덧붙였다.

"나는 지금 달러라는 장애를 무시하려고 합니다."

이러한 토대 위에서 그 유명한 무기대여법(Lend-lease Act)이 의회에 상정될 수 있도록 즉시 준비되었다. 훗날 나는 의회에서 그 내용을 설명하면서, "어느 국가의 역사에서도 유례를 찾아볼 수 없는 가장 깨끗한 법"이라고 표현했다. 그 법안이 일단 미국 의회를 통과하자 상황은 한순간에 바뀌었다. 우선 우리가 필요로 하는 모든 것에 관하여 대규모의 장기 계획을 자유롭게 수립할 수 있게 되었다. 법안에는 변제해야 한다는 조항이 없었다. 달러나 파운드에 대한 공식적인 회계도 필요 없었다. 히틀러 독재에 맞선 우리의 지속적인 저항이 위대한 공화국 미국에 결정적인 이익이 된다고 생각되었기 때문에 우리에게 무기 대여가 이루어진 것이었다. 루스벨트 대통령의 판단으로 미국의 무기가 가야 할 곳을 결정하는 것은 달러가 아니라 미국의 국방이었다.

★ ★ ★ ★ ★

필립 로디언이 우리 곁을 떠난 것은 그의 공적 경력에서도 가장 중요한 시기였던 바로 그때였다. 그는 워싱턴으로 돌아간 지 얼마 되지 않아 갑자기 중병에 걸렸다. 그는 마지막 순간까지 쉬지 않고 일했다. 12월 12일, 성공의 절정에 있을 때 그는 숨을 거두었다. 그의 죽음은 국가로 보나 국가의 목적에서 보나 큰 손실이었다. 대서양의 양쪽에서 모두 그를 애도했다. 보름 전까지만 하더라도 그렇게 밀접한 접촉을 가졌던 나에게 큰 충격이 아닐 수 없었다. 내가 하원에서 조의를 표했을 때, 의원들은 다함께 그의 업적을 기렸다.

나는 즉시 로디언의 후임을 결정해야 했다. 당시 우리와 미국의 관계로 보면 주미 대사는 국내의 최고 인물이어야 할 뿐만 아니라 세계 정치의 모든 면에 정통한 정치인일 필요가 있었다. 루스벨트 대통령에게 이의가 없음을 확인한 뒤에, 로이드 조지에게 그 자리를 맡아줄 것을 요청했다. 그는 이미 7월에 전쟁내각에 참여해달라는 내 제의를 받아들이지 않았으며, 영국의 정치를 그다지 달가워하지 않았다. 전쟁과 그 전쟁에 이르기까지의 모든 사태에 대한 시각도 나와 달랐다. 그러나 그는 영국 최고의 시민이며, 그의 무비의 재능과 경험으로 모든 사명을 성공적으로 수행할 수 있으리라는 점에 대해서는 의심의 여지가 없었다. 나는 그를 만나 각의실에서 하루 종일 이야기를 나누었으며, 그 다음날에도 점심식사를 함께 했다. 그는 나의 제안에 진심으로 기뻐했다. "영광스럽게도 수상께서 직접 제의하셨다고 제 친구들에게 자랑할 것입니다." 그러나 그는 이미 77세의 나이로, 그와 같은 힘든 일을 수행할 수 없으리라는 것이 확실해 보였다. 긴 시간 동안 이야기를 나눈 결과, 내가 전쟁내각에 참여해달라는 요청을 한 뒤 몇 개월 사이에 그가 부쩍 더 노쇠했다는 사실을 알게 되었다. 아주 유감스러운 일이었으나, 도저히 불가능하다는 판단 아래 나는 그 계획을 포기할 수밖에 없었다.

그 다음으로 핼리팩스 경에게 눈을 돌렸다. 보수당 내에서 그의 명성은 확고했으며, 외무부에 들어가서 더욱 높아졌다. 외무부 장관이 대사가 된다는 것은 전례가 없는 일로, 그만큼 그 임무가 얼마나 중요한가를 말해주는 것이었다. 그의 고매한 인품은 여러 방면에서 존경의 대상이 되었다. 그렇지만 그와 동시에 전쟁 발발 이전 몇 년 동안의 이력과 사태의 동향 때문에 거국일치내각의 노동당 측으로부터는 반대를 넘어서서 적의마저 사고 있었다. 그 점에 대해서는 스스로 인식하고 있었다.

내가 미국 대사직을 제안했을 때, 개인적으로는 결코 영전이라고 할 수 없었음에도 불구하고 그는 자신이 가장 쓸모 있다고 판단되는 곳이라면 어디서든 봉사하겠노라고 간결하면서도 위엄 있게 말하고서 받아들였다. 나는 그가 맡은 책임의 중요성을 강조하는 의미에서 그가 귀국할 때는 언제나 전쟁내각의 각료로서 참여할 수 있도록 조정했다. 그러한 조정의 결과는 그 인물의 능력과 경험 덕택에 아무런 문제를 불러일으키지 않았다. 그로부터 6년 동안, 핼리팩스는 거국일치 내각은 물론 노동당 내각에서도 돋보이는 존재로 점점 더 큰 영향력을 행사하며 성공리에 주미 대사의 임무를 수행했다.

루스벨트 대통령과 헐 그리고 워싱턴의 고위 관리들은 핼리팩스 경의 임명을 매우 환영했다. 대통령은 내가 제안한 첫 번째 인물보다 핼리팩스를 훨씬 더 반겼다는 사실을 즉시 알 수 있었다. 새 주미 대사의 임명은 영미 양국에서 호평을 받았으며, 사태의 국면을 고려할 때 여러 면에서 적절한 인사로 평가되었다.

★ ★ ★ ★ ★

외무부의 빈자리를 누구로 채울 것인가에 대해서는 조금도 망설일 필요가 없었다. 지금까지 쓴 것처럼, 지난 4년 동안 나는 모든 중요한 문제를 앤서니 이든과 긴밀하게 의논해왔다. 1938년 봄에 이든이 체임벌린과 결별했을 때, 나의 우려와 감정에 대해서는 이미 밝힌 바가 있다. 그와 나는 뮌헨 문제에 관한 표결 때 함께 기권했다. 그 음산했던 겨울, 우리의 선거구에서 당이 가했던 압력에 우리는 함께 저항했다. 전쟁이 발발했을 때 가졌던 생각이나 감정은 동일했으며, 전쟁이 진행되는 동안에는 동료로서 함께 대응했다. 이든은 공직 생활의 대부분을 외교 문제의 연구에 헌신했다. 그는 외무부 장관으로서 뛰어난 업적을 남겼으며, 42세의 나이로 사임했을 당시의 이유는 돌이켜보면 당파를 초월하여 모든 사람이 수긍할 수밖에 없는 것이었다. 끔찍했던 시기에 육군부 장관의 역할을 훌륭히 수행했고, 육군의 문제를 처리하면서 우리 사이는 더욱 견고해졌다. 매일 일어나는 현실의 문제에 관하여 그와 나는 사전에 의논하지 않더라도 언제나 같은 생각이었다. 따라서 나는 수상과 외무부 장관으로서 흔쾌하고 거리낌 없는 그와의 동지 관계를 기대할 수 있었고, 그러한 기대는 그 이후 전쟁 정책으로 계속된 4년 반의 세월 동안 완전히 충족되었다. 이든은 긴장과 흥분 속에서 일에 몰두하고 있던 육군부를 떠나는 것을 아쉬워했다. 그러나 마치 옛 집으로 돌아오듯이 외무부로 복귀했다.

행기와 대공포로 섬을 무장시켜야 한다고 생각했다. 전쟁과 관련한 바로 그러한 부분에 대하여 나는 여름과 가을을 거치면서 줄곧 해군부와 우호적이면서도 격렬한 토론을 벌이는 데 몰두했다.

그러나 나는 해군부를 설득하여 기갑부대를, 아니면 최소한 탱크만이라도 지중해를 통해 보내려고 했으나, 실패했다. 모든 호송은 계속 희망봉을 돌아가는 항로를 이용했다.

나는 상심했을 뿐만 아니라 괴로웠다. 실제로 이집트에서는 아무런 심각한 일도 일어나지 않았다. 이탈리아 공군이 버티고 있었음에도 불구하고 우리가 주도권을 쥐고 있었으며, 몰타는 본국과 아프리카의 부대 사이의 이탈리아 연락망에 대한 공격작전을 위한 전진 기지로서 최전면에서 기능을 발휘했다.

★ ★ ★ ★ ★

이탈리아의 이집트 침공에 관한 우리의 불안은 당시 이탈리아군을 지휘했던 그라치아니 원수의 불안에 비하면 아무것도 아니었다는 사실이 오늘날 드러났다. 공격 개시일 며칠 전에 그라치아니는 1개월의 연기를 요청했다. 무솔리니는 월요일에 공격을 시작하지 않으면 지휘관을 교체하겠노라고 대답했다. 그라치아니는 명령에 따르겠다며 물러섰다. 치아노는 이렇게 기록하고 있다. "이 정도로까지 지휘관의 의사에 반하여 군사 작전이 수행된 일은 결코 없었다."

9월 13일, 이탈리아 주력군은 마침내 이집트 국경을 넘어 그토록 오랫동안 기다려왔던 공격을 감행했다. 병력의 규모는 보병 6개 사단과 탱크 8개 대대였다. 거기에 맞선 우리 전력은 보병 3개 대대, 탱크 1개 대대, 포병 3개 중대, 장갑차 2개 중대였다. 아군은 싸우면서 계속 후퇴하라는 명령을 받았는데, 사막에 익숙한 우리 부대의 성격에 맞는 작전이었다. 이탈리아군의 공격은 국경 마을 솔룸 부근에서 엄청난 집중포화를 퍼부으면서 시작되었다. 먼지와 연기가 가라앉고 난 뒤 드러난 이탈리아군 진영의 모습은 놀라울 정도로 잘 정돈된 상태였다. 앞쪽에는 모터사이클 부대가 전후좌우로 바둑판 진용을 갖추었고, 뒤쪽에는 경전차와 기동부대 차량이 줄지어 있었다. 어느 영국군 대령은 그 광경을 "올더숏[영국 남부의 군사 도시/역주]의 롱밸리에서의 생일 파티" 같다고 했다. 그 압도적인 적의 대열에 맞선 우리의 제3콜드스트림 수비대는 느린 속도로 후퇴했고, 그 사이에 우리 포대는 눈앞에 나타난 풍부한 표적들을 처리했다.

남쪽 멀리에서는 적군의 2개 부대의 대형 행렬이 바다와 나란히 달리는 긴 산등성이의 남쪽 사막을 건너 이동했다. 그 산맥을 넘을 수 있는 유일한 통로는 할파야, 즉 "헬파이어 패스"였는데, 그 고갯길은 훗날 전투에서 일익을 담당하게 된다. 이탈리아군의 각 부대는 수백 대의 수송 차량과 탱크 그리고 대전차포를 갖추었는데, 전면에는 포병, 중앙에는 트럭 보병 부대가 포진하고 있었다. 여러 차례 시도한 바가 있는 적군의 그러한 진형을 우리는 "고슴도치(Hedgehog)"라고 불렀다. 그 대군을 앞에 두고 우리는 후퇴했는데, 도중에 기회가 있을 때마다 괴롭히는 방법으로 적군의 이동을 비정상적으로 지체시켰다. 훗날 그라치아니는 마지막 순간에 사막을 포위하려던 군사 행동 계획을 변경하여 "시디 바라니에 이르는 해안을 따라 전격 작전을 펼치도록 전 병력을 왼편으로 집중시키기로" 결심했다고 밝혔다. 그에 따라 이탈리아 대군은 나란히 2열 행렬을 이루어 해안 도로를 따라 느린 속도로 움직였다. 그는 보병을 태운 트럭을 50대씩 전면에 배치하여 파상적으로 공격하게 했다. 콜드스트림 수비대는 나흘 동안에 걸쳐 적에게 심각한 타격을 주면서 솔룸을 떠나 적절한 순간에 교묘하게 뒤로 물러났다.

17일, 이탈리아군은 시디 바라니에 도착했다. 우리의 손실은 40명의 사상자를 낸 것이 전부였는데, 적군의 손실은 그 열 배가 되었을 뿐만 아니라 150대의 차량이 파괴되었다. 통신망을 100킬로미터 가량 확장한 이탈리아군은 그곳에서 3개월을 보내기 위해서 자리를 잡았다. 그러는 동안에도 계속 우리의 소기동부대로부터 공격을 당하여 보급 유지에 큰 어려움을 겪었다. 무솔리니는 초반에는 "기쁨에 넘쳐" 있었다. 그러나 시간이 흐름에 따라서 그의 만족도는 점점 더 줄어들었다. 런던에서 우리가 관측하기로는, 우리보다 훨씬 더 많은 이탈리아군이 2, 3개월 이내에 다시 삼각주 지역을 확보하기 위하여 진군할 것이 틀림없었다. 게다가 언제든지 독일군이 출현할 것이라는 위험이 도사리고 있지 않았던가! 따라서 그라치아니의 지휘 아래 진군한 뒤의 정지 상태가 오래 계속되리라고 기대할 수는 없었다. 메르사 마트루에서 본격적인 접전이 벌어질 것으로 예상되었다. 그렇게 하여 몇 주일을 보냄으로써, 우리의 소중한 탱크를 실은 선박이 우리에게 약점이 되었던 희망봉 우회 시간을 벌어줄 수 있었다.

지금 와서 그때의 나의 모든 걱정거리를 뒤돌아보면, 일생 동안 갖가지 일들로 노심초사한 노인이 고통 끝에 죽음의 순간을 맞아 회고해보니 실제로 일어난 일은 하나도 없더라는 이야기가 떠오른다. 1940년 9월의 나의 하루하루가 바로 그러했다. 독일은 영국 본토에서 벌인 공중전에서 패퇴했다. 바다를 건너 영국 땅을 침공하는 방법은 시도조차 하지 못했다. 실제로 당시의 히틀러는 야욕의 눈길을 동쪽으로 돌린 뒤였다. 이탈리아는 이집트 공격을 밀어붙이지 못했다. 멀리 희망봉을 경유한 우리 기갑여단은 정작 9월의 메르사 마트루 방위 전투가 아니라 그 뒤의 보다 손쉬운 작전에 시간을 맞추어 도착했다. 우리는 몰타에 집중적인 공습이 있기 전에 방어를 강화할 수 있었고, 요새화한 섬에 누구도 감히 상륙하려는 시도는 하지 않았다. 그렇게 9월이 지나갔다.

★ ★ ★ ★ ★

전혀 예상하지 않았던 것은 아니지만, 무솔리니의 갑작스러운 폭거가 지중해에서 일어났다. 그로 인한 온갖 문제와 결과의 파급 효과는 우리에게 괴로운 것이었다.

이탈리아의 독재자가 그리스 공격을 최종적으로 결심한 것은 1940년 10월 15일이었고, 아테네 주재 이탈리아 공사가 그리스 수상 메타크사스 장군에게 최후통첩을 전달한 것은 28일 동이 트기 전이었다. 무솔리니는 그리스 국토 전체를 이탈리아군에 개방하라고 요구했다. 같은 시간에 알바니아에 주둔하고 있던 이탈리아군이 여러 지점을 통하여 그리스를 침입했다. 당연히 국경에 전력을 배치해두었던 그리스 정부는 최후통첩을 거부했다. 그리고 그리스는 1939년 4월 13일자로 체임벌린이 약속한 보장을 이행해달라는 청원을 해왔다. 우리는 그 청원을 존중해야 했다. 전쟁내각의 조언에 따라서, 동시에 자신의 뜻에 따라서 영국 국왕은 그리스 국왕에게 이렇게 회신했다. "귀국의 목적은 우리의 목적과 동일합니다. 공동의 적에게 대항하여 싸울 것입니다." 메타크사스 장군의 호소에 대하여 나는 이렇게 대답했다. "우리는 가능한 한 모든 지원을 다할 것입니다. 우리는 공동의 적과 싸워 그리스와 함께 승리의 기쁨을 나눌 것입니다." 그 약속은 기나긴 사연을 남기며 이행되었다.

약간의 전투기, 영국의 특명부대 그리고 흔적만 남길 정도의 소규모 부대 외에는 우리가 그리스에 보내줄 수 있는 것이 없었다. 그 보잘것없는 것조차 이미 리비아에서 점화된 작전에서 출혈을 감수하고 차출하지 않으면 안 되었다. 그때 번쩍하고 우리 머릿속에 떠오른 극히 중요한 전략적 실체 하나는 크레타였다! 그 섬을 이탈리아군에게 넘겨주어서는 안 되었다. 우리가 먼저 크레타를 차지해야만 했다. 그것도 즉시 착수해야 했다. 마침 다행스럽게도 이든이 중동에 머물고 있었기 때문에, 나는 현지의 그 동료 각료와 의논할 수가 있게 되었다. 이든에게 카이로로 가라는 전문을 쳤다. 며칠 뒤 그리스 정부의 요청에 따라 수다 만은 영국군이 점령하게 되었다.

수다 만에서 벌어진 일은 비극적이었다. 비극은 1941년에 일어났다. 당시에 나는 그 어느 국가의 그 어떤 공인보다 전쟁 수행에 관한 직접적 권한을 가지고 있었다. 내가 가진 지식, 전쟁내각의 충실하고 적극적인 지원, 동료 각료들의 충성, 증가일로에 있던 전쟁 기능의 효율성, 그 모든 것에 의해서 나는 우리의 입헌적 권위를 성취하기 위한 힘을 한 곳에 집중할 수 있었다. 그러나 중동사령부에서 수행할 수 있었던 것은 우리가 명령하고 열망했던 것과는 한참 동떨어진 수준에 그치는 것이었다! 인간 행동의 한계를 이해하기 위해서는, 동시에 얼마나 많은 방면에서 사건들이 진행되고 있었는가를 기억하지 않으면 안 된다. 그럼에도 불구하고 나는 섬 전체가 요새화되어 있던 크레타의 수다 만을 수륙양용의 요충지로 만드는 일이 수포로 돌아간 일에 크게 충격을 받았다.

★ ★ ★ ★ ★

알바니아에서 출동한 이탈리아군의 그리스 침공은 무솔리니에게 또 하나의 좌절을 안겨주었다. 최초의 공격은 큰 손실을 입고 격퇴당했는데, 그리스는 즉시 반격했다. 파파고스 장군이 이끄는 그리스군은 산악 전투에서 탁월한 기량을 보이며 적군의 의표를 찔렀다. 대단한 힘을 발휘한 그리스군에 의하여 연말이 되면 이탈리아군은 알바니아의 국경 전체 구간에서 50킬로미터 바깥으로 쫓겨났다. 그리스군 16개 사단이 27개의 이탈리아군 사단을 수개월 동안 알바니아에 붙잡아두고 꼼짝 못하게 만들었다. 그리스의 놀라운 항전은 발칸의 모든 국가에게 용기를 주었으며, 무솔리니의 위신은 땅에 떨어졌다.

더 해야 할 이야기가 있다. 이든은 9월 8일 귀국했는데, 그날 저녁 일상사가 된 적의 공습이 시작된 뒤에 나를 찾아왔다. 그는 철저히 보안을 지킨 비밀을 하나를 가져왔는데, 그것은 무엇보다 내가 일찍이 알고 싶어했던 내용이었다. 그러나 그때 알게 되었다고 해서 늦은 것은 아니었다. 이든은 딜 육군참모총장과 이즈메이 장군을 포함한 주요 인사들 앞에서 웨이벌과 윌슨 두 장군이 고안하고 작성한 공격 계획에 관한 아주 구체적인 내용을 설명했다. 우리는 더 이상 이미 구축해놓은 메르사 마트루의 전선에서 이탈리아의 공격을 기다리지 않아도 되었다. 오직 방어하기 위하여 그렇게 오랜 시간 동안 우리가 온갖 기교를 부리며 기다렸던 것은 바로 적군의 공격이었던가? 이제 반대로, 한두 달 안에 우리가 먼저 공격한다는 것이었다.

우리는 모두 크게 만족해했다. 나는 더 말할 나위가 없었다. 그것은 해볼 만한 가치가 있는 일이었다. 3군 참모총장들과 전쟁내각의 동의를 조건으로 즉시 필요한 행정적 조치와 모든 지원을 동원하기로 하고, 그 계획은 바로 그 자리에서 결정되었다. 일정한 절차를 거쳐 그 계획이 전쟁내각에 제출되었다. 나는 그 계획에 대해서 설명할 준비가 되어 있었지만, 다른 사람이 설명해도 좋다고 생각했다. 그러나 현지의 장군들과 3군 참모총장들이 나와 이든의 의견에 전적으로 동의한다는 말을 들은 동료 각료들이, 그 계획의 세부 사항을 알기를 원하지 않았을 뿐만 아니라 그것은 소수의 사람만이 알고 있는 편이 더 나으며 우리의 공격 방침에 전적으로 찬성한다고 밝혔다. 전쟁내각은 중요한 순간에 여러 차례 비슷한 태도를 보였다. 내가 그러한 점에 대하여 굳이 여기 기록해두고자 하는 이유는, 훗날에도 그와 유사한 위험이나 곤경에 처할 경우 전쟁내각의 태도가 모범이 될 수 있으리라고 생각하기 때문이다.

★ ★ ★ ★ ★

여전히 우리 함대는 문서상으로 수에서 이탈리아 함대를 앞섰지만, 특히 지중해에서 우리의 전력은 더욱 증강되었다. 9월 중에 밸리언트, 장갑 갑판의 항공모함 일러스트리어스 그리고 두 척의 대공(對空)순양함이 지중해를 통과하여 안전하게 알렉산드리아의 커닝엄 제독 휘하에 소속되었다. 그때까지 커닝엄 휘하의 군함들은 강력한 이탈리아 공군에 의해서 항상 소재를 탐지당했으며 자주 폭격당했다. 그런데 현대식 전투기와 최신형 레이더를

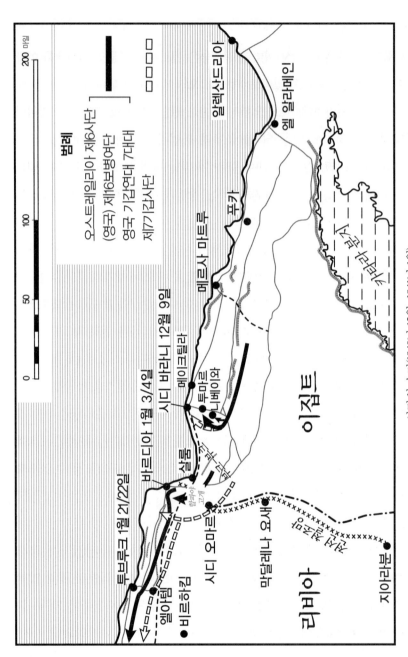

시디 바라니 승리(1940년 12월–1941년 1월)

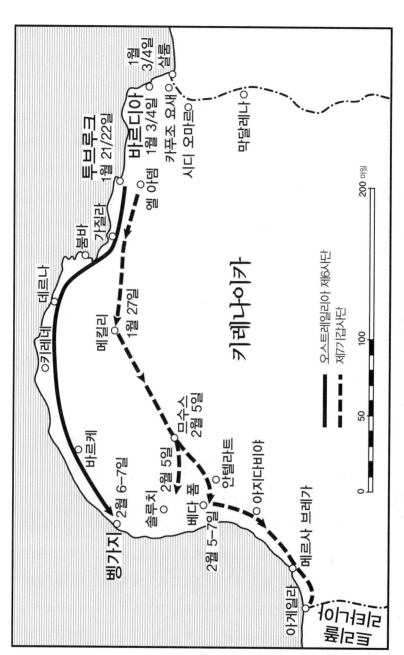

트리폴리타니아

키레나이카

투브루크로부터의 진격

오스트레일리아 제6사단
제7기갑사단

0	50	100	200 마일	

주요 지명:
벵가지 2월 6~7일
바르케
솔루치 2월 5일
베다 폼 2월 5일
안텔라트 2월 5~7일
아지다비아
메르사 브레가
아게일라

메칠리 1월 27일
데르나
키레네
바르디아 1월 3/4일
투브루크 1월 21/22일
봄바
가질라
엘 아뎀
무수스 2월 5일
카푸초 요새 1월 3/4일
솔룸 1월 3/4일
시디 오마르
막달레나

탑재한 일러스트리어스가 적군의 초계기와 공습기를 격추시킴으로써 우리 함대의 작전 기밀을 지키게 되었다. 이제 우리는 아주 적절한 시기에 유리한 위치에 서게 되었던 것이다.

커닝엄 제독은 이탈리아 함대가 타란토의 주기지에 정박하고 있을 때 일격을 가하고 싶어 오랫동안 노심초사했다. 공격은 집중적으로 잘 정비된 일련의 작전 계획의 클라이맥스였고, 11월 11일에 단행되었다. 타란토는 몰타에서 510킬로미터 떨어진 이탈리아 반도의 발뒤꿈치에 위치한 도시이다. 그 굉장한 항구는 모든 형식의 근대적 공격에 대한 방위 시설을 충실하게 갖추고 있었다. 고속 정찰기 몇 기가 몰타에 도착한 덕분에 우리는 목표물의 소재를 확인할 수 있었다. 일몰 직후 일러스트리어스 호는 타란토에서 270킬로미터 떨어진 지점에서 전투기를 출격시켰다. 전투는 이탈리아 군함들이 불붙고 파괴되는 가운데 한 시간 동안 이어졌다. 적군의 엄청난 대공 포화에도 불구하고 아군기는 두 기만 격추되었을 뿐이었다. 나머지 전투기는 모두 무사히 귀환했다.

그 한 차례의 공격으로 지중해에서 해군력의 균형은 결정적으로 바뀌었다. 항공사진 판독에 따르면, 적군의 새 전함 리토리오를 포함한 세 척의 전함이 공뢰에 맞았다. 순양함 한 척도 명중되었으며, 항만 시설도 크게 파손되었다는 보고도 들어왔다. 이탈리아 전투함대의 절반이 최소한 6개월 동안 움직일 수 없는 상태가 된 것이다. 우리 함대의 공군은 눈앞에 나타난 보기 드문 기회를 잘 포착하여 용감하게 활약했고, 그 결과에 만족해했다.

그런데 마침 바로 그날 무솔리니의 특별한 희망에 따라 이탈리아 공군이 영국 본토 공습에 참여했다는 사실은 아이러니컬한 묘미를 더해주었다. 거의 전투기 60기의 호위 속에 출격한 이탈리아 폭격기 부대는 메드웨이 강에서 연합국 호송선단에 대한 공습을 시도했다. 그러나 우리 전투기가 재빠르게 공격하여 적군의 폭격기 8기와 전투기 5기를 격추시켰다. 그것이 이탈리아 공군의 우리 본토에 대한 처음이자 마지막 개입이었다. 그 전력은 차라리 타란토의 자국 함대를 지키는 데에 사용하는 편이 나았을 것이다.

★ ★ ★ ★ ★

1개월 남짓 우리의 사막 작전에 참여할 모든 부대는 극도로 복잡한 공격 행동에서 각자가 맡아야 하는 특수 역할을 연습했다. 극소수의 장교만이 계획의 전체를 알고 있었을 뿐이며, 실제로 문서화된 내용은 아무것도 없었다. 12월 6일, 구릿빛 피부에 사막에서 단련된 강마른 병사 2만5,000명으로 구성된 완전한 기계화부대는 60킬로미터 이상을 전진한 뒤, 그 다음날 하루 종일 이탈리아 공군기의 눈에 띄지 않기 위하여 모래 위에 드러누워 미동도 하지 않았다. 12월 8일에 다시 전방으로 진군했는데, 그날 저녁에야 병사들은 그것이 사막 훈련이 아니라 "실제 상황"이라는 사실을 처음으로 통보받았다. 그리고 9일 새벽, 시디 바라니 전투가 시작되었다.

전투가 개시된 뒤 나흘 동안 요크셔 정도 면적의 지역에서 벌어진 복잡하게 분산되어 이루어진 전투에 관하여 나는 상세하게 묘사할 생각은 없다. 모든 상황은 순조롭게 진행되었다. 전투는 10일 하루 종일 계속되었는데, 10시 정각에 콜드스트림 여단 사령부에서 포로의 수가 너무 많아 헤아릴 수가 없다고 보고해왔다. 대신 포로들 중 "장교는 대략 2만 제곱미터, 사병은 80만 제곱미터 정도"라고 표현했다. 본국의 다우닝 가에 있는 나에게도 시시각각 전황이 보고되었다. 상황이 어떠한지 정확하게 알기는 어려웠지만, 우리에게 유리하게 변해간다는 것 정도는 알 수 있었다. 나는 제7기갑사단의 한 젊은 장교가 탱크 안에서 보낸 "부크부크의 두 번째 B 지점에 도착함"이란 전문을 읽고 가슴이 뭉클했던 기억을 가지고 있다. 시디바라니는 10일 오후에 점령되었다. 그리고 12월 15일, 이집트에서 이탈리아군을 모두 몰아내었다.

그 다음 우리의 목표는 바르디아였다. 약 270킬로미터 이내의 그 지역

일대에는 4개 이상의 이탈리아군 사단 병력이 있었다. 그곳의 방어망은 연속하는 대전차호와 철조망으로 구축되었고, 띄엄띄엄 콘크리트 토치카가 설치되어 있었다. 바로 그 배후에 제2의 요새선이 있었다. 그 막강한 요새를 강화하려면 준비가 필요했다. 그리고 그 사막에서 거둔 승리의 이야기를 완결하려면 새해까지 넘어가야만 한다. 공격은 1월 3일 이른 아침에 시작했다. 강력한 포병부대의 집중 엄호 아래 오스트레일리아군 1개 대대가 서쪽 지역의 거점을 점령하여 확보했다. 그리고 공병대가 대전차호를 메워버렸다. 오스트레일리아군 2개 여단은 공격을 계속하여 동쪽과 동남쪽 방향으로 맹렬히 진격했다. 당시 오스트레일리아 병사들은 미국 영화에 나오는 노래를 불렀는데, 얼마 뒤 영국에서도 유행했다.

> 우리는 마법사를 보러 간다네
> 놀라운 오즈의 마법사.
> 마법사 중의 마법사라고들 하지
> 마법사가 있기만 하다면.

그 노래의 선율은 들떠 있던 그 시절의 분위기를 떠오르게 한다. 4일 오후, "마틸다"라는 이름이 붙은 영국군 탱크가 보병의 지원을 받아 바르디아로 진입했다. 5일, 방어하던 모든 병력이 항복했다. 생포한 포로가 4만5,000명이었고, 노획한 포가 462문이었다.

다음날인 1월 6일, 투브루크를 완전히 고립시켰다. 공격은 1월 21일에야 개시했는데, 그 이튿날 아침 모든 저항이 멈추었다. 포로는 거의 3만 명에 육박했고, 우리 수중에 들어온 포도 236문이나 되었다. 사막 부대는 6주일 만에 식수나 음식의 보급 없이 300킬로미터를 전진했고, 바다와 하늘에 영구적 방어 시설을 갖추어 요새화된 두 개의 항구를 급습하여 점령함으로써,

11만3,000명의 포로를 생포하고 700문 이상의 포를 노획했다. 이집트를 침공하여 정복하려고 했던 이탈리아 대군은 더 이상 군사 세력으로서의 존재가치를 상실한 지경에 이르렀고, 오직 수습할 수 없는 기나긴 거리와 보급의 어려움만이 영국군의 끝없는 서진의 속도를 지체시키고 있었을 뿐이다.

그해 연말 가까이 되어서야 국면의 명암이 선명하게 드러났다. 우리는 살아 있었다. 우리는 독일 공군을 물리쳤다. 아무도 영국 섬 본토를 침입하지 못했다. 본토방위군은 막강한 전력을 갖추었다. 온갖 시련을 겪었지만 런던은 자랑스럽게 우뚝 서 있었다. 영국 본토 상공의 제공권에 관련된 모든 조치가 신속하게 수행되었다. 모스크바의 지령에 복종하는 공산주의자들은 자본주의 전쟁이니 제국주의 전쟁이니 하면서 중상모략을 일삼았다. 그러나 공장은 활발히 가동했고, 되찾은 안도감과 자부심의 물결로 고양된 영국 국민은 밤낮 없이 맡은 업에 종사하며 땀을 흘렸다. 승리의 불꽃은 리비아의 사막에서 솟아올랐고, 대서양 건너편의 위대한 공화국은 자국의 의무 이행과 우리에 대한 원조 수행에 한 걸음 더 다가섰다.

우리는 그 무시무시했던 한 해를 영국과 영연방 역사상 가장 두려웠던 해이자 가장 빛나는 해로 삼아도 좋을 것이다. 스페인 무적함대를 격파한 것은 위대한 기묘한 조직의 잉글랜드였다. 루이 14세에 대항하여 윌리엄 3세와 말버러 공작이 25년 동안 전쟁을 수행할 수 있었던 것은 타오르는 불꽃처럼 강렬한 신념과 결단의 힘에 의해서였다. 채텀[윌리엄 피트, 곧 대 피트(1706-1778). 채텀 백작의 작위를 받았다/역주]의 유명한 시절도 있었다. 나폴레옹과 격돌한 그 길고 길었던 전쟁에서 우리의 생존을 확보했던 것은 넬슨과 그의 동료들이 발휘한 탁월한 영도력에 의해서 장악한 해상 지배권이었다. 제1차 세계대전에서는 100만 명의 영국인이 목숨을 잃었다. 그러나 그것도 1940년을 능가하지는 못했다. 그해 말, 이 작고 유구한 역사의 섬은 여러 하늘 아래 흩어져 있는 자치령과 식민지를 포함한 충성스러운

도 있었다. 이탈리아에서 아프리카에 이르는 남북 통로를 구축하려는 독일의 계획은 의심할 여지가 없었는데, 그렇게 된다면 지중해의 동서쪽으로 우리가 이동하는 일은 어렵게 될 터였다.

그러한 상황의 끝에 이르러 이제 그리스와 터키를 포함한 발칸 국가들을 히틀러 제국 안으로 끌어들이려는 위협이 드러났는데, 순순히 응하지 않을 경우에는 점령해버릴 조짐을 보였다. 우리가 이미 노르웨이, 덴마크, 네덜란드, 벨기에, 프랑스에서 보았듯이 똑같은 방식의 무시무시한 과정이 동남부 유럽에서 재현된다는 것인가? 그 용감한 그리스를 비롯한 발칸 국가들은 하나씩 차례로 복속되고, 고립된 터키는 독일 군대가 팔레스타인, 이집트, 이라크, 이란으로 진출하는 길을 열어줄 수밖에 없다는 것인가? 발칸이 하나로 뭉쳐 발칸 전선을 형성함으로써 그쪽 침공이 너무 비싼 대가를 치르게 되어 의미가 없다는 판단을 독일 스스로 할 기회가 없다는 것인가! 독일에 대해서 발칸이 저항함으로써 그러한 사실만으로도 소련의 진지한 협조를 이끌어낼 수 없다는 것인가? 확실히 그것은 발칸 국가들이 이해관계에 의해서 영향을 받게 되고, 더구나 감정에 의해서 그들의 계산이 영향을 받게 되는 국면이었다. 우리는 제한적이지만 점점 늘어나고 있는 자원 중에서 일부를 지원함으로써 대체로 같은 이해관계를 가진 그러한 국가들에게 활력을 불어넣어 공동의 대의를 향하게 할 수 없다는 것인가? 아니면 우리는 우리 자신의 일에 전념하여 동북부 아프리카 작전에서 성공을 거두고, 그리스와 발칸 국가들 그리고 아마도 터키까지 포함하여 중동의 나머지 지역을 파멸에 빠져들도록 내버려두어야 한다는 것인가?

그렇게 간명하게 결단을 내렸다면, 한편으로 마음은 아주 편했을 것이다. 하위직이었지만 상층부에 자신의 견해를 제시했던 장교들이 쓴 책에서 그러한 결정을 지지한 사실을 발견할 수 있다. 말할 것도 없이 그 저자들은 우리가 겪은 불행을 지적하는 데에는 나은 면이 있지만, 우리가 그 반대쪽을 선택했을 때 결과가 어떠했을지에 대해서 충분히 고려할 만한 지식은 없었다. 만약 히틀러가 전투다운 전투도 하지 않은 채 그리스를 굴복시켜 발칸 전역을 자신의 체제 속에 편입시키고 나아가서 터키로 하여금 독일 군대가 동남부로 진출하는 통로를 열 수 있도록 만들었다면, 소련과 그 광대한 지역을 정복하고 분할하는 타협을 하지 않고 히틀러 자신의 계획 후반부의 최종적이면서 불가피한 소련과의 전쟁을 미룰 수 있었을까? 또는, 그보다 더 가능성이 높은 일이겠지만, 전력이 보다 강력했던 초반에 러시아를 공격할 수도 있지 않았을까? 앞으로 전개할 몇 장에서 추적하려고 하는 주요한 문제는 영국 정부가 자신의 행동에 의하여 결정적으로 또는 상당한 정도로 동남부 유럽에서 히틀러의 움직임에 영향을 미칠 수 있었느냐 하는 것, 그리고 나아가서 영국의 행동이 먼저 러시아의 행위에, 그리고 그 다음에 러시아의 운명에 관계되는 결과를 만들 수 있었느냐 하는 것이다.

★ ★ ★ ★ ★

1월과 2월 동안 중동으로부터 좋은 소식이 계속 들어왔다. 몰타는 전력이 강화되었으며, 독일 공군이 처음으로 시칠리아를 맹렬하게 공격할 때 가까스로 살아남을 수 있었다. 이탈리아 제국의 에리트레아, 소말리랜드, 아비시니아의 정복은 완결 단계에 들어서고 있었다. 사막 부대는 두 달 동안 800킬로미터를 진군하면서 9개 이상의 이탈리아군 사단을 격파하고, 벵가지와 키레나이카를 장악했다. 그러한 승리에도 불구하고 당면한 외교적, 군사적 문제는 아주 중대하고 복잡해졌다. 웨이벌 장군에게 부과된 임무가 너무 과도하다는 판단에서, 2월 11일에 열린 국방위원회에서 외무부 장관을 카이로로 파견하고 육군참모총장 딜은 현지에서 그와 합류하도록 결정했다. 거기서 이든은 웨이벌, 딜 그리고 다른 장교들을 대동하고 그리스 국왕과 그 정부와 협의하기 위해서 아테네로 날아갔다. 회담에서 수상 코리시스는 그 이전 하루 이틀 동안 그리스 내각에서 논의한 결과를 담은 성명서를 이든에게 읽어주었다. 그 성명서의 내용은 바로 우리의 행동 기초가 되는 것이었으므로, 여기에 중요한 부분을 그대로 옮긴다. "여기서 가장 확고하게 되풀이하건대, 충실한 연합국 그리스는 최후의 승리를 쟁취할 때까지 전력을 다하여 싸우기로 결정했다. 이 결정은 이탈리아에 한하는 것이 아니라 어떠한 형태의 독일군 침략에도 적용된다.……결과가 어떠하든 그리고 그리스가 마케도니아에서 적군을 격퇴할 희망이 있든 없든, 심지어 아무 지원 없이 오직 자국의 전력에만 의존해야 하는 상황에서도, 그리스는 국토를 지킬 것이다." 그리스 정부는 우리가 지원을 할 것인지 아닌지 확인하기 이전에 이미 결정한 사실임을 명확히 밝혔다. 이든은 그들에게 우리 모두가 런던에서 중동 총사령관과 함께 만장일치로 전력을 다하여 그리스를 지원하기로 결정한 사실을 설명했다. 군사 회담 참모회의는 그 다음날까지 이틀 밤 동안 계속 진행되었고, 이든이 24일에 보낸 전문의 중요한 부분은 다음과 같았다.

논의된 주제에 대하여 그리스 대표단이 보여준 솔직함과 공정함은 우리 모두에게 인상적이었습니다. 그리스는 전력을 다해 저항할 결정을 했고, 영국 정부는 최종의 결과가 어떻든 그리스를 지원하는 방법 이외의 대안은 없다는 사실을 확인할 수 있었습니다.……우리는 모두 우리가 옳은 길을 택했다고 확신하며, 시간이 얼마 남지 않았으므로 여기에서 본국에 세부 사항을 조회하는 데 지체하지 않도록 해주시기 바랍니다. 위험은 크지만, 성공의 전망이 없는 것은 아닙니다. ……

딜과 웨이벌 두 사람의 동의하에서 보낸 그 전문을 보고, 내각은 그 제안을 전면적으로 승인하기로 결정했다.

이든은 앙고래[터키의 수도 앙카라의 옛 이름/역주]로 건너가서 터키인들과 장시간에 걸친 협의를 했다. 그의 보고 내용은 고무적인 것이 아니었다.

터키 역시 그들에게 닥친 위험을 우리와 같이 통감하고 있었다. 그러나 우리가 지원하기로 제안한 군사력이 실제 전투에서 효과적이 되기에는 불충분하다고 판단했다. 터키는 현재 공격력을 갖추고 있지 못하므로, 결함이 보충되고 최대의 전력을 갖추어 참전할 수 있을 때까지 전장의 바깥에 있는 편이 공동의 이익을 위하여 더 좋지 않을까 하는 것이 터키 자신의 생각이었다. 물론 공격을 당한다면, 터키는 참전할 것이었다. 터키가 얼마나 위험한 처지에 있는지 나는 잘 이해할 수 있었다. 전쟁 전에 체결한 조약을 상황이 바뀐 터키에 그대로 적용하는 것은 명백히 불가능했다. 1939년 전쟁이 발발하자 터키는 그들의 강력하고 용감한 양질의 군대를 즉시 동원했다. 그러나 터키 군대의 제반 조건은 제1차 세계대전 때를 기준으로 한 것이었다. 터키의 보병은 이전과 마찬가지로 훌륭했으며, 야전 포병은 겉으로는 볼 만했다. 그러나 1940년 5월 이후에 결정적인 역할을 하게 되는 최신 무기는 하나도 없었다. 공군은 형편없이 취약하고 원시적이었다. 탱크는 물론 장갑차도 없었으며, 그것을 만들고 수리할 수 있는 공장도 없었고, 운영할 수 있는 훈련된 병사나 요원도 없었다. 대공포와 대전차포도 없는 것이나 마찬가지였다. 통신부대는 아주 원시적이어서, 레이더가 무엇인지도 알지 못하는 수준이었다. 터키군의 질적 수준은 모든 근대적 발전의 경향을 조금도 반영하지 못한 상태였다.

그 반면에, 불가리아의 전력은 독일의 지원으로 1940년 전투의 결과로 프랑스와 베네룩스 3국에서 거두어들인 각종 장비를 물려받아 양적으로는 막강한 수준이었다. 따라서 독일은 상당한 양의 현대식 무기를 갖춘 동맹국을 거느리게 되었다. 우리의 입장에서는 됭게르크에서 상당한 손실을 입었으므로, 적의 침공과 영국의 도시들에 대한 전격전의 끊임없는 압박에 대처하기 위하여 본토방위군을 재건하면서 동시에 중동 전쟁을 수행해야 했기 때문에, 다른 요구에 대해서는 아주 제한적으로 지원할 수밖에 없었다. 트라키애[발칸 반도의 에게 해 북동 해안 지방/역주]의 터키군은 그러한 조건 하에서 불가리아군과 비교할 때 심각할 뿐만 아니라 거의 절망적으로 불리한 상황이었다. 거기에다 독일 공군이나 기갑부대가 일부 지원된다면, 터키는 도저히 버틸 수가 없게 될 것이었다.

계속 확대되는 전쟁의 국면에서 유일한 정책이나 희망은 유고슬라비아, 그리스, 터키의 3군을 결합하는 계획이었다. 우리는 막 그 계획을 실행에 옮기고 있는 중이었다. 초기에 우리가 그리스를 지원한 것은 무솔리니가 첫 공격을 개시했을 때, 이집트의 영국 공군 몇 개 중대를 파견하는 정도로 제한적이었다. 그 다음 국면에서 전문가 집단의 파견을 제시했으나, 적합하지 않다는 이유로 그리스로부터 거절당했다. 우리는 세 번째 국면으로 접어들었는데, 벵가지와 그 너머에 안전하고 은폐된 사막의 측면을 확보하고 이집트에 대규모 기동부대 혹은 전략 예비군을 집결시키는 일은 가능할 것 같았다.

그때까지 우리는 삼각주 지대에 대규모 전략 예비부대를 집결시키고 군대를 그리스로 보낼 계획을 수립하고 그들을 수송할 선박을 준비하는 일 이외에는 아무것도 한 것이 없었다. 그리스에 대한 대책이 실패하고 다른 사태로 인하여 상황이 바뀌더라도 우리는 대처할 수 있는 최선의 상태에 있었다. 중압감 속에서 격전을 치른 끝에 아비시니아, 소말리랜드, 에리트레아 작전을 만족스럽게 마무리할 수 있게 되었고, 이집트의 "전략 기동부대"의 전력을 실질적으로 증강시키게 된 것은 기분 좋은 일이었다. 적의 의도나 우방 또는 중립국의 반응을 추측하거나 예상하기는 불가능했지만, 우리 앞에는 여러 가지 중요한 선택지가 있는 것 같았다. 미래는 예측불허였고, 1개 사단도 출발시키지 못한 상태였지만, 그동안 단 하루도 헛되이 보내지 않고 준비는 계속 진행되었다.

제17장
대서양 전투

전쟁 기간 동안 참으로 나를 두렵게 만든 유일한 것은 바로 유보트의 위협이었다. 나는 공중전이 시작되기 전에도 독일의 침공이 실패할 것이라고 생각했다. 공중전 승리 이후, 그 전투는 우리에게 유리하게 바뀌었다. 전쟁의 참혹한 상황에서는 만족할 만한 그러한 전투였다. 그러나 이제 그 넓은 대양에서도, 더군다나 영국 섬으로 진입하는 입구에서부터 우리의 생명선이 위협을 받게 되었다. 영국 전투라고 불렀던 영광스러운 그 공중전 당시보다 더 걱정스러웠다.

나와 가장 밀접한 관계를 유지하며 접촉하던 해군부도 함께 고민에 빠졌다. 무엇보다 외부의 침략으로부터 우리의 해안을 지키고 외부 세계로 나가는 생명선을 확보해야 하는 일이 해군부의 중요한 과제였기 때문이다. 해군은 언제나 그것을 회피할 수 없는 최종의 신성한 의무로 받아들였다. 따라서 우리는 그 문제를 놓고 함께 고심했다. 그것은 치열한 전투나 빛나는 전과와는 무관한 작업이었다. 일반 국민들은 알 수도 없고 이해할 수도 없는 통계, 도형 그리고 곡선으로 표현될 뿐이었다.

유보트 전투로 인하여 감소되는 우리의 수입 물량과 선박 운항 회수는 얼마나 될 것인가? 그것은 우리의 생명을 위협할 정도의 수준에까지 이를 것인가? 그 부문에서는 어떠한 유형적 신호나 충격 같은 것은 없었다. 오직 도표 상에서만 그래프 선으로 서서히 나타나서 마침내 질식 상태에 이르는 가능성을 보여줄 뿐이었다. 침략군에 맞설 준비가 되어 있는 용감한 군대나 사막 전투를 위한 훌륭한 작전 계획과 같은 중요성도 가지지 않는 것 같았다. 음지에 속한 그 분야의 열렬하고 충성스러운 노력은 평가조차 받지 못했다. 대양을 건너 신세계와 영연방 자치령으로부터 식량과 각종 보급품 그리고 무기가 도착하지 않으면, 모든 노력은 허사가 될 것이었다. 됭케르크에서 보르도에 이르는 프랑스 해안 전역을 장악한 독일군은 지체 없이 점령 지역에 유보트 기지와 공동 작전에 필요한 비행장을 건설했다. 7월 이후 우리의 선박은 전투기 배치가 거부된 아일랜드의 남쪽 접근로를 이용하지 못하게 되었다. 모든 선박은 북아일랜드 쪽으로 돌아와야 했다. 다행히도 얼스터[아일랜드 북부 지방 일부와 북아일랜드/역주]가 우리의 충실한 초소 역할을 했다. 머지 강[더비 주에서 발원하여 서쪽 아일랜드 해로 들어가는 강/역주] 클라이드 강[스코틀랜드 남서부를 흘러 아일랜드 해로 들어가는 강/역주]은 우리의 숨통을 틔워주는 허파였다. 동쪽 해안과 영국해협에서는 날로 증가하는 공습과 이보트* 그리고 기뢰 공격에도 불구하고 작은 선박들이 계속 항해했으며, 따라서 포스 만[스코틀랜드 동남부의 만/역주]과 런던 사이의 항로는 거의 매일 호송선단으로 붐볐다.

1940년 7월부터 1941년 7월 사이의 12개월 동안 우리의 상선이 입은 손실은 그 어느 때보다 심각했다. 바로 대서양의 영국 전투에서 우리가 이겼다고 주장할 수 있는 그 시기에 일어난 일이었다. 주말이었던 1940년 9월 22일의 상황은 개전 이래 최악이었는데, 1917년의 같은 기간 동안 우리가 당했던 것보다 훨씬 더 많은 선박이 침몰했다. 압박감은 점점 더 증가했고, 선박의 손실은 건조 물량을 훨씬 더 상회했다. 미국의 방대한 자원의 가동은 너무 느렸다. 1940년 봄 노르웨이, 덴마크 그리고 저지대 국가의 붕괴 후에 계속되었던 것과 같은 수많은 선박이 우리의 수중에 들어오는 행운을

---

* 이보트(E-boat)는 영국의 "경연안주정(輕沿岸舟艇)"에 해당하는 독일 고속 어뢰정.

기대하기는 어려웠다. 핼리팩스 호송선단에 속한 다수의 선박을 포함하여 27척이, 10월에 들어서서는 다른 대서양 호송선단 34척 중 20척이 모두 유보트에 의해서 격침되었다. 11월과 12월이 다가오면서 머지와 클라이드의 두 강의 어귀는 전쟁의 다른 어떠한 요소보다 결정적으로 더 중요한 요소로 부각되었다. 그 무렵 우리는 데 벌레라*가 통치하는 아일랜드를 급습했고 최신 무기의 위력에 의해서 남쪽의 여러 항구를 되찾을 수 있었다. 그러한 성과는 오직 자기 보존의 노력에 의해서만 가능할 뿐이라고 나는 누누이 강조했다. 그러나 그런 강력한 조치를 동원하여도 약간의 도움이 될 정도였다. 유일하고 확실한 해결책은 머지 강과 클라이드 강의 하구를 자유롭게 이용할 수 있도록 확보하는 것이었다. 매일 만나더라도 잘 알지 못하면 서로 눈여겨 살펴보지 않는 법이다. 바다 속 깊숙한 곳에 들어간 잠수부는 매 순간 산소 공급기에 목숨을 맡겨놓게 된다. 그런데 상어 떼가 나타나서 산소를 공급하는 관을 물어뜯고 있다면, 어떻겠는가? 더군다나 수면 위로 끌어올려질 가능성이 없는 상황이라면! 우리에게는 수면 위가 없었다. 비좁은 섬나라에 4,600만 명의 잠수부가 전 세계에 걸쳐 전개되고 있는 전쟁의 엄청난 과업을 수행하는 중이었고, 그 섬은 자연의 섭리에 의해서 장중하게 해저에 닻을 내리고 있었다. 상어 떼는 산소 공급관을 어떻게 할 것인가? 잠수부는 상어 떼를 어떻게 막아내고 격퇴할 수 있는가?

유보트의 공격과 관련해서는 다른 측면이 있었다. 초기에 해군부는 당연하게도 선박의 안전한 입항을 첫 번째로 생각하고, 침몰 선박 수를 최소화함으로써 성공 여부를 판단했다. 그러나 그것은 더 이상 성공의 척도가 될 수 없었다. 국가의 생존과 전쟁 수행을 위한 노력은 안전하게 양륙되는 수입 물량에 달려 있다는 사실을 깨달았다. 프랑스에서의 전투가 한창이던

---

* 아일랜드 독립 운동을 지지했던 데 벌레라는 대통령에 취임한 뒤 영국의 식민 통치에 체계적으로 저항하여 새 헌법 제정과 함께 영국의 해군 기지를 폐쇄한 바 있었다/역주

6월 8일, 한 주일에 우리의 항구를 통해 들어온 물량은 석유를 제외하고 125만 톤이었다. 그것을 정점으로 수입량은 하락하기 시작했는데, 7월 말에 이르러서는 주일당 75만 톤에 못 미쳤다. 8월에 꽤 개선되었음에도 불구하고 주일별 평균치는 다시 감소했고, 그 해의 마지막 3개월 동안에는 80만 톤을 넘지 못했다. 나는 점점 더 그 불길한 수입 물량의 감소에 관심을 가지지 않을 수가 없게 되었다. 1941년 2월 중순, 나는 해군장관에게 메모를 보냈다. "1월 중 화물을 적재하여 입항한 선박 수가 작년 같은 기간의 절반 이하임."

호송선단, 항로 전환, 소자(消磁), 기뢰 제거, 지중해 항로 회피 등과 같은 아주 광범위하고 치밀한 우리의 보호 조치로 인하여 선박의 항행은 시간과 거리가 모두 늘어나게 되었고, 폭격과 등화관제로 인하여 항구에서도 지체되었다. 그러한 모든 상황이 우리 선박의 해운 실적을 실제 침몰로 인한 손실보다 더 심각한 수준으로 만들었다. 날이 갈수록 항구들마다 정체 현상이 심화되었고, 우리의 사정은 더 나빠졌다. 3월 초에 집계된 손상된 선박은 모두 260만 톤이었는데, 그중 절반은 수리를 하지 않으면 움직일 수 없는 상태였다.

유보트로 인한 고통에 이어 멀리 대양에서는 장거리 전투기에 의한 공습이 추가되었다. 콘도르(Condor)라고 불리던 포케-불프 200은 다행히 초반에 그 수가 얼마 되지 않았지만, 가장 두려운 존재였다. 그 전투기들은 브레스트나 보르도에서 출격하여 영국 섬을 한 바퀴 돈 다음, 노르웨이에서 연료를 채워 다음날 돌아올 수 있었다. 전투기들은 비행하는 도중에 멀리 아래쪽에서 우리의 필요에 따라 입출항할 수밖에 없는 40척 내지 50척의 대형 호송선단이 입항하거나 출항할 때를 노렸다. 호송선단이나 개별 선박을 직접 폭격할 수도 있었고, 그렇지 않으면 부근에 대기 중인 유보트에 위치를 알려서 요격할 수도 있었다.

강력한 독일 순양함의 움직임도 활발했다. 셰어 호는 대서양에 머물다가 인도양으로 향했다. 셰어는 3개월 사이에 총 6만 톤에 달하는 10척의 우리 선박을 격침시키고 무사히 독일로 돌아갔다. 히퍼는 브레스트에 숨어 있었다. 1월 말이 되자 전투순양함 샤른호르스트와 그나이제나우는 노르웨이에서 파손된 부분을 수리하고 북대서양 출격 명령을 받았고, 히퍼는 시에라리온에서 시작하는 항로에 출격했다. 샤른호르스트와 그나이제나우는 2개월의 순항 중 모두 11만5,000톤에 이르는 22척의 선박을 나포하거나 격침했다. 히퍼는 아조레스 군도 부근에서 아직 호위선이 붙지 않은 채로 귀항 중인 수송선단을 공격했는데, 한 시간 동안의 맹공격 끝에 19척 중 7척을 격침했으며 생존자를 구출할 시도도 하지 않은 채 이틀 뒤 브레스트로 돌아갔다. 그러한 강력한 적함들 때문에 가용할 수 있는 영국의 주력함은 거의 모두 호송 임무를 맡지 않을 수 없었다. 그 결과 한때 본토 방위 함대사령관 휘하에는 단 1척의 전함만 남게 되는 사태도 발생했다.

전함 비스마르크는 그 당시에는 활동하지 않았었다. 독일 해군부는 비스마르크와 그 요함(僚艦) 티르피츠의 완성을 기다리고 있었다. 히틀러는 그 두 거대 전함이 완전히 활동 가능한 상태로 발트 해에 대기하면서 금방 출동할 수 있다는 풍문을 시시때때로 유포하는 방식으로 아주 큰 효과를 거두었다. 그 때문에 우리는 보유하고 있던 모든 신조선을 스캐퍼 플로 또는 그 부근에 집결시키지 않을 수 없었으며, 히틀러는 항상 대기해야 한다는 긴장을 하지 않고도 시기를 마음대로 결정할 수 있는 유리한 지위를 확보했다. 배들은 정기적으로 수리를 위하여 항구에 들어와야 했으므로, 무리하지 않고 우위를 유지할 수 있는 힘은 우리의 한계를 넘어선 것이었다. 따라서 어떠한 종류의 심각한 사태만 생겨도 그 힘은 무너지고 말 것이었다.

★ ★ ★ ★ ★

나는 밤이나 낮이나 가공할 그 문제로부터 벗어나지 못했다. 당시 승리에 대한 나의 유일하고 확실한 희망은 공군이 압도적 우위를 확보하고 가능한 한 다른 강대국들이 우리를 지원할 때까지 언제까지나 기약 없이 전쟁을 수행할 수 있는 우리의 능력을 전제로 했다. 그런데 우리의 생명선을 위협하는 치명적 위험이 나의 폐부를 찔렀다. 3월 초, 파운드 제독은 이례적으로 대규모의 피해 상황을 전쟁내각에 보고했다. 나는 이미 그 수치를 알고 있었으므로, 하원의 수상실에서 회의가 끝난 뒤 파운드에게 이렇게 말했다. "이 일은 다른 모든 것보다 우선하여 가장 중요하게 다루어야 하겠소. 나는 '대서양 전투(the Battle of the Atlantic)'를 선언할 생각이오." 그것은 9개월 전의 '영국 전투(the Battle of Britain)'와 마찬가지로, 우리 모두의 정신력과 모든 힘을 유보트 전투에 집중시키기 위한 신호탄이었다.

나는 그 일에 온 힘을 기울이고 또한 여러 가지 난관과 장해를 돌파하고 동시에 수많은 관련 부서가 제대로 움직이는 데 필요한 지시를 적시에 할 수 있도록 하기 위하여 대서양전투위원회(The Battle of the Atlantic Committee)를 설치했다. 위원회는 매주일 열렸는데, 관련 부처 장관들과 군부 및 민간의 고위 전문가들이 참석했다. 회의는 보통 2시간 30분 이상 진행되었다. 모든 분야를 검토했으며 모든 사항을 정리했다. 어떤 일이건 결정하지 못한 채 현안으로 남겨두는 법이 없었다. 수천 명의 유능하고 헌신적인 인재를 포용하고 있는 우리의 전쟁 기구는 그 넓은 행동 범위를 통틀어 새로운 균형을 이루었고, 다방면의 날카로운 관점에서 시선이 집중되었다.

그 무렵 유보트는 새로운 전술을 사용하기 시작했는데, 바로 "이리 떼 (Wolf-pack)" 전술이었다. 여러 척의 유보트가 서로 다른 방향에서 함께 공격하는 수법이었다. 당시 유보트의 공격은 보통 야간에, 수면 위에서 최고속력으로 행해졌다. 오직 구축함만이 유보트의 공격을 감시할 수 있었으며, 잠수함 탐지기는 아무 소용이 없었다. 해결책은 고속 호위함의 수를 대폭 늘리고 유보트의 접근을 알려주는 성능 좋은 레이더를 개발하는 것이었다.

과학자, 해군, 공군이 모여 제각기 최선을 다했지만, 성과는 더뎠다. 우리에게는 수면 위로 떠오른 유보트를 파괴할 수 있는 공중 무기가 필요했으며, 그 사용 방법을 익히는 데에는 또 시간이 걸렸다. 마침내 그 두 가지 문제가 모두 해결되자 유보트는 원래의 잠수 공격으로 되돌아갔고, 우리는 오래 전부터 익힌 방식으로 대처했다. 그러나 그렇게 되는 데에는 2년의 세월이 흘렀다.

제1차 세계대전 때 유보트 함장을 지낸, 유보트 함대 사령관 되니츠 제독이 고안한 "이리 떼" 전술은 공포의 대상이었던 프린을 비롯한 다른 정상급 유보트 지휘관들에 의하여 활발히 전개되었다. 그러나 바로 응징이 이루어졌다. 3월 8일, 프린이 이끌던 U47은 프린과 모든 승무원을 태운 채 구축함 울버린에 의해서 격침되었다. 그리고 9일 뒤에는 한 호송선단의 합동 공격에 참여하고 있던 U99와 U100이 침몰되었다. 이 두 척의 유보트는 역시 뛰어난 두 장교가 지휘하고 있었다. 그 유능한 세 지휘관이 사라지면서 싸움의 양상은 크게 달라졌다. 세 사람의 뒤를 이은 유보트 지휘관들 그 누구도 냉혹한 능력과 과단성의 면에서 그들에게 필적할 수가 없었다. 3월에만 서방 접근로에서 다섯 척의 유보트가 격침되었다. 그리고 우리의 손실도 심각했는데, 유보트 공격에 의해서 모두 24만3,000톤이, 공습에 의해서 11만3,000톤이 격침되었다. 대서양 전투의 제1회전은 무승부로 끝났다고 할 수 있었다.

서방 접근로 확보를 위한 움직임이 매우 활발했기 때문에 유보트는 훨씬 더 서쪽 해역으로 이동했다. 그곳은 아일랜드가 우리에게 남부 아일랜드 항구의 사용을 거부했기 때문에 겨우 소수의 호위 소함대만이 들어갈 수 있었고, 상공에서 엄호하는 일은 아예 불가능했다. 영국에서 시작하여 핼리팩스에 이르는 항로의 4분의 1 정도에서만 호송선단을 호위할 수 있을 뿐이었다. 4월 초 호위가 붙기 전에 서경 28도 해상에서 호송선단이 "이리 떼"의

유고슬라비아, 그리스, 터키를 고무하여 연합하도록 만드는 것이 우리의 목표였다. 가능한 한 그리스를 돕는 일이 우리의 과제였다. 그 모든 점을 고려할 때, 나일 강의 삼각주 지역에 우리의 4개 사단을 배치한 것은 정말 적절한 조치였다.

★ ★ ★ ★ ★

3월 1일, 독일군은 불가리아로 이동하기 시작했다. 불가리아는 군대를 동원하여 그리스 국경에 배치했다. 여러 면에서 불가리아 인들이 협력하는 가운데 독일군의 전반적인 남진은 계속되었다. 다음날 이든과 딜 장군은 아테네에서 만나 군사 문제의 협의를 재개했다. 그 결과에 따라 이든은 매우 중대한 메시지를 보냈고, 런던의 우리는 견해를 확실하게 바꾸게 되었다. 커닝엄 제독은 우리의 계획이 옳기는 하지만, 우리의 해군에 상당한 위험 부담이 되는 것은 의심의 여지가 없다고 했다. 참모들은 영국의 발칸정책, 특히 그리스 파병 문제에 대하여 불리하게 전개되는 여러 요인을 문서화하여 제시했다. 결론은 "작전의 위험은 상당히 커졌다"였다. 그러나 그들은 상황이 결코 절망적인 것은 아니라는 현지의 군사적 견해에 대하여 의문을 제기할 수 있으리라고는 생각하지 못했다.

나는 일요일 밤 혼자 체커스에 머물면서 그날 아침 전쟁내각에서 토의한 흐름에 대하여 깊이 고민했다. 그리고 아테네를 떠나 카이로로 가던 이든에게 다음과 같은 메시지를 보냈다. 그 내용은 전혀 나답지 않은 것이었다. 그러나 모든 결정의 궁극적 책임자는 나였다. 나는 무엇이든 확신만 선다면, 중단시킬 수 있었기 때문이다. 행하는 것보다는 중단하는 것이 훨씬 더 쉬운 법이다.

……우리는 독일에 대항하는 발칸 연합이 실현되도록 최선의 노력을 다했습니다. 적기에 현장에 보낼 수 있는 병력이 얼마 되지 않는 이때에 희망 없는 단

독 저항에 불과하다는 그들의 판단을 무시한 채 그리스를 재촉하지 않도록 주의해야 합니다. 그리고 귀하가 말한 대로 뉴질랜드와 오스트레일리아 부대를 한층 더 위험해진 작전에 투입한다면, 우리 제국 내에서 중대한 논란이 제기될 것입니다.……독일의 최후통첩은 거부해야 한다는 방향으로, 우리는 그리스를 자유롭게 해주어야 합니다. 만약 그들이 자체 판단으로 싸우기를 결정한다면, 우리도 어느 정도까지는 그리스의 고난에 동참해야 할 것입니다. 그러나 독일군의 빠른 진격 속도는 영국군에게 어느 정도라도 교전할 여지를 주지 않을 것입니다.

터키가 진지하게 중립을 유지한다면, 그리스와 발칸 반도를 잃는다고 하더라도 그것이 우리에게 결코 파국이 되지는 않을 것입니다. 우리는 로도스를 차지할 수 있고, 시칠리아나 트리폴리 상륙 계획을 고려해볼 수도 있습니다. 우리가 불명예스럽게 그리스에서 물러나는 일은 발칸 반도를 독일에게 내어주는 것보다 스페인이나 비시에서 우리에게 더 나쁜 영향을 미친다는 충고가 여러 방면에서 들려옵니다. 부족한 우리 병력으로는 단독으로 발칸을 지킬 수 있으리라 기대되지 않지만……

그 전문에는 요약된 3군 참모총장들의 의견을 첨부했다. 아테네 대사는 내가 보낸 경고 전문을 읽자 즉시 예민한 반응을 보여왔다. 그는 외무부 장관에게 타전했다. "현지 총사령관과 영국 육군참모총장이 함께 성공을 기대해도 좋다는 확인을 했음에도 불구하고, 어떻게 그리스 국왕을 저버릴 수 있단 말입니까? 본인은 상상할 수 없는 일입니다. 우리는 약속을 어김으로써 그리스 인과 전 세계에 웃음거리가 될 것입니다. '독일의 최후통첩을 거부해야 한다는 방향으로, 우리는 그리스를 자유롭게 해주어야 합니다'는 것은 아무런 문제가 되지 않습니다. 그들은 필요하다면 단독으로라도 독일과 싸우기로 결심했습니다. 문제는 우리가 그리스를 도울 것인가 버릴 것인가 하는 것입니다."

전쟁내각은 그 문제에 관하여 이든의 답변을 받아볼 때까지 아무런 결정을 하지 않기로 했다. 이든의 회신은 다음날 도착했다. 주요한 내용은 다음과 같았다.

"……전 세계가 알고 있듯이 리비아에서 승리를 거둔 뒤 출동시킬 수 있는 병력이 아직 남아 있음에도 불구하고, 영국이 육상 개입에 의해서 그리스의 붕괴를 막으려는 노력을 더 이상 하지 않는다면, 그보다 더한 불행은 없을 것입니다. 그리고 또한 유고슬라비아도 잃게 될 것입니다. 영국으로부터 아무런 방해도 받지 않고 독일과 이탈리아가 쉽게 그리스에 기반을 구축하게 된다면, 터키 역시 완강한 태도를 유지할 수 있는 힘을 보여주리라는 보장은 없습니다. 만약 우리가 불명예스럽게 밀려나온다면, 우리의 위신이 타격을 받게 된다는 사실은 명백합니다. 그리스에서 싸워 곤경을 겪는 것이 그리스를 몰락하게 내버려두는 것보다는 영국에 덜 손해가 될 것이라고 생각합니다만.……현 상황에서는 앞에서 설명했던 길을 따라서 그리스를 지원해야 한다는 데 우리 모두의 의견이 일치했습니다."

최종 결정을 위해서 나는 3군 참모총장들과 함께 그 문제를 전쟁내각에 제출하고 그동안 일어난 일을 상세히 설명했다. 이미 명령을 받아 파견 도중에 있는 것 이상의 비행기는 보낼 수 없다는 사실에도 불구하고, 우리 사이에서는 머뭇거리는 태도나 분열하는 조짐은 전혀 없었다. 나는 개인적으로 현지의 사정을 충분히 경청했다고 생각했다. 본국의 정치적 압력에 의하여 현지에 주둔하고 있는 사람들의 태도가 강요당한 흔적은 없었다. 현명한 스뫼츠 역시 독자적인 견지에서 참신한 안목으로 사태를 관찰한 뒤에 찬성했다. 그리스의 희망을 무시하고 우리의 생각을 밀고나가야 한다는 사람은 아무도 없었다. 억지로 설득해야 할 사람도 없었다. 우리는 모두 전문가로서, 최고의 권위로써 모든 병사들과 전체 국면을 잘 이해하는 가운데 자유롭게 행동했다. 그때까지 우리가 거둔 성공에 따른 수많은 위험을 통해서 단련된 동료들은 각자의 생각에서 출발하여 동일한 결론에 도달했다. 특별한 임무를 짊어지고 있던 멘지스는 용기가 넘쳐났다. 행동을 향한 열기가 맹렬하게 이글거렸다. 전쟁내각의 회의는 끝났고, 결정은 최종적이었다. 이든에게 보낸 답신을 요약하면 다음과 같다.

"현지의 총사령관들, 영국 육군참모총장, 전투에 투입될 각급 부대 지휘관들의 단호한 의사에 비추어, 본국의 3군 참모총장들은 계속 밀고나가는 것이 옳다고는 견해를 밝혔습니다. 내각은 작전 수행의 권한을 귀하에게 부여하기로 결정했으며, 따라서 **모든 책임은 내각이 부담하게 됩니다.*** 그에 따라 우리는 오스트레일리아와 뉴질랜드 두 정부에 연락할 것입니다."

★ ★ ★ ★ ★

유고슬라비아의 운명을 이야기할 차례가 되었다. 전반적인 테살로니카[그리스 동북부의 항구도시/역주]의 방위는 영국군의 도착 여부에 달려 있었다. 영국군의 파견에 사활이 걸린 셈이었다. 3월 2일, 베오그라드 주재 영국 대사 캠벨이 아테네로 가서 이든을 만났다. 캠벨은 유고슬라비아가 독일을 두려워하며 정치적 어려움 때문에 내부적으로 동요하고 있다고 전했다. 그렇지만 우리가 그리스를 지원하려는 계획을 안다면, 아마 유고슬라비아도 도우려고 할 것이라고 했다. 3월 5일 이든은 캠벨을 베오그라드로 보내면서 유고슬라비아의 섭정 파울로스 왕자에게 비밀 친서를 전하게 했다. 독일 손아귀에 들어갈 경우의 유고슬라비아의 운명에 대하여 설명하면서, 독일의 공격을 받으면, 그리스와 터키는 맞서 싸울 것이라는 내용을 담은 서한이었다. 유고슬라비아는 틀림없이 우리에게 가담할 것 같았다. 섭정

---

* 강조는 저자가 한 것임

왕자에게는 영국이 신속하게 육군과 공군의 최강 병력을 동원하여 그리스를 지원할 것이며, 유고슬라비아의 책임 장교가 아테네로 온다면 우리의 작전 회의에 참여시키겠다고 구두로 전했다.

분위기가 그렇게 돌아가자 섭정 왕자의 태도에 많은 변화가 생겼다. 파울로스 왕자는 다른 사람에게 호감을 주는 성격의 소유자로 예술적 감각을 지닌 인물이었다. 그러나 군주로서의 그의 권위는 오래 전부터 쇠락했고, 중립 정책을 극한까지 밀어붙이고 있었다. 그는 특히 유고슬라비아나 주변국들의 움직임이 독일을 도발하여 발칸으로 남진하게 만들지 않을까 두려워했다. 이든의 방문 요청을 거절했다. 장관이나 지도급 정치인들도 본심을 털어놓고 말하려고 하지 않았다. 오직 한 사람만이 예외였다. 시모비치라는 사람이었는데, 공군 장성으로 현역 장교단에서 민족주의파를 대표하는 인물이었다. 12월 이후 그의 사무실은 독일의 발칸 침투와 유고슬라비아 정부의 무능을 반대하고 지탄하는 사람들이 모이는 비밀 장소가 되었다.

3월 4일 파울로스 왕자는 베오그라드를 떠나 비밀리에 히틀러의 별장이 있는 베르히테스가덴으로 갔다. 그는 가공할 압박 속에서 유고슬라비아도 불가리아의 예를 따르겠다고 구두로 약속했다. 귀국한 뒤 가진 왕실 회의나 정계 및 군부 지도자들과의 개별 토의를 통해서 반대 의견이 있음을 알았다. 토론은 격렬했지만, 독일의 최후통첩은 현실이었다. 베오그라드를 내려다보는 언덕 위에 자리잡은 폴 왕자의 백궁(白宮)에 불려간 시모비치는 독일에게 굴복하는 것에 강력하게 반대했다. 세르비아가 그러한 결정을 받아들이지 않을 것이며, 왕실은 위기에 처할 것이라고 주장했다. 그러나 폴 왕자는 이미 자기 나라를 사실상 넘겨준 것이나 다름없었다.

3월 20일 밤에 열린 내각 회의에서 유고슬라비아 정부는 불가리아와 같이 3국 동맹(Tripartite Pact)*에 가입하기로 결정했다. 그러나 3명의 장관은

---

* 1940년 9월 27일 베를린에서 독일-일본-이탈리아 간에 체결되어 추축국 결성의 토대가

그 문제를 이유로 사임했다. 3월 24일 수상과 외무부 장관은 몰래 베오그라드를 빠져나와 교외의 한 역에서 기차를 타고 빈으로 향했다. 두 사람은 다음날 빈에서 히틀러를 만나 그 협정에 서명했고, 그 조인식은 라디오를 통해 베오그라드에 방송되었다. 재난이 임박했다는 소문이 유고슬라비아 수도의 카페와 비밀 회합 등을 휩쓸었다.

정부가 독일에게 항복할 경우, 시모비치를 중심으로 한 소규모 장교 모임에서 직접 행동에 나서기로 수개월에 걸쳐 논의하고 있었다. 3월 26일 수상과 외무부 장관이 빈에서 돌아왔다는 소식이 베오그라드에 나돌자, 음모단은 행동에 착수하기로 결정했다. 그보다 더 순조롭게 진행된 혁명은 없었을 것이다. 유혈 사태는 전혀 없었다. 고위 장교들 몇 명이 체포되었다. 수상은 경찰에 의해서 시모비치 사령부로 연행되어 사임서에 서명했다. 파울로스 왕자는 시모비치가 국왕의 이름으로 정부를 접수했고 섭정 회의는 해산되었다는 소식을 전해 들었다. 파울로스는 시모비치 장군 집무실로 호송되었다. 다른 두 명의 섭정들과 함께 그는 퇴위 서명을 했다. 그에게 짐을 챙길 몇 시간이 주어졌다. 밤이 되자 그는 가족과 함께 조국을 떠나 그리스로 갔다.

모든 계획은 결속력이 강한 세르비아 민족주의 장교단에 의해서 수립되고 실행되었는데, 그들은 진정한 여론을 반영하고 있다고 자처했다. 그들의 거사에 대한 대중의 반응은 열광적으로 폭발했다. 베오그라드 거리는 세르비아인들로 뒤덮였다. "협정보다는 전쟁을, 노예보다는 죽음을!" 광장은 인파로 넘쳤다. 여기저기서 영국과 프랑스 국기가 나부꼈다. 용맹하지만 무력한 군중은 거센 도전의 기분으로 세르비아 국가를 불렀다. 3월 28일 어린 국왕 페타르는 낙수관을 타고 내려가 섭정의 굴레에서 탈출한 뒤 베오그라

되었다. 뒤에 헝가리, 루마니아, 불가리아, 유고슬라비아, 슬로바키아가 참여했다. 베를린 동맹이라고도 한다/역주

드 대성당으로 가서 열광적 환호 속에서 종교 행사에 참석했다. 독일 공사는 공개적으로 모욕을 당했는데, 군중이 그의 차에 침을 뱉었다. 군부의 용감한 행동이 민족적 활력의 파도를 일으켰다. 행동은 마비되어 있고 잘못된 정부와 잘못된 지도력 아래서 덫에 걸려 있었다는 느낌이 오랫동안 뇌리에 박혀 있던 국민들이 권력의 최정상에 자리한 당대의 독재자이며 정복자에게 무모하면서도 영웅적인 도전을 감행한 것이다.

히틀러는 너무나 큰 충격을 받았다. 그는 순간적으로 사고가 마비되었으며 자신을 한때 무서운 모험으로 치닫게 하던 발작적인 분노를 터뜨렸다. 격앙된 상태에서 군 수뇌부를 소집했다. 괴링, 카이텔, 요들이 나타났고 나중에 리벤트로프가 도착했다. 히틀러는 그리스 침공 작전에서 유고슬라비아가 불확실한 요소라고 말했다. 그 뒤의 소련을 상대로 수행할 "바르바로사" 작전에서도 마찬가지였다. 히틀러는 "바르바로사" 작전이 시작되기 전에 유고슬라비아인들이 본심을 드러내어 오히려 다행이라고 생각하는 것 같았다. 유고슬라비아는 "군사적으로는 물론 국가 자체도" 파괴되어야 한다, 한방을 사정없이 통렬하게 날려야 한다고 주장했다. 장군들은 그날 밤을 꼬박 새워 작전 명령을 수립했다. 카이텔은 훗날 독일의 가장 큰 위험은 "이탈리아 군에 대한 배후로부터의 공격"이라는 우리의 견해를 뒷받침하는 진술을 했다. "유고슬라비아 공격 결정은 그때까지 진행된 모든 군사적 이동과 배치를 완전히 뒤엎는 것이었다. 그리스 침공은 전적으로 재조정해야 했다. 새 부대는 북쪽에서부터 헝가리를 통과하여 진군하지 않으면 안 되었다. 모든 것이 즉흥적이었다."

직접적이고 즉각적인 영향을 받은 것은 헝가리였다. 유고슬라비아로 진격하는 독일의 주력 부대는 당연히 루마니아를 통과할 것이었지만, 모든 연락망은 헝가리 영토를 거치도록 되어 있었다. 베오그라드 사건에 대한 독일의 첫 반응은 베를린 주재 헝가리 공사를 비행기로 급히 부다페스트로 보내 헝가리 섭정 호르티 제독에게 긴급 서한을 전한 일이었다.

추축국이 양해한 정책을 공개적으로 거부한 행위로 인하여 **유고슬라비아는 박멸되어야 한다.** 독일군의 대부분은 헝가리를 경유하지 않을 수 없다. 그러나 주요 전투는 헝가리 내에서는 일어나지 않을 것이다. 헝가리 군대는 반드시 참여해야 한다. 협력에 대한 보상으로 지난날 강제로 유고슬라비아에게 양도한 옛 영토를 회복하게 될 것이다. 사태는 급박하다. 즉시 긍정적인 답변이 있기를 기대한다.*

헝가리는 1940년 12월에 체결한 유고슬라비아와의 우호조약에 묶여 있었다. 그러나 독일의 요구를 공개적으로 거부하는 것은 즉각적인 군사 행동에 의해서 독일의 헝가리 점령을 초래할 뿐이었다. 게다가 제1차 세계대전 직후 헝가리가 유고슬라비아에게 빼앗긴 남쪽 국경 지역의 영토를 되찾을 수 있다는 유혹도 뿌리치기 힘들었다. 헝가리 수상 텔레키 백작은 자국의 행동의 자유를 유지하기 위하여 시종 노력했다. 그는 독일이 전쟁에서 승리를 거두리라고는 전혀 믿지 않았다. 3국 협정이 체결될 때에도, 그는 이탈리아가 추축국의 하나로서 독립성을 가질 수 있으리라고 생각하지 않았다. 히틀러의 최후통첩은 그가 체결한 헝가리와 유고슬라비아 사이의 협정을 파기하라는 요구였다. 그러나 수상은 주도권을 헝가리 총참모본부에 빼앗기고 말았다. 독일계 인물인 총참모장 베르트 장군은 헝가리 정부의 배후에서 독일군 최고사령부와 흥정을 했다.

텔레키는 즉시 베르트의 행위는 반역이라고 비난했다. 1941년 4월 2일 저녁, 텔레키는 런던 주재 헝가리 공사로부터 한 통의 전문을 수신했다. 만약 헝가리가 유고슬라비아에 대한 독일의 행동에 가담한다면, 영국은 헝가

---

* 울라인-레비츠지, 『독일의 전쟁 : 러시아의 평화(*Guerre Allemande : Paix Russe*)』, 89면.

리에 대하여 선전포고를 할 것이라고 영국 외무부가 공식 통보를 했다는 내용이었다. 그리하여 헝가리는 통과하는 독일군에 무망한 저항을 하든지, 아니면 공개적으로 연합국에 반대함으로써 유고슬라비아를 배신하든지 선택할 수밖에 없었다. 잔인할 정도로 난처한 입장에 놓인 텔레키 백작은 자신의 명예를 지킬 수 있는 유일한 길을 찾았다. 밤 9시가 조금 지나 그는 헝가리 외무부 건물을 빠져나와 산도르 궁의 자택으로 갔다. 도착하자 전화가 울렸다. 이미 독일군이 헝가리 국경을 넘어섰다는 보고임에 틀림없었다. 잠시 후, 그는 총으로 자결했다. 그의 자살은 독일의 유고슬라비아 공격에 가담하는 죄로부터 그 자신과 국민을 구하기 위한 희생이었다. 그로써 역사 앞에서 그의 이름은 더럽혀지지 않았다. 그러나 독일군의 진군과 그 결과를 멈추게 할 수는 없었다.

★ ★ ★ ★ ★

그 사이에 우리 원정군은 그리스를 향해 이동하기 시작했다. 출발의 순서는 영국군 제1기갑여단, 뉴질랜드 사단, 오스트레일리아군 제6사단이었다. 이들 부대는 다른 부대들의 편성을 희생시킴으로써 완전한 장비를 갖추게 되었다. 이어서 폴란드 여단과 오스트레일리아 제7사단이 뒤따를 예정이었다. 작전 계획은 알리아크몬 강[마케도니아 지역의 강/역주] 어귀에서 유고슬라비아 국경의 베리아와 에데사에 이르는 알리아크몬 선을 지키는 것이었다. 우리의 병력은 그 전선에 배치된 그리스군과 합류할 예정이었는데, 그리스군은 명목상 7개 사단이었고, 모두 윌슨 장군의 지휘를 받기로 되어 있었다.

그리스 부대는 파파고스 장군이 원래 약속했던 것보다 규모가 작았다.* 그리스 육군의 대부분을 차지하는 15개 사단은 알바니아에 주둔 중이었다.

---

* 파파고스의 주장에 의하면, 그가 애당초 알리아크몬 선 방어에 동의한 것은 유고슬라비아 정부의 관계가 명확하게 정리되는 것을 조건으로 한 것이었는데, 그러한 합의에 이르지 못하고 말았다는 것이다.

발칸 반도의 국가들

나머지 부대는 마케도니아에 있었는데, 파파고스는 그곳의 병력을 불러올 생각이었다. 마케도니아에서는 독일군이 공격해오자 나흘 동안 싸우고는 전투를 포기해버렸다. 우리 공군의 작전 가능한 비행기는 겨우 80기였는데, 상대인 독일 공군의 전력은 그 열 배 이상이었다. 알리아크몬 지형의 약점은 왼쪽 측면에 있었다. 독일군이 유고슬라비아의 남쪽을 통해 진군할 경우 그곳의 병력은 이동할 수밖에 없었다. 유고슬라비아 총참모본부와는 거의 접촉이 없었는데, 그의 방어 계획이나 준비 상황에 대해서는 그리스나 우리가 전혀 알지 못했다. 그러나 적군에 짓밟힐 곤경에 처한 그리스였지만, 그래도 유고슬라비아가 상당한 기간 적의 행군을 늦추어 주기라도 했으면 하는 희망을 가질 수밖에 없었다. 그러한 희망은 애당초 잘못된 것이라는 사실이 드러났다. 파파고스 장군은 알바니아에서 병력을 철수하여 이동시키는 것이 실현 가능한 작전이라고 생각하지 않았다. 부대의 사기에도 심각한 영향을 미칠 수 있는 데다 그리스군의 수송과 통신 장비가 낙후되어 적군의 면전에서 철수하는 일은 불가능했다. 파파고스는 결정을 너무 오래 끌었다. 그러한 상황에서 우리의 제1기갑여단은 3월 27일 전방 지역에 도착했고, 며칠 뒤 뉴질랜드 사단이 합류했다.

베오그라드의 혁명 소식에 우리는 크게 만족했다. 그것은 적어도 발칸 전선에 동맹을 형성하여 그곳의 여러 국가가 히틀러의 권력 아래로 들어가는 사태를 막기 위한 우리의 필사적인 노력의 뚜렷한 결과 중 하나였다. 이든은 터키와 절충하기 위해서 아테네에 남고, 딜 장군이 베오그라드로 가기로 했다. 모든 관련 국가들에 의한 공동 전선이 즉시 형성되지 않는 한, 누가 보아도 유고슬라비아의 처지는 절망적이었다. 그러나 이미 말했듯이 알바니아에 있는 조직화되지 않은 이탈리아군의 무방비 상태에 가까운 후미에 결정타를 가할 기회가 유고슬라비아에게 남아 있었다. 만약 유고슬라비아가 기민하게 움직였더라면, 군사적으로 큰일을 해낼 수 있었을 것이다. 그리고 국토의 북쪽이 유린되는 동안에 그때로서는 그들의 유일한 희망이었던 산악 지역에서의 게릴라전을 수행할 수 있는 다량의 무기와 군수 장비를 확보할 수 있었을 것이다. 그랬더라면 그것은 대단한 타격이 되어 발칸의 전체 국면에 충격을 주었을 것이다. 런던의 우리는 모두 그렇게 생각했다. 발칸의 형세에 관한 앞 페이지의 지도가 충분히 실현 가능했던 병력의 움직임을 보여준다.

몇 해에 걸친 잘못을 몇 시간 만에 바로잡을 수는 없는 법이다. 전반적으로 흥분이 가라앉자 베오그라드 시민들은 재앙과 죽음이 자신들에게 다가오고 있다는 사실과 그 운명을 돌려놓기 위하여 할 수 있는 일이라고는 거의 없다는 사실을 깨달았다. 최고사령부는 그제서야 군사를 동원할 수 있었다. 그러나 전략적 계획은 아무것도 없었다. 베오그라드에 도착한 딜이 본 것은 혼란과 마비 상태뿐이었다. 국내 정세에 미칠 영향만 두려워한 나머지, 유고슬라비아 정부는 독일군을 조금이라도 도발하는 듯한 태도는 일체 취하지 않기로 결정했다. 그 순간 머지않은 곳에 있는 독일군이 눈사태처럼 그들을 휩쓸어버리려 하고 있었다. 분위기와 태도만으로 보아서는, 유고슬라비아 각료들은 아무것도 모른 채 독일에 대하여 전쟁이냐 평화냐를 결정할 수 있는 여유가 몇 달은 있는 것처럼 보였다. 그러나 실제로 재앙이 들이닥친 것은 72시간이 채 못 되어서였다.

4월 6일 아침, 독일 폭격기가 베오그라드에 나타났다. 이미 점령한 루마니아의 비행장에서 릴레이식으로 출격하여 사흘 동안 유고슬라비아의 수도를 조직적으로 공습했다. 건물 지붕을 스칠 듯한 고도에서 아무런 저항도 받지 않은 채 도시를 무자비하게 짓밟았다. 그 작전명은 "형벌(Punishment)"이었다. 마침내 정적이 찾아온 4월 8일, 길바닥과 잿더미 아래 1만7,000구에 달하는 베오그라드 시민의 시신이 널려 있었다. 화염의 악몽 속에 박살이 난 동물원 우리에서 발광한 동물들이 기어나왔다. 상처를 입은 황새 한 마리가 불길에 휩싸인 중심가 호텔 앞을 절룩거리며 지나갔다. 망연자실한 곰은 이해할 수 없다는 표정으로 지옥을 벗어나 다뉴브 강 쪽으로 맥없이 걸어갔다. 이해할 수 없기는 다른 곰들도 마찬가지였을 것이다.

베오그라드에 맹렬한 폭격과 동시에 이미 국경의 여러 지점에 자리잡고 있던 독일군은 유고슬라비아로 몰려들었다. 유고슬라비아 총참모본부는 이탈리아군의 후미에 일격을 가할 시도를 하지 않았다. 그들은 크로아티아와

서 총통의 야전사령부의 본부 사령으로 임명되었고, 곧이어 제15군단 제7기갑사단 사단장까지 맡았다. "유령(the Phantoms)"이라는 별명의 그 사단은 뫼즈 강[프랑스 동북부에서 발원하여 벨기에, 네덜란드를 통과하여 북해에 이르는 강/역주]을 돌파한 독일군의 선봉이 되었다. 1940년 5월 21일 영국군이 아라스[프랑스 북부 아르투아 지방의 중심지/역주]에서 반격했을 때 롬멜은 가까스로 탈출했다. 독일군이 솜 강을 건너 센 강을 따라 루앙 방향으로 진격하면서 프랑스군의 좌익을 압박한 뒤 생 발레리 부근에서 수많은 프랑스와 영국 포로를 생포할 때에도 그의 부대가 선봉이었다. 우리 병력의 철수가 종료된 직후에도 롬멜의 사단이 셰르부르[영국 해협에 면한 프랑스 서북부의 항구도시/역주]로 들어가서 항구를 접수하고 프랑스군 3만 명을 포로로 했다.

그러한 수많은 활약과 공적에 의해서 그는 1941년 초 리비아 파견 독일군 부대의 사령관으로 임명되었다. 당시 이탈리아의 희망 사항은 트리폴리타니아[리비아 수도 트리폴리를 중심으로 한 그 일대 지역/역주]를 유지하는 정도에 한정되어 있었고, 롬멜은 이탈리아군 총사령부 휘하에서 점점 더 규모가 확대되고 있던 독일군 부대를 맡았다. 롬멜은 즉시 공격 작전을 단행하기 위하여 노력했다. 4월 초 이탈리아군 총사령관이 독일군 아프리카 군단은 자기의 허락 없이 진격할 수 없다는 사실을 롬멜에게 지적했다. 그러자 롬멜은 저항하며 이렇게 말했다. "나는 독일군 장군으로서 상황이 요구하는 데 따라 명령할 수밖에 없소."

아프리카 전투를 통해 롬멜은 기동부대를 다루는 데에, 특히 작전 직후 즉시 부대를 재편성하여 승리를 쟁취함으로써 탁월한 능력의 소유자임을 스스로 증명해보였다. 그는 보급 문제를 완전히 장악하여 적의 저항력을 일소해버리는 대단한 군사적 도박사였다. 독일군 최고사령부는 처음에는 롬멜을 마음대로 하도록 내버려두었는데, 그의 연이은 성공에 깜짝 놀라

다시 견제하려고 했다. 그의 열정과 대담성은 우리에게 심각한 타격을 주었지만, 나는 그에게 경의를 표할 정도였다. 실제로 나는 일부 여론의 비난을 받기도 했지만, 1942년 1월 하원에서 이렇게 말했다. "우리는 아주 대담하고 교묘한 상대를 만났습니다. 이 전란 속에서 허용된다면, 나는 그를 위대한 장군이라고 부를 수밖에 없습니다." 또한 그는 존경받을 만한 인물이기도 했다. 충직한 독일 군인이었음에도 불구하고 종국에는 히틀러와 자기 자신의 모든 행적을 증오하게 되었고, 독일을 구하려고 그 미치광이 독재자를 제거하기 위한 1944년의 음모에 가담했다. 결국 그 때문에 그는 목숨을 잃었다.

★ ★ ★ ★ ★

아게일라의 좁은 통로는 상황의 핵심이었다. 만약 적군이 아지다비아까지 돌파한다면, 벵가지와 투브루크 서쪽은 모두 위험에 빠질 수밖에 없었다. 적군은 해안을 따라 벵가지에 이르는 양호한 도로와 폭 160킬로미터에 길이 320킬로미터의 사막의 돌출부를 가로지르는 메킬리와 투브루크로 바로 가는 길 중에서 하나를 선택할 수 있었다. 우리는 2월에 후자의 길로 행군하면서 벵가지를 거쳐 퇴각하는 이탈리아군 수천 명을 사로잡았다. 롬멜이 우리 부대를 상대로 같은 책략을 쓰기 위하여 사막을 통과하는 길을 택했다고 하더라도 그다지 놀랄 일은 아니었다. 그러나 우리가 아게일라의 관문을 지키고 있는 한, 적군은 그러한 방법으로 우리를 혼란에 빠뜨리게 할 기회를 잡지는 못했다.

그 모든 것은 지형뿐만 아니라 사막전의 조건에 관한 지식에 달려 있었다. 병력의 수보다 기갑화와 질적 우세 그리고 공군력의 적절한 균형만 유지하면, 설사 아게일라의 관문을 잃는다고 하더라도 우수하고 원기왕성한 군사력으로 사막의 거친 싸움에서 승리할 수 있었을 것이다. 그러나 사전 준비를 충족시켜줄 수 있는 조건들은 하나도 없었다. 우선 우리는 하늘에서 열세였고, 뒤에 그 이유가 드러나겠지만, 기갑부대는 아주 불충분했으며, 투브루크 서쪽의 모든 부대의 훈련과 장비 또한 그러했다.

롬멜의 아게일라에 대한 공격은 3월 31일에 개시되었다. 실제로는 1개 기갑여단과 그 지원부대로 구성된 우리의 기갑사단은 이틀 동안 시간을 끌며 천천히 후퇴했다. 공군의 전력은 적군이 월등히 우세하다는 것을 그대로 보여주었다. 이탈리아 공군이야 여전히 보잘것없었지만, 약 100기의 독일 전투기와 역시 100기의 독일 폭격기 및 급강하폭격기가 있었다. 독일의 공습에 우리 기갑부대는 전열이 흩어지면서 심각한 타격을 받았다. 오직 단 한 번의 공격에, 그리고 거의 하루 동안에 우리의 모든 결정의 전제 조건이 되었던 사막의 측면이 붕괴되었다.

벵가지 철수 명령이 떨어졌고, 4월 6일 저녁 전부 퇴각하기 시작했다. 투브루크는 병력이 보충되어 유지되고 있었으나, 제2기갑사단 사령부와 인도 차량화 부대 2개 연대가 적에게 포위되었다. 일군의 병력은 활로를 뚫기 위하여 싸운 끝에 100명의 독일군을 포로로 잡기도 했지만, 대부분은 적에게 항복하고 말았다. 적군은 중(重)장갑차와 차량화 보병부대를 앞세워 바르디아와 솔룸을 향해 빠른 속도로 진격했다. 다른 부대는 투브루크 방어선을 공격했다. 수비군은 두 차례의 공격을 물리쳤으며, 적의 탱크도 꽤 많이 파괴했다. 한동안 그곳을 비롯한 이집트 전선은 안정되었다.

★ ★ ★ ★ ★

위험을 무릅쓴 그리스 작전이 한창일 때 우리의 사막 측면이 타격을 당한 것은 가장 큰 재앙이었다. 나는 한동안 그 원인에 대해서 전혀 알지 못했다. 잠시 소강 상태가 되자 즉시 웨이벌 장군에게 상황 설명을 요구해야겠다는 생각이 들었다. 웨이벌 장군은 그답게 모든 것에 대한 책임을 지겠다고 했다.* 그는 자기 휘하의 탱크를 거의 모두 잃어버렸던 것이다.

---

* 상당한 전과를 거둔 롬멜의 그 초기 공격에 독일군 상부뿐만 아니라 우리도 크게 놀랐는데,

4월 20일 일요일, 나는 주말을 디칠리에서 보내면서 침대에 누워 일을 하고 있었는데, 웨이벌 장군이 육군 참모총장에게 보낸 두 통의 전문을 전달받았다. 그가 처한 심각한 상황이 그대로 드러나 있었다. 탱크의 현황이 자세히 기술되어 있었다. 상황은 암담했다. "이집트에는 5월 말까지 2개 연대의 크루저 탱크 부대만 있으면 될 것 같습니다. 손실에 대비한 예비부대는 필요 없습니다. 이집트에는 6개 연대 규모의 훈련된 유능한 탱크병들이 있기 때문입니다. 보병용 탱크는 사막 작전에서 속도가 느리고 행동반경이 좁기 때문에 추가로 크루저 탱크를 보내주기 바랍니다. 육군참모총장께서 친히 도와주시기 바랍니다."

그 놀라운 전문을 읽고 나는 해군부가 주저하는 데에도 불구하고 호송선단을 구성하여 웨이벌 장군이 필요로 하는 탱크를 모두 실어 지중해를 거쳐 알렉산드리아로 직행하도록 결정했다. 그때 희망봉을 우회하는 호송선단이 바로 출발하려 하고 있었다. 그 선단은 대규모 중장비를 적재하고 있었다. 나는 그 선단 중에서 탱크를 운반하는 쾌속선은 지브롤터에서 선회하여 지름길을 택하도록 결정했는데, 그렇게 하면 약 40일의 시간을 단축시킬 수 있었다. 마침 가까이 있던 이즈메이 장군이 정오 무렵 찾아왔다. 나는 그에게 3군 참모총장들에게 보내는 메모를 전했다. 그리고 곧장 런던으로 가서 내가 그 문제를 가장 중요하게 여기고 있다는 사실을 알리게 했다.

이즈메이가 런던에 도착하자 3군 참모총장들이 모두 모였고, 그날 밤늦게까지 내가 보낸 메모에 대해서 토의했다. 나의 제안에 대한 그들의 반응은 처음에는 호의적이지 않았다. 차량 수송선이 아무 일 없이 중부 지중해를 통과할 가능성은 그다지 높지 않았다. 해협으로 들어서기 전날과 다음날 아침 몰타를 지날 때까지는 우리 해안 공군 기지의 전투기의 제공권 밖이어서 적군 급강하폭격기의 공격을 받을 위험이 컸다. 또한 본국의 탱크 사정

그에 관해서는 데스몬드 영의 저서 『롬멜』에 상세히 설명되어 있다.

이 위험스러울 지경에까지 약화될 우려에 대해서도 논의했다. 해외에서 탱크의 손실이 생길 경우 보충이 필요할 테고, 결과적으로 본토 방위력이 분산될 수밖에 없다는 것이었다.

그러나 다음날 개최된 국방위원회에서 너무나 다행스럽게도 파운드 제독이 내 편을 들어 선단의 지중해 통과에 찬성했다. 공군참모총장 포털 원수는 몰타에서부터 선단 보호를 위한 보파이터[Beaufighter : 제2차 세계대전 중 야간 전투와 함선 공격에 사용된 영국 공군의 다목적용 쌍발전투기/역주] 중대를 추가로 출동시키겠다고 했다. 따라서 나는 크루저 탱크 100대를 더 보낼 방법을 고려해보라고 요청했다. 딜 장군은 **본토 방위력의 약화를 초래한다는** 관점에서 탱크의 추가 수송에 반대했다. 10개월 전이었던 1940년 7월 많지 않은 우리 탱크의 절반을 희망봉을 돌아 중동에 보내는 데에 그가 동의한 사실을 고려하면, 반대하는 이유를 납득할 수 없었다. 독자들도 짐작하듯이, 나는 1941년 4월의 독일 침공을 심각한 위험으로 생각하지 않았다. 그에 대한 적절한 대비가 마련되어 있었기 때문이다. 그러한 판단이 옳았다는 것을 지금도 알 수 있다. 내가 "호랑이(Tiger)"라고 명명한 작전이 시작되었으며, 당연히 수행되어야 했다.

★ ★ ★ ★ ★

그 모든 일이 진행되는 가운데 투브루크는 우리에게 큰 부담이 되었다. 그리스에 출격한 전투기 허리케인을 모두 잃었으며, 투브루크의 허리케인도 많은 수가 파괴되거나 손상되었다. 공군 중장 롱모어는 전투기 중대를 투브루크에 계속 두는 것은 아무 의미없이 큰 손실만 초래할 것이라고 생각했다. 새로 전투기 부대가 보강되지 않는 한 투브루크 상공에서 적의 제공권은 완벽하게 우세했다. 그러나 그 무렵 우리 수비대가 적의 공격을 격퇴하여 적군의 사상자 수는 막대했을 뿐만 아니라 150명을 포로로 잡았다.

웨이벌 장군은 롬멜의 증원군에 대한 불안한 정보를 우리에게 보고했다.

독일군 제15기갑사단의 상륙은 4월 21일이면 완료될 것 같았다. 벵가지 항구는 정상적으로 작동하고 있는 것 같았으며, 보급품이 모두 도착하는 데에는 적어도 15일이 소요될 전망이었다. 그 기갑사단, 제5경차량화사단, 아리에테 사단과 트렌토 사단은 6월 중순 이후에 움직일 것으로 예상되었다. 우리가 기지를 세우려다가 실패한 벵가지를 이미 적군이 수중에 넣어 요충지로 사용하고 있다는 사실이 본국에서 바라보는 우리에게는 무척 불만스러웠다.

★ ★ ★ ★ ★

그로부터 14일 동안 나의 관심은 온통 "호랑이" 작전에 쏠려 있었으며, 걱정도 많았다. 나는 해군부 장관이 기꺼이 감수하기로 한 위험을 결코 과소평가하지 않았다. 그리고 해군부 내부에서도 불안해하고 있다는 사실을 알았다. 15노트 속력의 선박들로 구성된 선단은 서머빌 제독 휘하의 포스 H(리나운 호, 말라야 호, 아크로열 호, 셰필드 호)*의 호위를 받으며 5월 6일에 지브롤터를 통과했다. 아울러 퀸 엘리자베스 호와 나이아드와 피지 2척의 순양함으로 구성된 지중해 함대가 증강되었다. 5월 8일 적의 공습이 있었으나, 아무 피해 없이 격퇴했다. 그러나 그날 밤 선단 중 2척이 해협으로 접근하다가 기뢰에 맞았다. 1척은 불이 붙어 폭발하면서 가라앉았으나, 다른 1척은 계속 선단을 따라 항해할 수 있었다. 스커키 운하 입구에 도착하자 서머빌 제독은 선단과 헤어져 지브롤터로 되돌아갔다. 9일 오후 한 선단이 몰타로 갈 수 있는 기회를 포착했던 커닝엄 제독은 몰타 남방 80킬로미터 해상에서 "호랑이" 작전을 수행 중인 선단을 만났다. 그리고 모든 배의 항로를 알렉산드리아로 정하고 아무런 피해를 입지 않고 항해할 수 있었다.

---

* 프랑스가 나치에 굴복한 휴전 협정 체결로 서부 지중해에서 철수한 프랑스 해군 자리를 대체하기 위하여 1940년에 조직한 영국 해군의 편대를 'Force H'라고 불렀다/역주

이 문제를 미해결 상태로 둔 채, 나는 맹렬한 공습이 임박한 크레타로 관심을 돌렸다. 만약 독일군이 그 섬을 장악하여 비행장으로 사용한다면, 그들은 아마 거의 무한대로 전력 증강이 가능할 것 같았다. 그것을 막는 방법은 다수의 보병용 탱크가 중요한 역할을 맡는 수밖에 없었다. 따라서 나는 3군 참모총장들에게 "호랑이" 작전에 참여 중인 배 한 척을 크레타로 돌려 보병용 탱크를 수송하도록 검토를 요청했다. 노련한 나의 동지들은 탱크가 그러한 목적을 위해서는 아주 특별한 가치가 있다는 데에는 내 생각과 같았으나, 그렇게 배의 방향을 바꿈으로써 그 배에 실린 다른 중요한 것을 위험하게 만드는 일은 적절하지 않다는 의견이었다. 나는 5월 9일에 수정 제안을 했다. "클랜 라몬트 호를 수다[크레타 남부의 항구/역주]로 보내는 것이 아주 위험하다고 판단되면, 클랜 라몬트 또는 다른 선박 한 척을 골라 먼저 알렉산드리아에 하물을 하선한 뒤 즉시 12대의 탱크를 크레타로 나르도록 하게 합시다." 그에 따른 명령이 하달되었다. 5월 10일 웨이벌로부터 통지가 왔다. 그는 "이미 6대의 보병용 탱크와 15대의 경장갑차를 크레타로 보내도록 준비해두었으며, 일이 순조롭게만 진행된다면 모두 며칠 내에 도착할 것"이라고 보고했다. 그러나 우리에게는 시간이 며칠밖에 없었다.

제20장
크레타

　지중해 문제와 관련한 크레타 섬의 전략적 중요성에 대해서는 이미 논쟁과 사건을 통해서 충분히 설명했다. 수다 만에 기지를 두었거나 그곳에서 연료를 보급받는 영국 선박들은 몰타를 보호해야 한다는 중요한 목표가 있었다. 만약 크레타의 우리 기지가 공습을 잘 방어할 수만 있다면, 제해권은 우리가 쥐게 되고 어떠한 해상 운송도 걱정할 필요가 없을 터였다. 그러나 불과 160킬로미터 떨어진 곳에 넓은 비행장들과 온갖 설비를 갖춘 이탈리아의 로도스 요새가 버티고 있었다. 그러므로 지역적으로 크레타에서는 모든 일이 제대로 진행되지 못했다. 그래서 나는 수다 만을 요새화해야 한다고 계속 되풀이하여 주장했던 것이다. 심지어 "제2의 스캐퍼 플로"라고까지 표현했다. 크레타는 우리가 거의 6개월 동안 점령하고 있었으나, 다른 긴급한 일에 대처하느라 정작 그곳에는 강력한 대공포 1개 부대를 두는 데 그쳤다. 중동사령부에서 그곳에 비행장을 확장하여 건설한다거나 하는 노력을 찾아볼 수 없었다. 그리스가 아직 우리 연합군의 수중에 있는 한, 크레타에 수비대를 파견하거나 비행장을 보강할 필요성을 느끼지 못했던 것이다. 그러나 증원군이 조직되고 파견 요구가 있을 경우에 대비하여 준비는 하고 있어야 했다. 따라서 그 문제에 관한 면밀한 연구나 지시 사항의 최소한의 이행에 대한 책임을 카이로와 화이트홀이 공동으로 져야 했다. 내가 웨이벌 장군의 부대가 과중한 임무에 짓눌려 얼마나 고생하고 있었는가에 대해서

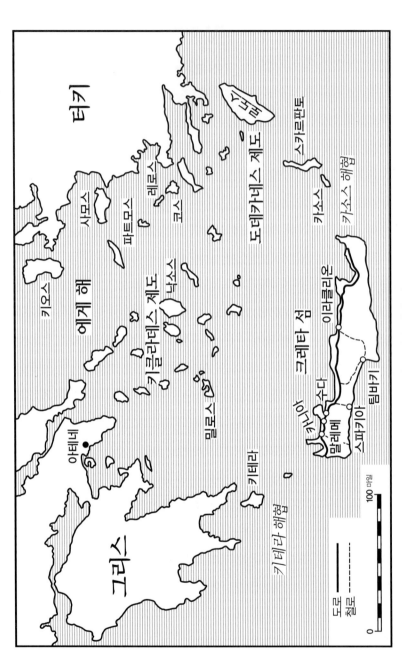

크레타 섬과 에게 해

깨달은 것은 키레나이카와 크레타 그리고 사막에서 사고가 일어난 이후부터였다. 웨이벌 장군은 최선을 다했다. 그러나 웨이벌의 휘하 부대는 네댓 군데에서 동시다발로 터지는 엄청난 현안에 대처하기에는 너무나 역부족이었다.

★ ★ ★ ★ ★

전쟁 기간 중 우리 정보기관은 정확하고 상세한 정보를 입수할 기회가 없었다. 그런데 독일 참모부가 아테네를 장악한 뒤 승리에 도취되어 혼란에 빠져듦으로써 일상의 비밀을 제대로 통제하지 못했기 때문에, 그때를 놓치지 않고 그리스의 우리 첩보원들이 매우 적극적이고 대담하게 활동하게 되었다. 4월의 마지막 주일에 우리는 믿을 만한 정보원을 통해 독일의 다음 공격에 대한 중요한 정보를 확보했다. 독일군 제11비행단의 이동과 그리스의 여러 항구에 소주정을 대량으로 집결시키는 움직임이 주의 깊은 우리의 감시망을 벗어날 수가 없었다. 나는 일찍이 그 작전에서만큼은 그 어느 때보다도 스스로 연구하고 증거를 확인하며 사령관들에게 임박한 공격의 중대성을 이해시키고 동시에 현장의 장군들과 그 의미를 공유하려고 노력하고 있었다.

나는 육군참모총장에게 프레이버그 장군을 크레타의 지휘관으로 임명하자고 제안했는데, 그는 그 의견을 웨이벌에게 알리고 즉시 동의를 얻었다. 버나드 프레이버그는 오랫동안 나의 친구였다. 그는 빅토리아 십자훈장과 대단한 업적을 기리는 두 개의 줄이 있는 수훈장을 받았는데, 나는 유일하게 그에 필적하는 동료 카르통 드 위아르와 함께 두 사람을 "샐러맨더" [Salamanda : 불 속에 산다는 전설의 괴물/역주]라고 부르며 높이 평가했다. 두 사람 모두 포화 속에서 피어났으며, 문자 그대로 산산조각이 날 정도의 총탄 세례를 받았음에도 육체적으로나 정신적으로나 변함이 없었다. 전쟁이 터지자 뉴질랜드 사단을 맡을 적임자가 없었는데, 그가 사령관으로 임명되었다. 1940년 9월 나는 그에게 보다 큰 임무를 부여할 만한 것이 없을까 하며 혼자 생각에 잠긴 적이 있었다. 이제야 그에게 부대를 직접 지휘할 수 있는 결정적인 지휘권이 주어진 것이다.

프레이버그와 웨이벌은 사태를 정확히 파악했다. 크레타의 지형이 방어를 어렵게 했다. 섬에는 북쪽 해안으로 유일한 도로가 있었는데, 취약한 여러 지점을 통과하고 있었다. 각 기지는 모두 개별적으로 보급을 받아야 했다. 도로가 적에 의하여 한 번 차단되면 필요한 기지에 대한 보급이 불가능했다. 남부 해안에서 북쪽으로 길 하나가 뻗어 있었으나, 자동차가 다니기에는 부적당했다. 위험이 임박해지자 증원군과 무기, 특히 대포 같은 무기의 보급을 위해서 지휘관들이 최선을 다했으나, 이미 때는 늦었다. 5월 둘째 주일이 되자 그리스와 에게 해의 기지에서 출동한 독일 공군기들이 주간 봉쇄 작전을 폈고, 항구들만이 있는 북쪽 도로를 중심으로 모든 교통로에 타격을 가했다. 우리는 5월의 첫 주일부터 3주일에 걸쳐 2만7,000톤의 군수품을 크레타로 보냈으나, 겨우 3,000톤에 못 미치는 양만 양륙되고 나머지는 돌아왔다. 우리의 대공 무기라고는 50문의 대포와 24대의 서치라이트가 있었을 뿐이다. 그리고 25대의 부분적으로 낡은 탱크나 경장갑차가 있었다. 우리의 방어력은 주로 상륙 지점을 지키는 데에 적합한 수준이었으며, 총병력은 2만8,600명이었다.

말할 것도 없이 독일 공군의 공격을 가능하게 만드는 것은 우리의 취약한 공군이었다. 5월 초순 그 지역의 영국 공군의 전력은 36기의 비행기가 전부였고, 겨우 절반만이 가동할 수 있었다. 그 비행기들은 레티모, 말렘 그리고 헤라클리온 비행장에 분산되어 있었는데, 섬 전체를 장악할 만한 공군력을 기준으로 하면 아무것도 아니었다. 공군의 열세는 모두가 아는 사실이었다. 따라서 적의 공격이 있기 하루 전날인 5월 19일 그곳의 비행기를 모두 이집트로 철수시켰다. 남은 길이라고는 끔찍하게 불리한 상황에서 싸우느냐 아니면 섬을 포기하느냐 중에서 선택할 수밖에 없다는 사실을 전쟁내각, 3군 참모총장들 그리고 중동사령관 모두가 잘 알고 있었다. 철수는 그나마 5월 초순이면 가능할 수 있었다. 그러나 우리 중에서 공격에 맞서 싸워야 한다는 데에 이론을 제기하는 사람은 아무도 없었다. 훗날 우리가 열세에도 불구하고 어떻게 가까스로 승리하게 되었는가를 알았을 때, 그리고 우리의 실패를 막아줄 유리한 사정들이 얼마나 먼 곳에 있었는가를 알았을 때, 우리는 우리가 겪은 위험과 치른 대가에 만족해야만 했다.

★ ★ ★ ★ ★

전투는 5월 20일 아침에 시작되었다. 독일군은 일찍이 볼 수 없었던 무모하고 무자비한 공격을 퍼부었다. 여러 측면에서 그들의 공격은 독특했다. 어디에서도 유사한 사례를 찾아볼 수 없는 것이었다. 그들은 전쟁사에서 최초로 대규모 공수부대의 공격을 감행했다. 독일 항공군단(German Air Corp)은 히틀러 청년 운동의 열정을 대표하면서 동시에 1918년의 패배에 대한 독일 민족의 복수 정신을 열렬하게 구현하고 있었다. 고도의 훈련을 거친 용감하고 헌신적인 나치 공수부대 병사들을 통해서 독일 남성의 정화가 표현되었다. 독일의 영광을 위하여 세계 패권의 제단에 생명을 바치겠다는 것이 그들의 결의였다. 바로 그들이 이제 조국을 위해서 그리고 정의와 자유의 대의를 지키기 위해서 저 멀리 세상의 다른 편에서 참전한 의용병으로 구성된 자랑스러운 병사들과 운명적으로 조우하게 된 것이었다.

독일군은 모든 전력을 총동원했다. 그것은 하늘에서 성취하는 헤르만 괴링의 경이적인 업적이 되어야만 했다. 만약 1940년 전투 때 잉글랜드에 동일한 전력이 동원되었더라면, 영국 공군은 파멸했을 것이다. 그러나 그러한 일은 일어나지 않았다. 그러한 공격력이 몰타를 가격했을 수도 있었다. 그렇지만 그때도 우리는 그 일격을 모면했다. 독일 항공군단은 일격을 가하여 그들의 진면목을 보여주기 위해서 7개월 이상을 기다린 것이었다. 마침내

지중해에서 우리 해군의 지위는 적어도 서류상으로는 크레타 전투와 크레타 철수 작전에서 입은 아군 손실의 영향을 많이 받았다. 그래도 3월 28일에 벌어진 마타판 해전을 통해서 얼마 동안 이탈리아 함대를 항구에 묶어 놓았다. 그러나 우리 함대에 아주 중대한 손실이 발생했다. 크레타 전투 직후 커닝엄 제독에게 남은 가동 가능한 전력은 전함 2척, 순양함 3척 그리고 구축함 7척이 전부였다. 그밖의 순양함과 구축함 9척은 이집트에서 수리 중이었다. 그러나 전함 워스파이트와 바햄 그리고 유일한 항공모함 포미더블과 다른 함선들은 모두 수리를 위해서 알렉산드리아를 떠나야 했다. 순양함 3척과 구축함 6척은 침몰했다. 그러한 전력의 공백 상태를 메우기 위해서는 즉시 증강이 이루어져야 했다. 그러나 이어서 기록할 내용처럼 그 이상의 불행이 기다리고 있었다. 곧장 우리가 직면하지 않을 수 없었던 그 시기는 적[원본에는 '이탈리아군'으로 되어 있다/역주]에게 지중해와 중동에 대한 우리의 의심스러운 지배권과 그것이 내포하고 있는 모든 것에 도전할 최고의 기회를 제공한 셈이 되었다. 그들이 그 기회를 잡을 수 있을지 우리는 알 수 없었다.

제21장

웨이벌 장군의 마지막 노력

크레타와 사막의 서쪽에서 벌어진 전투가 절정을 향해 치닫고 비스마르크 호가 추적당한 끝에 대서양에서 격침되었을 때, 시리아와 이라크에서 심각하지는 않다고 하더라도 다소 잔인한 위험이 우리를 위협했다. 1930년에 체결한 영국과 이라크의 협정에 의하면 평화시에 우리는 무엇보다 바스라 부근과 하바니야에 공군 기지를 유지할 수 있으며, 언제든지 군부대와 보급품 수송의 교통로를 사용할 수 있는 권리를 가지고 있었다. 또한 전시에는 우리 군대를 통과시키기 위하여 철도, 강, 항구, 비행장들의 사용을 포함하여 모든 편의를 제공받을 수 있도록 되어 있었다. 전쟁이 시작되자 이라크는 독일과 외교 관계를 단절했다. 그러나 선전포고는 하지 않았다. 이탈리아군이 들어왔으나, 이라크는 이탈리아와 관계를 끊지도 않았다. 따라서 바그다드의 이탈리아 공사관은 추축국의 선전과 반영국 정서를 조장하는 핵심 센터가 되었다. 그들은 전쟁이 발발하기 직전 팔레스타인에서 도망쳐 바그다드에 피신처를 제공받은 예루살렘의 무프티[이슬람교의 율법학자/역주]로부터 도움을 받았다. 프랑스의 붕괴로 영국의 위신은 추락했고, 그러한 저간의 상황이 우리에게 많은 고민거리를 던져주었다. 그러나 군사 행동은 전혀 불가능했으며, 우리는 우리가 할 수 있는 최선을 다했다.

1941년 3월이 되자 사태는 더 악화되었다. 독일군과 협력하던 라시드 알리가 수상이 되었고, 친영국파였던 섭정 에미르 압둘 일라는 도피했다. 따

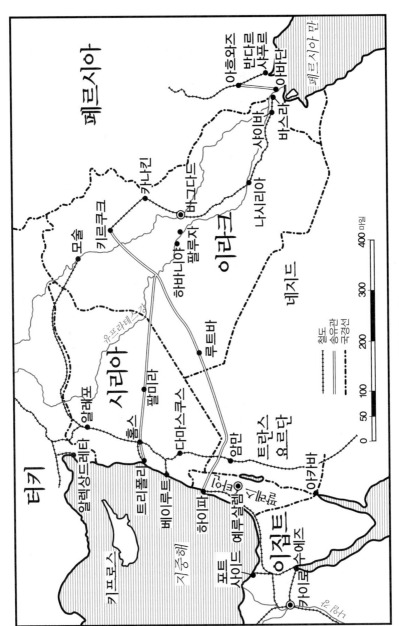

시리아와 이라크

라서 페르시아 만의 중심 항구인 바스라를 확보하는 일이 무엇보다도 중요했다. 인도 총사령관 오킨렉 장군이 보낸 대대 병력이 아무런 저항도 받지 않은 채 4월 18일 바스라에 상륙했다. 독일군 비행기는 물론 공수부대의 도움도 계산에 넣고 있던 라시드 알리가 행동에 착수했다.

그가 취한 첫 조치는 이라크의 사막에 있는 우리의 공군 훈련 기지 하바니야에 대한 것이었다. 그 숙영지에는 2,200명이 넘는 병사와 9,000명가량의 민간인이 있었다. 그리하여 그곳의 비행 학교는 아주 중요한 지점으로 부상했다. 지휘관 공군 소장 스마트는 대담하고 적절한 경계 태세를 취했다. 비행 학교에는 원래 낡은 구식 또는 연습용 비행기만 있었는데, 이집트에서 온 여러 기의 글레디에이터 전투기가 도착하자 기존의 온갖 종류의 비행기와 합쳐 모두 82기로 4개의 중대를 임시로 편성했다. 인도에서 공수된 영국 육군 1개 대대는 29일에 도착했다. 주변 10킬로미터가 한 겹의 철조망으로 둘러싸인 그곳의 방어 시설은 매우 불충분했다. 30일에는 비행장과 캠프에서 육안으로 보이는 1.5킬로미터 떨어진 고원지대에 바그다드에서 출발한 이라크 부대가 모습을 나타냈다. 그들의 전력은 금방 보강되어 9,000명가량의 병사에 50문의 포를 갖춘 규모였다. 실속 없는 협상으로 이틀을 보냈고, 5월 2일 새벽에 전투가 시작되었다.

시리아에서도 위험은 임박했고, 우리의 군사 자원은 부족한 상태였다. 시리아는 프랑스 정부가 항복함으로써 운명이 결정될 것처럼 보였던 수많은 프랑스 해외 영토 중의 하나였다. 그러므로 비시 당국은 레반트의 프랑스군에서 누구라도 우리와 합류하기 위하여 팔레스타인으로 가는 것을 방지하려고 전력을 다했다. 1940년 8월이 되자 이탈리아 휴전위원회가 등장했고, 개전 이후 억류되어 있던 독일 첩보원들이 풀려나서 활동을 시작했다. 그 해 연말에는 더 많은 독일인들이 들어왔고, 풍부한 자금으로 레반트의 아랍인들에게 반영국 및 반유대인 감정을 고취시키는 작업을 전개했다. 그와 동시에 라시드 알리는 이라크에서 권력을 장악했는데, 따라서 우리는 시리아를 그냥 둘 수 없게 되었다. 도데카네세 기지에서 발진한 독일 공군기는 이미 수에즈 운하를 공격하고 있었으며, 그들이 마음만 먹었더라면 시리아에 대한 행동, 특히 공수부대 작전을 펼쳤을 것이다. 만약 독일군이 시리아를 점령했더라면, 이집트, 수에즈 운하 지역, 아바단의 정유소들은 모두 계속적인 공습의 위협 아래 들어갈 수밖에 없었다. 팔레스타인과 이라크 사이의 우리 지상 연락망도 위험했을 것이다. 이집트에서는 정치적 반향도 꽤 있었을 것이고, 터키와 중동 전 지역에서 우리의 외교적 위상은 추락했을 터이다.

라시드 알리가 총통에게 이라크에서 우리에게 대항할 지원군을 요청한 뒤, 다를랑 제독은 독일과 시리아 문제에 대한 예비 교섭을 가졌다. 그에 따라 이탈리아 휴전위원회의 감시 아래 집결된 전쟁 물자의 4분의 3을 이라크로 수송하고, 독일 공군기도 시리아에 착륙할 수 있도록 양해가 이루어졌다. 비시 정부의 고등판무관이자 총사령관 당츠 장군에게 그러한 결정에 따르라는 통보가 갔으며, 5월 말에 100기의 독일 비행기와 20기의 이탈리아 비행기가 시리아의 비행장들에 착륙했다.

★ ★ ★ ★ ★

새로 등장한 이런 위험과 함께 웨이벌 장군은 더 많은 부담을 지는 일을 극도로 싫어하는 듯했다. 시리아에서 그가 운용할 수 있는 병력이라고는 1개 여단 규모에 불과했다. 그는 이라크 정부에 영향을 미칠지도 모르는 팔레스타인에서부터 행동을 시작할 대규모 부대를 창설한다는 인상을 심어주기 위한 노력과 모든 준비를 할 것이라고 했다. 그러나 그가 할 수 있는 일은 부적당했을 뿐만 아니라 이미 때가 늦었다. 팔레스타인은 매우 위험스러울 정도로 취약해져 있었으며, 이미 반란의 열기가 생기기 시작했다. 그는 이렇게 전문을 보냈다. "나는 현재와 같은 상황에서는 팔레스타인에서 이라크에 아무런 지원을 할 수 없다는 점을 늘 경고해왔다. 그리고 이라크에서의 행동은 피해야 한다고 늘 권고해왔다.……내 병력은 모든 곳에 흩어져 있었기 때문에, 그들 중 일부라도 어떤 효과도 거둘 수 없는 곳에 보내는 위험을 부담할 수 없다."

한편 오킨렉 장군은 항해가 가능하다면 5개 보병여단과 보조 부대들을 이라크에 지원해줄 것을 계속 요청했다. 우리는 그의 적극적인 태도가 만족스러웠다. 오직 웨이벌 장군만 반대했지만, 그러나 그는 결정에 따랐다. 5월 5일, 그는 이런 내용의 전문을 보내왔다. "이라크에서의 전투를 연장하는 것은 팔레스타인과 이집트 방위에 심각한 위험을 초래한다는 사실을 최대한 강조하여 경고하는 일이 나의 의무라고 생각합니다. 정치적 반응은 예측이 불가능하지만, 지난 2년 동안 조심해왔던 우리의 각 기지에서의 심각한 내부 갈등을 초래할지 모릅니다. 따라서 나는 가능한 한 빨리 해결을 위한 교섭을 진행하기를 강력히 촉구합니다."

나는 그 내용에 불만이었다. 3군 참모총장들의 지지를 얻어 그 문제를 다음날 정오에 열린 국방위원회에 제기했다. 전체적인 분위기는 단호했다. 위원회의 지시에 따라 웨이벌 장군에게 다음과 같은 명령을 전송했다.

"……협상에 의한 해결은 추축국의 이라크에 대한 구상과 관련하여 안전장치를 확보한 상태에서 이라크 인들의 양보를 전제하지 않고서는 받아들일 수 없다. 현실의 상황은 라시드 알리가 추축국들과 제휴하고 있다는 것이며, 자신이 먼저 손을 내밀기 전에 추축국들이 지원할 때까지 가만히 기다리고 있었다는 사실을 말해준다. 우리가 바스라에 도착함으로써 라시드 알리는 추축국이 준비도 하기 전에 서두르지 않을 수 없었다. 따라서 지체하지만 않는다면, 과감한 행동으로 전세를 회복할 수 있는 절호의 기회가 생길 것이다.

그러므로 3군 참모총장들은 최초의 국면에 귀관이 전문에서 명시한 병력 배치와 관련하여 책임을 질 준비가 되어 있다고 국방위원회에 조언했다. 국방위원회는 공군의 스마트 소장에게 그가 지원을 받게 되는 것을 알리고 동시에 끝까지 하바니야를 지켜야 한다는 것을 명한다. 이집트의 안전을 유지한다는 전제하에서 이라크에서의 작전에 가능한 한 최대한의 공중 지원을 해야 한다."

그 사이에, 하바니야 항공 학교의 항공 중대는 페르시아 만의 상부에 있는 샤이바에서 출격한 웰링턴 폭격기 부대와 합세하여 고원 지대의 이라크 부대를 공격했다. 이라크군은 포탄과 기관총을 장착한 비행기로 우리의 숙영지 막사를 포격했다. 첫날에 40명 이상의 우리 병사가 전사하거나 부상당했으며, 22기의 비행기가 가동할 수 없게 되거나 파손되었다. 근접 포격의 위험에도 불구하고 우리 공군기는 이륙하면서 잘 버텼다. 적의 보병 공격은 진전이 없었고, 포대의 화력도 점점 더 약화되었다. 우리의 공습 아래 적군의 포병은 제 구실을 하지 못했는데, 우리 비행기가 바로 그들의 머리 위에 떠 있을 때에도 마찬가지였다. 적군이 노심초사하는 틈을 충분히 이용하여, 둘째 날에는 이라크 공군과 공군 기지를 상대로 정면 공격을 감행할 수 있게 되었다. 5월 3일과 4일 밤에는 척후병들이 적군의 전선을 급습했고, 영국 공군의 공격이 나흘 동안 계속된 5일에는 적군은 당할 만큼 당한 지경에 이르렀다. 그날 밤 이라크군은 고원에서 철수했다. 우리는 계속 추격한 끝에 400명의 포로, 12문의 포와 60정의 기관총 그리고 10대의 장갑차를 노획했다. 적군의 증원군은 노상에서 포착되어 우리 공군에게 섬멸되었다. 5월 7일에 우리의 포위 작전은 끝났다. 그리고 18일에는 팔레스타인에서 출발한 지원군의 선봉부대가 도착했다.

그때는 이라크군만이 적이 아니었다. 최초의 독일 항공대가 5월 13일 모술 비행장에 주둔하게 되었다. 그 이후로 영국 공군의 주된 임무는 독일 항공대를 공격하는 동시에 그들이 시리아에서 철도를 통해 보급을 받을 수 없도록 하는 것이었다. 며칠 뒤 우리는 그들을 격파했다. 그 뒤에 이탈리아 전투기 중대가 등장했으나, 아무것도 하지 못했다. 추축국 공군기 중대와 이라크군의 합동 작전에 대한 책임을 맡았던, 블롬베르크 육군 원수의 아들인 독일 장교는 동맹군이 잘못 쏜 탄환을 머리에 맞는 바람에 바그다드에 내렸다. 그의 후임자는 무사히 착륙했으나, 아무것도 할 수 있는 것이 없었다. 그로써 추축국의 효과적인 개입의 기회는 완전히 사라졌다.

5월 30일, 우리의 선봉 부대는 바그다드 근교에 도착했다. 수적으로는 아주 열세였고 시내에는 이라크군 1개 사단이 있었지만, 우리 부대의 존재 자체가 압박이 되어 라시드 알리와 그의 추종자들은 독일과 이탈리아 공사들 그리고 예루살렘의 전 무프티와 함께 페르시아로 피했다. 다음날 휴전 협정이 조인되었고, 섭정이 복위했으며 새 정부가 수립되었다. 그리고 우리는 즉시 이라크 전역의 주요 지점을 점령했다.

따라서 이라크 내부에서 반란을 일으켜 그 광대한 지역을 손쉽게 정복하려던 독일의 계획은 간단히 좌절되고 말았다. 물론 독일군은 당시 귀중한 유전이 있었던 시리아, 이라크, 페르시아에 파견할 수 있는 공수부대가 있었다. 히틀러는 멀리 인도까지 손을 뻗치고 일본에게 신호를 보낼 수도 있었다. 그러나 히틀러는 우리가 확인한 바와 같이 그의 우수한 항공 조직을 다른 방향에 사용하기로 결정했다. 그는 중동에서 아주 적은 비용으로 큰 성공을 거둘 기회를 잃을 것이 확실했다.

★ ★ ★ ★ ★

시리아에서 독일에 대해서 기선을 제압해야 한다는 절실한 필요성 때문에 우리는 웨이벌을 더 강하게 압박할 수밖에 없었다. 그는 절대적으로 필요하지 않는 한, 시리아 작전의 부담을 지고 싶지 않다는 것이 자신의 희망이라고 말했다. 3군 참모총장들은 서부 사막 지대의 안전을 해치지 않는 범위 내에서 대규모 병력을 임기응변식으로 편성하는 것 외에는 그에게 선택의 여지가 없다고 답변했다. 독일군이 크레타를 공격한 5월 21일, 웨이벌은 메이틀랜드 윌슨 장군에게 시리아 진군을 위한 준비를 명령했다.

자유 프랑스군이 가세한 그 작전은 6월 8일에 개시되었는데, 초반에는 거의 저항을 받지 않았다. 비시 군대가 얼마나 많이 싸울 수 있을지는 아무도 몰랐다. 우리는 겨우 기습 공격 정도밖에 할 수 없는 처지였으나, 적군 역시 형식적인 저항 정도를 하는 수준에 그칠 것이라고 판단했다. 그러나 우리가 얼마나 빈약한 전력인지 알게 되자, 적군은 마치 자신들의 명예를 지키기 위해서라도 필요하다는 듯이 용기백배하여 맹렬히 반격했다. 일주일 동안 싸운 끝에, 웨이벌은 증원군의 필요성을 느꼈다. 그는 바그다드 점령에 참가한 병력 일부를 포함하여 병사들을 모았다. 21일 오스트레일리아 군은 3일 동안의 치열한 전투 끝에 다마스쿠스를 점령했다. 그들은 적의 배후를 뚫고 해상에서 상륙한 제11게릴라 부대의 지원을 받아 진군할 수 있었다. 비시 군대의 당츠 장군은 한계에 이르렀다는 사실을 깨달았다. 그는 그때까지 대략 2만4,000명의 병사를 지휘하고 있었지만, 더 이상 저항할 수 없다고 판단했다. 7월 12일 오전 8시 30분, 비시의 군사 사절이 와서 휴전을 요청했다. 요청은 받아들여졌고, 협정이 체결되어 시리아는 연합군의 지배권 아래 들어왔다. 우리의 사상자 수는 4,600명이 넘었고, 적군의 사상자 수는 6,500명 정도였다. 한 가지 불쾌한 일이 있었다. 전투 중에 붙잡힌 영국군 포로들은 급히 배에 실려 프랑스 비시로 갔는데, 즉시 독일군 수중으로 넘어간 것이 틀림없었다. 그러한 사실이 드러났음에도 아무런 조치가 없었고, 우리는 당츠 장군을 비롯한 고급 장교들을 인질로 억류했다. 이 조치로 우리는 원하던 목적을 달성했다. 우리 병사들이 돌아온 것이다.

★ ★ ★ ★ ★

시리아와 이라크에서의 작전이 성공함으로써 중동에서 우리의 전략적 지위는 크게 향상되었다. 우리는 지중해로부터 동쪽 방향으로 적이 침공할 수 있는 길을 차단했으며, 우리의 수에즈 운하 방어선을 북쪽으로 400킬로미터 확대했고, 터키의 남쪽 국경선에 대한 두려움을 해소했다. 터키는 이제 적이 공격에 나설 경우 우방국의 지원을 확신해도 좋았다. 우리가 대단히 비싼 대가를 치르고 수행한 크레타 전투에서는 독일 공수부대의 타격력을 파괴했다. 이라크의 반란을 결국 분쇄했고, 보잘것없는 군사력으로 임기응변의 편성을 통해 문제가 된 광범위한 지역의 지배권을 회복했다. 절박한 필요에 의하여 수행한 시리아의 점령과 정복은, 결국 훗날 영구적으로 판명되었듯이, 독일의 페르시아 만과 인도 진출의 야욕을 종식시켰다. 만약 신중함이라는 명분의 유혹에 휘말려 전쟁내각과 3군 참모총장들이 각 전투의 지점을 분명한 승리의 목표로 정하지 않고 그 의지를 모든 지휘관들에게 강요하지 않았더라면, 힘겹고 영광스러운 싸움에서 아무런 성과도 얻지 못한 채 크레타에서 입은 손실만 남기게 되었을 것이다. 지쳐 있기는 했지만, 만약 웨이벌 장군이 온갖 사건과 우리가 내린 명령으로 인하여 발생한 극도의 긴장감을 견뎌내지 못했더라면, 전쟁과 터키의 전반적인 운명은 결정적으로 달라졌을지 모른다. 할 수 있는 것 이상은 시도조차 하지 않아야 하고, 해야 한다면 확실하게 해야 한다고 흔히 말한다. 그러나 인생에서나 전쟁에서나 그 원칙에도 예외가 있다.

이라크에서의 반란과 시리아에 대한 위협은 사방에서 동시에 발생하여 웨이벌 장군을 곤경에 빠뜨린 중동 비상사태의 한 국면에 지나지 않는다는 사실을 기억할 필요가 있다. 마찬가지로 런던에서 관측하기로는 지중해의 전체 상황은 유보트 전투나 일본의 태도 같은 두드러지게 드러난 침공의 위협이라는 우리의 세계적 당면 과제에 견주면 2차적인 문제에 불과했다. 오직 전쟁내각의 힘과 결속, 정치가들과 군사 지도자들 사이의 상호 존중과 정세에 대한 견해의 일치 그리고 전시 기구의 원활한 운영에 의해서, 우리는 혹독한 공격을 당했음에도 불구하고, 시련과 위험을 극복할 수 있었다.

이제 또 하나의 작전에 관하여 설명을 해야 할 차례가 되었다. 그것은 나와 3군 참모총장들이 첫 번째로 꼽은 서부 사막의 전투이다. 비록 승리는 우리를 외면했지만, 롬멜을 거의 5개월 동안 꼼짝 못하게 만들었다.

★ ★ ★ ★ ★

당시 우리에게는 롬멜 사령부와 밀접하게 접촉하는 스파이가 한 사람 있었는데, 그는 확고하지만 불안한 롬멜의 지위에서 비롯되는 가공할 어려움에 관하여 정확한 정보를 제공했다. 그로써 우리는 롬멜이 자기 자신을 지켜야 하는 입지가 얼마나 좁은지 알게 되었다. 그리고 그가 지나치게 행운에 의존함으로써 그때까지 거둔 승리를 헛되이 해서는 안 된다는 독일군 최고사령부의 엄중한 지시를 받고 있다는 사실도 알았다.

우리가 확보한 모든 정보를 전달받은 웨이벌은 크레타 사태가 임박한 가운데 공포의 독일군 제15기갑사단이 트리폴리에서 먼 길을 달려와 도착하기 전에, 그리고 그들이 최단 보급로로 활용할 수 있는 벵가지가 제대로 사용되기 전에 웨이벌 자신의 힘으로 롬멜을 끌어내리기 위하여 노력했다. 심지어 그는 "호랑이"—웨이벌과 나는 서로 연락할 때 "새끼 호랑이(Tiger Cubs)"라고 했다—작전에 따라 탱크가 도착하기 전에 공격하기를 원했다. 고트 장군이 지휘한 소수 병력이 공격을 시도해보았으나, 실패로 돌아갔다. 그리하여 5월 20일이 되자 증원군이 오기 전에 롬멜을 패퇴시킬 수 있는 기회는 완전히 사라져버리고 말았다.

미리 준비를 했음에도 불구하고, 새끼 호랑이들을 상륙시켜 사막에 적합하도록 재편성하는 과정에서 초래된 시간의 지체는 심각했다. 도착한 보병 탱크들의 기계적 상태는 좋지 않았다. 곧이어 문제가 발생했다. 롬멜은 제15기갑사단의 대부분을 카푸초와 시디오마르 사이의 국경에 집결시켰다. 그는 투브루크를 해방시키기 위한 일련의 공격을 기대했으며, 할파야를 탈환한 뒤 계속 유지하겠다는 결정을 했다. 할파야라는 이름의 그 유명한 요충지는 콜드스트림 근위대 제3대대, 야전포병 1개 연대, 탱크 부대 2개 중대가 지키고 있었다. 5월 26일 적군은 할파야로 진격했고 그날 오후 주요 지점을 점령했는데, 그 북쪽으로 콜드스트림 부대가 지키고 있는 지역 전체가 한눈에 들어오는 곳이었다. 다음날 아침 최소 2개 대대와 60대의 탱크가 동원된 적군의 맹공격으로 우리 부대는 대단히 위험한 지경에 빠졌다. 예비 병력이 동원되기에는 너무 멀리 떨어져 있었고, 유일한 방법은 탈출이었다. 결국 탈출시키는 데는 성공했으나, 손실은 심각했다. 우리에게 남은 탱크는 오직 두 대뿐이었다. 롬멜은 목적을 달성했으며, 할파야에 견고한 기반을 구축하는 작업을 진행했다. 그가 의도했듯이, 그 지점을 롬멜이 점령한 결과는 3주일 뒤 우리에게 큰 장해가 되었다.

★ ★ ★ ★ ★

암호명이 "전투도끼(Battleaxe)"인 우리의 주요 공격 작전의 준비는 활발하게 진행되었다. 그러나 거기에는 음울한 측면이 도사리고 있었다. 5월 31일 웨이벌은 제7기갑사단을 재편성하면서 드러난 기술적 난관을 보고했다. 그가 "전투도끼" 작전을 개시할 수 있는 가장 빠른 날짜는 6월 15일이라는 것이었다. 그는 적군의 공군이 증강되어 투브루크를 맹공할 가능성 때문에 작전을 연기하는 데 따르는 위험을 잘 이해하고 있었다. 그러나 바로 시작되는 전투는 탱크전이 될 것이므로 그는 모든 경우에 기갑사단을 투입해야 하며, 기다림으로써 얻는 가외의 시간은 "성공의 가능성을 배가시킬 것"으로 생각했다.

나는 강렬한 희망과 두려움 속에서 우리의 사막 공격 작전을 기다렸다. 그 작전은 전체 전투 국면의 흐름을 우리에게 유리한 방향으로 바꿀 수 있었다. 그런데 그해 초에 우리가 행했던 일들과 불안한 대조를 이루면서 독일군은 빠른 속도로 벵가지를 점령하여 이용했고, 그리하여 전력의 대부분을 벵가지 항구를 통해 유지할 수 있게 되었다. 이제야 우리가 알게 된 사실

마니아와 불가리아에 독일군을 집결시킨 데 대한 그럴 듯한 변명을 하고 소련 정부에게 그것을 받아들이게 한 방식, 다량의 귀중한 물자가 소련에서 독일로 넘어가고 있다는 데 대한 확보된 증거, 동방의 대영제국을 정복하여 분할하는 데 대한 독일과 소련 사이의 명백한 공통의 이해관계 등에 비추어 보면 히틀러와 스탈린은 우리를 희생시켜 서로 흥정을 하지 결코 싸울 것 같지는 않았다. 그 흥정은 오늘날 우리가 알고 있는 바와 같이 광범위한 스탈린의 목표 중의 하나였다.

합동정보위원회(Joint Intelligence Committee)가 받은 인상도 우리와 같았다. 4월 7일, 합동정보위원회는 독일이 소련을 공격한다는 정보가 유럽에 많이 떠돌고 있다고 보고했다. 그리고 비록 독일이 동부 전선에 상당한 병력을 배치하고 있고 언젠가 소련과 싸울 것 같지만, 아직은 독일이 또다른 대규모 전선을 만들려고 하지는 않을 것으로 판단된다고 했다. 그들의 견해에 따르면, 1941년 독일의 주요 목표는 대영제국의 격파였다. 3군 정보기관으로 구성된 합동정보위원회는 5월 23일에도 독일의 소련 공격이 임박했다는 소문은 사라졌으며, 양국 사이에 곧 새로운 협정이 체결될 것이라는 정보가 있다고 보고했다.

우리의 3군 참모총장들은 그들의 참모들보다 앞서 있었으며, 태도가 분명했다. 그들은 5월 31일 중동사령부에 경고했다. "우리는 현재 독일군이 소련에 대비하여 대규모의 육군과 공군 병력을 집결시키고 있다는 확실한 정보를 가지고 있다. 그렇게 소련을 위협하여 아마도 우리에게 불리할 수밖에 없는 양보를 요구할 것이다. 그 요구를 소련이 거절한다면, 독일군은 진군할 것이다."

합동정보위원회가 유럽 동부 전선에 준비 중인 독일군의 군사적 준비의 규모는 경제협정보다 더 중요한 문제가 관련되어 있다는 것을 의미한다고 보고한 것이 6월 5일이었다. 독일은 그들의 동쪽 국경에 점점 더 커져가는 소련군의 잠재적 위협을 제거하려는 의도라고 볼 수도 있었다. 합동정보위원회는 전쟁이 시작될지 협정이 이루어질지 아직도 알 수 없다고 보고했다.

나는 그러한 형태로 수집된 온갖 정보들이 마음에 들지 않았다. 차라리 원자료를 직접 보는 편이 나았다. 그래서 이미 1940년 여름부터 디스먼드 모턴 소령에게 매일 흥미로운 토막 소식들을 골라 달라고 해서 읽고 나만의 생각을 정리하곤 했다. 그 이전에도 가끔 그러한 방식을 이용했다.

1941년 3월 말, 나는 가장 신뢰할 만한 정보원으로부터 받은 한 편의 정보 보고를 읽고 안도감과 함께 흥분되기도 했다. 그것은 독일군 기갑부대가 부쿠레슈티-크라쿠프 철도에서 오간다는 내용이었다. 그것은 유고슬라비아의 장관들이 곧 빈에서 히틀러에게 항복할 것이며, 루마니아를 거쳐 그리스와 유고슬라비아를 향해 남쪽으로 가던 독일군 5개 기갑사단 중 3개 사단이 북쪽의 크라쿠프로 방향을 바꾸었다는 것을 의미했다. 그 다음에는 베오그라드 혁명이 일어난 뒤 전체 수송 방향이 바뀌어 3개 기갑사단이 루마니아로 되돌아갔다는 것이었다. 그렇게 약 60량의 열차가 빠져나갔다가 되돌아왔다가 하는 것이 그곳의 우리 첩보원의 눈에 띄지 않을 수 없었다.

나는 마치 번쩍하는 섬광 아래에서 동부 전체의 국면을 보는 것 같았다. 발칸에서 필요로 했던 그 많은 탱크를 갑자기 크라쿠프로 이동시키는 것은 5월에 소련을 침공하겠다는 히틀러의 의도를 의미할 뿐이었다. 그것만이 히틀러의 주된 목적이었다. 베오그라드 혁명 때문에 기갑부대를 루마니아로 되돌려보낸 사실은 어쩌면 시기를 5월에서 6월로 늦춘 것일 수도 있었다. 나는 스탈린에게 어떤 방법으로든 경고하여 위험을 깨닫게 하여, 루스벨트와의 사이에 형성한 것과 같은 접촉을 시도해보려고 생각했다. 나는 스탈린에게 보내는 메시지를 간결하고 의미심장하게 썼다. 그리하여 1940년 6월 25일 공식 전문을 보낸 이후 처음 보내게 되는 전문을, 대사 스태퍼드 크립스 경에게 전달하게 함으로써 스탈린의 주의를 환기시키고 깊이 고민하도록 만들고 싶었다.

　수상이 스태퍼드 크립스 경에게,
　본관이 스탈린에게 보내는 메시지, 귀하가 직접 전달하기를 바랍니다.

　나는 신뢰할 만한 한 정보기관으로부터 독일이 유고슬라비아를 완전히 그물 속에 가두었다고 생각했을 때—즉, 3월 20일 이후—그들은 5개 기갑사단 중 3개 사단을 루마니아에서 폴란드 남부로 이동시키기 시작했다는 확실한 정보를 입수했습니다. 그런데 세르비아의 혁명 소식을 듣는 순간 독일은 이 이동을 취소했습니다. 귀하는 이러한 일들의 의미를 충분히 짐작하시리라고 믿습니다.

41년 4월 3일

　우리의 대사는 4월 12일에야 회신을 했는데, 내 전문을 받기 전에 직접 비신스키에게 장문의 편지를 보냈다고 했다. 그는 독일의 발칸 침입에 대한 소련 정부의 계속적인 대응 실패를 언급하면서, 소련은 자국의 이익을 위해서라도 이제 발칸 지역에서 추축국에게 대항하고 있는 국가들과 즉각적인 단호한 협력 정책을 펼치도록 결정해야 한다고 강력한 단어들로 촉구했다고 했다. 그리고 이렇게 덧붙였다. "이제 와서 같은 주제에 관해서 훨씬 짧고 평이하게 표현된 수상의 메시지를 몰로토프를 통해서 전달할 경우, 제가 이미 비신스키에게 보낸 편지에 의해서 받은 인상을 약화시키지 않을까 우려됩니다.……"

★　★　★　★　★

　나는 그 전문 내용에 대해서 그리고 일이 지체된 데에 대해서 화가 났다. 그것은 독일의 공격이 개시되기 전에 내가 스탈린에게 직접 보낸 유일한 메시지였다. 그 간결함과 내용의 예외적인 특성, 그리고 정부의 수반으로부터 대사를 통해 소련 정부의 정상에게 전달한다는 것 등은 모두 그 특별한 의미를 이해시키고 스탈린의 주의를 끌기 위해서 용의주도하게 의도된 것이었다. 나는 스태퍼드 경이 4월 18일에 내 메시지를 비신스키에게 넘겼고, 비신스키는 그것을 스탈린에게 전달했다는 것이 4월 23일자의 문서에 의해서 대사에게 통지되었다는 보고를 마지막에 받았다.

내 메시지가 앞에서 말한 대로 신속하게 일련의 절차를 밟아 전달되었더라도, 그것이 사태의 전개 방향에 영향을 미칠 수 있었는지에 대해서는 확실한 판단을 할 수 없다. 그러나 나의 지시가 효과적으로 전달되고 이행되지 않은 데 대해서 나는 지금도 유감스럽게 생각한다. 만약 내가 스탈린을 직접 만날 수만 있었더라면, 소련 공군이 지상에서 파괴되는 사태를 방지할 수 있었을지 모른다.

★ ★ ★ ★ ★

오늘날 우리가 알고 있는 바로는 히틀러가 12월 18일자 명령에서 5월 15일을 소련 침공일로 결정했으나, 베오그라드에서 일어난 혁명에 분개하여 공격 날짜를 한 달 늦추었고, 뒤에 다시 6월 22일로 연기했다. 3월 중순까지 주요 러시아 전선의 북부에서 행해진 독일의 부대 이동은 특별히 은폐 조치를 필요로 하는 정도는 아니었다. 그러나 3월 13일에 이르러 독일 영토 내에서 이루어지는 소련 사절단의 모든 업무를 중지시키고 본국으로 돌려보내라는 명령이 베를린으로부터 떨어졌다. 소련인의 독일 체류가 허용되는 시한은 3월 25일까지였다. 그 사이에 러시아 전선을 따라 세 개의 집단군 소속하에서 최정예 병력으로 구성된 120개 사단이 집결했다. 룬트슈테트가 지휘하는 남부 집단군은 이미 설명한 바와 같은 이유로 기갑부대의 사정이 양호한 상태가 아니었다. 그의 기갑사단은 그리스와 유고슬라비아에서 돌아온 지 얼마 되지 않았다. 공격이 6월 22일로 연기되었음에도 불구하고, 그들은 휴식이 절실했고 발칸에서 생긴 기계의 마모와 파손에 대한 정밀한 점검이 필요했다.

4월 13일, 소련 주재 대사 슐렌부르크가 모스크바에서 베를린으로 왔다. 히틀러는 4월 28일에 그를 접견하고 러시아에 대해서 장광설을 늘어놓았다. 슐렌베르크는 자신이 작성한 보고서의 기조에서 벗어나지 않았다. "스탈린은 우리에게 더 양보할 준비가 되어 있는 것이 확실합니다. 경제 협상과 관련해서도, 우리가 적당한 시기에 요청만 한다면, 1년에 500만 톤 정도의 곡물을 보내줄 것 같습니다."* 그러나 히틀러와의 면담에서 환멸을 느낀 슐렌베르크는 4월 30일 모스크바로 돌아갔다. 그는 히틀러가 전쟁 쪽으로 마음이 기울어져 있다는 뚜렷한 인상을 받았다. 따라서 그는 베를린에서 소련 대사 데카노소프에게 그러한 의미를 담은 경고를 전하려고 시도했던 것 같았다. 그는 마지막까지 독일과 소련 사이의 상호 이해를 위해서 끈질기게 분투했다.

독일 외무부 사무국장 바이츠제커는 여느 국가의 정부 부처에서 볼 수 있는 아주 유능한 공무원이었다. 그는 집행권을 가진 정치가가 아니었으므로, 영국의 관행에 따르면 국가 정책에 책임을 질 필요는 없었다. 그런데 그는 전승국이 설치한 법정에서 징역 7년을 선고받았다. 비록 그는 전범으로 분류되었지만, 자신의 상관들에게 훌륭한 조언의 글을 썼다. 상관들이 그의 말을 따르지 않은 것은 우리에게 다행스러운 일일지 모른다. 그는 다음과 같이 말했다.

나는 독일과 소련 사이의 갈등을 한 문장으로 요약할 수 있습니다. 만약 러시아의 도시를 잿더미로 만들어버리는 것이 우리에게 영국 군함을 침몰시키는 것과 같은 가치가 있는 일이라면, 나는 이번 여름에 소련과 싸워도 좋다고 생각합니다. 그러나 우리는 러시아에 대해서 군사적 의미의 승리는 거둘 수 있을지언

---

* 「나치와 소련의 관계, 1939-1941」(1948년 워싱턴 국무부 발행), 332면.

정, 경제적 의미에서는 패배하고 말 것입니다.

공산주의 체제에 치명타를 가하는 것은 떨쳐버리기 어려운 매력적인 일이기는 합니다만, 논리적으로는 앵글로 색슨 세계와 그 추종국에 대항하여 유라시아 대륙 국가들을 결집시키는 결과가 된다고 말할 수도 있습니다. 그러나 가장 중요한 점은 과연 이러한 계획이 영국의 몰락을 가속화하느냐 그렇지 않느냐는 것입니다.

독일의 러시아에 대한 공격은 영국의 정신적 무장만 강화시키는 결과가 됩니다. 그리고 영국에 대하여 우리 독일이 영국과의 싸움에서 승리를 확신하지 못하고 있다는 인상을 심어줄 것입니다. 따라서 우리도 전쟁이 장기화하는 것을 용인할 수밖에 없을 뿐 아니라, 실제로도 전쟁 기간을 단축시키는 것이 아니라 결국 그런 방식으로 연장하게 될 것입니다.

5월 7일, 슐렌부르크는 스탈린이 몰로토프 대신 인민위원회 의장 자리에 앉았기 때문에 이제 소련 연방 정부의 수반이 되었다는 사실을 희망적으로 보고했다. "……스탈린은 새로운 지위를 이용하여 소련과 독일 사이의 우호적 관계의 유지와 발전을 도모하리라고 확신합니다."

모스크바의 독일 해군 무관도 같은 취지의 보고를 했다. "스탈린은 독소 협력의 축이다." 러시아는 독일에 대해서 유화적 태도를 보이는 일이 급증했다. 5월 3일, 러시아는 이라크의 라시드 알리의 친독일 정부를 공식 승인했다. 5월 7일에는 벨기에와 노르웨이 대표부를 추방했다. 유고슬라비아 공사도 쫓겨났다. 모스크바의 그리스 공사관이 사라진 것은 6월 초순이었다. 독일 육군부의 경제국장 토마스 장군은 훗날 독일 제국의 전시 경제 관계 문서에 이렇게 기술했다. "러시아는 공격 전날까지 물자 수송을 이행했다. 마지막 날의 고무 수송은 극동 지방에서 특급 열차편을 통해서 이루어졌다."

우리는 당연하게도 모스크바의 분위기에 대해서는 제대로 알지 못했다. 그러나 독일의 목적은 분명히 알 수 있었다. 5월 16일 나는 스뫼츠 장군에게 전문을 보냈다. "히틀러가 러시아에 대비하여 병력을 집결시키는 것 같음. 부대, 탱크, 비행기가 발칸에서 북쪽으로 그리고 프랑스와 독일에서 동쪽으로 끊임없이 이동하고 있음." 스탈린은 히틀러의 정책에 대해서 품고 있던 자신의 환상을 유지하려고 무척 애를 쓴 것이 분명했다. 독일군의 병력 이동과 배치가 계속된 지 1개월이 더 지난 뒤, 슐렌부르크는 6월 13일자로 독일 외무부에 이렇게 타전했다.

인민위원 몰로토프는 방금 나에게 다음과 같은 타스 통신 기사를 전해주었는데, 오늘 밤 방송되고 내일 신문에 보도될 예정이다.

'영국 대사 크립스가 런던으로 돌아오기 전부터, 그리고 특히 돌아온 이후 소련과 독일 사이의 전쟁이 임박했다는 소문이 영국과 외신에 널리 유포되고 있다.……'

그러한 소문이 터무니없다는 사실은 명백함에도 불구하고, 모스크바의 책임 있는 그룹은 그것이 소련과 독일에 반대하는 세력이 전쟁의 확대와 격화를 목적으로 펼치는 졸렬한 선전 공작이라는 것을 말해둘 필요가 있다고 생각했다.

히틀러는 기만과 은폐의 수단으로 거둔 성공에 만족해하고, 거기에 희생된 자들의 심적 상태를 즐기려고 했다.

여기서 몰로토프가 저지른 최후의 어리석음에 관하여 기록해둘 필요가 있다. 6월 22일 오전 1시 17분, 슐렌부르크는 독일 외무부에 한 번 더 전문을 보냈다.

몰로토프는 오늘 저녁 9시 30분 나를 자신의 사무실로 불렀다. 몰로토프는 이미 문제가 된 독일 비행기의 잦은 국경 침범 행위에 대하여 언급한 뒤……다음과 같이 말했다.

'독일 정부가 소련 정부에 대해서 불만을 가진 듯한 인상을 많이 받고 있습니다. 독일과 소련 사이의 전쟁이 임박했다는 소문까지 돌아다닙니다. 소련 정부는 독일의 불만을 이해할 수 없습니다.……현재 독일과 소련 사이의 관계에 무슨 일이 벌어지고 있는지 말해주면 고맙겠습니다.'

나는 그에 관련한 정보가 없기 때문에 대답해줄 수는 없지만, 몰로토프의 그러한 뜻을 베를린에 전달하겠다고 말했다.

그러나 때는 오고야 말았다. 바로 그날, 1941년 6월 22일 오전 4시, 리벤트로프는 베를린의 소련 대사에게 공식적으로 선전포고를 통보했다. 날이 밝자 슐렌부르크는 크렘린으로 몰로토프를 찾아갔다. 몰로토프는 독일 대사가 읽는 내용을 조용히 들었다. 그리고 이렇게 말했다. "전쟁이군. 당신네들 비행기가 무방비의 우리 열 개 마을을 폭격했소. 우리가 **그렇게 당해야 할 이유가 있다고 생각하시오?**"*

★ ★ ★ ★ ★

타스 통신의 방송이 나간 마당에, 런던에서 이든이 소련 대사에게 한 여러 가지 형태의 경고에 내가 덧붙이거나, 아니면 스탈린에게 위험이 닥쳤다는 사실을 새삼 일깨워주기 위한 개인적 노력을 되풀이할 하등의 이유가 없었다. 게다가 미국은 정확한 정보를 쉴새없이 소련 정부에 보내주고 있었

---

* 그것은 슐렌부르크 백작이 외교관으로서 행한 마지막 일이었다. 그의 이름은 1943년 후반 반히틀러 비밀 결사 조직에 나타나는데, 그는 스탈린과 단독 강화를 교섭하는 데 필요한 특별한 자질을 갖추었다는 이유로 나치 체제 이후 독일 정부의 외무부 장관으로 거론되어 왔다. 그는 1944년 7월의 히틀러 암살 기도 사건 이후 체포되어 게슈타포 감옥에 갇혔다. 그리고 11월 10일에 처형되었다.

다. 우리 중 누구도 어떤 식으로든 스탈린이 자기 자신과 끔찍한 현실 사이에 만들어온 맹목적 편견과 고정관념을 깨뜨릴 수가 없었다. 독일의 추정에 의하면 소련 국경 배후에는 186개에 이르는 소련군 사단이 있었고, 그중 119개 사단이 독일 전선과 맞서 배치되었다. 그런데 소련군은 대부분 광범위한 지역에서 기습을 당했다. 독일군은 자신들이 전진하는 지역에서 소련군의 공격 준비가 되어 있는 듯한 느낌을 전혀 받지 못했으며, 그들이 배치되어 있던 지역을 빠른 속도로 점령했다. 1939년 9월 1일 폴란드 공군이 당한 것과 같은 재앙이 광범위한 지역에 산재해 있는 러시아 비행장들에 떨어졌다. 동이 트자 수백 대의 러시아 비행기는 그대로 독일 공군의 시야에 포착되었고, 모두 발진하기도 전에 파괴되고 말았다. 그리하여 소련 선전 기관이 심야의 허공을 향해 내뱉은 영국과 미국에 대한 증오의 함성은 새벽녘 독일의 포격 소리에 압도되었다. 사악한 자는 항상 현명하지 못하고, 독재자는 언제나 옳지 못한 법이다.

히틀러의 새로운 적에 대한 가공할 정책의 결정, 그리고 그것이 광대한 불모지와 폐허와 겨울의 공포 속에서 겪어야 할 치명적 싸움이라는 악조건에도 불구하고 강행된 데에 대한 언급 없이 이 설명을 끝낼 수는 없다. 1941년 6월 14일의 한 회의에서 히틀러는 구두로 명령을 내렸고, 그뒤에 그 명령은 매우 광범위하게 러시아 군대와 국민을 향한 독일군의 행동을 지배하게 되었으며, 무수한 잔인하고 야만적인 행위를 초래하게 되었다. 뉘른베르크 문서에 의하면, 할더 장군은 이렇게 증언했다.

러시아를 공격하기에 앞서 총통은 모든 지휘관과 최고사령부의 관계자들을 소집하여 곧 전개될 러시아 침공에 대한 회의를 열었다. 그 회의가 열린 정확한 날짜는 기억이 나지 않는다.······ 회의에서 총통은 러시아를 상대로 하는 전쟁 방법은 서유럽을 상대로 한 전쟁과 다를 수밖에 없다고 말했다.······ 러시아와 독일 사이의 싸움은 러시아식 싸움이라고 했다. 러시아는 헤이그 조약의 서명국이 아니기 때문에 러시아 포로에 대한 처리는 조약에 따를 필요가 없다고 했다.……총통은 [또한] 소위 인민위원은 전쟁 포로로 인정할 수 없다고 말했다.*

카이텔은 이렇게 증언했다.

히틀러의 주된 논지는 그것이 두 이데올로기 사이의 결정적인 싸움이라는 것이었다. 따라서 [러시아와의] 이 전쟁에서 군인으로서 우리가 알고 있는 국제법에 따른 오직 정당한 방식만으로 싸우는 것은 불가능하다고 생각했다.**

★ ★ ★ ★ ★

6월 20일 금요일 저녁, 나는 승용차를 타고 체커스로 혼자 내려갔다. 독일의 러시아 기습은 단지 날수의 문제, 경우에 따라서는 시간의 문제일 뿐이라고 생각했다. 그 사태와 관련하여 토요일 밤 라디오 연설을 하도록 미리 조치해두었다. 당연히 그 방송에 사용할 단어는 잘 선택할 필요가 있었다. 무엇보다 오만하고 우둔한 당시의 소련 정부는 우리의 경고를 단지 한 번 당한 자들이 다른 사람들까지 파멸로 끌어들이려는 수작으로 여길 뿐이었기 때문이다. 승용차 안에서 고민한 끝에 모든 것이 명확해질 것 같은 일요일 밤까지 방송을 연기하기로 결정했다. 따라서 토요일은 여느 평범한 날처럼 보냈다.

22일 일요일 아침에 눈을 뜨자 히틀러가 러시아를 침공했다는 뉴스를 접하게 되었다. 믿음이 현실이 된 것이다. 우리의 의무와 정책이 무엇인가는 의심의 여지가 없었다. 무엇을 말해야 할 것인가도 마찬가지였다. 남은 일은 방송 원고를 작성하는 것이었다. 나는 그날 밤 9시에 라디오 연설을 할

---

* 『뉘른베르크 재판 기록』, 제6부, 310면 이하.
** 위 기록, 제11부, 16면.

테니 공지하라고 했다. 잠시 후 런던에서 내 침실까지 황급히 달려온 육군 참모총장 딜 장군이 상세한 내용을 보고했다. 독일군은 상당히 광범위한 전선을 침공했으며, 비행장에 있었던 소련 공군의 대부분을 기습했고, 엄청 난 속도로 맹렬하게 진군하고 있는 것 같았다. 딜 장군이 한마디 덧붙였다. "소련군은 대량으로 포위될지도 모릅니다."

나는 종일 성명서 작성에 시간을 보냈다. 전쟁내각과 의논할 시간도, 또 그럴 필요도 없었다. 그 문제에 관해서 우리가 느끼는 것은 동일했다. 이든, 비버브룩 경 그리고 스태퍼드 경—그는 10일에 모스크바를 떠났다—이 낮 시간 동안 나와 함께 있었다. 방송 연설에서 나는 이렇게 말했다.

"나치 체제는 공산주의의 최악의 모습과 조금도 다르지 않습니다. 그 체제는 욕망과 인종적 지배 외에는 어떤 주제도 원칙도 없습니다. 잔혹하고 흉포한 침 략의 효율성을 높이기 위해서 모든 형태의 인간의 사악함을 모아놓은 것보다 더 심각합니다. 지난 25년 동안 나보다 더 초지일관한 반공산주의자는 없을 것 입니다. 나는 공산주의에 대하여 지금까지 한 말들 중 단 한 마디도 취소할 수 없습니다. 그러나 이제 그 모든 것은 지금부터 펼쳐질 광경 앞에서 사라질 것입 니다. 과거의 그 모든 범죄와 어리석음과 비극은 한 순간에 없어집니다. 내 눈에 는 까마득한 옛날부터 선조들이 가꾸어온 논밭을 지키며 조국의 대지의 문앞에 서 있는 러시아 군인들의 모습이 떠오릅니다. 그들은 고향의 가정을 지키고 있 습니다. 고향의 집에는 어머니와 아내가 사랑하는 사람의 안전을 위하여, 가장 의 무사귀환을 위하여, 자기들을 위하여 싸우며 자기들을 지켜주는 사람을 위하 여 기도하고 있습니다. 그렇습니다. 누구나 기도할 때가 있습니다. 수만 개의 러 시아 마을이 눈앞에 선합니다. 그들의 생계 수단은 땀 흘려 일구는 땅입니다. 그러나 거기에는 여전히 인간 본연의 기쁨이 있습니다. 젊은 여성들은 웃고, 아 이들은 뛰놉니다. 그런데 그 모든 것을 나치의 전쟁 기계가 가증스럽게 쇄도하여 뒤덮고 있습니다. 절꺽거리는 군화 소리의 멋을 부린 프로이센 장교들과 열두 개의 나라를 협박하고 얽어매는 일에 몰두해온 능숙한 첩보원들이 함께 짓밟고 있습니다. 우둔하고, 잘 훈련된, 무엇이든 지시에 따르는, 야만적인 독일군 무리가 대지를 뒤덮는 메뚜기 떼처럼 기어오는 것이 보입니다. 하늘에는 독일 폭격기와 전투기가 날아다닙니다. 여전히 우리 영국 공군의 호된 공격에 움찔거리면서도, 더 쉽고 안전한 먹잇감을 찾은 기쁨에 차 있는 듯합니다.

이 섬광의 배후에, 이 폭풍의 배후에, 인류에게 가하는 공포의 이 모든 사태를 기획하고, 조직하고, 실행하는 악당들의 소규모 그룹도 눈에 보입니다.……

이제 우리는 여기서 단 하루도 지체하지 않고 즉시 말하지 않으면 안 되기 때문에, 영국 정부의 결정을 선언하고자 합니다. 이 결정에는 위대한 대영제국 자치령들도 동의하리라고 확신합니다. 나는 이제 선언하겠지만, 여러분들은 우리의 정책이 무엇인지 궁금하실 것입니다. 우리에게는 오직 단 하나의 번복할 수 없는 목적이 있을 뿐입니다. 우리는 히틀러와 나치 체제의 모든 것을 그 흔적까지 없애버리기로 결심했습니다. 그 무엇도 우리의 이 목적을 바꿀 수 없습니다, 결코 그 무엇도. 우리는 히틀러 또는 그의 일당과는 결단코 협상 따위는 하지 않을 것입니다. 우리는 히틀러와 대지에서 싸울 것입니다. 우리는 바다에서 싸울 것입니다. 우리는 하늘에서 싸울 것입니다. 우리는 신의 도움으로 이 지구에서 그의 그림자까지 완전히 제거하고 그가 속박한 사람들을 자유롭게 해방시키는 그날까지 싸울 것입니다. 나치 제국에 대항하여 싸우는 그 어느 개인도 국가도 우리는 지원할 것입니다. 히틀러와 함께하는 그 어느 개인도 국가도 우리의 적이 될 것입니다.……그것이 우리의 정책이며, 우리의 선언입니다. 그러므로 우리는 당연하게도 러시아와 러시아 국민을 도울 것입니다. 우리는 세계 곳곳의 모든 우방국과 동맹국에 대해서 우리가 마지막까지 충실하고 끈기 있게 목적을 향해 나아가는 것과 같은 방식으로 함께하기를 호소합니다.……

이것은 계급 전쟁이 아닙니다. 대영제국과 영연방 전체가 인종과 신앙과 당파